REABILITAÇÃO
DA **MEMÓRIA**

W746r	Wilson, Barbara A.
	    Reabilitação da memória: integrando teoria e prática/
	Barbara A. Wilson; tradução: Clarissa Ribeiro; revisão técnica:
	Rochele Paz Fonseca. – Porto Alegre: Artmed, 2011.
	    304 p.; 23 cm.
	
	    ISBN 978-85-363-2454-8
	
	    1. Psicologia. 2. Memória. I. Título.
	
	                                  CDU 159.953

Catalogação na publicação: Ana Paula M. Magnus – CRB 10/2052

BARBARA A. WILSON

REABILITAÇÃO
DA **MEMÓRIA**
INTEGRANDO TEORIA E PRÁTICA

Tradução:

Clarissa Ribeiro

Consultoria, supervisão e revisão técnica desta edição:

Rochele Paz Fonseca

Professora Adjunta da Faculdade de Psicologia e do Programa de Pós-Graduação em Psicologia da Pontifícia Universidade Católica do Rio Grande do Sul (PUCRS). Coordenadora do Grupo de Pesquisa em Neuropsicologia Clínica e Experimental (PUCRS). Pós-doutora em Psicologia Clínica e Neurociências (PUC-Rio) e em Medicina – Neuroradiologia (UFRJ). Pós-doutoranda em Ciências Biomédicas (ênfase Neuropsicologia e Neuroimagem) no Centre de Recherche de l'Institut Universitaire de Gériatrie de Montréal, Université de Montréal, Québec, Canadá.

2011

Obra originalmente publicada sob o título
Memory Rehabilitation: Integrating Theory and Practice
ISBN 9781606232873

©2009 The Guilford Press, a Division of Guilford Publications, Inc.

Capa: *Tatiana Sperhacke – TAT studio*

Imagens capa: © *iStockphoto.com/NLshop*

Preparação de originais: *Lara Frichenbruder Kengeriski*

Leitura final: *Cristine Henderson Severo*

Editora sênior – Ciências humanas: *Mônica Ballejo Canto*

Editora responsável por esta obra: *Amanda Munari*

Projeto e editoração: *Techbooks*

Reservados todos os direitos de publicação, em língua portuguesa, à
ARTMED® EDITORA S.A.
Av. Jerônimo de Ornelas, 670 - Santana
90040-340 Porto Alegre RS
Fone (51) 3027-7000 Fax (51) 3027-7070

SÃO PAULO
Av. Embaixador Macedo Soares, 10.735 - Pavilhão 5 - Cond. Espace Center
Vila Anastácio 05095-035 São Paulo SP
Fone (11) 3665-1100 Fax (11) 3667-1333

SAC 0800 703-3444

IMPRESSO NO BRASIL
PRINTED IN BRAZIL
Impresso sob demanda na Meta Brasil a pedido de Grupo A Educação.

Sobre a Autora

Barbara A. Wilson trabalha em reabilitação de lesão cerebral desde 1979, no Rivermead Rehabilitation Centre em Oxford, Charing Cross Hospital em Londres e na University of Southampton Medical School. É, também, cientista sênior na Medical Research Council's Cognition and Brain Sciences Unit em Cambridge desde 1990. Desde 1996, a Dra. Wilson instituiu o Oliver Zangwill Centre for Neuropsychological Rehabilitation, uma parceria entre o National Health Service Trust e o The Medical Research Council atuando como diretora de pesquisa do centro. Ela já recebeu diversas bolsas para estudar novos procedimentos de avaliação e tratamento para pessoas com lesão cerebral não progressiva e já escreveu mais de 16 livros, 8 testes neuropsicológicos muito usados e mais de 260 artigos e capítulos em revistas especializadas. Além disso, é editora-chefe da revista *Neuropsychological Rehabilitation* e participa dos conselhos diretores de organizações como a Encephalitis Society, a Academy for Multidisciplinary Neurotraumatology e a World Federation for Neurorehabilitation. A Dra. Wilson já recebeu diversos prêmios por seu trabalho, inclusive o Prêmio May Davidson, uma OBE (Ordem do Império Britânico) na Queen's New Year Honours List, um prêmio de Cientista Destaque da British Psychological Society, prêmio profissional do ano da Encephalitis Society, o prêmio livro do ano da British Psychological Society por *Case Studies in Neuropsychological Rehabilitation,* o prêmio Robert L. Moody da University of Texas e prêmios por realização vitalícia da British Psychological Society e da International Neuropsychological Society. Wilson é membro da British Psychological Society, da Academy of Medical Sciences e da Academy of Social Sciences.

Em memória da minha amada filha, Sarah,
que faleceu no Peru em 12 de maio de 2000.

Agradecimentos

Eu sou particularmente grata a todas as pessoas com comprometimento de memória e seus familiares com quem trabalhei durante minha carreira como neuropsicóloga clínica. Eles me ensinaram muito sobre a vida, a compaixão, o humor e o sobreviver às adversidades. Agradeço a todos. Meu agradecimento, também, ao meu marido, Mick, que tem me apoiado ao longo de minha carreira e leu meus rascunhos e os revisou. Eu devo muito à Jessica Fish, que sempre me ajuda quando entro em pânico com computadores, gráficos e referências e cuja assistência específica com relação a este livro foi tarefa monumental que eu não poderia ter realizado sozinha. Outras pessoas que me ajudaram durante o processo de escrita deste livro foram Ava Easton da Encephalitis Society, que me permitiu usar a fotografia na Figura 7.1; Susan Kime, de Fênix, Arizona, que me deu permissão para usar a Figura 10.1 e cujo livro *Compensating for memory deficits using a systematic approach* me foi tão útil; Narinder Kapur, meu colega do Addenbrooke's Hospital em Cambridge e coautor do Capítulo 4, que sempre deu seu tempo, conselhos e permissão para usar seu material tão livremente; meus colegas do Oliver Zangwill Centre, particularmente Fergus Gracey e Andrew Bateman, por seus conselhos, sugestões e permissões para usar alguns dos materiais do centro; Jo Cope, que me ajudou a localizar algumas referências; Jon Evans, que é sempre fonte de gentileza, diplomacia e juízo; Kevin Symonds, bibliotecário da MRC Cognition and Brain Sciences Unit por sua ajuda com as referências, e Gail Robinson e René Stolwyk no National Hospital, Queen Square, Londres, pela permissão de uso de alguns dos seus trabalhos. A Tabela 4.1 foi reproduzida com a permissão de Gail Robinson, que desenvolveu estratégias após debates com Corwin Boake. Paul Ekman garantiu permissão de uso da Figura 8.1 (o exemplo EFEET). Abigail Squire da Pearson Assessment deu permissão para usar a Figura 3.2 (uma fotografia da tarefa desconhecida). Agradeço também à Bernice Marcopulos por me ajudar a obter tantos dos endereços das fontes. Finalmente, agradeço à editora Psychology Press, Taylor and Francis e Informa World pela permissão para reproduzir o caso de Jay no Capítulo 10 do artigo da *Neurological Rehabilitation* e a Figura 11.2, também da *Neurological Rehabilitation*. Se deixei de fora alguém que deveria ter agradecido, por favor, me perdoe.

Sumário

Capítulo 7
Grupos de memória. 127

Capítulo 8
Tratando os transtornos emocionais e de humor associados
ao comprometimento de memória. 145

Capítulo 9
Estabelecimento de objetivos para planejar e avaliar a
reabilitação da memória 167

Prefácio

Vinte e dois anos após a publicação do seu quarto livro, *Rehabilitation of Memory*, a Professora Barbara A. Wilson, a primeira *expert* mundial em reabilitação da memória, mais uma vez nos dá uma visão privilegiada de como tratamentos para transtornos de memória são e como deveriam ser planejados, implementados e avaliados. Amplamente baseado nas experiências da Dra. Wilson no Oliver Zangwill Centre for Neuropsychological Rehabilitation, do qual foi fundadora em 1996 e onde atua como diretora de pesquisas há muitos anos, este novo livro não só apresenta uma profunda discussão acerca das mais bem-sucedidas metodologias de tratamento desenvolvidas desde a publicação do primeiro livro, como também serve de amplo guia para estabelecer um programa holístico de reabilitação. Apesar de o livro ser voltado para a remediação de problemas de memória, a Dra. Wilson há muito propõe uma abordagem holística para a reabilitação neuropsicológica, enfatizando a importância de se lidar não só com os problemas cognitivos associados à lesão cerebral, mas também com questões não cognitivas, tais como consequências emocionais e sociais do dano cerebral. Também enfatiza a importância de conduzir a reabilitação de forma pessoalmente significativa, concentrando-se na definição de objetivos reais e alcance de adaptações funcionalmente relevantes no cotidiano.

Este livro é, antes de tudo, um guia prático para clínicos encarregados do gerenciamento de problemas de memória. É pleno de estudos de casos informativos, elucidativos de como contornar e compensar dificuldades de memória e aumento da probabilidade de que as pessoas sejam capazes de funcionar com independência na vida cotidiana. Há uma ênfase em estratégias compensatórias, ajudas externas, apoio do meio e retreinamento de habilidades, além de capítulos excelentes sobre avaliação, estabelecimento de metas e avaliação de resultados. Não é uma abordagem padrão para atender a todos, mas, ao contrário, uma abordagem individualizada que considera os pontos fortes e fracos de cada indivíduo e como maximizar o potencial de cada pessoa para uma vida independente. Apesar de haver alguns princípios norteadores em relação ao planejamento de programas de reabilitação da memória, a maioria das intervenções tem que ser adaptadas ao indivíduo e ser flexíveis o suficiente para atender necessidades variáveis, não raro inconstantes, dos pacientes com lesões cerebrais.

O que distingue este livro do primeiro, entretanto, é a ênfase na teoria. Nas últimas duas décadas, o conhecimento básico, no que diz respeito a transtornos da memória, explodiu, permitindo o desenvolvimento de novas técnicas de reabilitação de memória solidamente fundadas em trabalho teórico e empírico. Isso resultou em novos métodos de tratamento, baseados em maior entendimento da natureza do comprometimento de memória e nas potencialidades cognitivas de cada indivíduo. A Dra. Wilson é líder no desenvolvimento de tais métodos, mais notadamente na técnica de aprendizagem sem erro (SE) – e ela documenta neste livro não só os benefícios dessa técnica, mas também o potencial para benefícios ainda maiores, quando a aprendizagem sem erro é combinada com outros métodos baseados em evidências, similarmente fundados na teoria contemporânea. Ao longo do livro, ela integra teoria e prática, oferecendo modelos nos quais basear práticas de reabilitação e justificativas teóricas para tratamentos.

Este livro oferece as mais atuais técnicas teóricas de reabilitação da memória, amparadas por sólida evidência empírica. Os métodos específicos serão modificados e melhorados nos próximos anos e novos serão planejados, mas a abordagem descrita aqui, baseada na teoria a partir de estudos empíricos de pessoas com comprometimento de memória e outros prejuízos cognitivos, certamente estará à prova do tempo e continuará a ser modelo para a prática da reabilitação neuropsicológica nos muitos anos que virão.

Elizabeth L. Glisky, Ph.D.
Departamento de Psicologia
University of Arizona

Prefácio da Autora

Em 1987 publiquei *Rehabilitation of memory*, um livro baseado na minha tese de doutorado, *Cognitive rehabilitation after brain damage*. A maior parte do trabalho avaliava uma variedade de sistemas mnemônicos para melhorar a recordação de material verbal. Apesar de o livro ter sido surpreendentemente bem-sucedido, as estratégias mnemônicas não são o foco da reabilitação da memória. A mnemônica tem um papel a desempenhar no aumento de nova aprendizagem em pessoas com funcionamento de memória comprometido, mas sua contribuição para esse processo não é substancial. Ensinar técnicas compensatórias e ajudar as pessoas a aprender de modo mais eficiente são, sem dúvida, as duas principais estratégias utilizadas em reabilitação da memória. Ainda, podemos ter que adaptar ou modificar o meio para ajudar as pessoas a serem funcionais sem depender da memória, e isso é particularmente verdade para aqueles com déficit cognitivo generalizado e grave. Assim como têm problemas cognitivos, as pessoas com memória comprometida, possivelmente experimentam dificuldades emocionais tais como ansiedade e depressão, as quais também podem ser referidas na reabilitação. Com o passar do tempo nosso conhecimento e entendimento dos processos envolvidos na reabilitação da memória aumentou, me senti cada vez mais desconfortável com o livro de 1987, por não constar muitos dos processos e embasamentos teóricos que agora reconheço como essenciais para a boa prática da reabilitação. Então, concordei em escrever este livro, que tenta refletir o verdadeiro estado das coisas no campo da reabilitação da memória no século XXI.

Reabilitação da memória é sobre a condição e o tratamento de pessoas com lesão cerebral não progressiva e não abrange, em sua maior parte, trabalhos sendo feitos com pacientes que sofrem de demência. Para os que precisam de informações sobre este último grupo, recomendo que deem uma olhada no trabalho de Clare e Woods (2001), que lançaram uma edição especial da revista *Neuropsychological Rehabilitation*, intitulada *Cognitive rehabilitation in dementia* e também publicaram uma revisão do trabalho nessa área (Clare e

Woods, 2004). Um livro recente de Clare (2008) é dedicado à reabilitação neurológica para pessoas com demência.

Os déficits de memória são comuns depois de muitos tipos de danos neurológicos. Cerca de 10% das pessoas acima de 65 anos têm demência com comprometimento de memória como consequência quase inevitável. Em torno de 34% das pessoas com esclerose múltipla têm problemas de memória moderados a graves, assim como cerca de 70% das pessoas com AIDS. Dessas pessoas, com lesão cerebral não progressiva, podemos esperar que cerca de 36% dos sobreviventes de lesão cerebral grave vivam com comprometimento de memória significativo pelo resto da vida. Uma vez que isso significa cerca de 2.500 novos casos a cada ano no Reino Unido e mais ou menos quatro vezes esse número nos Estados Unidos, a prevalência certamente não é insignificante. Aproximadamente 70% dos sobreviventes de encefalite – uma doença relativamente rara – vão experimentar comprometimento de memória, assim como 10% das pessoas com epilepsia do lobo temporal. Sobreviventes de acidente vascular cerebral, tumor cerebral, infarto do miocárdio, Síndrome de Korsakoff, envenenamento por monóxido de carbono, meningite e outra condições menos conhecidas também podem experimentar graves problemas de memória.

Dados os números altos e a severidade das dificuldades encontradas por essas pessoas no cotidiano, surpreendentemente, há pouca ajuda ou orientação para elas e suas famílias. Muitos estão em idade ativa, mas é improvável que voltem ao trabalho. Muitos perderão a independência porque não conseguem recordar itens que são essenciais para conduzir seu dia a dia, como por exemplo se já comeram ou não, onde estão indo ou o que estavam fazendo. Muitos enfrentam ansiedade, angústia e perda de autoestima. Esses problemas se multiplicam quando suas famílias passam por estresse grave resultante da ansiedade em relação ao futuro, ou devido à vigilância que devem manter sobre seu parente com comprometimento de memória, o qual pode ser embargado por irritações insuportáveis que pode incluir ouvir a mesma pergunta repetida muitas vezes por dia ou hora.

A visão prevalente de muitos neurologistas e neurocirurgiões, alguns psiquiatras e neuropsicólogos é que pouco pode ser feito para aliviar problemas enfrentados por pessoas com comprometimento de memória. Essa observação provavelmente tem origem no conhecimento constituído de que pouco pode ser feito para se reconstituir o funcionamento da memória perdida e, realmente, até então, nenhum medicamento, procedimento cirúrgico ou programa de exercícios poderá recuperar a memória (apesar de alguma recuperação ser possível, como será visto mais adiante). Contudo, a aceitação de fato de que pouco se pode fazer para resgatar o funcionamento da memória não significa que nada possa ser feito para reduzir ou moderar os reais problemas enfrentados por pessoas com comprometimento de memória. Ao contrário, podem receber ajuda para lidarem com isso, contornar ou compensar seus problemas de memória; elas podem aprender como aceitar sua condição e seus efeitos pela compreensão da sua situação; desse modo, a ansiedade e a angústia podem ser reduzidas. O foco principal deste livro é como chegar a esses resultados.

CAPÍTULO 1

Compreendendo a Memória e as Dificuldades Mnemônicas

Sem a "cola" da memória, passado e futuro perdem seu
significado e a consciência é reduzida ou mesmo perdida.
Markowitsch (2005, p. 105)

O QUE SIGNIFICA MEMÓRIA?

Uma definição simples de "memória" que faça sentido aos pacientes, familiares e profissionais de saúde é "a habilidade de adquirir, armazenar e evocar informações". Apesar de as pessoas terem a tendência de falar sobre memória como se fosse uma só habilidade ou uma só função, dizendo, por exemplo: "Eu tenho uma memória terrível" ou "Ela tem memória fotográfica", há muitos tipos de memória e ela pode ser dividida de várias formas. Baddeley (2004) discute o fracionamento da memória e nos lembra de que pessoas com síndrome amnésica clássica têm grande dificuldade de evocar, após um certo tempo ou distração, mas têm *span* de memória imediata normal, assim, depois de ouvirem uma sequência de dígitos, geralmente conseguem repetir cinco, seis ou sete deles, na ordem correta. Outras pessoas têm grande dificuldade em repetir dois ou mais dígitos, mas têm muito menos problemas após evocação tardia ou distração. Assim, uma dupla dissociação pode ser encontrada entre as pessoas com síndrome amnésica clássica e aquelas com armazenamento da memória de curto prazo (imediata) prejudicada.

A memória, então, não é uma única habilidade ou função, mas uma "complexa combinação de subsistemas mnemônicos" (Baddeley, 1992, p. 5). Pode-se considerar a memória em termos da quantidade de tempo durante o qual as memórias são armazenadas, do tipo de informação a ser lembrada, da modalidade onde está a informação, das etapas do processo de evocação, memória explícita ou implícita, se evocação ou reconhecimento são necessários, se a memória é retrospectiva (para as coisas que já aconteceram) ou prospectiva (para lembrar o que deve ser feito) e se a memória é anterior ou posterior à lesão ou doença (Clare e Wilson, 1997). Este capítulo aborda e cada um desses temas e oferece uma breve consideração sobre a neuroanatomia da memória.

MEMÓRIA TEMPO-DEPENDENTE

Baddeley e Hitch (1974), influenciados por Atkinson e Shriffin (1971), sugeriram que a memória poderia ser dividida em três categorias, de modo geral, baseadas no período de tempo durante o qual as informações podem ser armazenadas: memória sensorial, a qual armazena informações por menos de um quarto de segundo (250 milissegundos); armazenamento de curto prazo, o qual mantém a informação por alguns segundos e armazenamento de longo prazo, o qual mantém a informação por período que pode ser de minutos a anos (Figura 1.1).

O primeiro sistema, o da memória sensorial, é o que usamos quando vamos ao cinema e percebemos o que parece ser uma imagem em movimento. De fato, estamos vendo uma série de fotos, mas que são mantidas em breve armazenamento sensorial e então são interpretadas como figuras em movi-

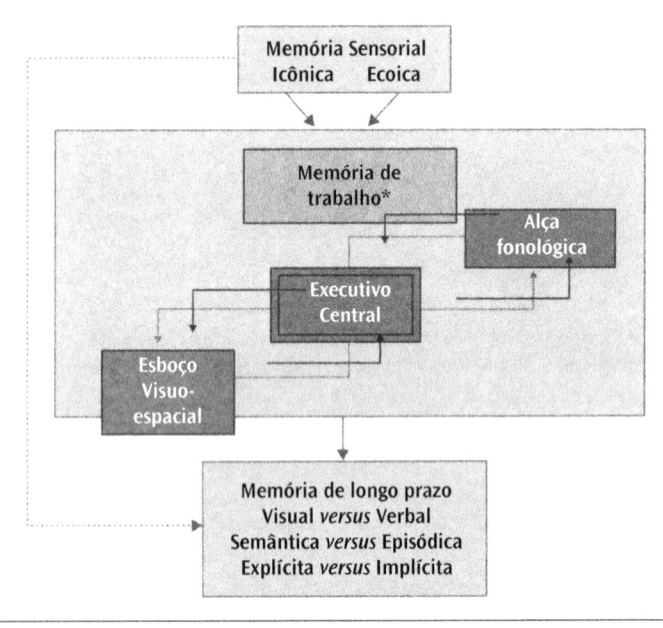

Figura 1.1 O modelo da memória de trabalho. Fonte: Baddeley e Hitch (1974).

---

* N. de R. T.: No Brasil, o termo *working memory* pode ser traduzido como "memória de trabalho" ou "memória operacional". Neste livro, a primeira tradução será utilizada.

mento. Isso envolve a *memória sensorial visual* ou *memória icônica*. O equivalente auditivo é conhecido por *memória sensorial ecoica* ou auditiva e nos permite interpretar os sons da fala. Na prática clínica, entretanto, as pessoas com transtornos nos sistemas de memória sensorial seriam diagnosticadas com transtorno perceptivo visual ou auditivo e não como apresentando comprometimento da memória. Elas não são consideradas neste livro.

O segundo sistema, mantido por alguns segundos na memória, é o que usamos quando discamos um número de telefone com sete dígitos, por exemplo. Podemos nos ater a esses sete dígitos por tempo suficiente para discar, mas se o número estiver ocupado ou alguém falar conosco enquanto estamos discando, o número é esquecido, o perdemos e temos que olhar outra vez. Os psicólogos chamam esse sistema de *memória de curto prazo* (MCP), mas o público em geral entende a MCP como qualquer coisa passada há alguns minutos, alguns dias ou algumas semanas, então é melhor evitarmos o termo MCP, a não ser que estejamos interagindo com psicólogos. *Memória imediata*, *memória primária* ou *memória de trabalho* são outros termos em uso. A memória primária e a memória imediata se referem ao *span* de memória conforme medido pela quantidade de dígitos que podem ser repetidos na ordem correta após uma apresentação (sete mais ou menos dois para a maioria das pessoas; Miller, 1956) ou pelo efeito da recência em recordação livre (a habilidade de recordar os últimos itens em uma lista de palavras, letras ou dígitos). Baddeley (1197) prefere o termo *memória primária* quando se refere ao sistema unitário simples de memória de alguns segundos e *memória de trabalho* quando se refere ao alcance de interação dos sistemas de memória que as pessoas tipicamente usam na vida real.

Entende-se que a memória de trabalho tem um controlador ou alocador de recursos, o *executivo central*, o qual é assistido por dois sistemas subsidiários: a *alça fonológica* ou *fonoarticulatória* e o *esboço visuoespacial*. A alça fonológica é um armazenador que mantém a memória por alguns segundos, mas que é capaz de aumentar esse período através do uso da repetição subvocal. Além disso, pode converter material visual que pode ser verbalizado em um código fonológico (Baddeley, 2004). O esboço visuoespacial permite a estocagem temporária e a manipulação das informações visuais e espaciais. Na prática clínica podemos ver pessoas com dano em cada um desses sistemas. Aqueles com transtorno executivo central são diagnosticados com síndrome disexecutiva, segundo Baddeley (1986) e Baddeley e Wilson (1988a). Suas principais dificuldades são com o planejamento, a organização, a atenção dividida, a perseveração e dificuldade de lidar com situações novas ou desconhecidas (Evans, 2005). Aqueles com alterações na alça fonológica têm dificuldades com processamento da fala e aquisição de nova linguagem. Os poucos pacientes que vemos com transtornos de memória imediata (i.e., só conseguem repetir um ou dois dígitos, palavras ou letras com precisão) têm prejuízo na alça fonológica. Vallar e Papagno (2002) abordaram a alça fonológica em detalhes, enquanto

Baddeley e Wilson (1988b) e Wilson e Baddeley (1993) descreveram um paciente com déficit na alça fonológica e sua subsequente recuperação. As pessoas com alterações de esboço visuoespacial podem ter déficits em apenas uma dessas funções. Em outras palavras, dificuldades visuais e espaciais são dissociáveis (Della Sala e Logie, 2002). Apesar de tal paciente ter sido descrito por Wilson, Baddeley e Young (1990), casos como ele são raros na prática clínica e não são encaminhamentos típicos para reabilitação.

Mais recentemente, Baddeley (2000) e Baddeley e Wilson (2002) acrescentaram um quarto componente à memória de trabalho, o denominado *buffer* episódico*, um estoque multimodal temporário capaz de integrar informações da alça fonológica e do esboço visuoespacial ao armazenamento de memória de longo prazo. Esse *buffer* é particularmente importante na memória imediata para a narrativa, permitindo que pacientes amnésicos com bom funcionamento intelectual e sem déficits executivos demonstrem memória imediata aparentemente normal para narrativas que em muito excederiam a capacidade de qualquer um dos sistemas subsidiários. A memória tardia está obviamente ainda severamente prejudicada. Quando se avalia a evocação imediata de uma passagem narrativa, em um paciente amnésico, não raro se percebe que a pontuação está normal, ainda que, dada a capacidade do armazenamento de curto prazo, a recordação teria de ser de não mais que sete palavras mais ou menos duas (Miller, 1956). O *buffer* episódico oferece uma explicação para esse desempenho superior ao esperado.

Como mencionado anteriormente, o *armazenamento de longo prazo* ou *memória de longo prazo* (MLP) é o sistema que armazena informação por períodos maiores de tempo variando de minutos a décadas. É também referido como uma memória secundária. O armazenamento de MLP é durável e com uma grande e, possivelmente, ilimitada capacidade. Diferentemente da alça fonológica, a que codifica informações, principalmente por meio das características da fala, o sistema de longo prazo codifica, primeiramente, pelo significado. É esse sistema que é geralmente afetado nas pessoas com comprometimentos de memória. A maioria têm memória imediata relativamente normal, mas após evocação tardia ou distração a informação é perdida. O meio pelo qual a informação é retida por alguns minutos parece ser essencialmente o mesmo que aquele pelo qual é lembrada por anos. São nítidas as divisões existentes entre memória sensorial (medida em milésimos de segundos), memória imediata (medida em segundos) e memória de longo prazo (medida em minutos, dias, semanas e anos). Isso não significa dizer que lembramos eventos que aconteceram anos atrás assim como lembramos eventos que aconteceram ontem; é simplesmente o fato de que não há aqui tal distinção óbvia, como há entre memória sensorial, primária e secundária. Clinicamente, tendemos a falar em *memória tardia*, *memória recente* e *memória*

---

* N. de R. T.: O *buffer* espisódico pode ser traduzido e entendido como "retentor episódico", mas tal termo ainda não está consensualmente cunhado na literatura científica brasileira.

remota, sendo memória tardia a que se refere a eventos ou informações que ocorreram alguns minutos antes, memória recente a que se refere a coisas que aconteceram há poucos dias ou semanas e memória remota a que se refere a eventos ou informações que ocorreram anos antes (Clare e Wilson, 1997). A MLP pode ser entendida ou distinta de várias formas, inclusive *memória semântica, episódica* e *procedural, memória visual* e *verbal* e *memória implícita* e *explícita*. Estas, com outros aspectos da memória, são abordadas nas sessões seguintes deste capítulo.

O TIPO DE INFORMAÇÃO A SER LEMBRADA

A memória, para o conhecimento geral, para as experiências pessoais e para as habilidades ou rotinas, depende de diferentes sistemas, sendo que cada um desses sistemas pode ser independentemente comprometido. A memória para o conhecimento geral, tal como fatos, significados de palavras, aparência de objetos ou cor das coisas, é conhecida como *memória semântica*, conforme Tulving (1972). Usamos a memória semântica quando respondemos a perguntas como qual é a cor de uma banana, a capital do Egito, se um hipopótamo é maior ou menor que um cachorro e o significado da palavra "justiça". Temos um amplo armazenamento de informações sobre o que as coisas significam, como se parecem, como soam, que cheiro e que sensação têm. Não é necessário lembrar "quando" essas informações foram adquiridas ou "quem" estava presente naquele momento. A aprendizagem tipicamente acontece em muitas ocasiões em uma variedade de circunstâncias. A maioria das pessoas com comprometimento de memória tem memória semântica normal, pelo menos para informações adquiridas antes do início do quadro de défcits. Alguém com síndrome amnésica clássica, por exemplo, não terá problemas para definir palavras ou evocar fatos dos seus recursos ou conhecimento geral (Tabela 1.1). Pode ser difícil estabelecer novos fatos, entretanto, provavelmente porque de início depende-se da memória episódica para que as informações entrem no estoque semântico (Cermak e O'Connor, 1983). Por exemplo, um paciente bastante amnésico quase não consegue consolidar fatos novos desde o início da amnésia resultante de encefalite por herpes simples em 1985. Ele não tem conhecimento de palavras que entraram no vocabulário desde que ficou doente. Não sabe o que é um *e-mail*, não entende os termos "doença da vaca louca", *world wide web* ou "Viagra" (Wilson, Kopelman e Kapur, 2008). Em contrapartida, outro paciente aprendeu muitas dessas palavras apesar de uma amnésia severa (Wilson, 1999). Sua aprendizagem, entretanto, é diferente da normal.

Alguns sobreviventes de lesão cerebral exibem déficits de memória semântica, particularmente após encefalite ou anoxia, apesar de pessoas com traumatismo crânio-encefálico (TCE) também poderem apresentar esses problemas devido a prejuízo no armazenamento semântico ou acesso a ele (Wilson, 1997). Warrington (1975) argumenta que a agnosia visual de objetos é um déficit de memória

Tabela 1.1 Características das pessoas com a síndrome amnésica clássica e com défcits cognitivos mais generalizados

Síndrome amnésica
1. Profunda dificuldade para aprender e evocar a maioria das informações novas (amnésia anterógrada).
2. Dificuldade de lembrar alguma informação adquirida antes do início da síndrome (amnésia retrógrada).
3. Memória imediata normal.
4. Aprendizagem normal/quase normal de habilidades implícitas.
5. Funcionamento normal/quase normal em outras tarefas cognitivas.

Dificuldades cognitivas mais generalizadas
1. Memória imediata razoável.
2. Dificuldade de recordar após evocação tardia ou distração.
3. Dificuldade de aprender a maioria das informações novas.
4. Eventos que aconteceram algum tempo antes da lesão são geralmente melhor lembrados que os eventos que ocorreram pouco tempo atrás.

semântica visual. Alguns pacientes perdem a habilidade de reconhecer seres vivos, mas continuam com a capacidade de reconhecer objetos e entende-se que têm um transtorno de categoria específica (Warrington e Shallice, 1984). Hillis e Caramazza (1991) e Sacchett e Humphreys (1992) descrevem o oposto, quando as pessoas podem reconhecer objetos inanimados melhor do que podem reconhecer seres vivos. Prejuízos de memória semântica também podem ser vistos em pessoas com Doença de Alzheimer (DA), bem como déficits em memória episódica (Becker e Overman, 2004). Há um grupo de pessoas, entretanto, que tem problemas particulares com déficit de memória semântica: aqueles com demência semântica progressiva (Warrington, 1975; Snowden et al., 1992; Snowden, 2002). Essa condição é caracterizada por "degradação seletiva do conhecimento semântico principal, afetando todos os tipos de conceito, independentemente da modalidade de testagem" (Lambon-Ralph e Patterson, 2008, p. 61). A memória episódica pode ser menos afetada. Tanto Snowden, Griffiths e Neary (1996) quanto Graham e Hodges (1997) descobriram que as pessoas com demência semântica mostravam preservadas as memórias recentes e pejudicadas as memórias remotas, o que significa o contrário do que tem sido visto em pessoas com DA.

A memória para experiências pessoais (p. ex., onde você passou o último Natal, quando a fatura do cartão de crédito foi paga ou o que seu amigo pediu para fazer esta noite) é mais autobiográfica e conhecida como *memória episódica*, também conforme Tulving (1972). É mais importante recordar a ocasião específica quando o evento ocorreu, ou como Baddeley (2002, p. 5) diz, citando Tulving, ser capaz de "viajar de volta ao passado". Os problemas de memória episódica, como os problemas de memória semântica, resultam de déficits na MLP. Apesar de Tulving (1992) acreditar que a memória semântica e a memória episódica fossem dois sistemas independentes, Baddeley (1997, 2004) discorda dessa visão. Ele aponta que na maioria das situações há uma mistura das duas: se alguém evoca o que comeu no café da manhã (uma tarefa episódica), então isso será influenciado pelo conhecimento semântico do que alguém geralmente come no café da manhã. A maioria das pessoas com problemas de memória tem déficits de memória episódica, sendo essa sua maior desvantagem no cotidiano. Devido à sua magnitude, tanto em termos de números como de severidade das dificuldades que acarretam, os déficits episódicos são o foco principal da atenção neste livro. Os déficits episódicos podem ser, além disso, subdivididos em *evocação visual e verbal* e *reconhecimento* e cada uma dessas subdivisões será discutida em detalhes mais adiante neste capítulo.

A memória para as habilidades ou rotinas é conhecida como *memória procedural*. Aprender a andar de bicicleta, ler palavras escritas de trás para a frente e aprender a datilografar ou a digitar sem olhar no teclado são exemplos de aprendizagem procedural. A característica primária desse tipo de aprendizagem é que não depende de evocação consciente, ao contrário, a aprendizagem pode ser demonstrada sem a necessidade de consciência de onde e como a aprendizagem original aconteceu. Por esse motivo, a maioria das pessoas com problemas de memória apresenta aprendizagem procedural normal ou relativamente normal. H.M., o mais famoso paciente amnésico de todos os tempos (Scoville, 1968; Scoville e Milner, 1957), era capaz de aprender tarefas motoras apesar de um grave comprometimento de memória episódica. Cohen e Corkin (1981) demonstraram que H.M. também era capaz de aprender o complexo jogo da Torre de Hanói, ainda que ele não tivesse lembrança de ter realizado a tarefa anteriormente. Vários outros estudos demonstram que pacientes amnésicos podem aprender algumas tarefas. Dentre essas, estão completar quebra-cabeças (Brooks e Baddeley, 1976), o condicionamento das reações de piscar (Weiskrantz e Warrington, 1979) e leitura de palavras espalhadas (Cohen e Corkin, 1981). Essa aprendizagem normal, ou quase normal, é importante na reabilitação porque podemos explorar essa habilidade relativamente preservada para ensinar digitação e uso de computador, bem como o uso de alguns recursos de auxílio externo de memória. Entretanto, nem todos os estudos detectam aprendizagem preservada em pacientes com comprometimento de memória. Swinnem, Puttemans e Lamote (2005), por exemplo, descobriram que pacientes com Síndrome de Korsakoff apresentam alguns déficits nas tarefas de aprendizagem procedural. Por sua vez, Cavaco, Anderson, Allen, Castro-Caldas e Damásio (2004, p. 1853), relataram que "a aprendizagem preservada de habilidades percepto-motoras complexas em pacientes com amnésia é um fenômeno robusto e que pode ser demonstrado por uma variedade de condições e demandas percepto-motoras".

Alguns grupos de pacientes são conhecidos por apresentar aprendizagem procedural comprometida, particularmente aqueles com Doença de Huntington e Doença de Parkinson (Valkil e Herishanu-Haaman, 1998; Osman, Wilkinson, Beiji, Castañeda e Jahanshani, 2008). Pessoas com DA podem (Mitchell e Schmitt, 2006) ou não (Hirono et al., 1997) apresentar déficit. Vicari e colaboradores (2005) e Nicholson e Fawcett (2007) sugeriram que crianças com dislexia de desenvolvimento têm aprendizagem procedural comprometida, enquanto Siegert, Weatherall e Bell (2008) encontraram comprometimento moderado em pessoas com esquizofrenia.

MEMÓRIA DE MODALIDADE ESPECÍFICA

Podemos ser solicitados a recordar informações e eventos de diversas formas, inclusive coisas que vimos, ouvimos, cheiramos, tocamos e provamos. Na reabilitação de memória, entretanto, a área de preocupação principal é a memória para informação verbal e visual. Podemos lembrar de informações que podemos nomear ou ler, mas também podemos nos lembrar de coisas que não conseguimos facilmente verbalizar, assim como o rosto de uma pessoa. Como diferentes partes do cérebro são responsáveis pelo processamento visual e verbal, estas podem estar afetadas de modo independente, com algumas pessoas tendo uma dificuldade primária com a memória visual e outras com a memória verbal. Há muitos anos, Milner (1965, 1968, 1971) demonstrou déficits específicos para diferentes materiais após lobectomia temporal unilateral. A remoção do lobo temporal esquerdo resulta em déficits de memória verbal e a remoção do lobo temporal direito resulta em evocação comprometida de material não verbal, tal como rostos, padrões e labirintos.

Se a memória de um tipo de material é menos afetada, pode ser possível explorar o sistema menos danificado para compensar o mais danificado. Por exemplo, alguém com pouca habilidade verbal, mas com boa memória visual, pode ser capaz de transformar material verbal em informação visual e se beneficiar das técnicas de imageamento visual descritas no Capítulo 5, enquanto aqueles com padrão inverso podem ser capazes de verbalizar informação visuoespacial como os itinerários. Wilson (1987) descreveu tratamento bem-sucedido para pacientes com ambos os déficits de memória – verbal e visual. Algumas pessoas terão, é claro, ambos os défcits de memória. Isso não significa que não possam se beneficiar de treinamento de memória e de outras estratégias mnemônicas (Wilson, 1987), como será demonstrado mais adiante neste livro.

ETAPAS NO PROCESSO DE RECORDAÇÃO: CODIFICAÇÃO, ARMAZENAMENTO E EVOCAÇÃO

No início deste capítulo, a memória foi definida como a habilidade de adquirir, armazenar e evocar informações. Essas são as três etapas necessárias para o sistema de memória funcionar. A aquisição de informações é a *etapa de co-*

dificação, a retenção da informação é a *etapa de armazenamento* e o acesso à informação quando necessário é a *etapa de evocação*. Apesar de se poder fazer distinção entre essas etapas e de poder haver pacientes com déficits em apenas um sistema, na vida real essas etapas interagem umas com as outras. Por exemplo, pessoas com problemas de codificação apresentam dificuldades de atenção. Apesar do fato de que em algumas circunstâncias lembrar não é intencional e podermos recordar coisas que aconteceram quando não estávamos prestando atenção, geralmente precisamos prestar atenção quando estamos aprendendo algo novo ou quando é importante recordar. As pessoas com síndrome amnésica clássica não têm dificuldade de codificar, enquanto aquelas com déficits executivos (p. ex., após TCE ou sequela de demência) podem ter. Há diretrizes que podemos seguir para melhorar a codificação.

Primeiramente, deve-se simplificar a informação a ser recordada, porque é mais fácil recordar palavras e frases curtas do que as longas até mesmo se as palavras e frases são bem compreendidas pela pessoa que tenta recordá-las (Wilson, 1989). Segundo, deveria-se pedir que a pessoa lembre somente uma coisa de cada vez, em vez de três ou quatro itens, palavras, nomes ou instruções ao mesmo tempo, levando, inevitavelmente, à confusão. Terceiro, certifique-se de que a pessoa entendeu a informação apresentada. Geralmente o conseguimos pedindo que a pessoa repita a informação com suas próprias palavras. Quarto, peça que a pessoa relacione a informação a algo familiar. Por exemplo, quando recordar um nome, peça à pessoa que pense em alguém com o mesmo nome ou uma canção que contenha o nome. Quinto, siga a "regra básica", normalmente conhecida como prática distribuída. Quando alguém está tentando aprender algo, aprende melhor se as oportunidades de aprendizagem ou tentativas forem distribuídas ao longo do tempo, em vez de serem todas aglomeradas. Baddeley (1992) descreveu um experimento em que as pessoas aprendiam a datilografar. Três grupos, cada qual tinha 12 horas de instrução: um grupo passou 1 hora por dia aprendendo durante 12 dias, outro grupo foi instruído 2 horas por dia durante 6 dias e o terceiro grupo foi ensinado 6 horas por dia durante 2 dias. Aqueles que aprenderam por 1 hora ao dia desempenharam-se melhor e esqueceram menos. A prática distribuída é o princípio por trás da evocação espaçada/repetição expandida de Landauer e Bjork (1978), descrito no Capítulo 6. Sexto, evitar a aprendizagem por tentativa e erro. Para nos beneficiarmos do erro precisamos ser capazes de lembrá-lo. Para pessoas que não conseguem se lembrar de seus erros, o simples fato de dar uma resposta incorreta pode reforçar os erros. Assim, em primeiro lugar, precisamos evitar erros (Baddeley e Wilson, 1994). Esse é o princípio fundamental da aprendizagem sem erro (ASE) descrita em detalhes no Capítulo 6. Sétimo, certifique-se de que as pessoas que estejam tentando recordar ou aprender não recebam a informação de modo passivo. Elas precisam pensar sobre o material ou informação e manipulá-lo de alguma forma. Isso é também conhecido por "níveis de processamento", segundo Craik e Lockhart (1972). Pessoas que processam coisas em um nível mais superficial (p. ex., contar o número de letras em uma palavra) lembram menos do que aquelas que processam em nível mais profundo (p. ex., pensar sobre o significado de uma palavra; Jacoby e Hallas, 1981). Baddeley (1982) sugeriu que a codificação mais profunda envolve elaboração, compatibilidade e autorreferência. A elaboração envolve relacionar o material com algo já conhecido; compatibilidade significa que se a informação é consistente, então é mais fácil de ser aprendida (assim, entusiastas do futebol podem lembrar os resultados de uma partida e chaves dos times melhor do que os não entusiastas) e autorreferência significa que as pessoas que relacionam a informação com elas mesmas recordam melhor do que se relacionarem com outras pessoas.

Uma vez que a informação esteja registrada na memória, lá deve ser armazenada até que seja necessária. A maioria das pessoas esquece informações novas bem rapidamente nos primeiros dias e após o índice de esquecimento diminui. Isso é também verdadeiro para as pessoas com problemas de memória, tendo em mente, é claro, nesses casos, que pouca informação tende a ser armazenada desde o início. Todavia, uma vez que a informação esteja adequadamente codificada e entre no armazenamento de longo prazo, a testagem, repetição ou prática podem ajudar a mantê-la. A melhor maneira de fazê-lo é testar a pessoa imediatamente após ver ou ouvir a nova informação, testar novamente depois de um curto intervalo e testar mais uma vez após um prazo um pouco mais longo. Esse processo é continuado, com os intervalos sendo gradualmente aumentados. Tal prática ou repetição geralmente leva à melhor retenção e informação. Mais uma vez, esse é o princípio da evocação espaçada (Landauer e Bjork, 1978), ao qual retornaremos no Capítulo 6. Esse princípio pode, dessa forma, ajudar tanto na decodificação quanto no armazenamento. Outras estratégias de repetição como o método PQRST (*Preview, Question, Read, State and Test** [ver Capítulo 5]) também podem ajudar a melhorar o armazenamento.

Evocar informação quando necessário é a terceira etapa no processo de memória. Todos passamos por situações quando sabemos que sabemos alguma coisa, tal como o nome de uma cidade ou uma palavra em particular, e ainda assim não conseguimos recordá-la no exato momento. Isso é conhecido como o fenômeno "da ponta da língua". Se alguém nos diz a palavra, geralmente podemos logo em seguida determinar se está ou não correta. Problemas de recuperação são mais prováveis para pessoas com problemas de memória. Se pudermos oferecer um "gancho" na forma de pista ou dica, podemos ser capazes de ajudá-las a acessarem a memória correta. Indicar a primeira letra de um nome pode ajudar a pessoa a recordar o nome todo. Talvez todos nós tenhamos experimentado uma situação em que reconhecemos o rosto, mas não

---

* N. de T.: Prever, questionar, ler, descrever e testar.

conseguimos relacionar o rosto ao nome e à pessoa propriamente dita. É provável que isso aconteça se a pessoa é vista em um lugar diferente dos lugares dos encontros anteriores. A recordação é mais fácil, para a maioria de nós, se o contexto em que estamos tentando recordar algo for o mesmo que aquele em que aprendemos desde a primeir vez. Isso é conhecido como o princípio da *especificidade contextual*. Godden e Baddeley (1975) o demonstraram em um engenhoso experimento. Eles ensinaram a mergulhadores de profundidade uma lista de palavras na terra ou debaixo d'água e pediram que eles recordassem as palavras no mesmo ambiente ou em ambiente diferente. Aqueles que aprenderam debaixo d'água recordaram melhor quando testados no mar. O mesmo se mostrou verdadeiro com aqueles que aprenderam em terra (i.e., recordaram mais quando testados no mesmo ambiente). Se os ambientes de aprendizagem e testagem fossem os mesmos, 40% de palavras a mais eram recordadas do que quando não houvesse coincidência de ambiente. Assim, pessoas com comprometimento de memória poderão lembrar melhor se estiverem na mesma sala e com as mesmas pessoas quando a aprendizagem aconteceu pela primeira vez.

Obviamente, na maioria das situações, queremos evitar a especificidade contextual, então quando tentarmos ensinar novas informações a uma pessoa com comprometimento de memória, deveríamos ensinar essa pessoa a recordar em um número diverso de cenários e situações sociais. O objetivo deveria ser encorajar a aprendizagem em diversas situações do cotidiano que sejam prováveis de realmente acontecer. A aprendizagem não deveria estar limitada a um contexto particular como a ala de um hospital, uma sala de aula ou o consultório de um terapeuta.

Nosso humor e estado mental também pode influenciar nossa habilidade de lembrar. Sabemos que as pessoas que aprendem coisas quando estão sóbrias as recordam melhor quando estão sóbrias. Isso pode não ser surpreendente. Contudo, é também verdadeiro que coisas aprendidas quando uma pessoa está alcoolizada poderá ser melhor recordada quando a pessoa estiver alcoolizada outra vez. Similarmente, coisas aprendidas quando alguém está feliz ou triste serão melhor recordadas quando a emoção original for experimentada mais uma vez. Isso é conhecido como *aprendizagem estado-dependente*. Consequentemente, quando se for ajudar uma pessoa com comprometimento de memória a recordar, deveria-se ter por objetivo ajudá-la em diversos estados de espírito para evitar a especificidade contextual. Essa questão será abordada na seção Generalização ou Transferência da Aprendizagem, no Capítulo 10.

MEMÓRIA EXPLÍCITA E IMPLÍCITA

A *memória explícita* é semelhante à memória episódica; simplesmente significa que uma pessoa pode conscientemente se lembrar de incidentes e episódios específicos do passado. Como relatado na discussão da memória episódica, a maioria das pessoas com comprometimento de memória terá problemas com tarefas de memória explícita. Tal memória é vulnerável a muitos tipos de quadros neurológicos e por esse motivo é um dos focos da reabilitação da memória.

A *memória implícita*, por outro lado, assim como a memória procedural, implica que nenhuma lembrança consciente é necessária para demonstrar que a aprendizagem aconteceu. A memória procedural é uma forma de memória implícita que nos permite aprender habilidades tais como andar de bicicleta ou fazer tarefas motoras. A memória implícita também cobre a aprendizagem não motora como o *priming (*pré-ativação*)*. O *priming* é um processo segundo o qual a aprendizagem é melhorada através da pré-exposição aos estímulos. Desse modo, se for mostrada ou lida uma lista de palavras a um paciente amnésico, antes que ele tenha visto a raiz das palavras (na forma das duas ou três primeiras letras da palavra), é provável que ele responda com as palavras corretas ainda que não haja a consciência ou memória explícita de ver as palavras antes (Warrington e Weiskrantz, 1968). Apesar de sabido há décadas que as pessoas com comprometimento de memória podem aprender algumas habilidades e informações normalmente através das suas habilidades de aprendizagem intactas (ou quase intactas), tem sido difícil aplicar esse conhecimento para reduzir problemas reais encontrados por pessoas com déficits orgânicos de memória. Glisky e colaboradores (Glisky e Schacter, 1988; Glisky, Schacter e Tulving, 1986) tentaram explorar as habilidades implícitas intactas para ensinar terminologia computacional para pessoas com amnésia usando uma técnica que chamaram de "método de apagamento de pistas" (discutida em mais detalhes no Capítulo 6). Apesar de algum sucesso, o método envolveu considerável tempo e esforço tanto dos pesquisadores quanto das pessoas com amnésia. A memória ou aprendizagem implícita, por outro lado, não envolve esforço porque acontece sem recordação consciente. Isso, bem como algumas outras alterações vistas durante a aprendizagem implícita (tal como a observação de que em uma figura fragmentada/procedimento de *priming* perceptual, se um paciente amnésico nomear erroneamente um fragmento durante uma primeira apresentação, o erro pode "se fixar" e ser repetido em sucessivas apresentações), levou Baddeley e Wilson (1994) a questionarem: "Os pacientes amnésicos aprendem melhor se impedidos de errarem durante o processo de aprendizagem?". Esse foi o início dos estudos da aprendizagem sem erro (ASE) em reabilitação da memória e será abordado mais detalhadamente no Capítulo 6.

MEMÓRIA RETROSPECTIVA E PROSPECTIVA

A *memória retrospectiva* é a memória para o passado, seja para eventos, incidentes, listas de palavras, piadas ou outras experiências. Ela se contrasta com a *memória prospectiva*, que é a habilidade de lembrar de fazer coisas no futuro; pode ser em um dado horário (p. ex., "Às 3 horas, tenho de sair para a estação de trem") ou dentro de um dado intervalo de tempo (p. ex., "Nos próximos 15 minutos, por favor, alimente o gato") ou quando um certo evento acontece (p. ex., "Quando você vir Jessica, dê a ela o recado do Tom"). Em outras palavras, a memória prospectiva consiste em lembrar de fazer coisas em vez de recordar coisas que já aconteceram. Ellis (1996) definiu como "a realização das intenções futuras". A memória retrospectiva foi abordada anteriormente na discussão da memória episódica, da memória verbal e visual e da memória explícita. A memória prospectiva é uma das queixas mais comuns quando as pessoas são perguntadas sobre quais problemas de memória cotidiana enfrentam (Baddeley, 2004). Além disso, segundo Baddeley, não está claro "como" funciona a memória prospectiva. Dever haver necessidade de memória, porque pessoas amnésicas têm grande dificuldade de lembrar, mas pessoas jovens e inteligentes com frequência têm mais dificuldade de fazer as coisas na hora certa. "Há certamente um componente de motivação e provavelmente um componente de estratégia na memória prospectiva" (2004, p. 9). Em testes de memória as pessoas mais jovens cometem menos erros de memória prospectiva que pessoas mais velhas, mas na vida real os mais velhos cometem menos erros porque conhecem suas limitações e as compensam fazendo anotações ou se concentrando mais. Groot, Wilson, Evans e Watson (2002) demonstraram que a memória prospectiva pode falhar devido a défcits de memória ou a dificuldades executivas. Na verdade, há evidência de que as medidas do funcionamento executivo são melhores na avaliação de défcits de memória prospectiva do que as medidas de memória (Burgess, Veitch, de Lacy Costello e Shallice, 2000; Fish, Manly e Wilson, 2008a).

Há, também, componentes retrospectivos para a memória prospectiva. Fish e colaboradores (2008) deram o exemplo do envio de uma carta. Primeiramente você deve ter a intenção consciente de enviar a carta e, a não ser que haja uma caixa de correio próxima, você deve repetir essa intenção até que possa ser executada (possivelmente algumas horas mais tarde) ou "pretender" lembrar essa intenção quando sua execução for possível. Dadas as muitas tarefas em que você pode estar executando antes de ver uma caixa de correio, a intenção deve ser armazenada de forma que não comprometa qualquer atividade corrente. Então, no momento e circunstâncias adequados, você deve acessar aquela intenção e iniciar as ações com ela associadas. Então, antes de sair de casa, você deve se lembrar de levar a carta consigo e também se lembrar da intenção de postá-la quando encontrar uma caixa de correio. Além disso, você deve lembrar depois se enviou ou não a carta. Ellis (1996) descreveu essas etapas como codificação, retenção, execução e avaliação. Levin e Hanten (2004) também alegam que a memória prospectiva tem um componente declarativo (explícito), no sentido de que precisamos lembrar "qual" ação será executada, e um componente temporal-contextual (prospectivo), no sentido de que temos que lembrar "quando" e "onde" a ação tem que ser executada.

Pessoas com memória comprometida irão passar por dificuldades com ambos os tipos de memória. Terão problemas para recordar coisas que aconteceram no passado, bem como lembrar o que se espera que façam no futuro. Este livro aborda ambos os aspectos. O Capítulo 4 está particularmente voltado para a memória prospectiva e os Capítulos 5 e 6 para a memória retrospectiva.

MEMÓRIA RETRÓGRADA E MEMÓRIA ANTERÓGRADA

A *amnésia retrógrada* (AR) se refere à perda de memória antes do início do déficit de memória: isto é, há evocação comprometida dos eventos que ocorreram antes de qualquer dano ao cérebro. (Amnésia Anterógrada [AA] se refere às dificuldades de memória que seguem o dano neurológico. Como a AA inclui os tipos de problemas de memória referidos anteriormente, essa não será mais abordada.) Desde 1881 a AR desperta o interesse dos especialistas. De acordo com a lei de Ribot (1881), as memórias mais antigas são as mais resistentes a sequelas. Dessa forma, nas ARs as memórias recentes são as mais provavelmente afetadas. Embora isso seja verdadeiro para alguns grupos de pessoas, por exemplo, aqueles com Síndrome de Korsakoff (Kopelman, Sanhope e Kingsley, 1999) e os com dano no lobo temporal medial (Westmacott, Leach, Freedman e Moscovitch, 2001), não é necessariamente verdadeiro para outros grupos de diagnóstico tal como aqueles com encefalite (Kopelman et al., 1999; McCarthy, Kopelman e Warrington, 2005) e nem sempre verdadeiro para aqueles com dano no lobo temporal medial. Noulhiane e colaboradores (2007) descobriram que todos os períodos de tempo foram afetados em um grupo de pacientes que havia sido submetido à cirurgia do lobo temporal medial para a redução de crises epiléticas. Para aqueles com demência semântica, o "contrário" é verdadeiro de forma que provavelmente lembrem eventos recentes melhor do que eventos passados (Snowden, Griffiths e Neary, 1994; Grahan, Kropelnicki, Goldman e Hodges, 2003).

A maioria das pessoas com comprometimento de memória terá déficits de memória retrógrada e memória anterógrada, com o período da AR sendo muito variável. Para alguns sobreviventes de TCE pode ser tão curto quanto alguns minutos, enquanto para algumas pessoas com encefalite pode ser extensivo a décadas (Wilson et al., 2008). Há alguns relatos de pessoas com uma AR isolada e nenhum déficit anterógrado (Kapur, 1993, 1999; Kopelman, 2000), apesar de alguns desses provavelmente serem de origem psicogênica (Kopelman, 2004). De modo contrário, há algumas pessoas com AA severa e sem perda de memórias anteriores ao dano. "Jay", descrito em Wilson (1999), tornou-se amnésico aos 20 anos após aneurisma da artéria cerebral posterior esquerda. Ele podia recordar as aulas que estava tendo e o assunto sendo abordado quando teve a crise epiléptica, o que o levou a internação hospitalar e descoberta da hemorragia. É possível, claro, que até mesmo aqui houvesse alguns minutos ou segundos de AR, ainda que o próprio "Jay" acreditasse que ele era capaz de lembrar tudo até o momento da convulsão. Não é fácil avaliar AR em parte porque a avaliação depende de métodos retrospectivos e testes imperfeitos (Reed e Squire, 1998) e porque as pessoas variam consideravelmente em seu interesse e capacidade de recordar informações em testes de conhecimentos passados (p. ex., eventos públicos e personalidades famosas), e isso ocorre independente da influência da amnésia. Até mesmo quando se testa conhecimento da própria biografia, nem sempre é possível avaliar a acuidade das memórias dos pacientes (Reed e Squire, 1998). A Figura 1.2 ilustra AR e AA.

Por que algumas pessoas apresentam um componente temporal e outras não? Ribot (1881) acreditava que memórias mais antigas estavam mais integradas com memórias existentes do que as memórias recentes, o que se reflete na visão de Squire e Alvarez (1995), que sugeriram que o hipocampo é crucial para estabelecer novas memórias, mas está menos envolvido nas memórias antigas. Isso é conhecido como a teoria da consolidação e é consistente com o componente temporal visto em alguns pacientes. Em concordância, Reed e Squire (1998, p. 3944) sugeriram que "o dano à formação hipocampal produz AR limitada e que uma lesão cortical temporal adicional é necessária para a produção de AR severa e extensiva". Nadel e Moscovitch (1997), por outro lado, acreditavam que o hipocampo é crucial para as memórias de todos os períodos do ciclo vital. Isso é conhecido como teoria do traço múltiplo e é consistente com a falta de componente temporal vista em alguns grupos de pacien-

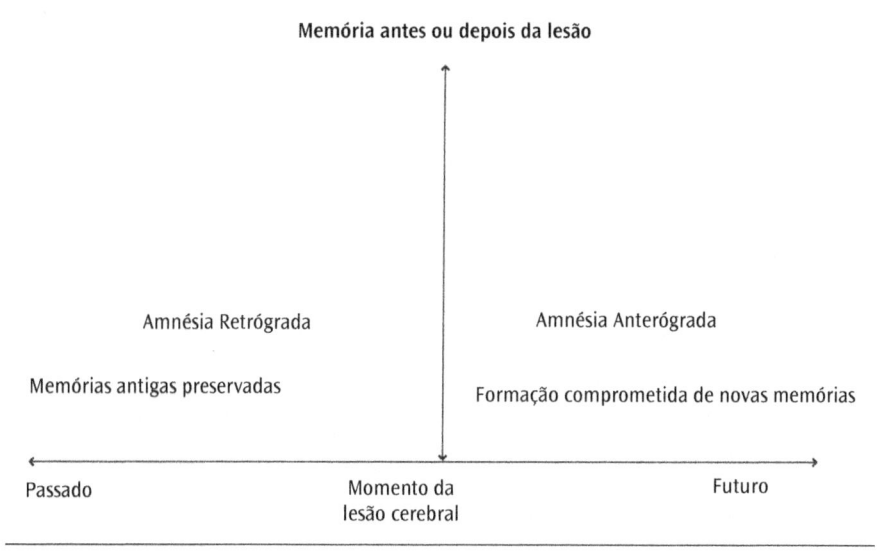

Figura 1.2 Uma ilustração da amnésia retrógrada e anterógrada. Fonte: Markowitsch (2003). © 2003. Oxford University Press. Reimpressa com permissão.

tes. Evidências podem ser encontradas para ambos os pontos de vista, apesar de Westmacott e Moscovitch (2002) sugerirem que as duas visões são, de fato, compatíveis porque a teoria do traço múltiplo está correta para as memórias explícitas, enquanto a teoria da consolidação explica tanto a memória semântica quanto a memória implícita, na medida em que as duas apresentam componente temporal. Essa ideia foi apoiada mais adiante por Steinvorth, Levine e Corking (2005), que descobriram que estruturas do lobo temporal medial são necessárias para recordar eventos tanto do passado distante como do passado recente, enquanto a memória semântica é independente dessas estruturas.

Na prática clínica, AA é a maior dificuldade para os pacientes com défcit de memória e o foco principal da reabilitação, apesar de ocasionalmente as pessoas precisarem de ajuda com a recordação de conhecimento autobiográfico pregresso. Se não houver AA (ou for leve), então é possível reensinar conhecimento de fatos do passado. Quando isso ocorre, os pacientes podem dizer que "sabem" que o evento aconteceu, mas que não têm sensação de familiaridade com os fatos em questão (Hunkin et al., 1995). Para a recuperação de amnésia psicogênica, ver Kopelman (2004).

BREVES CONSIDERAÇÕES SOBRE A NEUROANATOMIA DA MEMÓRIA

Um marco na neuroanatomia da memória foi 1953, quando Scoville operou um homem com crises epiléticas intratáveis (Scoville e Milner, 1957). Aos 27 anos, H.M. teve ablação bilateral do lobo temporal em uma tentativa de impedir as convulsões que ocorriam há muito anos. Uma vez recuperado da cirurgia, ficou evidente que H.M. era incapaz de aprender novas informações, tinha AR e apresentava todas as características da síndrome amnésica clássica. Foram também relatados os casos de oito pacientes psicóticos que passaram por cirurgias similares. Amnésia grave se desenvolveu após a remoção do hipocampo, mas, sendo este poupado, a amnésia não se desenvolvia. Os autores concluíram que o hipocampo intacto se fazia necessário para um funcionamento normal da memória. Apesar de essa não ter sido a primeira descrição da neuroanatomia da memória, certamente estimulou consideravelmente a pesquisa sobre funcionamento da memória. H.M. foi provavelmente o mais famoso paciente amnésico de todos os tempos e ainda é sujeito de pesquisas. Muitos trabalhos sobre H.M. já foram escritos entre 1957 e 2007[1].

É claro que o hipocampo e áreas adjacentes não são as únicas estruturas cerebrais envolvidas na memória. A memória sensorial é provavelmente processada pelos respectivos sistemas de memória sensorial cortical (Lu e Sperling, 2003). Muitas áreas corticais parecem estar envolvidas na memória de trabalho, inclusive uma rede de *buffers* (retentores) de domínio específico do

---

[1] Henry Molaison morreu aos 82 anos em 2 de dezembro de 2008.

córtex pré-frontal que agem como espaços de trabalho para armazenamento e manipulação de informações (Feredoes e Pastle, 2007), o córtex auditivo (Rader, Holmes e Golob, 1008) e áreas parietais (Arnott, Grady, Hevenor, Graham e Alain, 2005; Hong, Lee, Kim e Nam, 2000). Segundo Markowitsch (2003, p. 730), "a informação para os sistemas de memória declarativa e memória episódica entram no cérebro via canais sensoriais e então é armazenada *on--line* ou por pouco tempo em áreas de associação cortical, particularmente do córtex parietal lateral". O hipocampo, parte do sistema límbico, é crucial à memória para entrar no armazenamento de longo prazo, mas outras estruturas são também importantes. O giro para-hipocampal, o úncus, o fórnix, os corpos mamilares e o tálamo estão implicados na memória episódica/explícita (Markowitsch, 2003). A lesão de hemisfério esquerdo afetará particularmente a memória verbal e a memória visual direita (Milner, 1695, 1968, 1971).

A memória semântica está tipicamente associada com a atrofia nos lobos temporais, com o hemisfério esquerdo mais afetado que o direito, o lobo inferior mais afetado que o superior e a parte anterior do lobo mais afetada que a posterior (Chan et al., 2001). Como dito, a memória sensorial entra através dos órgãos dos sentidos e uma vez lá pode ser codificada implicitamente como informação pré-ativada envolvendo o córtex sensorial (Naccache e Dehaene, 2001) ou como memória procedural, a qual depende dos gânglios basais e possivelmente do cerebelo (Eichenbaum e Cohen, 2001). Markowitsch (2003) acreditou que a maioria das estruturas límbicas estão envolvidas na consolidação e armazenamento, com o córtex frontotemporal sendo crucial para a evocação. A memória prospectiva depende da memória e do funcionamento executivo e pode, dessa forma, ser prejudicada por uma lesão às áreas hipocampal e para-hipocampal, afetando a memória e, também, ao córtex pré-frontal, afetando as habilidades executivas. A AR foi abordada na discussão das teorias da consolidação e do traço múltiplo. Está associada com défcits do lobo temporal médio, particularmente hipocampal, e AR muito severa requer dano cortical temporal adicional (Reed e Squire, 1998). Um dos casos mais severos de amnésia já reportado é o de C.W. (Wearing, 2005; Wilson, Kopelman e Kapur, 2008). C.W. tem bem pouca lembrança dos 45 anos antes do início da sua amnésia decorrente de encefalite herpética e, certamente, tem significativo dano cortical além da perda quase total de ambos os hipocampos.

Dado o número de estruturas e redes envolvidas, talvez seja pouco surpreendente que os problemas de memória sejam com frequência encontrados como sequelas de muitas lesões cerebrais. Em que medida se pode esperar recuperação do funcionamento da memória após dano cerebral? Este será o tópico do próximo capítulo.

CAPÍTULO 2

Recuperação de Funções da Memória Após Lesões Cerebrais

O QUE SIGNIFICA RECUPERAÇÃO?

O termo "recuperação" pode ser interpretado de diferentes formas (ver Tabela 2.1). Almli e Finger (1988) discutiram algumas das definições de recuperação. Sugeriram que é uma completa recuparação das funções idênticas às perdidas ou comprometidas após lesão cerebral. Poucas pessoas com comprometimento de memória chegam a tal nível de recuperação. Na Escala Neurológica de Glasgow,* Jennett e Bond (1975, p. 483) definiram "boa recuperação" como "retomada da vida normal, ainda que haja déficits neurológicos e psicológicos menores". Algumas vezes isso é alcançado por aqueles com problemas orgâni-

Tabela 2.1 Algumas definições de recuperação

1. Restabelecimento pós-lesão de comportamentos específicos afetados pela lesão cerebral (LeVere, 1980) (impossível para a maioria dos sobreviventes de lesão cerebral).
2. Completa recuperação das funções idênticas às perdidas ou comprometidas por lesão cerebral (Almli e Finger, 1988) (impossível para a maioria das pessoas com lesão cerebral grave).
3. Retomada da vida normal com déficits neurológicos e psicológicos menores (Jennett e Bond, 1975) (algumas vezes alcançável para aqueles com problemas orgânicos de memória).
4. Retorno a níveis normais ou quase normais de desempenho (Laurence e Stein, 1978) (improvável para a maioria das pessoas com comprometimento de memória uma vez passada a fase aguda).
5. Redução de déficits comportamentais persistentes através de treinamento especial ou intervenções farmacológicas ou outras intervenções (Braun, 1978) (isso envolve a reabilitação).
6. Diminuição de comprometimentos em funções comportamentais e fisiológicas ao longo do tempo (Marshall, 1985) (podemos ver e realmente isso ocorrer).
7. Recuperação parcial da função com considerável substituição de função (Kolb, 1995) (o que a maioria de nós espera ver em reabilitação).

---

* N. de R. T.: Em inglês, é conhecida como Glasgow Outcome Scale (GOS).

cos de memória. Laurence e Stein (1978, p. 370) sugeriram que a recuperação é "o retorno ao nível normal ou quase normal de desempenho após as sequelas inicialmente bastante prejudiciais e limitadores de uma lesão ao sistema nervoso". Para reforçar, isto é improvável para a maioria das pessoas com comprometimento de memória, uma vez que a fase aguda tenha passado.

Mais aplicável àqueles com déficits orgânicos de memória é a definição de Marshall (1985, p. 201), que interpretou a recuperação como "comprometimentos nas funções comportamentais ou fisiológicas que diminuem com o tempo pós-lesão". Braun (1978, p. 178) afirmou que a recuperação ocorre "quando déficits de comportamento persistentes são reduzidos por treinamento especial, por tratamento farmacológico ou cirúrgico ou por outros tratamentos independentes". Essa definição, que enfatiza a "redução de déficits", envolveria, de certa forma, a reabilitação. Talvez a mais precisa e a mais rigorosa definição seja a de LeVere (1980, p. 298), que definiu recuperação "como a restituição pós-lesão de comportamentos específicos afetados pela lesão cerebral". Contudo, é bastante improvável que a maioria das melhoras obtidas por pessoas com comprometimento de memória através de uma combinação de recuperação natural e reabilitação satisfaça esse critério. Por outro lado, de acordo com Kolb (1995), a recuperação envolve, tipicamente, dois processos – recuperação parcial do funcionamento perdido e considerável substituição da função (i.e., compensação da função perdida através de outros meios) – e isso parece mais confortável para nós que trabalhamos em reabilitação porque inclui (1) recuperação espontânea e (2) as compensações da funcionalidade perdida que são visadas em programas de reabilitação.

A causa mais comum de lesão cerebral, e subsequente comprometimento de memória em pessoas com menos de 25 anos, é o trauma crânio-encefálico (TCE). As pessoas expostas ao trauma geralmente experimentam algum – e muitas vezes considerável – tipo de recuperação. Aceitando a definição de coma de Teasdale e Jennett (1974) – "não abrir os olhos espontaneamente ou em resposta a estímulo, não obedecer comandos e inexistência de resposta verbal" – então, uma vez que as pessoas tenham aberto os olhos, não estão mais em coma. Como as pessoas com TCE grave geralmente abrem os olhos em um período de cerca de 4 semanas, ou mais, não estão mais em coma. Consequentemente, em cerca de até 4 semanas pós-lesão, as pessoas com TCE podem estar em estado vegetativo ou minimamente consciente (Giacino et al., 2002); ou podem estar totalmente conscientes, resultado mais provável para a maioria desses pacientes. A consequente recuperação provavelmente acontecerá, podendo ser bem rápida, nas semanas e meses logo após a lesão, seguida de uma recuperação mais lenta que pode continuar por muitos anos. Um padrão semelhante pode ser visto após outros tipos de lesão não progressiva tais como hipoxia, encefalite e acidente vascular cerebral. Nesses últimos casos, entretanto, o processo de recuperação pode durar meses em vez de anos.

Deve ser salientado que ainda que ocorra uma solução parcial de déficits, será mínima para muitos pacientes. A adoção de uma abordagem "compensatória" oferece a melhor possibilidade de redução dos problemas cotidianos e aumento da independência funcional e qualidade de vida (QdV) para a maioria daqueles com défcit orgânico de memória.

MECANISMOS DE RECUPERAÇÃO

Alguns autores têm considerado os mecanismos pelos quais uma recuperação pode acontecer (Almli e Finger, 1992; Kolb, 1995, 2003; Robertson, 1999). Os mecanismos postulados com maior frequência são a melhora do edema ou inchaço cerebral, diásquise (através da qual lesões causam dano a outras áreas do cérebro por choque), plasticidade ou mudanças na estrutura do sistema nervoso e regeneração e crescimento renovado do tecido neural. Mudanças vistas nos primeiros minutos (p. ex., após traumatismo craniano leve) provavelmente refletem a melhora do dano temporário que não tenha causado alteração estrutural. As mudanças vistas dentro de alguns dias são, mais provavelmente, devidas à melhora de alterações estruturais temporárias, tais como edema ou lesão vascular ou atividade metabólica enzimática deprimida. A recuperação após alguns meses ou anos é menos bem compreendida. Há diversas formas em que ela pode ocorrer, inclusive diásquise, plasticidade e regenerações.

O termo "diásquise" foi introduzido por Von Monakov em 1914 e significa "choque disseminado". Von Monakov descreveu mudanças funcionais remotas, regressão gradual e uma "onda de diásquise" seguindo caminhos neuroanatômicos (Feeney e Baron, 1986). O uso moderno do temo se refere à depressão do metabolismo neuronal regional e fluxo sanguíneo cerebral causada por disfunção em região neuronal anatomicamente separada, mas funcionalmente relacionada (Brunberg, Frey, Horton e Kuhl, 1992). Esses autores sugerem que a diásquise ocorre em 50% dos pacientes com lesões hemisféricas bem-definidas. Em suma, a diásquise pressupõe que o dano a uma área específica do cérebro possa resultar em choque neural ou ruptura em alguma outra parte do cérebro. O choque neural secundário pode ser adjacente ao primeiro trauma ou estar mais distante. Em um estudo com um paciente de 67 anos com acidente vascular cerebral e síndrome amnésica após infarto talâmico esquerdo, Stenset e colaboradores (2007) demonstraram que a diásquise cortical correspondente às áreas de perda de fibras tálamo-corticais. Se o choque ocorre próximo ao dano inicial ou mais distante, segue uma via neural específica. De maneira similar, mas não idêntica a esse procedimento, está a ideia de inibição. Na inibição o choque é mais difuso e afeta o cérebro de maneira geral. Robertson e Murre (1999, p. 547) interpretaram a diásquise como "um enfraquecimento de conexões sinápticas entre os locais danificados e não danificados, contingente no nível reduzido de atividade na área danificada". Como as células nas duas áreas não estão mais sendo ativadas em conjunto, a conectividade sináptica entre elas é enfraquecida e isso resulta na depressão da funcionalidade no local não lesado mas parcialmente desconectado.

Brodtmann, Puce, Darby e Donnan (2007) estudaram três pacientes com acidente vascular cerebral que tinham sofrido lesão no sistema visual. Utilizando imagem por ressonância magnética funcional (IRMf), demonstraram que inicialmente os pacientes não apresentavam ativação ou que esta estava significativamente reduzida em regiões ventrais extraestriadas mas que seis meses depois a ativação havia se recuperado. Os autores sugeriram que isso revelava evidência de diásquise ipsilesional cortical nessas regiões e que a diásquise pode ter um papel subestimado na recuperação da visão após acidente vascular cerebral.

A plasticidade implica a reorganização anatômica baseada na ideia de que áreas não danificadas do cérebro podem assumir as funções das áreas danificadas. Postulada no século XIX por Casal (1888; Azmitia, 2007), essa ideia perdeu popularidade e até recentemente foi desacreditada como explicação para a recuperação em adultos. A noção atual, entretanto, está mudando. Jang, You e Ahn (2007) avaliaram os efeitos de um programa de neurorreabilitação amplo realizado com um paciente de 25 anos com problemas motores significativos associados com esclerose hipocampal direita, lobectomia temporal e amigdalectomia. O paciente recebeu 8 meses de tratamento com foco nas dificuldades motoras e tanto testes motores como IRMf foram usados para determinar a restauração da função motora e mudanças neuroplásticas. Os testes motores demonstraram que o homem havia melhorado suas habilidades de alcance funcional, preensão e manipulação manual. Ele manteve essa melhora nos 6 meses de *follow-up*.* Além disso, os exames de IRMf mostraram que antes do tratamento havia assimetria da ativação do córtex sensório-motor contralesional, a qual foi restabelecida para uma simetria após a reabilitação. Os autores sugerem que "a neurorreabilitação abrangente pode facilitar a restituição da simetria normal da ativação cortical, aumentando, com isso, a função motora". Esse caso fornece a primeira evidência de neuroimagem sobre uma reabilitação abrangente de longo prazo: neuroplasticidade induzida (Jong, You e Alen, 2007, p. 117). Não sabemos o que aconteceu ao funcionamento da memória desse paciente.

Em um artigo instigante, Robertson e Murre (1999) sugeriram que a reorganização plástica pode ocorrer inicialmente devido às rápidas alterações na atividade sináptica ocorridas em segundos ou minutos seguidas de mudanças estruturais durante dias ou semanas. Os autores focaram principalmente naqueles indivíduos que somente mostrarão recuperação após reabilitação. Eles acreditavam que há três tipos de pacientes com lesão cerebral: os que irão se

---

* N. de R. T.: *Follow-up* é um termo que significa retorno, acompanhamento clínico ou ambulatorial. Tem sido usado em inglês no Brasil.

recuperar sem ajuda, outros que não apresentam mudança significativa mesmo com ajuda e aqueles que se desempenham relativamente bem desde que recebam assistência. Referiam-se a isso como uma triagem de recuperação espontânea, não recuperação ou recuperação assistida. Robertson e Murre sugeriram que aqueles no grupo de não recuperação deveriam aprender estratégias compensatórias e aqueles no grupo de recuperação espontânea não precisam de ajuda porque irão melhorar de qualquer maneira. Portanto, aqueles no grupo de recuperação assistida são os que podem nos ajudar a responder às questões sobre plasticidade. Robertson e Murre também acreditavam que a severidade da lesão se relaciona com a triagem; assim pacientes com lesões leves experimentam a recuperação espontânea, aqueles com lesões moderadas requerem assistência e os com lesões graves não terão recuperação. Minha visão é que isso é apenas parcialmente verdadeiro, porque uma pessoa pode ter lesões relativamente leves em locais específicos que podem causar mais problemas no cotidiano do que lesões em outros lugares. Assim, indivíduos com lesões graves no hipocampo, mas sem dano cortical, podem levar vidas independentes (ver, p. ex., "Jay" no Capítulo 4, de Wilson, 1999, e Capítulo 10 deste livro), enquanto aqueles com leve lesão frontal podem não ser capazes de lidar com o cotidiano sem auxílio (Shallice e Burgess, 1991).

A regeneração no sistema nervoso central é mais provável de ocorrer no início da vida, apesar de poder acontecer em adultos (Eriksson et al., 1998; Kolb, 2003). A visão sustentada por muitos anos de que a plasticidade cerebral era severamente limitada no cérebro adulto não é mais verdadeira. Eriksson e colaboradores (1998) encontraram evidências *post-mortem* para a neurogênese no hipocampo de cérebros de cinco adultos que morreram de câncer. Os autores foram cautelosos quanto às implicações dos seus achados e a extensão com que podemos controlar a habilidade de regeneração do cérebro para alcançar ganhos funcionais não é, de forma alguma, clara. Ainda não temos evidências de que exercícios de memória possam melhorar seu funcionamento geral, apesar de poderem aumentar a probabilidade de recuperação em pacientes com lesão medular (Rojas Vega et al., 2008).

Robertson (2002) sugeriu que a recuperação é rápida para déficits envolvendo múltiplos circuitos, tais como negligência unilateral, e mais lentamente para déficits envolvendo um número mais limitado de circuitos como hemianopsia, porque poucos caminhos estão disponíveis para assumirem o funcionamento dos caminhos com lesão. Esse poderia ser o motivo pelo qual as funções da linguagem parecem ter melhor recuperação do que as funções da memória ao longo do tempo (Kolb, 1995). Vargha-Khadem, Carr e colaboradores (1997) relataram sobre um garoto com Síndrome de Sturge-Weber que era mudo até os 9 anos, quando foi submetido a uma hemisferectomia. Ele então desenvolveu uma linguagem articulada, bem-estruturada e apropriada. Aos 15 anos tinha habilidade linguística de um menino de 8 a 10 anos. Em contrapartida, em outro relato, três indivíduos com amnésia infantil conservavam déficits de memória consideráveis em idade adulta (Vargha-Khadem, Gadian et al., 1997).

A idade da ocorrência do trauma, o diagnóstico, o número de traumas sofridos e o estado pré-mórbido do cérebro são apenas alguns dos prováveis fatores que influenciam a recuperação. A idade, com frequência tida como uma importante variável, talvez tenha influência menos clara do que muitos acreditam. Há uma visão relativamente difundida de que pessoas mais jovens se recuperam melhor de lesões cerebrais do que pessoas mais velhas. Isso é conhecido por Princípio de Kennard (1940), o qual mostrou que primatas jovens que sofreram lesões no córtex motor e pré-motor tinham melhor recuperação do que adultos que sofreram as mesmas condições. Todavia, nem sempre é verdadeiro que uma lesão cerebral ocorrida na fase inicial da vida irá apresentar uma melhor recuperação. Até o próprio Kennard reconheceu esta incerteza. Hebb (1949) também sugeriu que as lesões que ocorrem precocemente às vezes têm resultados piores do que as mais tardias. Uma vez que a severidade, a etiologia e outras variáveis demográficas sejam levadas em conta, a idade não é sempre um bom fator preditor de resultados e pessoas jovens com TCE grave no início da vida tendem a se desempenhar pior que pessoas mais velhas em termos de déficits sociais e problemas comportamentais (Thomsen, 1984).

Kolb (2004) apresentou algumas observações interessantes quanto à idade, indicando que um melhor resultado em jovens, quando comparados a pessoas mais velhas, deve ser esperado se o córtex cerebral for lesado quando a neurogênese ainda estiver acontecendo – e o contrário será verdadeiro se houver dano durante o período de migração neural. Ele sugeriu que para humanos o trauma durante os últimos estágios de gravidez e próximo ao nascimento acarreta resultados negativos porque esse é o momento para migração máxima. A lesão nos 18 meses seguintes terá melhor resultado porque esse é o momento para sinaptogênese máxima. Kolb ressaltou, também, que outros fatores que afetam a lesão precoce são o local da lesão e o comportamento de interesse. Desse modo a lesão precoce em áreas da linguagem geralmente resulta em recuperação completa desta, mas ao custo de déficits executivos. Então, a idade é somente um fator a ser considerado quando se tenta fazer um prognóstico da recuperação.

Em relação às funções da memória, parece improvável que crianças ou adultos se recuperem de síndrome amnésica. Já vimos que três pessoas que desenvolveram amnésia na infância assim permaneceram na idade adulta (Vargha-Khadem, Gadian et al., 1997). Broman, Rose, Hotson e Casey (1997) descrevem um menino que ficou amnésico aos 8 anos após parada cardíaca. Ele foi monitorado durante 19 anos durante os quais suas funções de memória não mostraram sinais de recuperação. Vargha-Khadem, Gadian e Mishkin (2001) estudaram 11 crianças com amnésia infantil e descobriram que independentemente da idade de início havia uma notável dissociação entre a memória episódica, a qual foi gravemente comprometida, e a memória semântica, que estava relativamente bem preservada. Eles também acharam uma discrepância entre a evocação, também gravemente comprometida, e o reconhecimento, o qual estava relativamente intato.

Alguns estudos têm mostrado que crianças muito prematuras têm maior probabilidade de apresentar dificuldades de memória mais tarde na infância. Isaacs e colaboradores (2000) estudaram 11 adolescentes com muito baixo peso natal (nascidos com 30 semanas ou menos de gestação) e os compararam com 8 adolescentes nascidos a termo. As investigações envolveram tanto avaliações neuropsicológicas quanto por ressonância magnética funcional. Todos os participantes foram considerados neurologicamente normais. O grupo dos prematuros não só tinha hipocampo menor (apesar de tamanho equivalente do crânio) como também apresentou escores baixos de desempenho em um teste de funcionamento de memória cotidiana (memória prospectiva) – Rivermead Behavioural Memory Test* versão para crianças (RBMT; Wilson, Ivani-Chalian e Aldrich, 1991). Os pais desses adolescentes deveriam preencher um questionário sobre as dificuldades de memória dos filhos e mais uma vez descobriu-se que os prematuros tinham mais dificuldades que os nascidos a termo. Os autores concluíram que "os volumes hipocampais reduzidos e déficits na memória cotidiana não haviam sido previamente reconhecidos, mas sua prevalência em um grupo de crianças neurologicamente normais é impressionante" (p. 713). Ment e Constable (2007), usando IRMf, acharam alterações nas redes neurais envolvidas na linguagem e memória das crianças prematuras.

Outro fator que afeta o resultado é a causa da lesão ou hipótese diagnóstica. Pessoas com TCE moderado ou grave (a causa mais comum de lesão cerebral em pessoas abaixo de 25 anos) geralmente experimentam alguma – não raramente considerável – recuperação. Como dito anteriormente, a recuperação é mais rápida, logo nas primeiras semanas e meses após a lesão, seguida de um período mais lento que pode durar anos. Um padrão típico é um período inicial de coma quando o paciente não abre os olhos, não obedece a comandos e não responde verbalmente (Teasdale e Jennett, 1976). Essa fase é seguida por um período de amnésia pós-traumática (APT), quando o paciente está confuso e desorientado, sofre de amnésia retrógrada e parece lhe faltar a capacidade de armazenar e evocar novas informações (Schacter e Crovitz, 1977). A próxima etapa é o término da APT, quando o paciente pode provavelmente apresentar uma variedade de problemas motores, cognitivos, emocionais e comportamentais que podem se resolver completa ou parcialmente com o tempo. As variações nesse padrão podem ser vistas em outras condições diagnósticas como encefalite, lesão cerebral hipóxica e acidente vascular cerebral.

---

* N. de R. T.: O teste Rivermead não existe no Brasil oficialmente, porém, poderia ser traduzido como Teste Comportamental de Memória Rivermead (TCMR).

ATÉ QUE PONTO A MEMÓRIA SE RECUPERA?

A memória recupera-se tanto quanto há mecanismos gerais de recuperação. E a recuperação do funcionamento da memória? Não há dúvida de que alguma recuperação do funcionamento prejudicado da memória acontece nas semanas e meses iniciais após lesão cerebral não progressiva. As pessoas sobreviventes de TCE grave podem ter considerável perda de memória nos primeiros dias, mas podem ter recuperação completa ou quase completa no que diz respeito às funções da memória. O mesmo padrão é verdadeiro para algumas pessoas sobreviventes de encefalite por herpes simples e lesão cerebral hipóxica. Apesar de pessoas com condições progressivas como DA ou Doença de Huntington não se recuperarem, a deterioração acontece em diferentes velocidades e tais pessoas não deveriam ser excluídas da reabilitação da memória (ver, p. ex., Clare, 2008; Clare e Woods, 2001, 2004). Contudo, apesar de muitas pessoas não se recuperarem podem apresentar alguma melhora com o tempo. Então, o que deveríamos dizer aos parentes de pessoas com comprometimento de memória que perguntam sobre o nível de recuperação ou quanto de melhora se pode esperar? A maioria dos profissionais em saúde provavelmente dirão algo como "As coisas provavelmente irão melhorar, mas não sabemos quanto e o paciente pode não voltar a ser como antes do acidente/doença". Tentamos ser cautelosos: não queremos dar-lhes falsas expectativas, mas também não queremos soar pessimistas e tirar sua esperança.

Que evidências há para a recuperação da memória após lesão cerebral? Como visto anteriormente, "recuperação" tem significados diferentes para diferentes pessoas: algumas estão exclusivamente preocupadas com a recuperação das funções cognitivas, outras focam nas taxas de sobrevivência, enquanto outras consideram só a recuperação biológica como a melhora das estruturas cerebrais.

O que os estudos que investigam recuperação do funcionamento da memória podem nos dizer? O quadro é um pouco confuso. Lezak (1979) relatou significativa recuperação do funcionamento da memória durante o primeiro ano; Victor, Adams e Collins (1989) descobriram que cerca de 74% da amostra de 104 pacientes com Síndrome de Korsakoff apresentaram algum grau de recuperação em um período de três anos e 21% apresentaram um grau alto de recuperação e Wilson (1991) encontrou considerável melhora em 33% das pessoas encaminhadas para reabilitação da memória cinco a dez anos antes. Wilson e Baddeley (1993) descreveram o caso de um homem com déficit grave de MCP que teve uma significativa recuperação ainda que o déficit de memória estivesse estável por pelo menos dois anos. Esse homem, um matemático, foi inicialmente diagnosticado com possível DA dada a sua baixa pontuação no subteste de aritmética da Escala Wechsler de Inteligência para Adultos. O baixo escore, é claro, deveu-se ao fato de que ele somente podia lembrar dois dígitos ou palavras e assim ele não podia se ater às questões tempo suficiente para calcular as respostas (Baddeley e Wilson, 1988a). O *span* de dígitos direto do paciente melhorou de dois, como foi primeiramente detectado (e durante um período de dois anos de acompanhamento) melhorou o escore normal de sete alguns anos mais tarde (Wilson e Baddeley, 1993).

Por outro lado, sabemos que famílias de pessoas com lesão cerebral relatam problemas significativos de memória muitos anos após o trauma inicial (Brooks, 1984; Brooks, Campsi, Symington, Beattie e McKinglay, 1987; Oddy, 1984; Stilwell, Stilwell, Hawley e Davies, 1999) e alguns estudos de casos de pacientes individuais quase não demonstram recuperação ao longo de muitos anos. O mais famoso paciente amnésico do mundo, H. M. (Scoville e Milner, 1957), parece não ter demonstrado nenhuma recuperação desde sua cirurgia em 1957 (Freed et al., 1998; Ogden, 1996). H.M. teve lesões cirúrgicas bilaterais do hipocampo. Outro paciente amnésico, C.W. (Wilson, Baddeley e Kapur, 1995), que havia sobrevivido à encefalite por herpes simples, não apresentou recuperação em um período de 10 anos. Isso ainda é fato, 23 anos pós-doença (Wilson, Kopelman e Kapur, 2008).

Sim, Terryberry-Spohr e Wilson (2008) avaliaram a recuperação do funcionamento da memória após TCE em 419 atletas do ensino médio (idade média = 15,69 anos). Curiosamente, esse grupo havia sido submetido à avaliação neuropsicológica antes do início da temporada de jogos. Quatorze haviam sofrido concussão durante a temporada e consequentemente foram reavaliados no 2°, 5°, 6° e 10° dias após a lesão. Outros 14 sem lesão considerados controles emparelhados foram reavaliados ao final do ano escolar.

Comprometimentos quanto ao tempo de reação, velocidade de processamento e memória tardia foram observados no grupo dos que sofreram concussão. Os déficits no tempo de reação e velocidade de processamento voltaram aos níveis iniciais até o 6° dia após a lesão, mas os comprometimentos de memória não melhoraram até o 10° dia.

Szakács, Kálmán, Barzós, Sas e Janka relataram sobre a recuperação de uma mulher severamente amnésica que havia sofrido ruptura de aneurisma da artéria comunicante anterior com hemorragia intensa. A tomografia computadorizada (TC) mostrou lesão no hipocampo esquerdo e no fórnix. Após recuperação inicial a paciente ficou com AA grave e desorientação. Outra TC semanas mais tarde mostrou hidrocefalia, sendo necessária uma derivação ventriculoperitoneal. Houve melhora gradual, mas contínua da memória, com recuperação total depois de 1 ano.

Kapur e Graham analisaram a recuperação do funcionamento da memória episódica de longo prazo e consideraram tanto estudos de casos individuais como estudos de grupo. A diminuição da AR foi avaliada em pacientes com TCE (a qual pode ser vista como uma das características da APT) e também foram considerados pacientes com amnésia transitória global. Essas condições são temporárias, sendo esperado que aconteça alguma, talvez significativa, recuperação, dependendo da duração da APT (Wilson, Evans Emslie, Balleny, Watson e Balleny, 1999). De fato, isso se confirma nos estudos de grupo relatados por Kapur e Graham (2002). Todavia, concluíram que a recuperação da função da memória "continua sendo um mapa relativamente desconhecido na geografia das neurociências cognitivas" (Kapur e Graham, 2002, p. 245). Assim, temos somente respostas provisórias quando se questiona sobre a recuperação.

Kertesz e Gold (2003) trouxeram uma outra análise da recuperação. Apesar de particularmente preocupados com a recuperação da afasia, os autores abordaram brevemente a recuperação da memória e refletiram sobre a recuperação em diferentes diagnósticos (p. ex., TCE e encefalite) os quais provavelmente deram origem aos problemas de memória. Assim como Kapur e Graham (2002), examinaram a redução da amnésia anterógrada e a recuperação da APT, salientando que o prognóstico de comprometimento de MLP está correlacionado à duração da APT. Praticamente não abordaram a recuperação do funcionamento da memória em pessoas que não mais apresentam APT, mas com déficits de memória mais estáveis.

Um relato fascinante de recuperação e adaptação ao longo do tempo é feito por Luria (1975) em *The man with a shattered world* (O homem com um mundo aos pedaços). Essa é essencialmente a história de Zasetsky, um homem ferido por tiro de revólver, com lesão na área temporoparietal esquerda do cérebro, que passou 25 anos tentando escrever sua história, tentando dar sentido ao seu mundo e reaprender algumas das suas habilidades perdidas. Ele descreveu como suas funções de memória de certa forma melhoraram, mas do "lado contrário", como ele colocou.

> Durante as semanas logo depois que fui ferido eu não conseguia lembrar meu nome, sobrenome ou mesmo nomes dos meus familiares. Só mais tarde, gradualmente consegui lembrar algumas coisas, principalmente sobre os anos da minha infância e do tempo do ensino fundamental. Minhas memórias voltaram ao contrário – isto é, ficou mais fácil lembrar coisas do passado distante – os prédios onde eu frequentei o jardim de infância e ensino fundamental, as brincadeiras, os rostos das crianças e dos professores que eu conhecia. Mas esqueci ou me dá muito trabalho lembrar qualquer coisa do meu passado recente – até mesmo como era a vida na frente da batalha. (Luria, 1975, p. 85)

Esse é um relato irresistível e revelador de AR. A recuperação de Zasetsky foi muito limitada, mas sua determinação e energia são surpreendentes.

Há algumas evidências sugerindo que há melhor recuperação no sexo feminino do que no masculino. Em 1987 foi sugerido que fêmeas animais podem estar protegidas contra os efeitos da lesão cerebral em algumas fases do seu ciclo em consequência do estrogênio e da progesterona (Attella, Nattinvillle e Stein, 1987). Isso foi confirmado por Roof e Hall (2000). Potencialmente importante para a reabilitação, a progesterona foi dada a pacientes sobreviventes de TCE, com alguma indicação de que isso levasse a melhores resultados (Wright et al., 2007). Além disso, estudos consideraram o resultado de longo prazo em mulheres e homens após TCE. Há relatos conflitantes: Ratcliff e colaboradores (2007) sugeriram que o sexo feminino melhora mais, enquanto outros, como Farace e Alves (2000) e Ponsford e colaboradores (2009), descobriram que os resultados para mulheres era pior. Este último estudo foi controlado pelo escore da Escala Neurológica de Glasgow, idade e causa da lesão. Os autores descobriram que as mulheres tinham menor índice de sobrevivência e menor índice de bons resultados aos seis meses pós-lesão, sugerindo que isso refletia menor índice de sobrevivência inicial. Não foram descobertas evidências de que as mulheres apresentavam melhor desempenho; ao contrário, encontraram-se algumas evidências de pior desempenho para o sexo feminino.

Aqui, vale mencionar o conceito de "reserva cognitiva", proveniente do estudo de Katzman e colaboradores (1988) de 137 exames *post-mortem* de pessoas idosas (idade média=85,5 anos). Dentre estas 78% tinham demência e 55% tinham DA. Dez dos que tinham sinais de DA mas com melhor funcionamento tinham desempenho tão bom quanto o percentual de melhor desempenho do grupo-controle. Essas pessoas altamente funcionais com patologia cerebral de DA tinham cérebros mais pesados e mais neurônios que os controles. Duas possíveis explicações foram levantadas: ou os idosos tinham DA incipiente, mas escaparam da grande perda de neurônios, ou iniciaram com cérebros maiores e um número maior de neurônios grandes e assim uma maior "reserva". Essa foi a primeira vez que o termo foi usado na literatura nesse contexto.

A reserva cognitiva, portanto, se refere ao fato de que pessoas com mais educação e maior inteligência podem apresentar menos comprometimento do que aquelas com pouca educação e baixa inteligência (Stern, 2007). Richards e Deary (2005) sugeriram que essa reserva pode abrandar os efeitos da neuropatologia de tal forma que quanto maior a reserva mais severa a patologia deve ser para causar comprometimento funcional. Whalley, Deary, Appleton e Starr (2004) propuseram que isso pode explicar a grande variação em pessoas com níveis semelhantes de lesão. Ao abordar o tema de pessoas com DA, Starr e Lonie (2008, p. 27) definiram operacionalmente a reserva cognitiva como "a capacidade hipotética do cérebro adulto maduro de suportar os efeitos da doença ou lesão sem manifestar os sintomas clínicos da DA, mas suficientes para causar demência clínica em um indivíduo com menor reserva cognitiva". O conceito também pode ser aplicado a pessoas com TCE (Kesler, Adams, Blaser e Bigler, 2003), TCE leve (Dawson, Batchelor, Meares, Chapman e Marosszeky, 2007), epilepsia do lobo temporal (Helmstaedter e Kockelmann, 2006) e infartos cerebrovasculares (Elkins et al., 2006).

A pessoa que provavelmente mais escreveu sobre reserva cognitiva é Stern. Em 2006 sugeriu que há dois mecanismos pelos quais a reserva cognitiva pode ocorrer: reserva neuronal e compensação neural. Na reserva neuronal as redes cerebrais preexistentes que são mais eficientes dentre aqueles com inteligência superior ou mais educação são menos passíveis de ruptura; na compensação neural outras redes podem compensar as comprometidas. Então, indivíduos com inteligência superior podem processar tarefas de modo mais eficiente. Consequentemente, em casos de DA, o comprometimento nas tarefas se manifesta mais tarde em pessoas com tal reserva cognitiva. Stern (2007) também sugeriu que a maioria dos especialistas tem ciência de que qualquer trauma da mesma gravidade pode produzir prejuízo severo em um paciente e sequelas mínimas em outro. Essa pode ser a explicação para diferenças na recuperação após lesão cerebral não progressiva. Como disse Symonds (1937, p. 1092) em uma observação muitas vezes citada, "não é só o tipo de lesão cerebral que importa, mas o tipo de cabeçamente". Stern (2007) argumentou que não há relação direta entre o grau da lesão e a manifestação clínica da mesma.

PODEMOS MELHORAR A RECUPERAÇÃO ESPONTÂNEA?

Os comentários seguintes são de Wilson (no prelo). Vimos antes que alguma regeneração pode acontecer no cérebro adulto; uma área de pesquisa que está tentando aumentar a probabilidade de isso acontecer é a implantação de células-tronco. As células-tronco no cérebro humano adulto auxiliam a regeneração no hipocampo através da substituição neuronal (Conover e Notti, 2008). Apesar de haver alguma controvérsia sobre como – se é que é possível – a recuperação funcional pode acontecer através da substituição das células-tronco, é certamente uma área de pesquisa que poderia aumentar a recuperação da memória (Zeitlow, Lane, Dunnett e Rosser, 2008). Estudos com animais têm mostrado que é possível regenerar células no giro denteado através de tarefas específicas de aprendizagem (Griesbach, Hovda, Molteni, Wu e Gomez-Pinilla, 2004) ou ambientes enriquecidos (Dhanushkodi e Shetty, 2008; Döbrössy e Dunnett, 2001). Dados esses achados, talvez seja possível aumentar a recuperação espontânea pelos ambientes enriquecidos e estratégias de reabilitação específicas. Além disso, tais programas podem, de fato, levar à neurogênese no cérebro humano (ver McMillan, Robertson e Wilson, 1999 e Ogden, 2000, para mais discussão).

Exames de imagem poderiam nos permitir ver se é possível melhorar o funcionamento da memória *per se*, em vez de confiarmos primeiramente nas abordagens compensatórias e ver se quaisquer mudanças comportamentais observadas resultam em modificações estruturais no cérebro (Levin, 2006). Grady e Kapur (1999) sugeriram que estudos de imagem podem nos permitir medir mudanças específicas que acontecem no cérebro durante a recuperação e, assim, podemos determinar se a recuperação é o resultado da (1) reorganização dentro de um esquema existente, (2) recrutamento de novas áreas dentro da rede ou (3) plasticidade em regiões em torno da área lesada.

Poucos estudos utilizaram técnicas de imagem para estudar a recuperação pós-lesão cerebral. Um dos primeiros artigos nessa área relatou mudanças no fluxo sanguíneo cerebral regional (FSCr) após reabilitação cognitiva em pessoas que sofreram encefalopatia tóxica após exposição a toxinas (Lindgren, Österberg, Ørbæk, e Rosén, 1997). Mais tarde, no mesmo ano, a tomografia por emissão de pósitrons foi usada para identificar os correlatos neurais de procedimentos de estimulação implementados na reabilitação de pessoas com disfasia (Carlomagno et al., 1997). Laatsch, Jobe, Sychra, Lin e Blend (1997) e Laatsch, Pavel, Jobe, Lin e Quintana (1999) usaram TC por emissão de fóton único para avaliar o FSCr durante a recuperação de lesão cerebral. Os autores sugeriram que mudanças específicas no FSCr pareciam se relacionar com a localização da lesão e com as estratégias usadas na reabilitação cognitiva.

Melhoras contínuas nos três pacientes do estudo de Laatsch e colaboradores (1997) foram documentadas em FSCr, habilidades funcionais e habilidades cognitivas até 45 meses pós-trauma. Um outro estudo de Laatsch, Thulborn, Krisky, Shobat e Sweeney (2004) mostrou que melhoras após reabilitação cognitiva puderam ser detectadas por IRMf.

Em 1998, Pizzamiglio e colaboradores usaram IRMf para monitorar os efeitos da reabilitação para negligência unilateral. As regiões do cérebro mais ativas após a recuperação eram quase idênticas às das áreas ativas em controles engajados nas mesmas tarefas. Isso parece respaldar a visão de que alguns métodos de reabilitação reparam a rede danificada e não simplesmente trabalham através de compensação ou mudança comportamental.

Baxter, Spencer e Kerrigan (2007) descreveram um paciente com encefalite límbica não paraneoplásica que tinha AA grave com recuperação subsequente. A IRMf foi usada para mostrar o aumento da ativação hipocampal antes e depois da recuperação. Isso acontece após a reabilitação da memória? Não sabemos ainda a resposta para esta questão, mas há um crescente interesse em determinar (1) se tentativas de restaurar o funcionamento da memória e tentativas de ajudar as pessoas resultam em mudanças estruturais no cérebro e (2) se quaisquer mudanças observadas são diferentes dependendo da abordagem utilizada. Na verdade, as duas abordagens não são mutuamente exclusivas e uma combinação das duas pode ser a mais útil na prática.

MUDANÇAS NO FUNCIONAMENTO DA MEMÓRIA APÓS INTERVENÇÃO OU REABILITAÇÃO

A reabilitação é um processo através do qual as pessoas incapacitadas por lesão ou doença trabalham com profissionais, familiares e membros da comunidade para alcançar seu bem-estar físico, psicológico, social e vocacional (McLellan, 1991). No que diz respeito à reabilitação da memória, ela pode englobar (1) tentar restaurar o funcionamento perdido, (2) modificar ou organizar o ambiente e assim evitar a necessidade de uso da memória, (3) ajudar as pessoas a aprenderem com mais eficiência ou (4) ensinar os pacientes a compensarem suas dificuldades. Apesar de os termos "recuperação" e "compensação" serem às vezes usados indistintamente, são diferentes (Kolb, 2004), como discutido na primeira parte deste capítulo. No entanto, tendo em vista que a restauração da memória episódica explícita é improvável na maioria dos casos uma vez que a fase aguda tenha passado, as outras abordagens irão levar mais provavelmente a mudanças no funcionamento cotidiano da memória. Como essas abordagens são o tema principal deste livro, serão consideradas em detalhes mais adiante. Algumas das formas com que podemos ajudar pessoas com comprometimento de memória são mostradas na Figura 2.1.

Como este livro não cobre o tratamento dos transtornos da memória semântica, discutiremos brevemente desse assunto aqui. Alguns estudos têm tentado ensinar o conhecimento semântico perdido às pessoas com dano no sistema de memória semântica. Destes, talvez Graham, Patterson, Pratt e Hod-

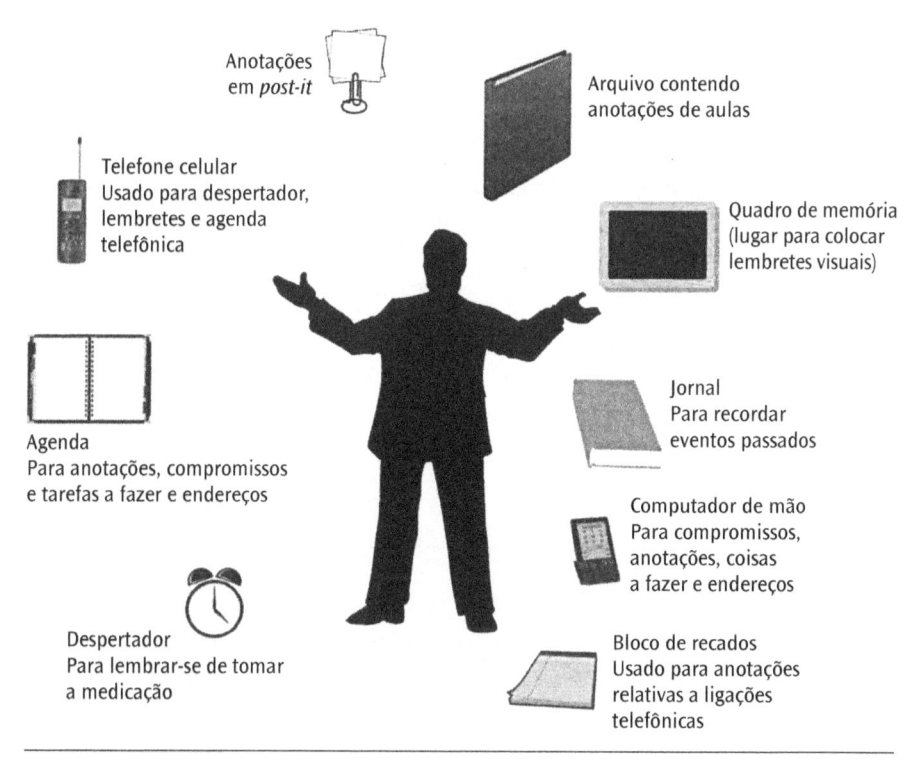

Figura 2.1 Estratégias compensatórias da memória. Reimpressa com permissão do Centro Oliver Zangwill.

ges (2001) tenham conduzido o trabalho mais sistemático. Sugeriram que o sintoma predominante que mais causa isolamento social tipicamente identificado na demência semântica é a anomia, ou dificuldade de encontrar palavras, junto com um sistema central semântico deteriorado. Em um estudo, demonstraram que a repetição de nomes e conceitos associados a figuras ou objetos resultaram em expressiva melhora na habilidade de D.M., um paciente com demência semântica, a produzir palavras anteriormente difíceis de serem evocadas. Apesar de a significativa melhora apresentada por D.M. sugerir que a repetição com estímulo visual e verbal poder ser uma estratégia de reabilitação útil para a dificuldade de busca de palavras, o experimento também revelou que a constante exposição aos objetos era necessária para prevenir o observado declínio no desempenho uma vez que os exercícios diários de D.M. fossem interrompidos.

Snowden e Neary (2002) também consideraram a reaprendizagem de nomes dos objetos em dois pacientes com anomia grave associada com demência semântica. Constataram que alguma reaprendizagem do vocabulário é possível em demência semântica. Entretanto, em ambos os estudos a aprendizagem dos pacientes foi confundida pela deterioração da sua condição. Dada a dificuldade de mensurar a nova aprendizagem em pessoas com piora progressiva, Dewar, Patterson, Wilson e Graham (no prelo) avaliaram a aprendizagem e generalização da nova informação semântica em pessoas com problemas de memória semântica após dano cerebral não progressivo. Ensinaram os nomes de 10 pessoas famosas a dois pacientes sobreviventes de encefalite por herpes simples. Os estímulos incluíam 10 fotografias e 10 fatos semânticos. Estratégias mnemônicas foram usadas após o procedimento de aprendizagem sem erro incorporando o apagamento de pistas e a repetição progressiva muito semelhante ao procedimento utilizado por Clare, Wilson, Breen e Hodges (1999) em seu trabalho com um homem com DA. Os pacientes também praticavam diariamente em casa. A recordação de todos os itens foi testada no início de cada sessão. A manutenção e a generalização foram avaliadas ao final do treinamento. Ambos os pacientes melhoraram em relação à sua linha de base nomeando as fotografias, mas a recordação do fato semântico foi menos substancial. Houve alguma evidência da manutenção após o fim da prática de aprendizagem, e um paciente mostrou alguma generalização para novas fotografias de pessoas famosas usadas no treinamento. Um outro paciente com prosopagnosia (incapacidade para reconhecer rostos familiares) também foi treinado para o reconhecimento de rostos de familiares e amigos usando um procedimento semelhante (Dewar e Wilson, 2006). Após o estabelecimento de múltiplas linhas de base, para a garantia de que a prática sozinha não estava causando melhora, oito faces foram selecionadas para treino. O reconhecimento de duas faces foi treinado a cada sessão semanal além da prática em casa. A recordação de todas as faces foi testada no início de cada sessão. A manutenção e a generalização da aprendizagem também foram avaliadas. O paciente foi capaz de identificar corretamente as faces após o treinamento. Houve evidência da generalização da aprendizagem para diferentes fotografias (perfis) e a aprendizagem foi mantida na ausência da prática. Apesar de ainda haver muitas questões a serem respondidas nessa área, há evidências de que as pessoas com déficits de memória semântica possam reaprender novas informações.

Uma outra área não relacionada neste livro é o campo dos estudos com animais. Há evidências de que a recuperação acontece em ratos após procedimentos de tratamento específico. Loukavenko, Ottley, Moran, Wolff e Dalrymple-Alford (2007), por exemplo, colocaram ratos com lesão no núcleo talâmico anterior em ambientes enriquecidos. Os ratos submetidos ao ambiente enriquecido mostraram significativa recuperação dos déficits graves e douros da memória de trabalho espacial. Dhanushkodi e Shetty (2008) também verificaram melhora em ratos estimulados por ambientes enriquecidos.

O próximo capítulo se refere à avaliação da memória, antes de chegarmos ao cerne deste livro: reabilitação de défcits de memória episódica. Por enquanto, basta dizer que há crescentes evidências de que a reabilitação pode melhorar a independência e a qualidade de vida de pessoas com comprometimento de memória e evidências comprovadoras são apresentadas em outros capítulos.

CAPÍTULO 3

Avaliação para a Reabilitação

O QUE SIGNIFICA AVALIAÇÃO?

Avaliação está ligada a julgamento, opinião, apreciação, análise e exame. Um avaliador é alguém que ajuda no processo que envolve julgar, estimar e assim por diante. Uma boa definição para psicólogos, dada em 1962 por Sundberg e Tyler, é a de que avaliação é a coleção sistemática, a organização e a interpretação das informações sobre uma pessoa e sua situação. Está também relacionada com a predição de comportamento em novas situações (Sundberg e Tyler, 1962). A forma como essa informação é coletada, organizada e interpretada dependerá, em primeiro lugar, do motivo pelo qual a avaliação se faz necessária: se alguém estivesse interessado nos aspectos teóricos da memória, avaliaria de forma diferente daquela utilizada se o interesse fosse mais o de checar se a pessoa avaliada poderia viver de modo mais independente ou retornar ao trabalho. Por exemplo, se quiséssemos responder à questão teórica "Há uma distinção entre memória de curto prazo e memória de longo prazo?", procuraríamos pessoas com um tipo de déficit e não outro. Assim, poderíamos dar a um grande grupo de pessoas com lesão cerebral tarefas de *span* de dígitos ordem direta junto com evocação tardia de narrativas. Procuraríamos, então, por dissociações duplas dentre as amostras. Esperaríamos encontrar algumas pessoas com escores baixos em *span* de dígitos, mas com performance normal em evocação tardia de trechos de narrativas (dissociação mais rara) e outros com performance normal em *span* de dígitos, mas com desempenho com déficit em evocação tardia de trechos do texto marcado (dissociação mais fácil de ser encontrada). Tal evidência demonstraria que há dois sistemas distintos. Certamente, isso já foi comprovado (Shallice e Warrington, 1970). Por outro lado, se quiséssemos saber se uma pessoa poderia viver com independência, a avaliação provavelmente envolveria a aplicação de testes conhecidos para se prever a independência, assim como o RBMT (Wilson, Cockburn e Baddeley, 1985), o qual demonstra prever tanto a independência (Wilson, 1991) quanto o potencial de conseguir emprego (Schwartz e McMillan, 1989) em pessoas com comprometimento de memória. Tal avaliação quantitativa precisaria ser suplementada com observações da pessoa em certas situações do cotidiano, tais como aquelas que caracterizam independência. Observariam-se tarefas de cozinhar, cuidado pessoal, lidar com dinheiro, e assim por diante, e averiguar se essas tarefas podem ser alcançadas em dados momentos do dia e sob diferentes graus de distração. Preferencialmente um terapeuta ocupacional e um neuropsicólogo clínico combinariam recursos para tal avaliação.

Também se poderia argumentar que tais avaliações são conduzidas para que se responda a questões. Certas perguntas podem ser respondidas através do uso de testes padronizados, outras precisam de avaliações funcionais ou comportamentais e outras podem requerer procedimentos especialmente planejados. Discutiremos avaliações padronizadas e funcionais mais adiante. Para determinar se um paciente necessitaria de um procedimento especificamente planejado, se questionaria se ele ou ela tem conhecimento específico. Por exemplo, se um fazendeiro perdeu a habilidade de reconhecer os rostos das pessoas, talvez queiramos saber se ele ainda se lembra de suas vacas. O músico Clive Wearing (Wearing, 2005), que já foi o maior *expert* em Orlando Lauss, o compositor renascentista, desde o início da sua amnésia, em 1985, não só tinha quase nenhuma memória episódica, como também havia perdido um pouco do seu conhecimento semântico. Testes foram planejados para ver se ele poderia se lembrar de seu conhecimento musical (Wilson et al., 1995) e através dos quais se descobriu que, apesar de ele poder tocar e reger, muito do seu conhecimento semântico sobre músicos havia sido destruído ou estava inacessível.

QUE PERGUNTAS DEVERIAM SER FEITAS EM AVALIAÇÕES PARA A REABILITAÇÃO?

Além das questões sobre a natureza e a gravidade das dificuldades de memória, a maioria dos neuropsicólogos quer saber sobre o funcionamento cognitivo em geral, o nível de funcionamento pré-mórbido, problemas emocionais e psicológicos e as principais preocupações do paciente, da família e de outros cuidados. Para efeitos deste capítulo, essas questões são separadas nas que podem ser respondidas por testes padronizados e naquelas que são melhor respondidas através de avaliação comportamental ou funcional.

Testes padronizados podem nos ajudar a responder às seguintes questões:

- Qual o nível geral de funcionamento intelectual da pessoa?
- Qual o nível provável de funcionamento pré-mórbido?
- Quais os pontos fortes e fracos de cognição da pessoa?
- Como se compara o funcionamento da memória dessa pessoa com outra da mesma idade na população geral?

- O nível de funcionamento da memória é consistente com o que se esperaria desse nível de habilidade intelectual?
- O problema de memória é global ou está restrito a certos tipos de estímulos ou modalidades (p. ex., a memória para estímulos visuais é melhor do que para estímulos verbais)?
- Até que ponto os problemas de memória se devem a dificuldades executivas, de linguagem, perceptuais ou de atenção?
- Essa pessoa tem um alto nível de ansiedade?
- A pessoa está deprimida?

Essas e outras questões similares são tipicamente referidas por neuropsicólogos clínicos e podem, até certo ponto, ser respondidas através da aplicação de testes padronizados desde que estes tenham sido adequadamente normatizados tenham e demonstrado serem fidedignos e válidos. Um mapeamento cognitivo demonstrando os pontos fortes e fracos de uma pessoa com dificuldades de memória visuoperceptual é ilustrado na Figura 3.1.

Contudo, há muitas outras questões importantes, particularmente aquelas em relação ao tratamento, que não podem ser respondidas com tais testes. **Testes padronizados são muito limitados para responder às seguintes questões:**

- Como as dificuldades de memória são manifestadas no cotidiano?
- Que problemas causam maior preocupação à família e à pessoa com comprometimento de memória?
- O que sabemos sobre o histórico cultural e o nível de apoio disponível?

	Vocabulário	Leitura	Raciocínio	Percepção	Praxia visual	Memória imediata	Memória tardia
Superior							
Média alta							
Média	■						
Média baixa			▨			▨	
Limítrofe					▨		
Comprometida		▨		▨			▨

Figura 3.1 Mapeamento cognitivo de pontos fortes e fracos. Adaptado de Lezak (1976). © 1976, Oxford University Press. Reimpresso com permissão.

- Que estratégias de *coping* são usadas?
- Os problemas são potencializados por depressão ou ansiedade?
- É provável que essa pessoa seja capaz de retornar para o trabalho (ou escola)?
- Essa pessoa consegue viver com independência?
- Que tipo de compensações essa pessoa usou pré-morbidamente?
- Que tipo de estratégias de compensação de memória estão sendo usadas agora?
- Qual a melhor forma para essa pessoa aprender novas informações?

Essas questões e outras semelhantes requerem uma abordagem diferente porque, apesar de testes padronizados poderem trazer alguma luz ao assunto (p. ex. é improvável que alguém com comprometimento de memória grave e déficits cognitivos generalizados volte à universidade), não podem responder diretamente à maioria das questões. Uma abordagem mais comportamental ou funcional através de observações, medidas de autorrelato (provavelmente de familiares ou cuidadores) e entrevistas irão responder melhor a essas questões relacionadas ao tratamento. Uma melhor forma de visualizar a questão é reconhecer que procedimentos de avaliação padronizada e funcional disponibilizam informações complementares: o primeiro nos permite construir um mapeamento cognitivo dos pontos fortes e fracos da pessoa, enquanto o último nos possibilita eleger as áreas para tratamento.

Middleton (2004) considerou a avaliação de dificuldades de memória em crianças. De acordo com esse trabalho, há seis linhas de investigação a serem seguidas: (1) descobrir a patologia subjacente; (2) considerar a idade da criança, nível de desenvolvimento e histórico cultural; (3) determinar o nível geral de funcionamento cognitivo e os problemas comórbidos; (4) avaliar dificuldades funcionais através de entrevista criteriosa; (5) observar cuidadosamente como a criança lida – ou deixa de lidar – com tarefas de memória ou aprendizagem; (6) usar resultados de testes psicométricos. Apesar de estruturadas de forma diferente, as observações trazidas por Middleton (2004) são semelhantes à abordagem apresentada anteriormente.

Os testes selecionados vão depender da experiência e preferência do avaliador. Na próxima seção, consideraremos quais aspectos deveriam ser avaliados e faremos algumas sugestões em relação aos testes disponíveis para medir esses aspectos seguidos de uma discussão da abordagem funcional e comportamental da avaliação.

QUE ASPECTOS DA MEMÓRIA DEVERIAM SER AVALIADOS?

O que deveria ser incluído em uma avaliação clínica da memória? Isso depende, é claro, do propósito da avaliação ou de quais questões precisam ser respondidas. Se a necessidade é simplesmente determinar se há ou não evidência de comprometimento orgânico da memória, então a Wechsler Memory Scale III* (WMS-III; Wechsler, 1997) e a medida do funcionamento pré-mórbido, como o National Adult Reading Test (Nelson e Wilson, 1991) ou o teste Spot-the-word do Speed and Capacity of Language Processing Test (Baddeley, Emslie e Nimmo-Smith, 1992), provavelmente seriam suficientes. Se os resultados forem consistentes com o quadro de comprometimento orgânico memória (i.e., *span* de dígitos direto normal com evocação tardia deficiente, abaixo do esperado de acordo com o nível estimado de habilidade pré-mórbida), então a questão estará respondida. Em muitas circunstâncias, porém, será necessária uma avaliação mais detalhada e minuciosa, particularmente quando a recomendação for a reabilitação. Para promover uma a reabilitação precisamos saber mais especificamente sobre os pontos fortes e fracos do funcionamento da memória do indivíduo. É necessário saber precisamente que tipos de memória estão intatos e quais estão comprometidos e o quão grave é o comprometimento. A maior parte do que se segue provém da classificação de memória descrita no Capítulo 1.

A Tabela 3.1 apresenta uma variedade de funções da memória que deveriam ser avaliadas. Algumas dessas áreas podem ser prontamente avaliadas com os testes existentes, enquanto outras requerem julgamentos clínicos do avaliador de acordo com sua experiência. A memória imediata para material verbal é quase sempre avaliada em qualquer exame clínico através do span de dígitos direto. As regras podem ser encontradas na WMS-III.** O *span* de dígitos inverso não é uma boa medida da memória verbal imediata, apesar de ser frequentemente usado para medir a atenção. O *span* visuoespacial imediato também pode ser facilmente examinado pelo Teste de Blocos de Corsi (descrito por Milner, 1971) ou por tarefas motoras em sequências (*tapping tasks*) na WMS-III. Se a procura for por uma medida mais pura da memória visual, então o Teste de Padrões Visuais (Visual Patterns Test) (Della Sala, Gray, Baddeley e Wilson, 1997) pode ser usado, porque há alguns relatos de uma dissociação dupla entre os aspectos visuais e espaciais de memória imediata (Della Sala, Gray, Baddeley, Allamano e Wilson, 1999). A paciente com o déficit no esboço visuoespacial mencionado no Capítulo 1 (Wilson, Baddeley e Young, 1999) pontuou normalmente nos Testes de Blocos de Corsi, mas teve o Teste de Padrões Visuais muito comprometido porque tinha memória espacial imediata normal com uma memória visual imediata prejudicada.

---

* N. de R. T.: O teste WMS não existe no Brasil oficialmente. A terceira edição da Wechsler Memory Scale poderia ser traduzida como Escala Wechsler de Memória.

** N. de R.T.: No Brasil as normas oficiais para este subteste podem ser consultadas no manual da Escala WAIS-III (Nascimento, 2004), com dados mais detalhados em Figueiredo e Nascimento (2007).

Tabela 3.1   Que aspectos de memória deveriam ser testados em uma avaliação de memória para reabilitação?

1. Memória imediata (inclusive memória verbal, visual e espacial de curto prazo).
2. Memória episódica tardia (inclusive evocação verbal, evocação visual e reconhecimento).
3. Nova aprendizagem episódica (inclusive aprendizagem verbal, visual e espacial).
4. Memória implícita (inclusive, talvez, aspectos motores, verbais e visuais).
5. Memória remota (inclusive memória pessoal autobiográfica e memória de informações públicas e conhecimento de mundo – isso ajudará a determinar a extensão da amnésia retrógrada).
6. Memória prospectiva (inclusive a evocação de coisas a fazer em dado momento dentro de um certo intervalo e quando um determinado evento acontece).
7. Memória semântica (inclusive aspectos visuais e verbais).
8. Orientação (para tempo, lugar e pessoa).

Nota: Adaptação de Wilson (2004). © 2004. John Wiley and Sons. Adaptação permitida.

Wilson (2004) discutiu outras formas de avaliação da memória imediata, inclusive:

1. O efeito de recência na evocação livre de avaliandos ao recordarem uma lista de palavras. Se as últimas palavras são evocadas corretamente (efeito de recência), pode-se então concluir que a memória verbal imediata está preservada (Baddeley, 1992).
2. Tarefas de reconhecimento de padrão semelhantes ao Teste de Padrões Visuais (Della Sala et al., 1997) o qual é baseado no trabalho de Phillips (1983).
3. O Teste Token (Token Test) (De Renzi e Vignolo, 1962), normalmente utilizado para se avaliar a compreensão oral, também é sensível aos déficits de memória imediata.

Há quatro classes principais de testes de memória episódica tardia: evocação verbal, reconhecimento verbal, evocação visual e reconhecimento visual. Um teste proveniente do modelo de memória de Baddeley e Hitch (1974) é o Doors and People Test que avalia evocação e reconhecimento (Baddeley, Nimmo-Smith e Emslie, 1994). A vantagem desse teste é que suas quatro sessões são de igual grau de dificuldade, diferentemente de outros testes nos quais os subtestes de reconhecimento são geralmente mais fáceis do que os de evocação. O teste Doors and People inclui um subteste de cada um dos quatro componentes juntamente com evocação tardia visual e verbal. Assim, pode-se calcular uma variedade de medidas tais como: (1) funcionamento geral de memória, (2) esquecimento, (3) memória verbal (combinando evocação e reconhecimento), (4) memória visual (combinando evocação e reconhecimento visuais), (5) evocação (combinando evocação verbal e visual) e (6) reconhecimento (combinando reconhecimento verbal e visual). Até mesmo no Reino Unido, onde foi originado, esse não é o teste mais usado, mas apresenta características passíveis de recomendação.

Os trechos de narrativas são frequentemente usados em avaliação de memória e são, certamente, sensíveis ao comprometimento de memória. As passagens podem ser encontradas nas Escalas Wechsler, no RBMT (Wilson et al., 1985; Wilson, Clare et al., 1999) e na Adult Memory and Information Processing Battery (AMIPB; Coughlan e Hollows, 1985). O teste de reconhecimento mais usado, pelo menos no Reino Unido, é provavelmente o Recognition Memory Test* (RMT; Warrington, 1984). Esse instrumento inclui memória de reconhecimento de faces (reconhecimento visual) e palavras (reconhecimento verbal). O Camden (Warrington, 1996) inclui subtestes de reconhecimento para palavras, faces (ambos são versões reduzidas do RMT), descrição de cenas e figuras. O RBMT e o RBMT – versão estendida (RBMT-E) também incluem subtestes reconhecimento de figuras e reconhecimento de faces junto com a evocação imediata e evocação tardia de uma nova rota. Uma nova versão em inglês desse teste, o RBMT-3 (Wilson, Greenfield et al., 2008), com subtestes aprimorados de reconhecimento visuoespacial, foi recentemente publicada.

Os testes de evocação visual mais conhecidos são o subteste de Reprodução Visual da WMS, o Teste de Figuras Complexas de Rey-Osterrieth (Rey, 1941), o Benton Visual Retention Test (BVRT; Benton, 1974) e, em menor proporção, o AMIPB, o qual tem uma figura complexa análoga ao teste de Rey-Osterrieth. Um dos problemas com os testes de evocação visual é que eles são, em certo grau, verbalizáveis. Com exceção do BVRT, aos participantes é solicitado que primeiro copiem uma figura e que após um intervalo evoquem tardiamente a figura. Assim, a evocação tardia pode ser afetada devido a dispraxia, negligência unilateral ou problemas de planejamento, bem como memória deficitária. Quando se interpreta o resultado de qualquer avaliação, precisamos estar alertas para tais problemas. O teste Doors and People reduz esses problemas (1) pedindo que os indivíduos testados copiem o material antes do teste, de forma que quaisquer dificuldades com a execução possam ser detectadas e (2) dificultando a verbalização porque, apesar de o material ser verbalizável (uma porta para a tarefa de reconhecimento e uma cruz para a tarefa de evocação), "todos os itens são portas ou cruzes", de forma que a identificação verbal é de pouca ajuda. Eu fui participante do grupo controle quando esse teste estava sendo desenvolvido e tentei fazer uso das minhas habilidades verbais, as quais julgava melhores que as visuais. Eu repetia para mim mesma observações como "Uma porta marrom em arco e com maçaneta dourada", mas isso não fez diferença porque todas as portas na cartela de reconhecimento eram marrons terminadas em arco e com maçanetas douradas e cada cartela era organizada de forma parecida.

---

* N. de R. T.: O Recognition Memory Test (RMT) poderia ser traduzido como Teste de Reconhecimento de Memória (TRM).

A nova aprendizagem episódica verbal é geralmente medida pela aprendizagem de pares associados. A antiga WMS-R incluía tanto tarefas de pares associados verbais quando visuais. No subteste verbal, oito pares de palavras eram apresentadas: quatro eram de fácil aprendizagem devido à conexão lógica (p. ex., bebê-chorar [*baby-cry*]) e as quatro restantes eram difíceis porque não havia conexão lógica (p. ex., obedecer-polegada [*obey-inch*]). Apesar de todas acharem os pares não conectados mais difíceis, pessoas com comprometimento de memória os acham impossíveis de serem aprendidos. No subteste de pares associados visuais aqueles com déficits de memória acham a aprendizagem muito difícil. No WMS-III, entretanto, os subtestes de aprendizagem de pares associados foram substituídos por um novo teste verbal e pela omissão do subteste visual. A nova aprendizagem verbal de pares associados se compõe de oito pares não relacionados (p. ex., inseto-bolota [*insect-acorn*]). Os pares de palavras são repetidos ao longo de quatro tentativas com ordem variada. Após cada tentativa, o paciente recebe a primeira palavra de cada par e é perguntado pela outra palavra associada deste par, permitindo ao examinador calcular a curva de aprendizagem. Após um intervalo para evocação tardia, uma tentativa de evocação é feita com uso da palavra inicial de cada par de palavras. Há uma tentativa de reconhecimento de 24 pares de palavras.

Outras novas tarefas de aprendizagem estão disponíveis, sendo, provavelmente, o mais conhecido, o California Verbal Learning Test (CVLT; Delis, Kramer, Kaplan e Ober, 1987) e o Rey Auditory Verbal Learning Test (Rey, 1964).* Apesar de ambos serem testes úteis para se ter disponíveis, o CVLT pode ter certas vantagens, sendo a principal a de ter pistas de categoria como ajuda na evocação (p. ex., "Me diga todas as frutas que você consegue lembrar"). Além dos pares associados visuais no WMS, poucos testes medem a aprendizagem não verbal. O novo RBMT-3 inclui um subteste para a avaliação da habilidade de aprendizagem de uma nova habilidade: o subteste Novel Task. Muitas pessoas com comprometimento de memória podem aprender novas habilidades porque envolvem memória procedural, a qual geralmente não é afetada pelos comprometimentos orgânicos de memória. Contudo, o subteste Novel Task não é uma tarefa de memória procedural, porque envolve nova aprendizagem episódica. A pessoa sendo testada usa peças de cores diferentes para criar uma determinada forma. O examinador demonstra como as peças podem ser unidas para criar a forma a partir de uma dada instrução. O examinando então executa a tentativa. O procedimento é repetido duas outras vezes, totalizando três tentativas de aprendizagem. Essa tentativa é seguida mais tarde de uma tentativa de evocação tardia. Uma ilustração do subteste Novel Task pode ser vista na Figura 3.2.

---

* N. de R. T.: Poderiam ser traduzidos, respectivamente, como Teste Califórnia de Aprendizagem Verbal e Teste de Aprendizagem Auditivo-verbal de Rey.

Figura 3.2 A Novel Task do Rivermead Behavioural Memory Test-3. Wilson, Greenfiel, et al. (2008). Copyright 2008. Pearson Education Ltd. Reimpressão permitida.

Apesar de o subteste Novel Task do RBMT-3 não ser, estritamente falando, uma tarefa puramente visuoespacial – porque as instruções são dadas verbalmente, assim como demonstradas, e os sujeitos avaliados podem falar consigo mesmos – certamente inclui um grande componente visuoespacial e pode ser aplicado em pessoas com problemas de linguagem. A demonstração parece ser crítica e a tarefa sensível às dificuldades de aprendizagem (Greenfield, Nannery e Wilson, 2007). Além disso, diferentes grupos com quadros distintos mostram diferentes graus de dificuldade, com pacientes com TCE aprendendo mais do que pessoas com encefalite ou acidente vascular cerebral. E, não surpreendentemente, as pessoas com DA aprendendo menos (Greenfield, 2005). A combinação das instruções verbais e visuais encontradas nos subtestes Novel Task e New Rout Learning replica os tipos de situações encontradas na vida real e o RBMT é, na verdade, um teste do funcionamento da memória cotidiana, da vida real.

Uma forma muito fácil de avaliar a aprendizagem não verbal é administrar o *span* de dígitos mais dois (Wilson, 2004). Uma vez que o *span* tenha sido estabelecido com o *Tapping* Visual de WMS, Blocos de Corsi ou Teste de Padrões Visuais, o examinador pode acrescentar dois ao *span* e repetir a sequência até que seja corretamente produzida. Assim, se um *span* de cinco típico for alcançado, uma sequência de sete é administrada e a mesma sequência repetida até que tenha sido reproduzida corretamente, preferencialmente em três ocasiões consecutivas, para confirmação de que não tenha sido só uma casualidade. Apesar de não haverem normas conhecidas, a maioria das pessoas aprenderia o *span* mais dois em três tentativas e quase com certeza em cinco tentativas. Um paciente com amnésia grave não aprenderia em 50 tentativas (e não lembraria quantas vezes foi testado).

A memória implícita raras vezes é formalmente medida como parte de uma avaliação neuropsicológica, ainda que seja de grande interesse para os pesquisadores da memória. Não só não há testes padronizados de memória implícita publicados, como também não é claro como a memória implícita se relaciona com as necessidades de reabilitação dos pacientes com lesão cerebral. Tendo dito isso em 1988, Baddeley e Wilson acreditaram que a memória implícita deficitária era um mau sinal prognóstico. Ainda, sabemos que a maioria das pessoas com comprometimento de memória tem a memória implícita normal ou quase normal, então, parece razoável medi-la e aproveitá-la tanto quanto possível. Isto é, na verdade, o que Glisky e colaboradores (1986) e Glisky e Schacter (1988) tentaram fazer quando ensinavam pacientes amnésicos a usar computadores. Voltaremos a esse assunto no Capítulo 6. Acredita-se que a aprendizagem implícita seja a razão de as pessoas aprenderem melhor quando impedidas de cometerem erros durante o processo de aprendizagem (Baddeley e Wilson, 1994; Page et al., 2006). Esse é um outro motivo que justifica ser uma boa ideia tentar avaliá-la. Deve ser esclarecido, contudo, que a memória implícita não é um conceito único: assim como a MCP e a MLP, pode ser fracionada em vários subtipos – inclusive memória implícita motora, perceptual, auditiva e verbal. Wilson e colaboradores mostraram dissociações entre tarefas de memória implícita auditiva, motora e perceptual.

Na ausência de testes formais, ainda se pode examinar alguns aspectos tendo os pacientes como seus próprios controles. Para a memória motora, pode-se fazer uma tarefa de trilhas no computador. Até mesmo pessoas severamente amnésicas melhoram com o tempo nesta habilidade, ainda que nem sempre possam lembrar que executaram a tarefa anteriormente. Pode-se ver se há melhoras ao longo do tempo ainda que o escore não possa ser comparado com os escores de um grupo controle. A avaliação da memória implícita é geralmente conduzida através de *priming* perceptual na forma de figuras fragmentadas (Warrington e Weiskrantz, 1968). As figuras são dispostas em ordem do maior ao menor grau de dificuldade.

Nannery, Greenfield, Wilson, Sopena e Rous (2007) descreveram um procedimento através do qual sete figuras são mostradas por inteiro e cada uma tem sete fragmentos seguidos da figura inteira. O primeiro fragmento é o menor e se pede aos indivíduos que adivinhem o que pode ser. Então, um fragmento um pouco maior é apresentado e os participantes têm que dizer se agora podem identificá-lo. O terceiro fragmento é então apresentado e assim por diante, com a figura final mostrando o objeto completo. São feitas três tentativas. Os resíduos são vistos na segunda tentativa. É claro que as pessoas podem usar ambas as memórias, episódica e implícita, para recordar as figuras, mas para os amnésicos com pouca memória episódica, há resíduos e as figuras são identificadas mais no início da sequência (Wilson et al., 1996).

Uma das formas mais fáceis de avaliar a memória verbal implícita é usar uma tarefa de completar palavras. Um conjunto de palavras completas é apresentado e lido pelo avaliado. As duas ou três primeiras letras da palavras então são apresentadas e a pessoa tem que pensar na primeira palavra que lhe vem à mente começando com aquelas letras. Assim, se a lista de palavras começar com BRANCO, POLEGAR, MISSÃO, etc., as letras serão BR..., PO..., MIS... A resposta provável será a palavra apresentada primeiro, mesmo para os pacientes amnésicos que não têm recordação explícita da lista original (Graf, Squire e Mandler, 1984). Uma série de materiais foi produzida e algumas normas não publicadas coletadas sobre a performance de pessoas com ou sem lesão cerebral. Essencialmente, as pessoas com lesão cerebral se saem pior do que as sem lesão, mas o padrão de resposta é semelhante. Isso também foi verificado em estudo anterior com figuras fragmentadas (Wilson et al., 1996).

O estudo de 1996 disponibiliza algumas normas para um grupo de 136 controles e 16 pessoas com amnésia em três testes de memória implícita: tarefa do espelho (tarefa de rastreamento motor), *priming* perceptual (figuras fragmentadas) e melodias Coreanas, uma tarefa de *priming* auditivo originalmente desenvolvida por Johnson, Kim e Risse (1985). Nesta última tarefa, melodias ouvidas algumas vezes são preferidas às melodias ouvidas somente uma vez; a maioria das pessoas não tinha consciência de que as melodias eram repetidas. Esse estudo relatou que pessoas amnésicas não se diferiam do grupo controle na tarefa das melodias coreanas, mas tinham desempenho mais fraco no rastreamento motor e na tarefa de *priming* perceptual. No entanto, o "padrão" de aprendizagem era similar: era somente um nível abaixo no total. Também foi verificado que a performance "normal", comparada com os controles em um tipo de tarefa, não garantia tal desempenho em outra tarefa. Dissociações triplas foram vistas, com alguns desempenhando-se bem em quaisquer das tarefas e mal em outras.

O próximo aspecto da memória a ser discutido é a "memória remota". Mais uma vez, essa não é formalmente avaliada na prática clínica apesar de ter importantes implicações para a reabilitação e problemas da vida real. Baddeley e Wilson (1986) sugeriram que pessoas com AR prolongada e perda de conhecimento autobiográfico são provavelmente mais ansiosas, com sinais de raiva e deprimidas ou exibem problemas comportamentais. Eles acreditavam que isso acontecia porque para saber "quem" somos precisamos ter um passado. Baddeley e Wilson (1986) e Wilson (1999) descreveram tais pacientes. A maioria das pessoas com perda de memória remota terá problemas com conhecimento pessoal e conhecimento de mundo apesar de haver relatos de um sem o outro (Hodges e McCarthy, 1993; Kapur, 1993, 1999). Kopelman, Wilson e Baddeley (1990) publicaram uma entrevista semiestruturada para avaliar o conhecimento autobiográfico.

Para a avaliação de eventos conhecidos, testes de faces e eventos famosos de diferentes décadas são comumente usados, mas é difícil encontrar um teste imediatamente disponível para isso. Apesar de Butters e Albert (1982) terem publicado uma bateria de AR, o principal problema é que os testes têm de ser atualizados a cada ano. Além disso, algumas pessoas que foram famosas em uma década assim permanecem longamente, mesmo após a morte. A Princesa Diana, por exemplo, morreu em 1997, mas seu rosto ainda é visto com frequência. Ao contrário, alguém que morreu muito mais recentemente, como Robin Cook, o político britânico, em 2005, será menos conhecido. Além das diferenças de níveis de exposição, tais testes envolvem diferenças no nível de interesse e diferenças culturais, com algumas pessoas tendo muito mais interesse em política ou esportes que outras. Tentativas têm sido feitas para se desenvolver testes mais fáceis de memória remota, tal como o teste Dead and Alive de Kapur (Kapur, Thompson, Cook, Lang e Brice, 1996), mas os mesmos problemas se aplicam e os examinadores lançam mão, em sua maioria, de seus próprios materiais, específicos para necessidades individuais.

A memória prospectiva é uma outra área que é pouco formalmente avaliada apesar do fato de que uma das mais frequentes queixas das pessoas com comprometimento de memória seja que esquecem o que precisam fazer. Mateer, Sohlber e Crinean (1987) descobriram que pessoas com ou sem lesão cerebral consideram ter mais dificuldade com tarefas de memória prospectiva do que quaisquer outros tipos de problemas de memória. Isso levou Sohlber e Mateer (1989a) a publicarem a Prospective Memory Screening Tool (Ferramenta de triagem da memória prospectiva) para medir a habilidade das pessoas para executar tarefas de memória prospectiva após 60 segundos, 2 minutos, 10 minutos, 20 minutos e 24 horas. Examinando as situações mais equivalentes ao cotidiano, o RBMT e o RBMT-E e o RBMT-3 incluem tarefas de memória prospectiva através das quais os participantes têm que lembrar (dependendo da versão usada) de perguntar sobre seu próximo compromisso ou compromissos em um momento pré-especificado, lembrar-se de entregar um ou dois recados ou lembrar-se de recolher um ou dois pertences ao final do teste. Esses itens parecem contribuir para a sensibilidade do teste quando usado com pessoas mais idosas (Cockburn e Smith, 1989) e com identificação de DA inicial (Beardsall e Huppert, 1991). Mais recentemente, um novo teste de memória prospectiva vem sendo usado, o Cambridge Prospective Memory Test (Wilson, Emslie, Foley et al., 2005), o qual inclui tarefas baseadas no tempo e nos eventos. Após estudo piloto (Groot et al., 2002), o teste foi modificado e agora compreende três tarefas baseadas no tempo e três baseadas em eventos. As normas foram coletadas a partir de 212 controles e de um grupo de pessoas com lesão cerebral. Diferenças consideráveis nos escores foram encontradas entre diferentes grupos etários e grupos de diferentes níveis de habilidades.

Os pacientes com déficits de memória semântica são mais passíveis de terem problemas de expressão e reconhecimento de objetos. Esse aspecto do funcionamento da memória pode ser avaliado de diversas formas, inclusive compreensão de palavras, fluência semântica e conhecimento geral. Hodges,

Patterson, Oxbury e Funnel (1992) descreveram uma bateria de memória semântica planejada para avaliar o conhecimento semântico em pacientes com condição progressiva. Um conjunto de itens é usado para avaliar a entrada (*input*) e a saída (*output*) de um armazenador central do conhecimento representacional. Há três categorias animadas e três inanimadas (feitas pelo homem). O conhecimento é medido de diversas formas, por exemplo, fluência, identificação, correspondência de figura e palavra, classificação de figuras e nomeação para descrição. Wilson (1997) administrou a bateria em um grupo de pessoas com lesão cerebral não degenerativa e encontrou resultados, de maneira geral, semelhantes àqueles de Hodges e colaboradores (1992) em pacientes com demência. Infelizmente, uma versão útil publicada dessa bateria ainda não está disponível.

Uma bateria de memória semântica publicada que está disponível é o Teste de Nomes Específicos de Categorias (Category Specific Names Test) (McKenna, 1998), na qual as pessoas têm que nomear objetos e combiná-los com seus nomes verbalizados em quatro categorias semânticas. Um outro teste útil para se determinar os déficits de memória semântica é o Pyramids and Palm Trees Test (Teste Pirâmides e Palmeiras) (PPT; Howard e Patterson, 1992). Esse teste determina em que grau um indivíduo pode acessar o significado de figuras e palavras. Os examinadores podem estabelecer se a dificuldade de dar nome ou apontar uma figura já identificada se deve à dificuldade de evocar informação semântica das figuras, dificuldade de recuperar informações semânticas das palavras, ou, em caso de défcit de nomeação, dificuldade de evocar a forma falada adequada da palavra. O teste é adequado para se medir a compreensão de figura e palavra em pessoas com afasia, agnosia visual e comprometimento semântico geral, como pode ser visto na DA. Como seu formato é de simples escolha forçada, o TPP é adequado para pessoas com quadros graves como afasia global, onde esta pode ser a única forma praticável de se testar o conhecimento semântico.

Finalmente, há orientação para tempo, lugar e pessoa. Esta avaliação deveria sempre ser incluída em qualquer outra, o que é fácil de fazer porque tanto as Escalas Wechsler como as versões do RBMT incluem itens de orientação.

Rivermead Behavioural Memory Test

Antes de continuar com as avaliações funcionais, direi algumas palavras sobre o RBMT porque esse é um teste voltado para o funcionamento da vida cotidiana e pode ajudar no planejamento de reabilitação. Este argumento, entretanto, não é suficiente por si só, porque, apesar de poder destacar algumas das áreas que se pode abordar em um programa de tratamento, ele não especifica precisamente a natureza ou extensão dos problemas cotidianos, de tal forma que se possa definir metas apropriadas (referido no Capítulo 9). Também sugiro que o RBMT é insuficiente se utilizado sozinho para a avaliação da memória.

Sendo um teste ecologicamente válido, disponibiliza uma indicação se as dificuldades de memória estão causando problemas na vida real, enquanto testes como o WMS-III informam como os problemas afetam a estrutura da memória. Os dois tipos de testes são, portanto, diferentes mas complementares.

O RBMT original foi publicado em 1985 (Wilson et al., 1985). Foi planejado para (1) prever os problemas cotidianos de memória em pessoas com lesão cerebral adquirida, não progressiva, e (2) monitorar mudanças ao longo do tempo. O teste compreende tarefas análogas às das situações do cotidiano que parecem ser difíceis para as pessoas com comprometimento de memória. Há quatro versões paralelas, e o teste foi traduzido para 14 línguas, com normas estabelecidas para idades entre 5 e 96 anos: as normas para pessoas idosas surgiram em 1989 (Cockburn e Smith); para adolescentes em 1990 (Wilson, Forester, Bryant e Cockburn); para crianças entre 5 e 10 anos em 1991 (Wilson et al.).

No estudo de validação do RBMT original, 80 pacientes com lesão cerebral foram observados por seus terapeutas por um período de 30 a 55 horas. A correlação entre as observações dos terapeutas das falhas de memória cotidianas e os escores do RBMT foi significativa 0,75 (Wilson, Cockburn, Baddeley e Hiorns, 1989). Além dos dois estudos mencionados anteriormente, mostrando que o RBMT é um bom preditor de independência e empregabilidade (Wilson, 1991; Schwartz e McMillan, 1989), Kotler-Cope (1990) descobriu que o RBMT foi uma melhor medida da memória cotidiana que o WMS Revisado (Wechsler, 1987), e Pérez e Godoy (1998) descobriram que o RBMT é tão robusto quanto o WMS ao distinguir os pacientes dos controles.

O RBMT tem sido usado com pessoas com lesão cerebral não progressiva e com outros grupos de pacientes. Beardsall e Huppert (1991) descobriram que certos subtestes do RBMT eram melhores que outros testes para o diagnóstico de demência. Wilson e Ivani-Chalian (1995) observaram que o RBMT para crianças é útil para a avaliação do funcionamento de memória em adultos com Síndrome de Down. Isaacs e colaboradores (2003) descobriram que a versão para crianças do RBMT discriminava entre adolescentes nascidos prematuros e com baixo peso dos participantes do grupo-controle, apesar de serem emparelhados quanto ao QI e à memória imediata. Em particular, as crianças prematuras tinham dificuldades nos subtestes de encontrar rotas e memória prospectiva.

Moradi, Neshat-Doost, Taghavi, Yule e Dalgleish (1999) descobriram que o RBMT discriminava entre crianças e adolescentes com e sem transtorno de estresse pós-traumático (TEPT). Segundo Lezak, Howieson, Loring e Hannay (2004), outros observaram que o RBMT é um instrumento útil para a caracterização de transtornos de memória da doença do prosencéfalo basal (Goldenberg, Schuri, Gromminger e Arnold, 1999) à insuficiência cardíaca (Grubb et al., 2000), Doença de Parkinson (Benke, Hohenstein, Poewe e Butterworth,

2000), esclerose múltipla (Cutajar et al., 2000) e encefalite límbica (Bak, Antoun, Balan e Hodges, 2001).

Apesar de o RBMT ter provado ser útil, foi planejado para ser um teste de triagem e, como tal, não é sensível o suficiente para detectar déficits leves. Para aumentar a sensibilidade do teste, decidimos aumentar o grau de dificuldade dobrando a quantidade de material a ser lembrado. As versões A e B do teste original foram combinadas para criar a versão 1 do RBMT-E e as versões C e D foram combinadas para formar a versão 2 do RBMT-E (1999).

Quando estávamos desenvolvendo o RBMT-E, o objetivo era determinar se pessoas com lesão cerebral que pontuaram em uma amplitude normal ou quase normal no RBMT original teriam déficits quando avaliadas com o RBMT-E. Para tratar essa questão, 45 pessoas neurologicamente comprometidas foram avaliadas com ambas as versões, a original e a estendida, de forma contrabalanceada. Do total da amostra, 35 estavam no intervalo com défcit a normal no escore de perfil padronizado do RBMT original e 36 estavam no intervalo com déficit a normal no escore de triagem. Dessa forma, o RBMT-E separou aqueles com escores RBMT razoáveis em subgrupos bom, médio, pobre e comprometido.

Como alguns desses testes eram muito difíceis (RBMT-E) ou muito fáceis (RBMT) para certos pacientes, decidimos desenvolver outra versão – o RBMT-3 – para superar o nível de dificuldade modificando alguns dos subtestes e acrescentando um novo subteste, a Novel Task descrita anteriormente. Esta avalia a habilidade de aprendizagem de uma nova habilidade, uma demanda crítica para o funcionamento cotidiano. Aumentando a quantidade de funções de memória avaliadas, o teste agora possibilita uma avaliação mais abrangente. Finalmente, quisemos atualizar e melhorar as normas. O novo teste já está disponível (Wilson, Greenfield et al., 2008).

Testes complementares

Os testes descritos anteriormente são apenas alguns dos que estão disponíveis. Para uma lista e descrição mais detalhadas, ver Lezak, Howieson, Loring, Hannay e Fischer (2004); Strauss, Sherman e Spreen (2006); Mitrushina, Boone, Razani e D'Elia (2005); entre outros. Esses livros descrevem uma grande variedade de testes neuropsicológicos e não somente os relacionados com memória. A avaliação de aspectos emocionais e de humor é igualmente importante, e os instrumentos para esse exame são abordados em detalhes no Capítulo 8.

Um último ponto para discussão envolve a questão do esforço: a pessoa que está sendo avaliada está fazendo o melhor que pode? Existe uma questão de simulação de incapacidade ou uma tentativa de distorcer o desempenho no teste? Essa é mais provavelmente uma questão para situações médico-legais, mas, para aqueles que acreditam que o esforço deveria ser medido, Bush e colaboradores (2005) publicaram um trabalho de posicionamento para os neuropsicólogos norte-americanos e, enquanto escreviam, a Sociedade Britânica de Psicologia estava elaborando um trabalho semelhante para os assessores britânicos.

PROCEDIMENTOS DE AVALIAÇÃO COMPORTAMENTAL PARA IDENTIFICAÇÃO DE DIFICULDADES DE MEMÓRIA

Ainda que úteis, os testes padronizados servem para a construção de um mapeamento cognitivo dos pontos fortes e fracos de uma pessoa, mas são insuficientes para o planejamento da reabilitação. Precisamos que os testes forneçam informações sobre se os pacientes serão capazes de compreender instruções, lembrar-se de coisas em dado formato, ter problemas de leitura, e assim por diante. Não devemos pedir aos pacientes que façam coisas que sejam cognitivamente impossíveis para eles. Então precisamos de informações dos testes neuropsicológicos. Contudo, testes padronizados não dirão que problemas são mais angustiantes para os pacientes e seus familiares, que métodos de manejo são usados, qual a melhor intervenção estratégica a ser adotada ou como determinar se os programas de tratamento serão efetivos. Assim, precisamos complementar os testes padronizados com outras formas de avaliação. Isso pode ser feito a partir de observações, medidas de autorrelato e entrevistas estruturadas.

Dois trabalhos seminais na avaliação comportamental – por Baer, Wolf e Risley, em 1968, e Kanfer e Saslow, em 1969 – marcaram o início de uma abordagem mais formal para a avaliação comportamental. Antes disso, vinha sendo menos formal e mais indireto fazer parte da modificação comportamental em que a principal preocupação eram novas estratégias de tratamento. Nos anos de 1970 e 1980 o foco mudou para (1) a identificação e medida de variáveis que controlam o comportamento, (2) a seleção de técnicas de tratamento bem-sucedidas e (3) a avaliação do tratamento (Nelson e Hayes, 1979). Essa distinção entre avaliação comportamental e tratamento comportamental é muitas vezes difícil porque as duas se fundem. Se formos medir a frequência com que um paciente amnésico repete uma dada pergunta, por exemplo, quase com certeza, o faremos para encontrar uma forma de reduzir as repetições. Se então for encontrada uma forma para se chegar a isso, mediremos as repetições enquanto se implementa a estratégia de tratamento, assim, a medida ou avaliação e tratamento são parte e parcela do mesmo processo. Como as avaliações padronizadas, as medidas comportamentais também estão preocupadas com a coleta, organização e interpretação sistemática de detalhes sobre os pacientes e sua situação – a diferença aqui é a forma com a qual isso será implementado. Basicamente, uma avaliação comportamental se preocupa com a análise do comportamento de uma pessoa, seus antecedentes e suas consequências. Isso é muitas vezes descrito como avaliação ABC ou análise funcional. Para voltar ao exemplo do paciente amnésico repetindo a mesma pergunta, precisamos estabelecer se isso acontece em resposta a um gatilho verbal, como uma observação feita ao paciente ou se é mais provável que aconteça quando algum membro da equipe em particular está de plantão ou em dados momentos do dia. Então precisamos saber o que acontece em seguida, em resposta à pergunta. Esta é respondida ou ignorada, ou se mostra à pessoa como responder à questão, por exemplo, a levando até um calendário de parede? O paciente se acalma ou fica mais agitado quando recebe a resposta? Desta forma, podemos observar os antecedentes e as consequências.

Mischel (1968) apontou algumas diferenças entre os dois tipos de avaliação. Os testes padronizados tendem a dizer o que a pessoa "tem". Assim, uma pessoa pode "ter" uma amnésia global, afasia de Broca ou negligência unilateral. Em contraposição, uma avaliação comportamental tende a dizer o que uma pessoa "faz". Dessa forma, uma pessoa com comprometimento de memória pode fazer a mesma pergunta 15 vezes por hora, não conseguir travar a sua cadeira de rodas ou ser incapaz de encontrar sua cama em sua ala hospitalar.

Uma outra diferença é que nos testes padronizados o comportamento observado é visto como um "sinal", então uma inabilidade para recordar uma narrativa após evocação tardia é um sinal de comprometimento orgânico da memória, enquanto em uma avaliação comportamental o comportamento observado é visto como uma "amostra", portanto, estamos "coletando amostras" de comportamento, por exemplo, "comportamento pergunta-resposta" ou "travar a cadeira de rodas".

Na abordagem tradicional, está implícita a visão de que os resultados de uma avaliação são o reflexo do problema subjacente, da causa, do comprometimento ou de característica da personalidade. Na abordagem comportamental, está implícita a hipótese de que o comportamento é um resultado de circunstâncias ambientais. A última forma de avaliação presume que o comportamento observado seja relativamente estável – o QI de uma pessoa não terá grande variação se medido pela manhã ou à noite. Algumas vezes isso também é verdadeiro para as pessoas com comprometimento. Um paciente amnésico não será capaz de evocar uma narrativa, independentemente das circunstâncias, mas algumas vezes o comportamento é variável. Para uma pessoa com déficits mais moderados, a fadiga, a ansiedade e o estresse podem aumentar as dificuldades e a quantidade dessa variabilidade precisa ser estabelecida. Enquanto uma avaliação tradicional é desempenhada uma vez, as avaliações mais funcionais são geralmente conduzidas algumas ou muitas vezes em diferentes situações. Em testes padronizados, a relação com o tratamento é "indireta" porque não se trata, ou não se deveria tratar alguém como se a pessoa precisasse passar em uma prova. Como já foi dito, as abordagens comportamentais têm uma relação muito mais "direta" como o tratamento. Por exemplo, alguns indivíduos com comprometimento de memória precisarão parar de repetir a mesma pergunta, enquanto outros que usam cadeiras de rodas precisarão travar a cadeira e outros poderão precisar encontrar a cama correta em sua ala.

Por último, as avaliações padronizadas são tipicamente conduzidas antes do tratamento. Podem algumas vezes ser feitas durante ou depois do tratamento, mas "não são parte do tratamento propriamente dito", enquanto avaliações comportamentais podem ser vistas como um item básico nesse processo.

Mais detalhes sobre observações comportamentais, medidas de autorrelato e entrevistas seguirão no Capítulo 10, quando discutiremos o processo de planejamento de um programa de reabilitação. Avaliações complementares para se determinar quem poderia se beneficiar dos auxílios externos de memória serão consideradas no Capítulo 4.

CAPÍTULO 4

Compensando Déficits de Memória com Auxílios de Memória

Com Narinder Kapur[1]

O objetivo final da reabilitação é capacitar as pessoas para que tenham funcionamento tão independente quanto possível em seu próprio e adequado ambiente (McLellan,1991). Nos dias ou semanas iniciais após lesão cerebral, a maioria das pessoas, inclusive terapeutas e psicólogos, busca a recuperação e alguma restauração da função perdida. Uma vez que a recuperação tenha cessado ou diminuído, tendemos a ajustar nossas expectativas e ajudar as pessoas a compensarem seus déficits. Anderson (1996) sugeriu que as tentativas de restaurar o funcionamento perdido provêm da crença em um maior grau de plasticidade neural, enquanto estratégias compensatórias se baseiam na hipótese de que não se pode restaurar o funcionamento perdido, por isso precisamos ensinar às pessoas como lidar melhor com suas dificuldades. Robertson e Murre (1999) apresentaram pontos de vista semelhantes, arguindo que as estratégias compensatórias deveriam ser a opção de tratamento para as pessoas de quem não se espera recuperação, enquanto para aquelas de quem se espera recuperação (p. ex., aqueles com lesões mais leves) tentar aumentar o índice de recuperação pode ser mais efetivo. Isso poderia ser verdadeiro para algumas funções cognitivas tais como linguagem e atenção, mas não para a memória, em que há poucas evidências de maior melhora na função, após ter passado o período de recuperação espontânea (Kapur e Graham, 2002; Wilson, 2004). De fato, o próprio Robertson (1999, p. 704) observou que, "no caso da reabilitação da memória, ainda não há evidências de melhora direta e duradoura através de terapias voltadas à restauração. Por conseguinte, as abordagens compensatórias para problemas de memória parecem ser, pelo menos por enquanto, a opção de tratamento".

Já discutimos a recuperação da função no Capítulo 2. O presente capítulo, como dito anteriormente, concentra-se nos auxílios compensatórios. Zangwill (1947, p. 63) definiu compensação como "a reorganização da função psicoló-

---

[1] Narinder Kapur, Ph.D., é neuropsicólogo consultor clínico do Hospital Addenbrooke, Cambridge, Reino Unido.

gica para minimizar ou superar uma deficiência específica". Ele argumentou que a compensação, para a maioria, aconteceu espontaneamente, sem a intenção explícita do paciente, apesar de que em alguns casos pudesse ocorrer pelos próprios esforços dele ou como resultado de instrução e orientação do psicólogo/terapeuta. Os exemplos de compensação oferecidos por Zangwill incluem dar a uma pessoa com comprometimento da linguagem expressiva uma lousa ou ensinar alguém com hemiplegia direita a escrever com a mão esquerda.

Apesar de os auxílios externos serem alegadamente as estratégias mais eficientes para pessoas com comprometimento de memória, nem sempre é fácil para elas fazerem uso de tais auxílios. O uso eficiente de muitos auxílios externos de memória envolve um certo grau de motivação, paciência, planejamento, resolução de problemas, concentração, aprendizagem e até mesmo memória, de forma que, quem deles necessita, na maioria das vezes, tem maior dificuldade de aprender como usá-los. Este capítulo descreve os auxílios mais comumente usados. Exemplos de uso bem-sucedido de auxílios em pessoas com déficit de memória grave são relatados e a implantação de uma clínica de auxílios de memória é discutida.

A disposição de auxílios de memória precisa ser vista no contexto de outras tentativas de melhorar o funcionamento de memória em pacientes com disfunção cerebral. O ensino de estratégias cognitivas, como técnicas de associação e repetição, é tratado nos Capítulos 5 e 6. As mudanças no comportamento, como reduzir a carga de trabalho, estabelecer rotinas e sempre colocar coisas de volta no lugar certo, também podem beneficiar a memória. Sugestões mais gerais, relacionadas, por exemplo, à fadiga, à ansiedade e ao uso de álcool e drogas, podem beneficiar indiretamente o funcionamento da memória. Auxílios externos de memória representam uma forma um tanto distinta de intervenção na qual grande confiança é depositada em um objeto externo ou parte do ambiente e não somente em estratégias puramente cognitivas ou comportamentais iniciadas pelos indivíduos com comprometimento de memória. O foco principal deste capítulo são os auxílios de memória portáteis ou que exigem instalação. O planejamento de construções ou equipamentos pode funcionar como um auxiliar de memória e esses "auxílios ambientais de memória" são discutidos mais detalhadamente em outros livros (Wilson e Kapur, 2008) e no Capítulo 11. Todavia, incluímos aqui a Tabela 4.1 para ilustrar como o gerenciamento das estratégias ambientais pode ajudar pacientes confusos e agitados na fase aguda.

Este capítulo enfoca, mais atentamente, os aspectos práticos da aplicação de auxílios externos de memória em ambientes de reabilitação da memória. O leitor poderá consultar artigos recentes para consideração mais detalhada de estudos experimentais sobre auxílios externos de memória (Kapur, Glisky e Wilson, 2002, 2004; Sohlberg, 2005; Sohlberg et al., 2007) e livros de Kime (2006) e Bourgeois (2007) para abordagens práticas para a implementação de

Tabela 4.1 Estratégias de gerenciamento ambiental para lidar com pacientes confusos e agitados na fase aguda

1) Reduzir o nível de estimulação no ambiente
- Evitar a superestimulação e distração visual.
- Monitorar a temperatura do ambiente para proporcionar conforto.
- O quarto deve estar em área de baixo tráfego, mas passível de ser facilmente acessada.
- Limitar o número de visitantes e dar a eles orientação sobre as estratégias.
- Durante as terapias, eliminar ou reduzir as atividades que causem aborrecimento, frustração e superestimulação.
- Evitar toque ou manuseio excessivos.

2) Reduzir a confusão do paciente
- Proporcionar equipe competente.
- Evitar a mudança de quarto.
- Permitir que uma pessoa fale por vez.
- Comunicar-se de forma clara e concisa (isto é, uma ideia de cada vez).
- Manter um horário regular para terapias e atividades (ou seja, a rotina).
- Reorientar quanto ao espaço, tempo e finalidade ao longo do dia.
- Manter o espaço bem iluminado durante o dia e escuro e silencioso durante a noite.
- Estimular o sono.

3) Tolerar a inquietude e agitação tanto quanto possível
- Analisar, com a equipe, estratégias específicas a serem utilizadas para cada paciente e técnicas de "intervenção em crise".
- Permitir que o paciente se movimente nos colchonetes.
- Permitir que o paciente capaz de caminhar circule pela unidade supervisionado.
- Permitir que o paciente confuso seja verbalmente inadequado.

estratégias compensatórias com uso de auxílios externos. Apesar de estarmos mais preocupados com pessoas com condição não progressiva, sugerimos aos leitores uma edição recente da revista *Technology and Disability*, "Technology in Dementia Care" (Hagen, 2007), o qual inclui tópicos como análise de custo--benefício de tecnologia assistida ao uso de tecnologia para a melhora da QdV para pessoas com demência.

TIPOLOGIA DE AUXÍLIOS DE MEMÓRIA

Se comparadas aos modelos conceituais para sistemas de memória em geral e sistemas específicos, tais como memória de trabalho, memória autobiográfica e memória semântica, em particular, têm havido relativamente poucas tentativas de oferecer uma tipologia de auxílios de memória. Isso é lamentável porque ter no mínimo um modelo rudimentar dos efeitos de melhora dos auxílios de memória pode contribuir para uma melhor compreensão da forma como são eficazes e como a sua eficácia pode ser melhorada. Seria improvável que o simples mapeamento de auxílios externos de memória em quadros conceituais para sistemas de memória fosse útil: por exemplo, pensar em termos de auxílios de memória episódica e auxílios de memória semântica não parece ter sentido intuitivo ou prático.

Como uma primeira aproximação, parece que os auxílios externos de memória podem ser divididos entre aqueles que atuam como sinais de alerta, que oferecem uma pista em um dado momento e em um determinado lugar e aqueles que assumem a forma de auxílios de representação, à medida que fornecem uma representação da informação armazenada que não está ligada com seu valor para um contexto temporal ou espacial específico. Os alarmes que auxiliam a memória prospectiva parecem se encaixar perfeitamente na primeira categoria, enquanto os blocos de notas e os gravadores de voz são exemplos de dispositivos que armazenam informações para uso posterior. A forma mais utilizada de auxílio representacional de memória é a linguagem escrita e variantes eletrônicos da escrita. Pinturas, fotografias, esculturas e placas gravadas também podem ser usados como auxílios representacionais de memória. Contudo, alguns dispositivos podem ser multimodais, confundindo essa distinção simples. Por exemplo, dispositivos de navegação por satélite armazenam representações do mundo exterior, mas também fornecem alertas em determinados pontos no espaço.

QUAIS SÃO OS AUXÍLIOS DE MEMÓRIA MAIS FREQUENTEMENTE UTILIZADOS?

A maioria das pessoas sem déficits neurológicos de memória usa auxílios de memória (Harris, 1980; Long, Cameron, Halju, Lutz e Means, 1999; West, 1995); listas, anotações e agendas são comumente usadas. Park, Smith e Cavanaugh (1990) constataram que psicólogos envolvidos em pesquisa de memória geralmente faziam anotações para ajudá-los a recordar. E as pessoas com comprometimento neurológico da memória? Evans, Wilson, Needham e Brentnall (2003) pesquisaram 94 sobreviventes de lesão cerebral com comprometimento de memória para identificar os auxílios externos mais usados. Como pode ser visto na Tabela 4.2, os auxílios não eletrônicos são a ferramenta mais escolhida por pessoas com problemas de memória: de 44 diferentes auxílios utilizados, 35 (79,5%) foram não eletrônicos. Os auxílios eletrônicos mais utilizados foram relógio despertador para acordar (usado por 38 [40,4%] pacientes), seguido de um relógio com a data ou alarme (usado por 17 [18,1%] pacientes). As quatro principais ferramentas de memória foram (1) calendário de parede ou quadro (n = 68 [72,3%]); (2) caderno (n = 60 [63,8%]), (3) lista (n = 59 [62,8%]) e (4) agenda para anotações dos compromissos diários (n = 51 [54,3%]).

Esses achados são semelhantes a um estudo anterior de 43 pessoas com comprometimento de memória que estiveram em reabilitação para problemas

Tabela 4.2   Auxílios de memória e estratégias utilizadas por pessoas com lesão cerebral

Estratégia	Número (percentual) da amostra usando a estratégia
1. Calendário de parede / Quadro	68 (72,3)
2. Caderno	60 (63,8)
3. Listas	59 (62,8)
4. Agenda para anotações e compromissos diários	51 (54,3)
5. Pedidos a outras pessoas que o lembrem de algo	46 (48,9)
6. Reconstituição mental	45 (47,9)
7. Relógio despertador (para acordar)	38 (40,4)
8. Objetos em lugar incomum	33 (35,1)
9. Anotações em lugares específicos	32 (34,0)
10. Prática repetitiva	28 (29,8)
11. Escrever na mão	23 (24,5)
12. Fazer associações	20 (21,3)
13. Relógio com data / alarme	17 (18.1)
14. Rotina diária	17 (18,1)
15 Agenda pessoal	16 (17,0)
16. Diário	15 (15,9)
17. Calendário diário	14 (14,9)
18. Relógio despertador / alarme	9 (9,6)
19. Imageamento visual	9 (9,6)
20. Rotina semanal	9 (9,6)
21. Busca alfabética	7 (7,4)
22. Agenda eletrônica	7 (7,4)
23. Guia de TV (anotado)	7 (7,4)
24. Caixa de comprimidos com dia / hora	6 (6,4)
25. Mnemônica de primeira letra	5 (5,3)
26. *Pager*	5 (5,3)
27. Fichas ou livros de receitas	5 (5,3)
28. Avaliação de agradabilidade	3 (3,2)
29. Chaveiro	3 (3,2)
30. Agenda telefônica de bolso	3 (3,2)
31. Telefone celular	3 (3,2)
32. Gravador	2 (2,1)
33. Rimas	2 (2,1)
34. Nó em lenço de bolso	2 (2,1)
35. Orientação da medicação	2 (2,1)
36. Dicionário	2 (2,1)
37. *Chunking* (técnica de agrupamento)	1 (1,1)
38. Informações no chaveiro	1 (1,1)
39. Orçamento doméstico (arquivamento)	1 (1,1)
40. Relatos	1 (1,1)
41. Instruções para o trabalho na parede	1 (1,1)
42. Bolsa ou pasta organizada	1 (1,1)
43. Compras em pequenas quantidades	1 (1,1)
44. Combinação de relógio / calendário	1 (1,1)

Nota: Evans, Wilson, Needham e Brentnall (2003). © 2003 International Neuropsychological Society. Reimpressão permitida.

de memória nos 5 ou 10 anos anteriores (Wilson, 1991). Dos 43 participantes, 29 (67,4%) usaram blocos de notas e cadernos e 25 (58,1%) fizeram uso de quadros ou calendários de parede. Em ambos os estudos, alguns participantes haviam planejado seu próprio, e bastante particular, aparato de auxílio de memória. Por exemplo, no estudo de 1991, um homem usou um relógio especial para alertá-lo para uma queda na temperatura corporal, porque ele tinha dano hipotalâmico que poderia fazer com que ele sofresse hipotermia. Uma outra mulher destacava a parte superior das embalagens de itens que precisasse repor e as deixava na mesa da cozinha para que lembrasse de levá-las com ela quando saísse às compras. No estudo de 2003, um homem colocou instruções de trabalho na parede para recordar o que havia sido feito e uma outra pessoa somente comprava pequenas quantidades de comida para o caso de se esquecer de usar todo o seu abastecimento. Assim, pode-se ver que os auxílios não eletrônicos são amplamente usados e muito variados.

A maioria das pessoas usou mais auxílios no *follow-up* do que havia usado antes do início da lesão cerebral. Em Wilson (1991), uma média de quatro auxílios foram usados antes da lesão se comparados com 7,39 pós-lesão. Da mesma forma, Evans e colaboradores (2003) descobriram que uma média de 2,45 auxílios eram utilizados pré-lesão *versus* 6,8 pós-lesão. Em ambos os estudos, há uma relação entre o uso de auxílios e independência, sugerindo que ser independente no contexto do comprometimento de memória requer o uso de auxílios de memória. Duas condições devem ser observadas: (1) as estimativas de auxílios de memória pré-lesão foram retrospectivas e podem ter sido subestimadas ou até mesmo distorcidas devido à quantidade de tempo desde o uso dos auxílios; (2) aqueles indivíduos que eram mais independentes podem ter tido maiores níveis de funcionamento cognitivo ou experiência educacional e isso pode também ter contribuído para o seu uso frequente de auxílios de memória.

QUÃO EFETIVOS SÃO OS AUXÍLIOS EXTERNOS DE MEMÓRIA?

No caso do ajuste cotidiano, ambos os estudos descritos anteriormente (Wilson, 1991; Evans et al., 2003) direta ou indiretamente avaliaram a eficácia dos auxílios de memória. Wilson (1991) descobriu que pessoas que viviam de maneira independente (definidas como as que vivem sozinhas, apresentam um trabalho remunerado ou estudam em tempo integral) eram mais suscetíveis ao uso de seis ou mais auxílios e estratégias do que aquelas não independentes (x^2=10,87, p<0,001). Evans e colaboradores (2003) examinaram mais detalhadamente a eficácia dos auxílios/estratégias perguntando a um outro indivíduo independente que avaliasse seu uso (1 = raramente efetivo, 2 = às vezes efetivo, 3 = geralmente efetivo). Parece que os auxílios mais amplamente usados não são necessariamente os mais efetivos, pelo menos da forma como foi avaliado pelos cuidadores. Apesar de precisarmos ser cautelosos, algumas estratégias parecem ser usadas por um grupo pequeno de pessoas, porém com eficácia. Dentre estas estão tanto auxílios eletrônicos como não eletrônicos. Dos auxílios não eletrônicos, fazer um nó em um lenço (ou o equivalente americano de amarrar um cordão no dedo) não foi eficiente, enquanto seguir uma rotina, fazer listas e pedir dicas e lembretes a outras pessoas tiveram maior pontuação. Lembrar-se de tomar a medicação é um objetivo diário importante para alguns indivíduos com comprometimento de memória: Van Hulle e Hux (2006) relataram que um relógio despertador de pulso e um dispositivo digital de voz provaram ser efetivos na melhora da conformidade em três indivíduos com TCE.

No caso de avaliações em laboratórios ou na clínica um número relevante de estudos foram descritos (Kapur et al., 2004; Sohlberg, 2005). Estudos mais recentes têm confirmado o valor das pistas, ainda que sem conteúdo, na melhora da memória prospectiva (Fish et al., 2007). O'Connell e colaboradores (2008) mostraram que um grupo de indivíduos com transtorno de déficit de atenção/hiperatividade poderia aprender uma técnica de autoalerta, com o benefício de *biofeedback*, e que isso melhorou seu desempenho em tarefa de atenção sustentada envolvendo lembrar-se de inibir uma resposta frente a uma pista específica. Fish e colaboradores (2008b) relataram que um *pager* eletrônico era mais eficiente do que um *checklist* (lista de verificação) para encorajar o paciente com um quadro frontal bilateral a implementar intenções cotidianas e sugeriu que isso fosse alcançado através do encorajamento do monitoramento de objetivos. Gentry (2008) avaliou a efetividade de um assistente digital pessoal padrão, o Palm Zire 31, e descobriu que um grupo de pacientes com esclerose múltipla apresentou melhoras em independência cognitiva, mobilidade e integração social após ser treinado para usar o aparato. Vale notar que os resultados dos testes formais de memória não mostraram melhora no mesmo período. Em estudo semelhante com pacientes com traumatismo craniano, Gentry, Wallace, Kvarfordt e Lynch (2008) encontraram semelhantes melhoras nas áreas de mobilidade, independência cognitiva e trabalho. Alguns estudos demonstraram a efetividade de um *pager*, o NeuroPage, ao ajudar sobreviventes de lesão cerebral a compensar problemas de memória cotidiana e planejamento (Wilson, Evans, Emslie e Malinek, 1997; Wilson, Emslie, Quirk e Evans, 2001; Emslie et al., 2007; Fish et al., 2008c).

PODEMOS PREVER QUEM USARÁ AUXÍLIOS EXTERNOS DE MEMÓRIA COM EFICÁCIA?

Sabemos que algumas pessoas com comprometimento de memória utilizam bem os auxílios externos de memória, enquanto outras têm grande dificuldade. O que determina se os auxílios são usados com eficácia? Wilson e Watson (1996) descreveram um modelo para a compreensão do comportamento compensatório em pessoas com comprometimento neurológico de memória. Esse modelo, desenvolvido por Bäckman e Dixon (1992) e modificado por Dixon e Bäckman (1999), distingue quatro estágios na evolução do comportamento compensatório: origens, mecanismos, formas e consequências. Wilson (2000) usou esse modelo para considerar a compensação para uma variedade de déficits cognitivos. Evans e colaboradores (2003) investigaram os fatores que prognosticam o bom uso das estratégias compensatórias. Os principais preditores parecem ser:

1. Idade – pessoas mais jovens compensam melhor.
2. Severidade do comprometimento – pessoas com comprometimento muito grave compensam pior.
3. Especificidade do déficit – aqueles com déficits cognitivos generalizados parecem compensar pior do que aqueles com déficits mais específicos.
4. Uso pré-mórbido de estratégias – aqueles que haviam usado auxílios de memória pré-morbidamente parecem compensar melhor após a lesão cerebral/doença.

Essa área requer avaliação posterior. Se pudermos prognosticar quem compensará sem muita dificuldade, podemos planejar a reabilitação para ajudar aqueles com menos possibilidades de compensar espontaneamente. A experiência clínica tende a sugerir outras variáveis que provavelmente são importantes, incluindo *insight* e motivação, apoio da família e de colegas de trabalho e ausência de maior incapacidade sensorial, motora ou psiquiátrica. Stapleton, Adams e Atterton (2007) observaram que, dos cinco indivíduos com TCE que receberam telefones celulares como auxílio de memória, os dois indivíduos que não foram bem-sucedidos no uso do aparelho para lembrar-se de realizar comportamentos-alvo tinham comprometimento de memória distinto e alguma disfunção executiva e necessitavam de cuidado durante as 24 horas do dia.

QUE PROCEDIMENTOS DE AVALIAÇÃO SÃO MAIS ADEQUADOS PARA INDICAR AUXÍLIOS DE MEMÓRIA AOS PACIENTES?

Várias formas de avaliação são necessárias para ajudar a determinar quais pacientes se beneficiarão mais dos auxílios externos de memória. Uma avaliação neuropsicológica formal fornecerá informações sobre fatores fundamentais, tais como a gravidade do comprometimento da memória e a presença de disfunção executiva importante. Uma avaliação clínica será de grande valia para investigar o uso anterior de auxílios, *insight*, motivação, necessidades de memória no trabalho e o apoio disponível por parte dos cuidadores/familiares e colegas de trabalho. Essa avaliação também irá indicar maiores alterações de humor, temperamento ou ansiedade e outros fatores como cansaço, abuso de álcool/drogas, distúrbio do sono e outros, que poderiam interferir no programa de reabilitação. Também é muito importante avaliar brevemente o grau de estresse causado por dificuldades de memória e o estresse dos cuidadores resultante dos cuidados e convivência com pessoas com comprometimento de memória. Questionários básicos de memória completados pelo paciente e por cuidador bem informado ajudarão a confirmar as informações de uma entrevista sobre os principais problemas de memória cotidianos. Questionários estruturados também ajudarão a reunir informações sobre estratégias cognitivo-comportamentais existentes e os auxílios externos ou outras técnicas que a pessoa esteja utilizando. Uma posterior avaliação, por nós vista como útil na prática clínica, é um inventário de resolução de problemas de memória, no qual cenários escritos são apresentados, tais como "Como você lembraria de enviar uma carta?" e "Como você lembraria de enviar um cartão de aniversário a um amigo?". O clínico deveria ter uma ideia da amplitude das estratégias que poderiam ser utilizadas para resolver essas situações problemáticas e a ideia seria repetir a aplicação de tal inventário após intervenção com auxílios de memória. Tendo reunido tais informações sobre os principais lapsos de memória que requerem intervenção, poderia ser feito um registro posterior da frequência e das circunstâncias em que ocorrem os lapsos. O próprio diário requer um grau de memória e concentração e é aqui que o cuidador é essencial. Possivelmente oferecendo ao paciente um caderno, ou um simples gravador de voz, até mesmo um bloco de anotações que possa ser preso à porta da geladeira com imã, ajude a melhorar o seu entendimento e concordância em manter o registro dos esquecimentos. Ligações telefônicas periódicas também ajudarão a verificar se os pacientes e cuidadores estão sendo se esforçando no registro dos lapsos de memória cotidianos.

Como apontou Scherer (2005), o uso bem-sucedido dos auxílios externos de memória para ajudar no alcance de metas para os indivíduos com comprometimento de memória dependerá de uma boa combinação entre um número de variáveis, inclusive *insight* e motivação; uso passado de auxílios de memória; perfil cognitivo, emocional e motivacional; necessidades de memória cotidiana; apoio da família e no trabalho e várias estratégias cognitivas e comportamentais e tipos de auxílios de memórias disponíveis como parte dos recursos do clínico.

ESTABELECENDO UMA CLÍNICA DE AUXÍLIOS DE MEMÓRIA

As clínicas de auxílio de memória parecem uma consequência lógica dos esforços de reabilitação da memória, mas foi uma surpresa para um dos autores deste capítulo (Narinder Kapur) haver poucas, se é que existia uma, quando ele iniciou uma. A ausência de tais clínicas pode ser devido a vários motivos: à relativa escassez de muitos auxílios de memória antes dos anos de 1990; à dificuldade de se encontrar e comprar auxílios, o que só se tornou possível no final dos anos de 1990 com o crescimento da internet; à ausência de recursos prontos de financiamento para a compra de auxílios de memória em muitos locais de tratamento de saúde; e à relativa escassez de publicações sobre o papel e a efetividade dos auxílios de memória.

Em 2003, a primeira clínica de auxílios de memória no Reino Unido, e possivelmente no mundo, foi estabelecida no Addenbrooke's Hospital em Cambridge (Figura 4.1).

Diz-se que, para que algo seja bem-sucedido, é necessária uma boa ideia, bons recursos para colocá-la em prática e pessoas qualificadas para levar a ideia adiante. Felizmente, esses elementos estavam presentes quando essa clínica de auxílios de memória foi construída. Em colaboração com o Professor Michal Kopelman e a Sra. Bonnie-Kate Dewar, também ajudamos a criar uma clínica semelhante no Hospital St. Thomas, em Londres, em 2006.

Recursos

A maioria dos processos em ambientes para cuidados com a saúde requer um planejamento administrativo, mas não o tínhamos quando iniciamos nossa clínica em Cambridge. Através de recursos, como os próprios do paciente, apoio da Microsoft Research como resultado de uma colaboração de pesquisa e recursos pessoais do dirigente da clínica (Narinder Kapur), fomos capazes de reunir os recursos necessários para a compra de materiais e infraestrutura básica. Uma sala exclusiva para testagem/tratamento foi disponibilizada pelo hospital e se tornou o local da clínica de auxílios de memória. Uma variedade de auxílios de memória foi usada para avaliações neuropsicológicas de rotina e armazenamento de materiais. Os custos materiais de manter

Figura 4.1 Parte do Cambridge Memory Aids Resource Center. Reimpresso com permissão de Narinder Kapur.

uma clínica de auxílios de memória dependem da quantidade de pacientes. Atualmente, temos cerca de 100 pacientes por ano na clínica e lhes damos auxílios de memória sem qualquer custo. Seria necessário disponibilizar cerca de $10.000 para se iniciar e abastecer a clínica com auxílios variados e $100 por paciente pelos gastos com os auxílios. Os custos com a equipe, é claro, não estão aí incluídos (ver adiante).

É possível que uma clínica de auxílios de memória seja estabelecida, inicialmente, como um projeto de pesquisa, fundada por uma fonte de pesquisa médica e que os resultados do estudo sejam então usados para estimular empresas locais a investirem na clínica. Uma outra forma de reunir recursos é a doação proveniente dos pacientes, tais como aqueles com esclerose múltipla, epilepsia, acidente vascular cerebral, DA, TCE ou encefalite, para prover a clínica para seus pacientes por um período de três anos, com a promessa de organizações de saúde de continuarem provendo os recursos após o período de 3 anos.

Equipe

O ideal seria que uma clínica de auxílios de memória com 100 pacientes tivesse um psicólogo clínico qualificado em tempo integral, um psicólogo assistente e uma secretária por meio turno.

Auxílios e materiais de apoio

A clínica e o centro de recursos deveriam estar no mesmo local e deveriam abrigar uma grande variedade de auxílios de memória. Dentre estes estão os "auxílios conceituais", os quais raramente são dados aos pacientes, mas são mantidos para fins de demonstração para indicar tendências e avanços em tecnologia. Por exemplo, celulares modernos são muito caros para se disponibilizar aos pacientes, mas pode ser útil tê-los em exposição. Um segundo tipo de auxílio de memória pode ser dado, vez que outra, mas somente para casos selecionados: auxílios de memória de detecção de localização que podem ajudar a pessoa a encontrar itens como o molho de chaves perdido. O terceiro tipo de auxílio de memória externa pode ser dado com mais frequência: quadros brancos, *post-it*, alarmes eletrônicos e gravadores de voz. Os auxílios precisam ser agrupados em expositores de forma ordenada, com sinalização adequada nas prateleiras. Se possível, deve haver uma etiqueta abaixo de cada auxílio, indicando quando e de onde foi comprado (*website*, número de telefone, endereço de *email*) e o custo.

Os auxílios de memória precisam ter um *folder* exclusivo dado aos pacientes com explicações e instruções de usos. Estes devem estar disponíveis como parte dos materiais expostos. Além disso, prover auxílios externos de memória será somente uma parte do todo no programa holístico de reabilitação. Outras literaturas de apoio (p. ex., como lidar com a dificuldade de concentração; como lidar com o estresse, ansiedade e depressão; controle da raiva; retornando ao trabalho após lesão/doença cerebral) deveriam estar disponíveis aos pacientes e cuidadores.

O centro de recursos de auxílios de memória será a "vitrine" para os visitantes, alguns dos quais serão financeiramente responsáveis pelas compras, então, é importante que este cause boa impressão. O centro de recursos também deveria abrigar uma quantidade de pilhas/baterias extras e materiais simples como chaves de fenda e fita adesiva dupla face para a improvisação de auxílios de memória.

Auditoria e acompanhamento

Deve ser feita a auditoria do gerenciamento da clínica de auxílios de memória para se demonstrar sua eficiência e custo-benefício. O valor é geralmente definido como o resultado dividido pelo custo e qualquer pessoa dirigente de uma clínica de auxílios de memória precisa ser capaz de demonstrar esse valor, particularmente se estiver iniciando o levantamento de recursos e estiver buscando um fomento mais substancial em uma etapa posterior. Os instrumentos de auditoria deverão incluir não somente procedimentos de avaliação padrão, tais como o exame da redução dos esquecimentos, mas também outras medidas como objetivos de trabalho, de atividades domésticas e de lazer, redução do estresse para o paciente e o cuidador e melhora da autoestima. É importante ainda a reunião de dados de *follow-up* de longo prazo no uso contínuo de auxílios após 1 ou 2 anos. Os custos dos cuidados, as economias em cuidados com a saúde sendo avaliadas por resultados como melhor adequação e a renda gerada pelo retorno do indivíduo ao trabalho precisam ser computados para que seja permitido o julgamento de uma boa relação custo-benefício. (cf. Turner-Stokes, Disler, Nair e Wades, 2005).

Procura e compra de auxílios de memória

A internet é uma fonte inestimável não só para se buscar uma variedade de auxílios de memória que agora estão disponíveis, mas também pela facilidade de compra e remessa. Pode ser necessário o pagamento com seu próprio cartão de crédito e também algum meio de reembolso para as compras feitas.

Catalogação dos auxílios

Apesar de o ideal ser manter uma listagem dos auxílios de memória, a variedade e custo dos mesmos irão se modificar ao longo dos meses, então talvez isso não seja possível na prática. Contudo, é importante manter anotações sobre as compras passadas, fornecedor e também um catálogo dos auxílios atualmente disponíveis. As categorias de auxílios podem incluir *post-it*, cadernos, diários, arquivos ou agendas pessoais, alarmes eletrônicos, caixas de comprimidos, quadros brancos, detectores de localização, aparelhos celulares, dispositivos de gravação de voz, máquinas fotográficas e dispositivos de navegação.

Propaganda para o negócio

Geralmente, uma vez que é sabido que uma clínica de auxílios de memória está funcionando não deve haver escassez de referências. Todavia, se necessário, a divulgação em organizações locais de pacientes pode ser útil. É importante dar uma ideia geral de critérios de exclusão para restringir o número de encaminhamentos inadequados. A propaganda nas rádios locais e programas de TV ou em jornais também pode ajudar a aumentar a publicidade para a clínica de auxílio de memória clínica.

Investigação e desenvolvimento

É importante ter alguma forma de atividade de pesquisa como parte do funcionamento da clínica de auxílios de memória. Em Cambridge, tivemos a sorte de a Microsoft Research ter um importante laboratório de pesquisa com sede na cidade e estarem desenvolvendo um protótipo de auxílio de memória baseado em câmera que se destina a melhorar a memória autobiográfica. Essa colaboração de pesquisa ajudou a financiar os recursos da clínica de auxílios de memória e também disponibilizou equipe capaz de passar um dia por semana na clínica ou em clínicas relacionadas.

Compromisso com o uso e generalização

Mostrar a um paciente um ou dois auxílios de memória na clínica e oferecê-los para uso em casa ou no trabalho é bom, mas como se pode garantir o compromisso com o uso? Essa questão precisa ser examinada. Idealmente, se os recursos humanos permitirem, uma ou duas visitas à casa ou ao local de trabalho, bem como ligações telefônicas regulares, devem ser feitas. O uso de procedimentos de realidade virtual, talvez com imagens da casa do paciente ou do local de trabalho, também pode ser considerado como parte do objetivo de fazer a transição do uso de aparelhos na clínica para a comunidade.

QUE TIPOS DE AUXÍLIOS DE MEMÓRIA ESTÃO ATUALMENTE DISPONÍVEIS?

Itens de exposição de informações

Vivemos em um mundo visual, com muito do cérebro humano dedicado ao processamento visual, então, itens de exposição visual que oferecem informações relacionadas à memória são auxílios mnemônios úteis. Eles precisam estar no campo de visão do usuário. Tipos de itens de exposição que são geralmente usados como auxílios de memória incluem relógios com dia/data, quadros brancos e etiquetas em armário. Uma porta de geladeira com mensagens ou lembretes também poderia ser classificada como uma forma de exposição de informação de auxílio mnemônico. Calendários com espaços para anotações ou listas de coisas a fazer também entram na categoria de materiais de exposição de informação. Alguns quadros digitais podem exibir hora/dia/data junto com itens programados e estes também devem ser considerados.

Alarmes eletrônicos

Uma grande variedade de alarmes eletrônicos está disponível. Eles incluem alarmes, despertadores multialarme (com cerca de 30 alarmes que podem ser ajustados para intervalos de 30 minutos), celulares com dispositivos de alarme e caixas de comprimidos com *timer*. Os alarmes eletrônicos podem ser parte da arquitetura de um prédio, como no caso das "casas inteligentes" (Boman, 2007).

Dispositivos de detecção de localização

Os dispositivos de detecção de localização foram programados para ajudar as pessoas a lembrarem onde colocam as coisas. Em uma nova versão destes, um alarme soará se algo for esquecido. Geralmente, um objeto é equipado com um receptor eletrônico e quando o dispositivo emissor envia um sinal de rádio o item com o receptor emite um som alto. Alguns dispositivos têm um *display* (painel) indicativo da proximidade do objeto perdido.

Auxílios de direção

Dispositivos de navegação por satélite têm sido a maior ferramenta como auxílio externo àqueles com dificuldade de encontrar o caminho para determinado destino. Tais dispositivos são de diferentes formas: como componentes agregados em automóveis, como dispositivos individuais ou assistente digital pessoal ou telefones móveis e podem ser usados enquanto a pessoa se locomove. Todos esses dispositivos têm comando de voz além de dinâmicas pistas visuais. Mapas estáticos de estradas e cidades, bem como sugestões de rotas também podem ser baixadas para celulares, computadores portáteis e outros, e versões de tela ou impressão destes também podem ser úteis como auxílio de memória de navegação. Vale também lembrar que, para pacientes com notável comprometimento de memória ou confusão resultante de outros déficits cognitivos, a locomoção dentro de uma casa pode ser problemática. Nesses casos, os auxílios de navegação podem ser, por exemplo, um projeto arquitetônico de apoio, estrategicamente localizando pontos de referência, sinalização com ícones ou texto e assim por diante (Warner, 2000; Zeisel, 2006).

Dispositivos de armazenamento eletrônico

Dispositivos como agenda eletrônica pessoal, telefones celulares, telefones fixos, câmeras e computadores podem ser meio de armazenamento de informações, inclusive fotografias, detalhes de contato e registro em "diário" de eventos autobiográficos passados. A gravação em áudio pode ser ferramenta de um celular, mas gravadores exclusivos de voz, fáceis de usar, com grande capacidade de armazenamento e conexão com computadores, têm sido disponibilizados nos últimos anos. Um fotofone (Figura 4.2) tem botões grandes onde é colada a fotografia de uma pessoa significativa. Quando o indivíduo com comprometimento de memória quer ligar para essa pessoa, necessita apenas apertar o botão com a fotografia e o número será automaticamente chamado.

Adesivos *post-it*

Adesivos *Post-it* estão dentre os auxílios externos de memória mais amplamente utilizados tanto por aqueles com lesão cerebral quanto pela população em geral. Uma grande variedade está agora disponível sendo muito útil para marcar páginas. Fitas *Post-it* apresentam-se em três larguras, a maior das quais (2,6 centímetros) é inestimável para etiquetamento, senda usado como bloco

Figura 4.2   Um telefone auxíliar de memória que automaticamente chama o número da pessoa exibida. Cortesia de Narinder Kapur.

de notas temporário ou como indicação/sinal em localização estratégica. Os adesivos *Post-it* estão disponíveis em dispensadores, e, um desses, com uma caneta, próximo a um telefone, pode facilitar aos pacientes as anotações que podem ser facilmente transferidas para um quadro branco, porta de geladeira e assim por diante.

Diários, agendas pessoais e papéis para anotação

Alguns indivíduos, particularmente as pessoas idosas, preferem usar itens de papel como agendas e diários em vez de agendas eletrônicas. Para essas pessoas, há muitos itens de variados tamanhos, com diferentes folhas pré-impressas que podem ajudá-los a registrar coisas a fazer ou recados.

Dispositivos mecânicos ou outras formas de armazenamento

As caixas de comprimidos, um dos tipos mais comuns de auxílio de memória, são o item principal a se ter armazenado em um centro de recursos de auxílio de memória. Essas caixas variam em tamanho, transparência do material e número de compartimentos, dependendo do modo de uso. Muitas caixas de comprimidos agora vêm com alarme. Outra forma de armazenamento de itens, geralmente não levada em consideração, seria uma quantidade maior de bolsos nas roupas, para carregar auxílios de memória e materiais relacionados. Bolsas com compartimentos bem organizados também são úteis. Esse último item pode ser particularmente importante para pacientes com notável comprometimento de memória e ajudará a evitar episódios de angústia em caixas durante as compras quando o dinheiro ou cartão de crédito não pode ser facilmente encontrado.

COMO SE PODE ENSINAR MELHOR AS PESSOAS A USAREM OS AUXÍLIOS EXTERNOS DE MEMÓRIA?

Apesar de a aplicação de muitos auxílios externos de memória parecer direta, o uso de cada um deles envolve um certo grau de memória e concentração. Então, dentre os que precisam de auxílios, a maioria tem uma grande dificuldade para aprender como usá-los. Glisky, Schacter e Tulvin (1986) ensinaram pessoas com amnésia a lembrar a terminologia da computação a partir do método do apagamento de pistas, o qual envolve a redução sistemática de letras (descrito no Capítulo 6). Glisky (1995) ensinou a um paciente amnésico uma considerável quantidade de informações sobre uma tarefa de processamento de texto. Esses dois estudos não estão ensinando pessoas a usar computadores, mas sim, ensinando sobre o uso de computadores. Um dos primeiros relatos de uma tentativa sistemática de ensinar o uso de uma agenda não eletrônica foi o de Sohlbelrg e Mateer (1989c). Eles descreveram uma sequência de treinamento estruturada para ensinar o uso de um livro de memória e apresentaram um exemplo desse treinamento em um paciente com comprometimento de memória. O livro do paciente tinha cinco divisões coloridas (apesar de os autores apontarem que o número de divisões poderia ser maior ou menor conforme necessário): (1) orientação, (2) registro de memórias, (3) calendário, (4) coisas a fazer e (5) transporte. A sequência de treinamento envolvia três processos: aquisição, aplicação e adaptação. No primeiro estágio, o paciente aprendia a usar cada divisão do livro, então, aprendia a aplicá-las às situações encontradas no centro de reabilitação e, finalmente, aprendia a usá-lo na vida cotidiana.

Apesar de Sohlber e Mateer acreditarem que os pacientes precisavam de conhecimento explícito das funções do organizador antes de usá-lo nas situações da vida cotidiana, Kapur e colaboradores (2004) salientaram que a recordação explícita nem sempre é necessária, desde que o organizador seja usado com precisão. Essa visão é amparada pelo experimento de "Jay", descrito em Wilson (1999), que conseguia usar um relógio com memória de dados com muita precisão, mas que não tinha conhecimento explícito de como inserir mensagens no relógio. Zencius, Wesolowski, Krankowski e Burke (1991) descobriram que treinar pacientes para o uso de um livro de memória tinha mais eficácia que outros métodos na melhora do desempenho cotidiano. Para Donaghy e Williams (1998), uma versão modificada do treinamento sugerido por Sohlberg e Mateer melhorava a performance.

Kime, Lamb e Wilson (1996) apresentaram alguns detalhes com relação ao treinamento bem-sucedido de uma paciente com amnésia grave no uso de um livro de dados (uma agenda) de forma que ela fosse capaz de retornar a uma vida independente e ao trabalho. A paciente, A.B., havia sofrido lesões múltiplas em um acidente de carro aos 22 anos. Três meses mais tarde, ela entrou em estado epilético e teve lesão cerebral anóxica, resultando em amnésia grave. Quase dois anos após o acidente, A.B. foi admitida em um centro de reabilitação, onde se descobriu que ela tinha vários déficits graves em testes de memória e na memória cotidiana. Após alguns dias, ela não conseguia se lembrar dos nomes dos seus terapeutas, do motivo de cada sessão, da localização do banheiro ou ainda do fato de ter participado de um programa de reabilitação nos últimos dias. Uma das principais estratégias utilizadas para ajudar A.B. foi uma agenda e um relógio com alarme que disparava a cada hora para lembrá-la de verificar a agenda. Esta continha cinco divisões: (1) registro diário de tempo, (2) instruções para o uso do relógio (ver Figura 10.1), (3) a localização dos diferentes terapeutas, (4) nomes dos terapeutas e (5) mapa do centro de reabilitação e do prédio de apartamentos onde A.B. morava durante sua estada no centro. Além disso, havia uma divisão separada para cada sessão terapêutica, inclusive uma rápida descrição do objetivo da sessão e o nome do terapeuta que a estivesse conduzindo. Mais tarde, outras divisões foram acrescidas quando necessário, tais como cartas que havia escrito, pessoas com quem havia falado, filmes que havia visto e um calendário com eventos futuros.

Inicialmente A.B. relutou em usar o relógio com alarme, bem como ficava constrangida de ter que carregar a agenda. No entanto, ela foi estimulada a usá-los durante cada sessão e também em casa, com ajuda da sua mãe. Para ajudá-la a aprender como usar o livro, diferentes terapeutas deixavam mensagens e tarefas. Para as semanas iniciais do programa, A.B. sempre estava acompanhada por um terapeuta ou familiar. Sempre que o alarme disparava, a pessoa com A.B. pedia que ela verificasse a agenda e fizesse o que estivesse ali determinado. Assim, se o alarme soasse às 10 da manhã e A.B. não respondesse, seu acompanhante a lembraria de que o alarme era o sinal para que verificasse a agenda. Assim que A.B. encontrasse a anotação correta, o acompanhante perguntaria: "O que você tem que fazer agora, A.B.? Sim, ligar para sua mãe". Uma vez que a ação correta estivesse completada, A.B. deveria rubricar a ação para demonstrar que havia sido realizada. Procedimentos escritos foram produzidos para cada atividade de níveis múltiplos que A.B. deveria desempenhar, tal como ajustar o relógio. Testes foram aplicados para se verificar se os passos eram suficientemente detalhados para que A.B. os seguisse de forma independente. Inicialmente A.B. precisou de ajuda com todas essas ações: por exemplo, nos primeiros 33 dias, ela iniciava as ações somente quando estimulada por algum membro da equipe ou por sua mãe. Após, passou a assumir a responsabilidade sozinha. Mais adiante, na divisão de registro de ações, A.B. começou a fazer anotações para si própria, visando a realizar tarefas específicas ou registrar conversas específicas. Após, foi encorajada a inserir referências cruzadas com anotações anteriores para facilitar a evocação. Finalmente, A.B. foi estimulada a tomar notas em um organizador mensal para confirmar e finalizar tarefas. O principal objetivo desse treinamento foi assegurar que A.B. generalizava as técnicas de intervenção em casa e que seria capaz de viver com independência. As principais medidas de resultado foram: (1) a porcentagem de ocasiões em que A.B. verificou sua agenda quando o alarme soou; (2) o número de entradas no registro de ações em sua agenda; (3) o número de referências cruzadas na agenda e (4) o número de entradas separadas em seu calendário mensal. De fato, A.B. não podia se desempenhar mal ou deixar de fazer nenhuma das tarefas, o que provavelmente craterizou o treino como um procedimento da aprendizagem sem erros, descrito no Capítulo 6.

As medidas foram verificadas em quatro diferentes momentos durante o processo de reabilitação: nos primeiros 21 dias após a apresentação da agenda, nos últimos 21 dias antes do desligamento do programa, 4 meses e 13 meses depois do fim do programa. Houve significativa melhora nas primeira e segunda medidas de 21 dias. Seu desempenho não decaiu sensivelmente quando ela deixou o centro de reabilitação com exceção do calendário mensal, o qual diminuiu e aumentou novamente. A.B. foi capaz de voltar ao trabalho, inicialmente como voluntária, mas, mais tarde como funcionária regular.

Alguns auxílios requerem bem pouco treinamento. O NeuroPage, por exemplo, requer que o usuário aperte um botão quando a mensagem aparece e um teste é conduzido na o primeira vez. Se o usuário não consegue apertar o botão e realizar o comando da mensagem, então o sistema talvez não seja o adequado para a pessoa. As próteses cognitivas descritas por Cole e Dehdashti (1990) e Cole (1999) são geralmente aprendidas em três sessões de meia hora. Para aqueles familiarizados com aparelhos celulares, bem pouca aprendizagem se faz necessária para responder às mensagens recebidas no telefone. No estudo de Fish e colaboradores (2007) descrito anteriormente, cada paciente recebeu uma curta sessão de treinamento (~30min) usando dicas para ajudar no desempenho da memória prospectiva.

COMO SE PODE MEDIR MELHOR A EFETIVIDADE DOS AUXÍLIOS EXTERNOS DE MEMÓRIA?

As medidas usadas para avaliar a efetividade dos auxílios externos de memória são semelhantes àquelas que se aplicam a intervenções de reabilitação da memória em geral: anotações diárias de lapsos de memória, preferencialmente mantidas pelo paciente e pelo cuidador; escalas de avaliação e inventários de sintomas de memória; inventários de resolução de problemas combinando diferentes cenários que poderiam envolver o uso de auxílios de memória e outras medidas indiretas, tais como níveis sanguíneos associados com certas medicações quando um paciente tem dificuldade de lembrar de tomá-las. Outras medidas podem indiretamente refletir o sucesso da intervenção: objetivos relacionados ao trabalho (p. ex., retorno a determinados níveis e quantidade de trabalho); maior independência na execução de atividades do cotidiano; estresse reduzido para o cuidador e paciente; melhoras em medidas de ansiedade e depressão; aumento na participação social e recreativa e assim por diante.

COMO ESTIMULAR O COMPROMISSO COM O USO E A GENERALIZAÇÃO DOS AUXÍLIOS EXTERNOS DE MEMÓRIA?

Instituir um paciente no uso de auxílios de memória em uma clínica de reabilitação é muito bom, mas como se pode assegurar que os auxílios serão usados, e usados efetivamente, uma vez que o paciente retorne para seu ambiente doméstico e de trabalho e que continuem sendo usados após alguns anos? As visitas à casa e ao local de trabalho ajudarão a verificar onde estão localizados os auxílios de memória e a reorientar quaisquer dificuldades na implementação de seu uso. Tais visitas podem também encorajar o paciente a usar os auxílios externos de memória na comunidade. No caso do tipo de ensinamento aprendido na clínica, sessões de simulação (*role-play*) deveriam idealmente acontecer em ambientes como cozinhas, locais de trabalho e assim por diante, de forma que sejam semelhantes àquelas onde os auxílios serão usados. O uso de sistemas de realidade virtual para ensinar o uso de auxílios de memória, com fotografias de casa e do trabalho dispostos em *software* de realidade virtual, podem ajudar a fazer o elo entre a clínica e o ambiente externo, e essa segue sendo uma área a ser explorada no futuro.

COMO OS AVANÇOS EM TECNOLOGIA INFLUENCIARÃO OS AUXÍLIOS DE MEMÓRIA DO FUTURO?[2]

Casas inteligentes

Wilson e Evans (2000) e Cheek, Nikpour e Nowlin (2005) observaram a emergência das "casas inteligentes", onde os utensílios domésticos são centralmente controlados e incluem dispositivos de avisos que ajudam a prevenir os lapsos de memória (p. ex., assegurar que o equipamento esteja ligado ou desligado). Por exemplo, geladeiras – geralmente um dos lugares mais visitados em uma casa – com dispositivos de avisos acoplados e funções de internet na porta, já estão no mercado. Chan, Estève, Escriba e Campo (2008, p. 76) avaliaram uma série de projetos de casas inteligentes e sistemas de monitoramento associado. Chegaram às seguintes conclusões: "Casas inteligentes precisam melhor integrar sua construção, infraestrutura computacional e aspectos de sistemas de entrega. A solução proposta deve alcançar ou exceder o padrão de vida do paciente. Os hábitos e intenções do usuário deveriam ser estudados mais detalhadamente e ser respeitados, sempre que possível. Mais pesquisas são necessárias em relação aos problemas legais e éticos, aceitação do usuário e do provedor e necessidades e satisfação deste".

Telefones celulares

Os telefones celulares têm se tornado cada vez mais sofisticados em termos de variedade de funções disponíveis e da possibilidade de integração com outros dispositivos como computadores. A maioria dos telefones celulares tem funções de assistente pessoal e estes podem incluir, por exemplo, um gravador de voz, agenda, diversos tipos de alarmes, câmera e sistema de navegação por satélite. Apesar de alguns telefones celulares parecerem ter sido desenvolvidos considerando pessoas com comprometimento de memória ou neurologicamente acometidas, há alguns teclados reais ou virtuais que podem ser mais facilmente usados para entrada de texto (Wright et al., 2000). Ensinar pacientes com comprometimento de memória como usar telefones celulares requer

---

[2] Esta seção foi adaptada de Wilson e Kapur (2008). © 2008. Cambridge University Press. Reimpressão autorizada.

raciocínio e planejamento (Lekeu, Wojtasik, Van der Linden e Salmon, 2002). O uso de telefones celulares para receber lembretes por mensagens de texto melhorou as taxas de assiduidade na clínica. Stapleton e colaboradores (2007) descobriram que um telefone celular poderia ser útil para alguns pacientes com lesão cerebral como um meio de estimulá-los a cumprir determinado comportamento.

Câmeras

Dispositivos que automaticamente mantêm registro fotográfico das atividades durante o dia, como a Microsoft SenseCam (Berry et al., 2007), podem ajudar a formar um diário fotográfico para possibilitar a revisão e repetição de eventos em intervalos regulares após a transferência para um computador. As imagens também podem funcionar como pistas para ajudar na evocação de memórias esquecidas. A vantagem sobre outros dispositivos fotográficos é a automaticidade da produção de imagens e a capacidade de pronta categorização e recuperação de imagens posteriormente armazenadas no computador. De modo geral, poderá haver o desenvolvimento de *softwares* que permitirão que registros fotográficos ou em vídeo sejam facilmente arquivados e resgatados e, assim, que a postagem seja interligada com sistemas sofisticados de recuperação de dados.

Dispositivos de detecção de localização

Os dispositivos de detecção de localização que ajudam a encontrar itens perdidos em casa têm se tornado cada vez mais sofisticados, com tecnologia de rádio-frequência e radar já disponíveis no mercado. É possível que, no futuro, os dispositivos de identificação por rádio-frequência possam ser miniaturizados a tal ponto que possam ser anexados a itens que facilmente se perdem (p. ex., óculos) ou itens domésticos em geral, de modo que se possa facilmente localizá-los.

Realidade virtual

Os procedimentos de realidade virtual estão começando a influenciar a disciplina da neurorreabilitação (p. ex., Merians, Poizner, Boian, Burdea e Adamovich, 2006) e no campo da reabilitação cognitiva, os *softwares* de realidade virtual são cada vez mais usados para ajudar a ligar o tratamento no ambiente da clínica e as atividades no ambiente doméstico do paciente. Tais *softwares* também podem ter um importante papel ao oferecer avaliações mais ecologicamente válidas de áreas como o funcionamento da memória prospectiva. Alguns promissores estudos piloto foram realizados (Rose et al., 1999; Rose, Brooks e Rizzo, 2005; Schultheis e Rizzo, 2001; Zhang et al., 2003), mas mais trabalhos posteriores precisam ser realizados antes que os benefícios da realidade virtual possam ser confirmados.

Neuroimagem avançada

Em geral, os avanços em neuroimagem e em reabilitação da memória têm seguido caminhos diferentes, com muito pouco intercâmbio de dados ou ideias. Há, portanto, muitas razões e expectativas para que tal interação ocorra no futuro (cf. Stangman et al., 2008). Os procedimentos de neuroimagem estrutural e funcional avançada podem ajudar a identificar aqueles indivíduos que poderiam se beneficiar de certas formas de reabilitação da memória (Strangman et al., 2008). A neuroimagem estrutural, tanto na forma do *status* da massa cinzenta quanto integridade dos feixes de fibras, pode oferecer um perfil detalhado da patologia cerebral e quais áreas estão preservadas. É possível, por exemplo, que medidas abrangentes do lobo frontal ou integridade límbico-diencefálica ajudem a prognosticar quais pacientes poderiam se beneficiar de treinamento de estratégia mnemônica em contraposição aos auxílios externos de memória. Assim como no caso da reabilitação linguística (Peck et al., 2004), os paradigmas da neuroimagem funcional antes e depois de um período de reabilitação da memória podem apresentar informações úteis com relação aos mecanismos neurais subjacentes a quaisquer mudanças ocorridas como resultado do tratamento (cf. Behrmann, Marotta, Gauthier, Tarr e McKeeff, 2005; DeGutis, Bentin, Robertson e D'Esposito, 2007). De modo especulativo, existe a perspectiva do ensino *online* mediado por IRMf de codificação e estratégias de recuperação, se assim pudermos generalizar, a partir de recentes progressos em neuroimagem (Weiskopf et al., 2004; Yoo et al., 2006).

No Capítulo 11, apresentaremos uma seleção de *websites* onde se pode adquirir auxílios de memória.

CAPÍTULO 5

Mnemônica e Estratégias de Repetição em Reabilitação

O QUE É MNEMÔNICA?

Mnemônica são sistemas que nos permitem lembrar coisas com mais facilidade. Às vezes o termo é usado para descrever qualquer coisa que melhore a memória, inclusive auxílios externos de memória, porém, o termo mnemônica se refere com mais frequência a estratégias internas conscientemente aprendidas e que requerem esforço considerável para colocá-las em prática (Harris, 1984). A mnemônica artificial mais utilizada é um método para lembrar o número de dias de cada mês do ano. A maioria dos britânicos e americanos utiliza uma rima para isso ("Thirty days has September..."*). Em outras partes do mundo, muitas pessoas usam as articulações dos dedos da mão para representar os meses longos e seus intervalos para representar os meses curtos. Outros países, ainda, utilizam-se de sufixos e prefixos para lembrar os meses longos e curtos. Cada país que faz uso do nosso sistema de calendário tem uma mnemônica para lembrar o número de dias dos diferentes meses. Alguns exemplos de mnemônicas podem ser vistos na Tabela 5.1.

MNEMÔNICA VERBAL

Outros tipos de mnemônicas verbais incluem a de primeira letra, na qual as letras iniciais das palavras em uma frase são usadas para evocar informações em ordem específica. Por exemplo, muitas pessoas no Reino Unido usam a mnemônica EGBDF quando aprendem notas musicais em uma partitura. As letras usadas são incorporadas em uma frase como *Every good boy deserves fruit***. Depois de aprender a frase, a pessoa usa as letras iniciais de cada palavra para representar as notas. Assim, a nota na primeira linha é "E", a nota na segunda linha é "G", etc. Minha neta, recentemente, me ensinou uma mnemônica de pri-

---

* N. de T.: Trinta dias tem setembro...

** N. de T.: A mnemônica em inglês significa "Todo bom garoto merece fruta".

Tabela 5.1   Alguns exemplos de mnemônicas

Mnemônica de primeira letra (para lembrar as cores do arco-íris – vermelho, laranja, ama-
relo, verde, azul, índigo, violeta)
  _Richard of York gives battle in vain._*

Mnemônica usando números (para lembrar o valor de π (Pi) – o número de letras em cada
palavra é contado para lembrar que π = 3.14158265358979323845)[a]
  Pie: I wish I could remember Pi. Eureka, cried the great inventor.
  Chistmas pudding, Christmas pie is the problem's very center.**

Uma rima mnemônica (para lembrar como converter de Celsius para Fahrenheit)[b]
  From centigrade to Fahrenheit
  Will keep you puzzling day and night
  A simple rule that you can state
  Is multiply by one point eight
  The other thing that you should do
  Is add another thirty-two***
  (so multiply by 1.8 and add 32).

[a] Agradecimentos a Alan Baddeley
[b] Desenvolvido com Alan Baddeley
  * N. de T.: A mnemônica em inglês apresenta a letra inicial das cores do arco-íris nas letras sublinhadas
    na frase: red, orange, yellow, green, blue, indigo, violet.
 ** N. de T.: A mnemônica em inglês contém o número de letras em cada palavra necessário para lembrar
    o valor de Pi.
*** A rima em inglês ensina como se faz a conversão.

meira letra para lembrar a ordem dos planetas a partir do sol: _My very elderly mother just sat upon a new pin_* (Mercúrio, Vênus, Terra, Marte, Júpiter, Saturno, Urano, Netuno, Plutão). Uma variação desse tema é usar uma palavra inteira para lembrar a informação de modo que as notas nos espaços das linhas da partitura representem a palavra _face_**. Harris (1984) sugeriu que as mnemônicas de primeira letra são úteis somente quando o material a ser lembrado é bem conhecido, mas difícil de ser evocado na ordem correta. Contudo, elas podem ser usadas para a aprendizagem de conteúdo novo (Wilson, 1987). Uma outra variação pode ser usada para lembrar uma lista de dígitos como os de um cartão de crédito: a pessoa pode criar uma frase na qual cada palavra consiste em um número de letras correspondente aos números a serem lembrados. Por exemplo, o número 6.734 pode ser _Mother_ (seis dígitos) _courage_ (sete dígitos) _was_ (três)

  * N. de T.: A mnemônica de primeira letra representa a ordem dos planetas com seus nomes
    em inglês: Mercury, Venus, Earth, Mars, Jupiter, Saturn, Uranus, Neptune, Pluto. Em portu-
    guês, usamos "Minha Vó Tem Muitas Jóias, Só Usa No Pescoço".
 ** N. de T.: Em inglês: face, rosto.

here (quatro).* Wilson e Moffat (1984) argumentaram que as mnemônicas de primeira letra funcionam por duas razões: (1) porque a informação está sendo agrupada e o agrupamento (*chunking*) há muito provou aumentar a evocação (Miller, 1956) e (2) porque reduz o número de possibilidades de respostas.

Um outro método usado para a melhora da evocação é a elaboração ou o uso de palavras para a construção de uma história, usado por pessoas com ou sem lesão cerebral (Crovitz, 1979; Gianutsos e Gianutsos, 1987; Wilson, 1987). Crovitz usou a "lista do avião", na qual 10 palavras são inseridas em uma historinha com cada palavra conectada à próxima. Wilson (1987) comparou o método das historinhas com outros três métodos. A lista de palavras a ser lembrada era umpire, nose, iceberg, vase, elephant, refugee, skylark, imp, tree e yak (as primeiras letras dessas formam a palavra university, já que a mnemônica de primeira letra foi um dos métodos estudados)**. Para o método de criar uma historinha, as palavras foram criadas com base no procedimento usado por Crovitz (1979):

> A primeira palavra é umpire e você pode lembrá-la como achar melhor. A segunda palavra é nose porque o juiz foi atingido no nariz por uma bola. A terceira palavra é iceberg porque o juiz bateu seu nariz em um iceberg. A quarta palavra é vase porque um vaso egípcio antigo estava equilibrado sobre um iceberg. A quinta palavra é elephant porque um elefante pegou o vaso com sua tromba. A sexta palavra é refugee porque um refugiado estava fugindo no lombo de um elefante. A sétima palavra é skylark porque uma cotovia estava voando em torno da cabeça do refugiado. A oitava palavra é imp porque um menino travesso prendeu a cotovia em uma rede. A próxima palavra é tree porque o menino travesso subiu em uma árvore para se esconder. A última palavra é iak porque um grande iaque veio até a árvore para coçar seu lombo.

Logo se observa que esse método combina tanto a técnica verbal quanto a visual e deve ser por isso que foi o mais bem-sucedido dos quatro métodos comparados por Wilson (1987). Os outros métodos foram os das pistas da primeira letra (descrito anteriormente), o método de *loci* (a seguir descrito) e o de representação visual (descrito na próxima seção).

Outras mnemônicas verbais incluem rimas, como mencionado, e busca alfabética. Warrington e Weizkrantz (1982) mostraram que pacientes com amnésia podem aprender associações com rimas, Gardner (1977) ensinou uma rima a um homem com Síndrome de Korsakoff, para ajudá-lo a lembrar o nome da ala do hospital onde se encontrava. Moffat (1984) sugeriu que as rimas poderiam ser usadas para ajudar as pessoas a selecionarem uma estratégia adequada para

---

* N. de T.: Mamãe coragem esteve aqui.

** N. de T.: As palavras em inglês significam respectivamente: juiz, nariz, *iceberg*, vaso, elefante, refugiado, cotovia, menino travesso, árvore e iaque (tipo de boi), as quais formariam a palavra "universidade".

um problema específico: por exemplo, Pegs are the key to my memory/Numbers make sounds and/Names I can see/I can PQRST stories/And say my ABC (p. 81).*

O método PQRST será abordado neste capítulo na discussão de técnicas de estudo. O método ABC de Moffat (1984) usado é a estratégia de busca alfabética. Isso significa trabalhar o alfabeto na esperança de que uma letra, em específico, atue como uma pista de evocação para uma palavra ou nome. Provavelmente seja útil somente quando há informações consideráveis sobre a palavra, assim como o número de sílabas ou quando o pesquisador tem ciência de que a palavra é particularmente comum ou incomum. É, porém, um método instável e provavelmente não tão usado em reabilitação. Contudo, algumas pessoas com comprometimento de memória relatam usá-lo (Wilson e Watson, 1996).

MNEMÔNICAS VISUAIS

As mnemônicas visuais podem ser definidas pela lembrança por meio de figuras. Estas podem ser imagens mentais ou figuras reais. Por exemplo, pode-se transformar um nome em uma imagem visual e lembrar-se da imagem para a evocação do nome. Uma vez visitei uma linda ilha holandesa na costa da Frísia e tive dificuldade de lembrar seu nome: "Schiemonnikoog". Em inglês soa bastante como *"Sheer monarch oak"**, então, imaginei um carvalho muito grande e alto, no tamanho de um rei. Agora eu sempre lembro o nome dessa ilha, ainda que nem sempre eu lembre como soletrar corretamente em holandês. Para aqueles que acham difícil a criação de imagens, uma figura real pode ser usada. Um dos meus pacientes que não conseguia lembrar os nomes dos seus terapeutas ou vizinhos, os aprendeu fazendo desenhos. O nome "Julian" foi capturado através do desenho de uma joia em um leão***. O homem viu o desenho e a mnemônica foi explicada a ele. O desenho foi retirado e após alguns minutos pediu-se que ele evocasse o nome do seu vizinho. Ele pensou um pouco e apontou o lugar na mesa onde o desenho estava. Então disse, "Um cachorro? Não. Um touro? Não. Era um...um...um leão. Ao seu lado havia uma pedra? Não, não era uma pedra era uma... uma... uma joia! Jewel lion – Julian!". Com o tempo ele passou a lembrar-se do nome Julian com mais rapidez. Algumas semanas mais tarde, pedi que o paciente descrevesse como tinha aprendido os nomes: "Você pode me dizer como aprendeu o nome do seu vizinho?". Ele respondeu, "Julian?". "Sim", eu disse. "Ah! Eu sempre soube isso", ele respondeu.

Uma versão mais sofisticada de representação de imagens é a associação de faces/rostos e nomes. Supondo que se quisesse lembrar o nome da "Sra. Cros-

---

* N. de T.: A rima em inglês cita as técnicas que podem ser usadas.

** N. de T.: *Sheer,* (alto e íngreme), *monarch* (monarca) *oak* (carvalho).

*** N. de T.: Em inglês *jewel on a lion.*

sley". O primeiro passo é encontrar uma característica proeminente do rosto da Sra. Crossley. Se suas orelhas forem notáveis, poderíamos selecionar esta característica como proeminente. O próximo passo é transformar seu nome em algo significativo, então "Crossley" poderia ser transformado em "*cross*" (como em "*angry*") "*leaf*"*, ou uma folha no formato de cruz. A etapa final é ligar a característica proeminente com o nome transformado, então uma folha em cruz poderia ser imaginada saindo de suas orelhas. Na próxima vez que a pessoa encontrasse a Sra. Crossley poderia observar seu rosto e perceber suas orelhas e então relembrar a imagem das folhas em cruz. Apesar de as mnemônicas verbal e visual serem descritas e avaliadas em detalhes em Wilson (1987), ficou claro que algumas dessas poderão ser mais usadas que outras em reabilitação da memória. O imageamento visual para evocação de nomes certamente ainda é usada e tem tido algum sucesso (Thoene e Glisky, 1995). O método de *loci*, por outro lado, parece ser muito pouco usado. Não se pode encontrar estudos publicados usando essa estratégia com sobreviventes de lesão cerebral. Ainda, uma outra variação do imageamento visual é a representação visual interativa através da qual se cria uma imagem da primeira palavra ou objeto a ser lembrado (p. ex., uma caixa de fósforos) e se conecta essa palavra ao segundo objeto a ser lembrado (p. ex., um iate). Então, o segundo objeto (iate) é conectado ao terceiro, e o terceiro ao quarto, e assim sucessivamente. Em Wilson (1987) esse método provou ser superior ao método não estratégico, mas não significativamente diferente do método de *loci* ou da mnemônica da primeira letra e significativamente mais inferior que o método da construção de uma história.

Outro tipo de mnemônica visual é o método *peg* (sistema dos prendedores). No sistema peg, um conjunto padrão de palavras peg são aprendidas e os itens a serem lembrados relacionados com os *pegs* através de imageamento visual. O sistema *peg* mais conhecido é o das rimas, através do qual os números 1 a 10 são associados com rimas como *one is a bun; two is a shoe; three is a tree; four is a door; five is a hive; six is sticks; seven is heaven; eight is a gate; nine is a line, and ten is a hen.*** O primeiro item a ser lembrado é então ligado à palavra pão, o segundo com um sapato e assim por diante. Esse auxílio de memória é útil quando fazer uma lista é impossível (p. ex., quando se está dirigindo). Então, por exemplo, se eu quiser dar alguma coisa à minha secretária, imagino que ela está sentada sobre uma pilha gigante de papéis segurando o papel que quero dar a ela. Se eu precisar enviar uma fita de vídeo a um paciente, imagino a fita enrolada dentro de um sapato, e assim por diante. Isso funciona bem para mim, que retenho as imagens até que as tarefas sejam completadas ou que precise começar novas tarefas. Contudo, seria difícil para pessoas com problemas

---

* N. de T.: *Cross*: cruz; *angry*: bravo(a); *leaf*: folha.

** N. de T.: *Bun*: pão; *shoe*: sapato; *tree*: árvore; *door*: porta; *hive*: colmeia; *sticks*: gravetos; *heaven*: paraíso; *gate*: portão; *line*: linha; *hen*: galinha.

graves de memória completarem essas etapas e o método provavelmente tem pouca valia em situações da vida cotidiana para a maioria daqueles com déficit orgânico de memória (Tate, 1997). Porém, Kaschel e colaboradores (2002; Kaschel, 2003) sugeriram que pessoas com déficit grave de memória podem ser tratadas com sucesso através de mnemônicas simples como representação visual, então o sucesso não está limitado àqueles com problemas leves.

Uma das estratégicas mnemônicas mais antigas é o método de *loci* (ou a lembrança pelo lugar). Este foi usado pelos gregos antigos. Yates (1966) descreveu como Simônide de Tessália era capaz de recordar os nomes de muitas pessoas em um banquete lembrando onde cada convidado estava sentado ou, em outras palavras, lembrava pela localização. O famoso mnemonista Shereshevski estudado por Luria (1968) às vezes usava esse método. Por exemplo, ele formava imagens das coisas a serem lembradas dispostas em vários pontos ao longo de uma rua conhecida ou à beira da calçada, coisas como o umbral de uma janela, um portal. Ainda que esse método não leve à evocação significativamente melhor do que a situação da mnemônica da primeira letra e imageamento visual no estudo de Wilson (1987), alguns indivíduos responderam bem ao método de *loci*. Mesmo para esses, foi menos efetivo do que o método da construção de uma história.

MOVIMENTOS MOTORES COMO AUXÍLIO DE MEMÓRIA

Existem consideráveis evidências de que pessoas com dificuldades graves de memória podem aprender algumas tarefas com pouca dificuldade (p. ex., Brooks e Baddeley, 1976; Corkin, 1996; Wilson et al., 1996; Cavaco et al., 2004). Essas são tarefas que envolvem memória implícita em que não se faz necessária a evocação consciente. Algumas dessas são tarefas de procedimento que envolvem memória motora, assim como rastrear um alvo na tela de um computador ou desenho no espelho. Essa memória motora intata em pessoas com amnésia tem levado a especulações sobre a efetividade dos movimentos motores como auxílio de memória. Powell (1981) sugeriu que certos nomes como Sr. Potter e Sr. Hatter poderiam ser aprendidos por um padrão de movimentos. Moffat (1984) descreveu um experimento com um homem que havia sofrido TCE grave: foram ensinadas duas listas de palavras, uma usando movimento (p. ex., a palavra "bebê" foi representada pelo gesto de embalar uma criança nos braços) e a outra usando repetição. O número médio de palavras evocadas após condição motora foi 7,58 comparado a 3,17 palavras em condição de repetição.

Wilson (1987) comparou movimentos motores como auxílio à aprendizagem de nomes com imageamento visual. Esse estudo de caso isolado envolveu um homem de 27 anos com amnésia grave, bem como negligência unilateral e prosopagnosia. Vinte nomes de membros da equipe e pacientes do centro de reabilitação foram selecionados aleatoriamente para condição de movimento motor ou condição de imageamento visual. O homem foi encorajado a pensar em um sinal (condição motora) ou em um desenho (condição de representação visual) para ajudar-lhe a evocar o nome. Para o nome da sua psicoterapeuta, "Sue", ele escolheu *soup* (sopa em inglês) e fingia tomar sopa. Para o seu enfermeiro "Mike", ele escolheu *microphone* (microfone em inglês). O desenho era o de um homem segurando um microfone. A figura foi removida e mais tarde lhe foi mostrado o sinal (tomar sopa) ou o desenho (microfone) e perguntado o nome da pessoa que cada um representava. Dois novos nomes foram introduzidos a cada sessão. Após 11 sessões de treinamento, o paciente lembrava mais nomes quando via o sinal do que quando via o desenho. Entretanto, isso não ajudou muito no cotidiano porque ele não aprendeu com segurança os nomes de três terapeutas apesar de mais 85 sessões de treinamento.

Há evidências convincentes de que pessoas com amnésia severa podem aprender habilidades motoras. Cavaco e colaboradores (2004), por exemplo, ensinaram cinco novas habilidades (cada uma análoga a tarefas cotidianas) a 10 pessoas com amnésia grave. Nove eram sobreviventes de encefalite por herpes simples e uma tinha sofrido acidente vascular talâmico. Os participantes tinham evocação episódica comprometida das tarefas, apesar de sua aquisição e retenção de habilidades ser comparável àqueles do grupo de 25 controles. Assim, apesar de nova aprendizagem motora ser certamente possível para pessoas com déficits graves de memória, há poucas evidências de que essa habilidade possa ser utilizada como auxílio de memória.

QUÃO BEM-SUCEDIDAS SÃO AS MNEMÔNICAS NA REABILITAÇÃO DA MEMÓRIA?

O imageamento visual provavelmente tem sido mais investigado que outras estratégias. Apesar de haver relatos conflitantes, como o do valor do imageamento visual para pessoas com dano cerebral, o peso da evidência parece respaldá-lo como auxílios à aprendizagem de certos tipos de conteúdo. Assim, Jones (1974) descobriu que dois pacientes com amnésia global não foram ajudados pelo imageamento visual quando tentaram lembrar os grupos de palavras, enquanto dois pacientes submetidos à lobectomia temporal esquerda se beneficiaram desse procedimento. Cermak (1975) descobriu que pacientes com Síndrome de Korsakoff respondiam melhor ao imageamento visual do que a condições sem imagens. Downes e colaboradores (1997) ofereceram mais evidências para o valor do imageamento visual. Descobriram que a representação aumentou significativamente a aprendizagem da associação rosto-nome em relação a instruções não específicas, ocorrendo ainda maior aprendizagem com a pré-exposição (exposição dos rostos a serem aprendidos durante 6 segundos antes do início do treinamento). Durante a fase de pré-exposição, os participantes tinham que fazer observações sobre a pessoa sendo retratada tais como se a pessoa era honesta ou não. Contudo, nenhum desses estudos usou conteúdo relevante à vida real da pessoa.

Wilson (1987) apresentou relatos sobre alguns estudos usando representação visual para ajudar as pessoas a aprenderem nomes de pessoas conhecidas dos pacientes e nomes que eles queriam lembrar. Isso pode ter aumentado a motivação, o que, por sua vez poderia ter aumentado a aprendizagem. Uma outra diferença nos estudos de Wilson (1987) foi a de que a aprendizagem aconteceu em diferentes tentativas, enquanto nos estudos experimentais anteriores, os participantes realizaram de uma a três tentativas. Os métodos de ensino também foram diferentes. Um ensaio randomizado mais recente realizado por Kaschel e colaboradores (2002) verificou que a representação visual foi superior ao treinamento de memória pragmático. Após um período de 4 semanas da linha de base, os pacientes foram aleatoriamente alocados para o treinamento com representação visual (n=9) ou para o treinamento regular feito no centro de reabilitação do paciente (n=12). Todos os pacientes participaram de 30 sessões de terapia individual em 10 semanas. Os resultados sugeriram que o treinamento com representação visual melhorou significativamente a evocação tardia dos materiais verbais relevantes para o dia-a-dia (histórias e compromissos). Além disso, a frequência de problemas de memória observada por parentes foi reduzida e as melhoras continuaram durante *follow-up* de 3 meses.

Wilson (1987) sugeriu que, para ajudar pessoas com comprometimento de memória a reter informações, a aprendizagem deveria acontecer um passo de cada vez, em vez de haver a apresentação de vários itens de informação de uma só vez. Clare e colaboradores (1999, 2000; Clare, Wilson, Carter, Hodges e Adams, 2001), entre outros, também ensinaram novas informações dessa forma. O método de aprendizagem sem erro referido no Capítulo 6 também foi defendido. Assim sendo, o imageamento visual parece ser benéfico na melhora da aprendizagem de algumas informações sob certas circunstâncias. Isso também pode ser verdadeiro em relação a outras técnicas como a mnemônica de primeira letra e o método da construção de uma história. Ponds e Hendriks (2006) sugeriram que, apesar de a mnemônica poder resolver alguns problemas cotidianos de pessoas com dificuldades de memória, a generalização é fraca, o que enfatiza o fato de que a generalização é uma parte importante da reabilitação da memória e deve ser construída em qualquer programa de tratamento. A generalização será abordada em mais detalhes no Capítulo 10.

RECOMENDAÇÕES NO USO DE MNEMÔNICAS

Nem todas as pessoas com comprometimento de memória serão capazes de fazer uso de mnemônica espontaneamente para aprender novas informações (ainda que não haja dúvida de que podem e o fazem). Apesar disso, os terapeutas e outras pessoas podem usar mnemônica para ensinar informações específicas como os nomes de algumas pessoas e endereços. A mnemônica leva a uma aprendizagem mais rápida. Ainda, pode ser útil o uso de duas ou três estratégias como o imageamento visual, o método do apagamento de pistas e a evocação espaçada/repetição expandida para aumentar a aprendizagem de uma informação (descritas no Capítulo 6). Apesar de Hodder e Haslam (2006) terem descoberto que a combinação de dois métodos não forneceu uma vantagem extra à aprendizagem, isso pode ter acontecido em razão do método usado.

Também é importante lembrar que conteúdos novos deveriam ser ensinados etapa por etapa. Precisamos levar em conta estilos e preferências individuais porque pessoas diferentes podem preferir estratégias diferentes. Na medida do possível, deveríamos focar naquilo que a pessoa com comprometimento de memória quer e precisa aprender, o que significa que deveríamos trabalhar materiais que serão úteis na vida cotidiana. Por último, a generalização ou a transferência para a vida real deve ser alcançada em um programa de treinamento.

O QUE SIGNIFICAM ESTRATÉGIAS DE REPETIÇÃO?

"Repetição" simplesmente significa praticar ou repetir algo até que seja lembrado. A repetição mecânica, ou simples repetição de conteúdo, é amplamente usada pela população em geral, mas não é uma estratégia de aprendizagem particularmente boa para pessoas com déficits de memória. Podemos ouvir ou ler algo muitas e muitas vezes e ainda assim não lembrar – e essa pode ser uma questão de "entrar por um ouvido e sair pelo outro". Tomemos, por exemplo, a previsão do tempo apresentada pela British Shipping Forecast, para 31 áreas marítimas no Reino Unido (p. ex., Forth, Tyne, Cromarty). Eu já ouvi essa previsão milhares de vezes desde que eu era criança. Eu gosto, é tranquilizadora e parece um mantra, mas, apesar das milhares de vezes de repetição das informações, acho difícil lembrar mais do que 10 das 31 áreas. Não processei o conteúdo e não é significativo para mim. Por outro lado, eu poderia repetir os 50 estados dos Estados Unidos em ordem alfabética porque pensei sobre eles, os processei, os visualizei e os tornei significativos para mim.

Já em 1973 estava claro que não havia relação entre o tempo de repetição (número de repetições) e a quantidade aprendida (Craik e Watkins, 1973). Até mesmo em circunstâncias nas quais a prática de repetição leva à melhora pode não haver generalização. Um famoso experimento conduzido por Ericcson, Chase e Falcon (1980) envolveu o treinamento de um estudante para aumentar seu *span* de dígitos direto do padrão sete mais ou menos dois (Miller, 1956). Após 20 meses de prática, o *span* aumentou de 7 para fenomenais 80 dígitos; isto é, tendo ouvido 80 dígitos somente "uma vez", ele podia repetir corretamente na mesma ordem em que foram originalmente apresentados! Porém, para isso, ele teve que convertê-los em algo significativo. Ele era um atleta, então imaginava os dígitos como representação de tempos de corridas ou distâncias ou outras informações sobre atletismo. Por mais incrível que essa *performance* tivesse sido, a melhora não se generalizou em outras tarefas de memória, nem mesmo para lembrar-se de consoantes – seu *span* de consoantes, ao final de 20 meses de treinamento, era de cerca de seis.

Assim, a repetição mecânica em si tem valor limitado, mas há outros métodos de repetição que melhoram a evocação. Na verdade, discutiremos a evocação espaçada ou repetição expandida no Capítulo 6. As mnemônicas verbais, como discutimos nesse capítulo, também podem ser vistas como tipos de técnicas de repetição.

Afora o método de repetição expandida/evocação espaçada (ver Capítulo 6) e mnemônicas verbais, as estratégias de repetição mais usadas em reabilitação de memória são o método PQRST (*preview, question, read, state* e *test**), primeiro descrito por Robinson (1970), e o método semelhante SQR3 (*survey, question, read, recall* e *review***; Rowntree, 1982). Na prática, as etapas seguidas são quase as mesmas. O procedimento para o PQRST é:

1. Prever: prever o material a ser evocado (i.e., ter uma ideia geral da passagem ou texto).
2. Questionar: fazer perguntas-chave sobre o texto (p. ex., qual o ponto principal? Em que ano aconteceu a ação? Quantas pessoas estavam envolvidas?).
3. Ler: ler o material cuidadosamente para responder às questões.
4. Descrever: descrever as respostas e se necessário ler o texto outra vez até que seja possível responder a todas as perguntas.
5. Testar: testar regularmente para retenção da informação.

ESTUDOS DE AVALIAÇÃO DO PQRST

Glasgow e colaboradores (1977) foram os primeiros a avaliar essa estratégia de repetição em uma situação não experimental com sobrevivente de lesão cerebral. Uma universitária de 22 anos havia sofrido TCE em um acidente de carro mais de 3 anos antes. Ela tinha dificuldade de lembrar leituras que havia feito. Durante a avaliação inicial, sua evocação imediata de passagens foi de cerca de 88%, mas ao final da sessão havia retido somente 54% e 1 semana mais tarde esse número havia caído para apenas 8%. Ela se saía melhor em questões de múltipla escolha e uma vez exposta a essas tinha 60% das respostas corretas. Duas situações de tratamento foram comparadas. Uma envolvia

---

* N. de T.: Prever, questionar, ler, descrever e testar.

** N. de T.: Pesquisar, questionar, ler, evocar e revisar.

prática repetida do conteúdo que ela conseguia lembrar, a outra foi um procedimento PQRST modificado. As modificações incluíram a combinação das duas primeiras etapas (prever e questionar) e dar à jovem quatro perguntas padrão para cada passagem em vez de pedir que ela criasse suas próprias. O procedimento de PQRST foi superior à estratégia de repetição, que por sua vez foi melhor que o desempenho da avaliação inicial.

A próxima etapa foi generalizar aplicando a técnica fora da clínica. Foi pedido que a estudante lesse artigos de jornais e que avaliasse seu desempenho de evocação. Após 10 dias, foi pedido que ela aplicasse o procedimento PQRST na leitura de artigos de jornal e mais uma vez avaliasse seu desempenho. Ela sentia que estava retendo mais, mas o procedimento levava o dobro de tempo, então, não só era difícil quantificar seu desempenho, mas também era possível que a quantidade de tempo extra levasse ao desempenho melhorado.

O maior número de estudos de caso com PQRST foi relatado por Wilson (1987), que comparou repetição mecânica e PQRST. O primeiro estudo de caso envolveu um homem que havia sofrido hemorragia subaracnoidea seguida de craniotomia frontal direita. Além de uma variedade de déficits cognitivos, inclusive comprometimento de memória grave, o homem fazia duas perguntas repetidamente: "Eu sempre terei problemas de memória?" e "Por que eu tenho problema de memória?". Tal repetição pode soar banal, mas é bastante irritante para aqueles que têm de ouvi-la muitas vezes durante dias, semanas ou mesmo anos.

Avaliações de linha de base foram feitas por período de 6 semanas durante o qual ele participou de um grupo diário de memória. Durante 30 sessões, a primeira pergunta foi feita pelo menos uma vez a cada sessão e a segunda pergunta foi feita 17 vezes durante as mesmas 30 sessões. A estratégia PQRST então foi aplicada nas sessões individuais. Primeiramente, pediu-se que o paciente escrevesse um resumo do que havia acontecido com ele, o que iria provavelmente acontecer no futuro e que fatores estavam atrapalhando seu progresso. Ele usou seu caderno para encontrar as informações porque estavam todas anotadas lá. Também se pediu que ele escrevesse um resumo e uma lista de perguntas e respostas em que a pergunta 1 era: (1a) O que aconteceu comigo, (1b) quando (1c) qual foi o resultado? As respostas foram (1a) eu tive uma hemorragia, (1b) em abril e (1c) fiquei com a memória fraca e comprometimento de concentração. Havia cinco questões principais, a maioria em três partes. No dia seguinte, pediu-se ao paciente que aplicasse o procedimento de PQRST ao seu resumo. Uma vez que houvesse lido o resumo, este era removido e perguntava-se a ele as questões que o próprio paciente havia selecionado no dia anterior. Depois disso as etapas RST da estratégia foram seguidas. No dia seguinte o processo se repetiu, mas daí em diante o paciente era testado sem que primeiro lesse o resumo. Porém, lia o resumo ao final de cada sessão para que lembrasse as respostas que havia esquecido. O homem aprendeu 90% das respostas corretamente; assim, quando perguntado sobre uma das questões que ele mesmo havia selecionado, geralmente conseguia dar a resposta certa. O método foi experimentalmente bem-sucedido, mas não clinicamente, porque ele continuava fazendo as mesmas perguntas à equipe, com tanta frequência quanto antes da apresentação do método PQRST. O paciente parecia ser incapaz de usar a informação que havia aprendido. Como outros pacientes com problema de lobo frontal, era incapaz de usar estratégias de evocação para utilizar a informação que havia aprendido (Walsh, 1978).

Um segundo paciente relatado por Wilson (1987) foi um homem com síndrome amnésica pura, descrito por Wilson e Baddeley (1988). Como no estudo de Glasgow e colaboradores (1977), artigos de jornal foram usados para comparar PQRST com a prática de repetição, mas, diferentemente da investigação de Glasgow e colaboradores, uma mesma quantidade de tempo foi distribuída nos dois métodos. Por um período de 8 dias a 2 semanas, dois curtos parágrafos foram selecionados em um jornal diário. Um foi destinado para cada um dos dois métodos; a ordem de apresentação foi mudada a cada dia. Os parágrafos de PQRST foram lidos a ele (prever) e então as outras 4 etapas se seguiram. Isso levou entre 7 e 10 minutos. Quanto aos parágrafos de prática de repetição, cada um foi lido para ele quatro vezes. Depois de cada leitura, foi pedido que o paciente evocasse tanto quanto possível. Finalmente, foram feitas perguntas sobre o parágrafo. Assim, em cada situação, houve cinco etapas, com aproximadamente igual quantidade de tempo destinado a ambos os métodos. Trinta minutos mais tarde, novamente foram feitas perguntas sobre cada um dos artigos. Uma análise do percentual de questões corretamente respondidas em condição imediata e tardia (Wilcoxon matched-pairs signed ranks test) não demonstrou diferença alguma entre os dois métodos na evocação imediata, mas houve diferença estatisticamente relevante a favor do PQRST na evocação tardia ($T=2,5$, $p<0,05$). Entretanto, essa diferença foi somente para responder às perguntas, porque na evocação livre o homem não conseguia lembrar nada em nenhum dos métodos devido à sua amnésia grave. Os resultados podem ser vistos na Figura 5.1.

Esse procedimento foi replicado com três pacientes (um com traumatismo craniano fechado, um com Síndrome de Korsakoff e um com lesão cerebral penetrante decorrente de ferimento à bala). A estratégia PQRST resultou em melhor desempenho para cada um dos três homens ($T=6$, $p=0,032$). Mais uma vez, isso foi para as perguntas, somente, porque nenhum dos três conseguiu lembrar nenhuma das passagens após intervalo. Todos, é claro, tinham uma severa amnésia.

O estudo final de Wilson (1987) procurou determinar se as pessoas com déficits de memória menos severos poderiam também apresentar melhor desempenho com a estratégia PQRST se comparada à prática de repetição e se haveria uma diferença na evocação livre entre os dois métodos. Os critérios adotados para comprometimento de memória menos graves foram baseados

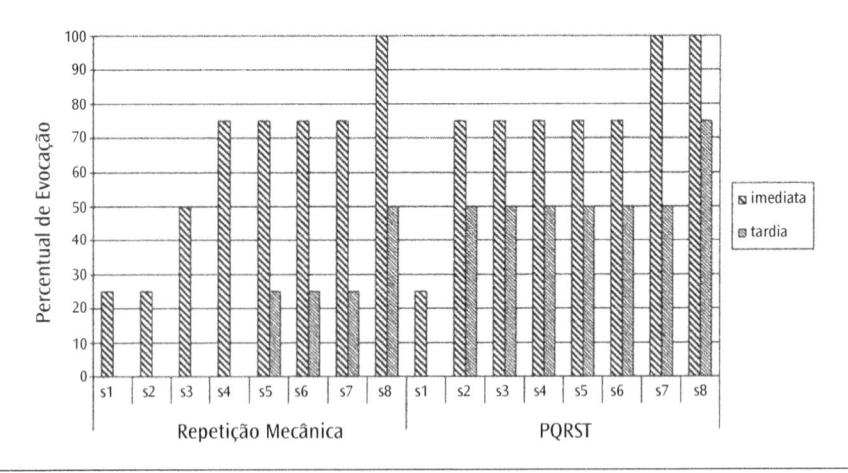

Figura 5.1 Comparação entre PQRST e repetição mecânica para evocação de passagens em um estudo de caso individual (S = sessão).

em evocação tardia das passagens da WMS (Wechsler, 1945). A evocação tardia teve que ser menos de 51% da evocação imediata, mas acima do "efeito de chão" (o escore da evocação tardia das passagens de Wechsler variaram de 33 a 50%). Todos os pacientes anteriores descritos em Wilson (1987) tiveram pontuação zero após intervalo. Cinco homens e três mulheres foram incluídos. Todos haviam sofrido TCE e estavam em período de 6 a 58 meses pós-lesão. Doze histórias curtas foram escolhidas. Cada paciente foi visto individualmente em seis ocasiões. Duas histórias foram apresentadas em cada ocasião, com os dois métodos equilibrados entre pacientes e sessões. As questões foram selecionadas pelo examinador. Uma modificação foi feita na condição de prática repetida: as questões foram apresentadas no início e não no final. Isso foi feito para se observar se a apresentação das questões no início (como ocorre no método PQRST) poderia fazer diferença na melhora de desempenho nos estudos anteriores. As comparações foram feitas entre os dois métodos para (1) evocação livre imediata, (2) evocação livre tardia, (3) questões imediatas, (4) questões tardias e (5) evocação tardia como percentual da evocação livre. Mais uma vez o teste de Wilcoxon pareado foi usado para analisar os resultados. Não houve diferença significativa entre o PQRST e a prática repetida para evocação livre imediata, mas para cada uma das outras comparações o PQRST foi estatisticamente superior à prática de repetição. Para as comparações de evocação após intervalo, $p<0,05$; para as questões imediatas, $p<0,01$; para as questões após intervalo, $p<0,02$; e para o percentual retido, novamente, $p<0,01$. Dessa forma, o PQRST foi superior à prática de repetição para todas, exceto para uma das comparações.

Dois estudos mais recentes examinaram o PQRST como uma forma de aumentar a evocação verbal. Franzen, Roberts, Schmits, Verduyn e Manshadi (1996) usaram o PQRST com dois meninos que sofreram TCE e compararam com uma estratégia de treinamento metacognitivo. Esse último não teve efeito, mas o PQRST levou a desempenho semelhante em um menino sem lesão cerebral e emparelhado por idade. Um estudo alemão de Bussman-Mork, Hildberandt, Giesselmann e Sachsenheimer (2000) comparou evocação espaçada com o PQRST e um método de controle sem tratamento. Sugeriram que o PQRST foi superior ao controle sem tratamento, mas que a evocação espaçada levou à melhor generalização.

POR QUE O PQRST FUNCIONA?

Há pelo menos três razões porque o PQRST poderia levar à melhor evocação do que a prática de repetição: poderia dar melhores pistas de evocação, poderia dever-se à especificidade da codificação e poderia dever-se a níveis mais profundos de codificação. Primeiramente, consideremos as pistas de evocação. O PQRST dá melhores pistas de evocação do que a prática de repetição? Talvez as próprias questões ofereçam as pistas e há algo nelas que auxilia a evocação. Talvez seja esse o motivo porque pessoas com amnésia grave tenham desempenhado razoavelmente bem em questões após intervalo ainda que não pudessem lembrar nada em condição de evocação livre. Contudo, esta não é uma provável explicação, porque havia questões apresentadas na condição de prática de repetição, ainda que nenhum dos participantes tivesse desempenhado tão bem aqui quanto no procedimento de PQRST.

E a especificidade de codificação? A especificidade de codificação é um princípio que se refere ao fato de que a evocação é aumentada quando a codificação original ou situação de aprendizagem é restabelecida na hora da evocação (Tulving, 1983). Se a situação de teste é semelhante à da aprendizagem original, então, mais informação será evocada. Na situação de PQRST as questões são parte da situação de aprendizagem original "e" parte da situação de teste, assim, poderia ser por isso que as pessoas apresentam melhor desempenho com essa estratégia do que com prática repetida. Apesar de ser uma explicação promissora, não justifica por que pessoas com comprometimento menos grave possuem melhor desempenho em evocação tardia e percentual retido, porque não se exige evocação livre tardia na situação de aprendizagem original. A aprendizagem original e a testagem não combinam; assim a especificidade de codificação não pode ser a explicação completa.

Isso nos deixa com a exploração dos níveis de processamento de explicação. Isso é suficiente? Craik e Lockhart (1972) propuseram que a ideia de níveis de processamento, na qual os conteúdos são processados em nível mais profundo são mais bem retidos do que as informações processadas em nível mais superficial. Lembrem que eu poderia não lembrar as áreas da British Shipping, porque eu não as processo profundamente, enquanto os 50 estados dos Estados Unidos foram processados e dessa forma puderam ser lembrados. Não é simplesmente uma questão de ouvir ou ver conteúdos: se uma pessoa quer lembrar, tem que pensar sobre o conteúdo a ser aprendido, questionar e relacionar com alguma outra coisa, em outras palavras, processar. O método PQRST parece levar a um processamento mais profundo do que a prática de repetição porque as pessoas têm que pensar na passagem e no que estão ouvindo ou lendo para completar cada uma das etapas.

USANDO PQRST NA PRÁTICA CLÍNICA

Psicólogos e terapeutas podem usar essa técnica com pessoas com comprometimento de memória para auxiliar na evocação de conteúdo verbal. É geralmente usada como parte de habilidades necessárias para pessoas que desejam voltar a estudar. O método é flexível, então, por exemplo, quando se trabalha com pessoas muito comprometidas, podemos nos juntar a elas na tarefa lendo a passagem com ou para elas, ajudá-las a definir as questões e acompanhar o procedimento de forma não intimidadora. De outro lado, pode-se escrever as etapas em um cartão e fazer as pessoas com comprometimento de memória trabalharem sozinhas em cada uma delas. O método PQRST pode ser aplicado a artigos de jornal, histórias curtas, livros, material científico ou qualquer conteúdo que precise ser retido. Seja qual for o fim da aplicação, é provavelmente melhor trabalhar com parágrafos ou uma curta passagem de cada vez, em vez de usar um capítulo ou artigo científico inteiros. O método não é usado espontaneamente por muitas pessoas com comprometimento de memória. Em uma pesquisa sobre auxílios de memória e estratégias usados por sobreviventes de lesão cerebral, Evans e colaboradores (2003) descobriram que nenhuma das quase 100 pessoas entrevistadas o mencionaram. Contudo, é usado em alguns centros de reabilitação e algumas pessoas o fazem sozinhas ou com terapeutas para aprender conteúdo novo. Parece ser mais adequado para pessoas com problemas de memória menos severos; se tiverem pelo menos alguma evocação depois de um intervalo, então o PQRST poderá aumentar a quantidade de retenção.

CAPÍTULO 6

Aprendizagem Nova em Reabilitação

**Aprendizagem sem erro, evocação espaçada
(repetição expandida) e apagamento de pistas**

O QUE É APRENDIZAGEM SEM ERRO?

Um dos principais procedimentos em reabilitação da memória é ajudar as pessoas com comprometimento de memória a aprender com mais eficácia. Nós que temos funcionamento de memória suficiente para lembrarmos de erros anteriores, podemos nos beneficiar da aprendizagem através de tentativa e erro, mas, para aqueles que não conseguem lembrar respostas incorretas, esse não é um bom método. Na verdade, o fato de se dar uma resposta incorreta pode reforçar essa resposta. Essa é a hipótese por trás da "aprendizagem sem erro" (SE). A aprendizagem SE é uma técnica de ensino através da qual se evita, na medida do possível, que as pessoas cometam erros enquanto estão aprendendo uma nova habilidade ou adquirindo novas informações. Pode ser conduzida de diversas formas, tais como, por meio de instruções verbais ou escritas ou orientação à pessoa durante a tarefa. O princípio é o de se evitar os erros cometidos durante a aprendizagem visando a minimizar a possibilidade de respostas erradas. Existem algumas indicações de que macacos também aprendem melhor com aprendizagem SE. Brasted, Bussey, Murray e Wise (2005) descobriram que os erros cometidos antes da primeira resposta correta em macacos de controle retardavam a aprendizagem em tentativa única.

BASES TEÓRICAS DA APRENDIZAGEM SEM ERRO

Dois fundamentos teóricos baseiam a aprendizagem SE. O primeiro é o trabalho de Terrace (1963, 1966) no campo da psicologia comportamental. Ele ensinou pombos a distinguirem uma chave vermelha de uma chave verde com uma técnica de ensino por meio da qual eles não cometiam erros (ou muito pouco) durante a aprendizagem. Além disso, os pombos condicionados com a aprendizagem SE demonstraram menos comportamentos emocionais do que os que aprenderam através do método de tentativa e erro. O princípio da aprendizagem SE foi em seguida aplicado a crianças com dificuldades de desenvolvimento de aprendizagem (Sidman e Stoddard, 1967). Eles usaram princípios da aprendizagem SE para ensinar crianças a diferença entre elipses e círculos. Cullen (1976), Jones e Earys (1992) e Walsh e Lamberts (1979) fizeram o mesmo, ensinando tarefas a crianças com atraso no desenvolvimento, incluindo discriminação de peso e tamanho.

Cullen (1976) acreditava que, se os erros fossem cometidos durante a aprendizagem, seria mais difícil lembrar o que havia sido aprendido. Ele também sinalizou que mais reforço ocorria durante a aprendizagem SE porque somente o sucesso ocorria, nunca a falha. Até hoje, a aprendizagem SE é uma técnica frequentemente usada para pessoas com dificuldades desenvolvimentais de aprendizagem.

A segunda base teórica veio de estudos de memória implícita e aprendizagem implícita da psicologia cognitiva e neuropsicologia cognitiva (p. ex., Brooks e Baddeley, 1976; Graf e Shacter, 1985; Tulving e Schacter, 1990). Apesar de ser sabido há décadas que as pessoas com comprometimento de memória podem aprender algumas habilidades e informações normalmente através de suas próprias habilidades de aprendizagem implícita intatas (ou relativamente intatas), tem sido difícil aplicar esses conhecimentos para se reduzir os problemas da vida real enfrentados por pessoas com déficits orgânicos de memória.

Glisky e colaboradores (Glisky e Schacter, 1988; Glisky et al., 1986) tentaram explorar as habilidades implícitas intatas para ensinar terminologia de informática a pessoas com amnésia, usando uma técnica chamada "método de apagamento de pistas". Apesar de alguns sucessos, o método envolveu considerável quantidade de tempo e esforço por parte dos pesquisadores e das pessoas com amnésia. Por outro lado, a memória ou a aprendizagem implícita não envolve esforço porque acontece sem evocação consciente. Isso, juntamente com outras anomalias observadas durante a aprendizagem implícita (p. ex., a observação de que, em uma figura fragmentada/procedimento de *priming* perceptual, se um paciente amnésico tivesse dificuldade em identificar um fragmento durante uma primeira apresentação, o erro poderia "se fixar" e ser repetido em sucessivas apresentações), levou Baddeley e Wilson (1994) a propor a seguinte questão: "Pacientes amnésicos aprendem melhor se impedidos de cometerem erros durante o processo de aprendizagem?". Em um estudo com 16 jovens e 16 idosos de controle e 16 pacientes densamente amnésicos, usando o procedimento de completar lacunas, foi verificado que cada uma das pessoas amnésicas aprendeu melhor se impedida de cometer erros durante a aprendizagem (ver Figura 6.1).

Baddely e Wilson (1994) acreditaram que a aprendizagem SE foi superior à aprendizagem através de tentativa e erro porque dependeu da memória implícita. Como os pacientes amnésicos não podiam usar a memória explícita de maneira efetiva, foram forçados a usar sua memória implícita. Esse sistema não é capaz de discernir entre respostas corretas e erros, então, é melhor prevenir os erros iniciais. Na ausência de uma memória episódica eficiente, o fato

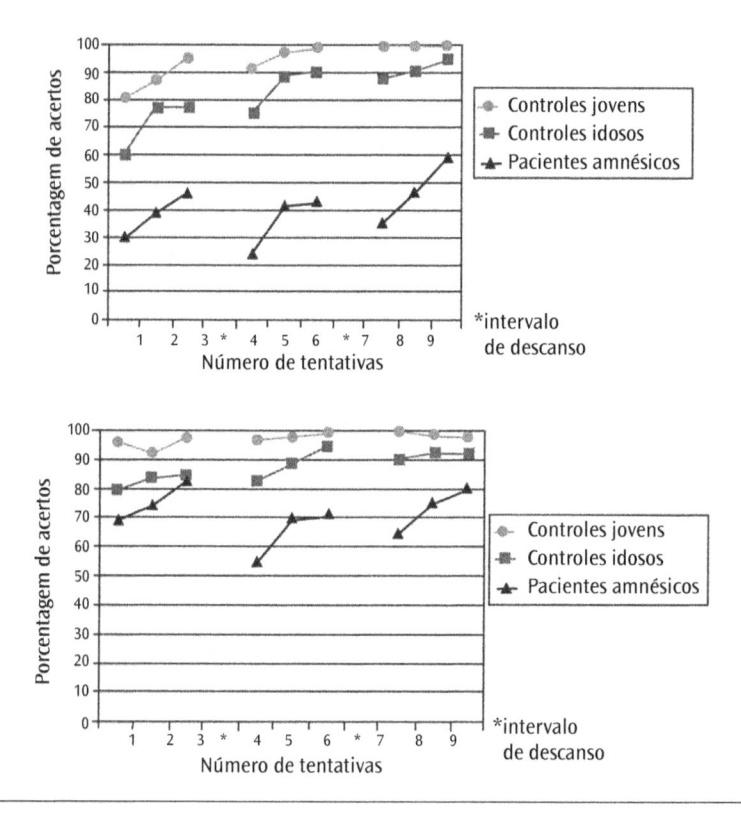

Figura 6.1 Resultados de estudo de aprendizagem com erro (gráfico superior) e sem erro (gráfico inferior) (Baddeley e Wilson, 1994).

de se dar uma reposta incorreta pode fortalecer ou reforçar o erro. Essa visão será discutida mais adiante. Um argumento semelhante apresentado por Hodder e Haslam (2006) sugere que a eliminação do erro reduz traços de memória conflitantes e, assim, facilita a performance da memória.

Uma outra forma de entendimento da aprendizagem SE é o uso do princípio da plasticidade e aprendizagem hebbianas (Hebb, 1949). Em um nível sináptico, a plasticidade hebbiana se refere aos aumentos na força sináptica entre neurônios que se ativam juntos ("Neurônios que se ativam juntos se conectam juntos"). A aprendizagem hebbiana se refere à detecção de *inputs* temporariamente correlacionados. Se um *input* produz um padrão de atividade neural, então, de acordo com a regra hebbiana de aprendizagem, a tendência de ativar o mesmo padrão nas ocasiões subsequentes é fortalecida. Isso significa que a probabilidade de repetição da mesma resposta no futuro, correta ou incorreta, é fortalecida (McClelland, Thomas, McCandliss e Fiez, 1999). Como a memória implícita, a aprendizagem hebbiana não tem mecanismos para a filtragem de erros.

ESTUDOS SOBRE APRENDIZAGEM SEM ERRO COM PESSOAS COM COMPROMETIMENTO DE MEMÓRIA

A partir de Baddeley e Wilson (2004), os princípios da aprendizagem SE rapidamente foram adotados na reabilitação de pessoas com comprometimento de memória. Wilson, Baddeley, Evans e Shiel (1994) descreveram uma variedade de estudos de casos individuais nos quais indivíduos amnésicos foram ensinados a desepenhar algumas tarefas, tais como aprender o nome do terapeuta, aprender a usar uma agenda eletrônica e aprender a reconhecer objetos. A cada participante foram ensinadas duas tarefas semelhantes, uma com erro e outra sem erro. Em cada caso, a aprendizagem foi superior na forma de aprendizagem sem erro. Posteriormente, Wilson e Evans (1996) apresentaram maior embasamento a esses achados. Squires, Hunkin e Parkin (1996) ensinaram um homem com amnésia a usar um caderno através de um procedimento de aprendizagem sem erro. Parking, Hunkin e Squires (1998) ensinaram um homem com encefalite os nomes de políticos e o mesmo grupo (Squires, Aldrich, Parkin e Hunkin, 1998; Squires, Hunkin e Parkin, 1997) descobriu que os procedimentos da aprendizagem SE possibilitaram a pessoas amnésicas aprenderem novas associações e adquirirem habilidade de processamento de dados e de palavras. O'Carroll, Russel, Lawrie e Johnstone (1999) também descobriram que as pessoas com esquizofrenia se beneficiaram da aprendizagem SE. Para Evans e colaboradores (2000), pacientes mais severamente amnésicos se beneficiaram em maior grau dos métodos da aprendizagem SE do que aqueles menos severamente comprometidos, apesar de isso poder se aplicar somente quando o intervalo entre a aprendizagem e a evocação é relativamente curto (isto é, dentro de cerca de uma hora), que foi a duração da sessão de experimentação individual.

Por quanto tempo a vantagem da aprendizagem SE é mantida é uma questão ainda em discussão. Um paciente, Jason (Wilson, 1999, Capítulo 9), reteve a informação ensinada através de aprendizagem SE por pelo menos 3 meses. Clare e colaboradores (1999, 2000, 2001; Clare, Wilson, Carter, Roth e Hodges, 2002), a seguir descrito mais detalhadamente, encontraram considerável manutenção da aprendizagem após dois anos em um paciente (Clare et al., 2001). Por outro lado, Ruis e Kessels (2005) sugeriram que o efeito da aprendizagem SE é curto. Uma das implicações desse achado é que a aprendizagem SE deveria ser combinada com repetição expandida (ou ensaio progressivo) para aumentar sua efetividade.

Clare e colaboradores (1999, 2000, 2001, 2002) usaram técnicas de aprendizagem SE em pessoas com Doença de Alzheimer. No primeiro estudo, Clare e colaboradores (1999) conseguiram ensinar V.J., um homem de 47 anos no estágio inicial de DA, os nomes de seus amigos em um clube. Seguindo o princípio da aprendizagem SE, evitando as adivinhações e erros, tanto quanto possível, utilizaram uma combinação de estratégias que incluíam descobrir uma característica facial singular, encadeamento reverso e repetição expandida. Por exemplo, uma das amigas do paciente se chamava Glória e esse nome foi aprendido usando a combinação de todos os métodos descritos anteriormente. A característica escolhida foi seu sorriso radiante que V.J. deveria associar com o nome ("Glória do sorriso radiante"). Ao mesmo tempo, o encadeamento reverso foi usado: o paciente recebeu versões escritas do nome de sua amiga com mais letras omitidas progressivamente, como no exemplo: GLÓRIA, GLÓRI_, GLÓR__ e assim por diante. V.J. completava as letras omitidas e finalmente aprendeu o nome sem nenhuma pista. Essas duas estratégias foram combinadas com repetição expandida, também conhecida como evocação espaçada ou ensaio progressivo, na qual a informação a ser lembrada é primeiro apresentada, imediatamente testada, testada novamente após um breve intervalo, testada outra vez após intervalo um pouco mais longo e assim sucessivamente. (Esse procedimento será abordado mais adiante.) V.J. aprendeu os nomes dos seus conhecidos usando fotografias em suas sessões de terapia da memória e demonstrou generalização ao cumprimentá-los pelo nome no clube. Um estudo semelhante com outro paciente com DA mostrou resultados comparáveis (Clare et al., 2003).

Metzler-Baddeley e Snowden (2005) conduziram um estudo parecido, mas examinaram a aprendizagem de conteúdo familiar e novo (V.J. tinha reaprendido conteúdo familiar, mas não lhe foi ensinado conteúdo novo) com quatro pacientes com DA. Apesar de eles terem descoberto que para o grupo havia uma significativa vantagem da aprendizagem SE sobre a aprendizagem através de tentativa e erro, esta não se deu em nível individual, porque certos pacientes também aprenderam em condições de tentativa e erro. Os autores argumentam que a aprendizagem SE pode ser mais benéfica para pessoas com amnésia severa. Evans e colaboradores (2000) também a recomendam em caso de comprometimento de memória não progressivo. Um estudo com pessoas mais idosas e mais jovens sem lesão cerebral (Kessels e de Haan, 2003) descobriu, contudo, que a prevenção dos erros durante a aprendizagem resultou em melhor performance para ambos os grupos.

Até o momento há evidências consideráveis de que a aprendizagem SE é superior à aprendizagem por método de tentativa e erro para pessoas com déficits severos de memória. Em metanálise de aprendizagem SE, Kessels e de Haan (2003) descobriram um efeito grande e estatisticamente relevante do tratamento da aprendizagem SE. Porém, há opiniões conflitantes sobre os benefícios da aprendizagem SE para as pessoas com comprometimento de memória menos severo. Retornaremos a essa questão na próxima seção. Há também algum debate sobre os benefícios da aprendizagem SE para outros problemas que não os déficits de memória episódica.

McKenna e Gerhand (2002) demonstraram que a aprendizagem SE foi muito útil na reaprendizagem de conceitos visuais e semântico-verbais para um paciente amnésico e também que sua retenção dessas informações após alguns meses sem tratamento era tão boa quanto a da sua esposa, que serviu de controle. Alguns estudos examinaram a aprendizagem SE em pessoas com dificuldades de linguagem e, em particular, problemas para busca de palavras ou anomia. Um estudo encontrou significativo benefício a partir da aprendizagem SE para o tratamento da anomia em paciente com demência (Frattali e LaPointe, 2004). Contudo, os resultados de uma série de estudos de Fillingham e colaboradores (Fillingham, Hodgson, Sage e Lambon-Ralph, 2003; Fillingham, Sage e Lambon-Ralph, 2005a, 2005b, 2006) parecem sugerir que não há diferença entre a aprendizagem SE e a tentativa e erro quando aplicados ao tratamento da anomia. Dado que ambos os tipos de aprendizagem resultam em igual sucesso e que a aprendizagem SE é comumente preferida pelos pacientes porque há menos falhas, talvez este devesse ser o método de escolha.

Wilson e Manly (2003) tentaram sugerir que uma combinação de treinamento de atenção sustentada e aprendizagem SE poderia melhorar o autocuidado em pessoas com negligência unilateral, e alguns estudos também examinaram a aprendizagem SE *versus* método de tentativa e erro para o treinamento de tarefas motoras. Por exemplo, Masters e Maxwell (2004) ensinaram uma tarefa motora a pacientes com doença de Parkinson em condições de aprendizagem SE e tentativa e erro. Descobriram que a aprendizagem mais robusta se deu após a aprendizagem SE.

A APRENDIZAGEM SEM ERRO DEPENDE DA MEMÓRIA IMPLÍCITA OU DA MEMÓRIA EXPLÍCITA?

Baddeley e Wilson (1994) acreditavam que a eficácia da aprendizagem SE como técnica de ensino para pessoas com comprometimento de memória era benéfica porque pacientes amnésicos tinham que confiar na memória implícita, uma sistema que é fraco na eliminação de erros (isso não significa dizer que a aprendizagem SE seja uma "medida" de memória implícita). Entretanto, há explicações alternativas. Por exemplo, a vantagem da aprendizagem SE poderia se dever aos processos residuais de memória explícita ou a uma combinação de ambos os sistemas – implícito e explícito. Tem havido alguns debates acalorados sobre o assunto. Hunkin, Squires, Parkin e Tidy (1998) argumentaram que se deve inteiramente aos efeitos da prevenção do erro na capacidade de memória explícita residual e não à memória implícita. Tailby e Haslam (2003) também indicaram que os benefícios da aprendizagem SE se devem aos processos de memória explícita residuais concorrentes, apesar de não terem excluído totalmente processos de memória implícita. Segundo esses autores, a questão é complexa e indivíduos diferentes podem basear-se em diferentes processos.

Mais bases para esse ponto de vista também podem ser encontradas em Kessels, Boekhorst e Postma (2005). Ver Tabela 6.1.

Um estudo de Page, Wilson, Shiel, Carter e Norris (2006) sustenta, porém, que a memória implícita preservada na ausência da memória explícita é suficiente para que aconteça a aprendizagem SE. Os autores questionaram as conclusões de Hunkins e colaboradores (1998), porque o delineamento da tarefa implícita era tal que seria improvável a sensibilidade à memória implícita para erros anteriores. Além disso, houve um elemento de aprendizagem SE tanto nas condições de memória explícita de aprendizagem SE quanto na tentativa e erro. Também questionaram Tailby e Haslam (2003) porque este último estudo combina duas questões separadas: A "vantagem" da aprendizagem sem erro se deve à contribuição da memória implícita? A "aprendizagem" SE se deve à memória implícita? Talvez algumas pessoas usem ambos os sistemas – implícito e explícito quando estão "aprendendo", mas isso não nega o argumento de que a "vantagem" da aprendizagem SE seja devida à memória implícita, particularmente a memória implícita para erros anteriores após a aprendizagem SE.

Tailby e Haslam examinaram três grupos de pacientes com diferentes graus de comprometimento de memória em condições de aprendizagem SE e tentativa e erro. Argumentaram que, se a memória implícita fosse responsável pela vantagem da aprendizagem SE, então os três grupos deveriam ter desempenho igual. Houve diferença significativa, com o grupo de pessoas menos severamente comprometidas tendo melhor desempenho. Isso significa, indubitavelmente, que o grupo com menos comprometimento com melhor memória implícita estava fazendo uso de ambos os sistemas, mas não há evidências para a origem dos benefícios da aprendizagem sem erro sobre o método de tentativa e erro. Quando examinaram o "tamanho" do benefício da aprendizagem SE sobre o método de tentativa e erro, o grupo de maior comprometimento desempenhou-se tão bem quanto os outros. Dado que o grupo mais severamente

Tabela 6.1 Estudos que sustentam que a aprendizagem sem erro é dependente da memória implícita e estudos que afirmam que ela depende da memória explícita residual

Memória implícita
Baddeley e Wilson (1994)
Page, Wilson, Shiel, Sarter e Norris (2006)

Memória explícita
Hunkin, Squires, Parkin e Tidy (1998)
Talby e Haslam (2003) (mas possivelmente ambas)

Ambas as memórias
Kessels, Boekhorst e Postma (2005)

comprometido tinha pouca ou nenhuma função de memória explícita, é difícil conciliar esse achado com o argumento de que os resultados foram devidos às memória residual e explícita.

Em uma tentativa de esclarecer a questão, Page e colaboradores (2006) aplicaram tarefas de completar palavras apresentadas em atividade de aprendizagem SE ou tentativa e erro a pessoas com déficits de memória moderados e severos. As instruções estimulavam tanto a evocação explícita quanto a implícita. Também administraram tarefas de reconhecimento e uma tarefa de memória contextual para elucidar as contribuições das memórias explícita e implícita nas duas condições. Eles quiseram demonstrar que a aprendizagem SE é robusta mesmo em pessoas sem funcionamento de memória explícita conforme resultados de testes de memória, assim, respaldando a visão de que a memória implícita é suficiente para o benefício da aprendizagem SE ou, em outras palavras, que o funcionamento residual da memória explícita não é necessário para que essa vantagem aconteça.

Page e colaboradores (2006) descobriram que as pessoas com déficits severos e aquelas com déficits moderados desempenhavam-se bem em tarefas de reconhecimento desde que seus próprios erros não fossem incluídos. Quando solicitados, foram incapazes de distinguir entre seus próprios erros e palavras-alvo genuínas. Não houve memória contextual para aqueles com graves déficits e essa foi muito pouco significativa para aqueles com déficits moderados. Dessa forma, pessoas com comprometimento de memória demonstraram ter uma vantagem com a aprendizagem SE em relação à aprendizagem através de tentativa e erro que não dependia se eram solicitados a evocarem implícita ou explicitamente; também não conseguiram distinguir seus próprios erros das palavras corretas, e não puderam dizer qual a fonte de informação. Tudo isso sugere que a memória implícita pode explicar porque as pessoas com nenhuma ou pouca evocação explícita conseguem aprender sob certas condições como a aprendizagem SE.

Deve ser lembrado que a aprendizagem SE não é um programa de tratamento. Ao contrário, é uma descrição ou uma abordagem através da qual a tarefa é manipulada para a eliminação ou redução de erros (Fillingham et al., 2003). Há formas diversas de se reduzir a probabilidade de erros, tais como oferecer instruções escritas, orientar alguém para uma tarefa específica ou exemplificar um por um os passos de um procedimento.

O QUE É EVOCAÇÃO ESPAÇADA (REPETIÇÃO EXPANDIDA)?

A "evocação espaçada", também conhecida como repetição expandida ou em expansão, envolve a apresentação de conteúdo a ser lembrado (p. ex., um novo número de telefone) seguida de testagem imediata e depois por um gradativo aumento do intervalo de retenção. Então, se o número 355294 é apresentado, o paciente imediatamente o repete. Pessoas com *span* de dígitos normal (e aqui se inclui a maioria das pessoas com comprometimento de memória) serão capazes de fazê-lo sem muita dificuldade. O clínico então aguarda 1 ou 2 segundos e pede (mas não o repete) que o número seja repetido. O intervalo de teste é gradualmente aumentado até que o número seja aprendido. Em caso de falha, a informação correta será fornecida e o intervalo de retenção diminuído e gradualmente aumentado outra vez. Nomes novos, endereços curtos e itens de conhecimento geral podem também ser ensinados dessa forma. Uma alternativa para o uso dessa técnica é aumentar o número de itens entre o alvo e o teste ou situação a ser evocada (Grandmaison e Simard, 2003). Camp e Foss (1997) também descreveram um intervalo fixo (p. ex., solicitar a informação correta a cada dois minutos) em vez de usar intervalo expandido, o qual é mais comum. Bjork (1988) demonstrou que, quanto maior o intervalo de distração entre a primeira e a segunda evocação, maior a chance de sucesso na terceira tentativa de evocação.

POR QUE A EVOCAÇÃO ESPAÇADA FUNCIONA?

Bjork (1988) sugeriu que a evocação espaçada é um procedimento de formação (*shaping*). *Shaping* é uma técnica consolidada da psicologia comportamental, através da qual há uma aproximação gradual até o objetivo final. Apesar de a evocação espaçada ter algumas semelhanças com o *shaping*, nesse objetivo de longo prazo de recuperação de informação, sendo gradualmente alcançada pelo aumento do intervalo de retenção – é diferente do *shaping* tradicional em programas comportamentais. A diferença é que – no *shaping* – o real comportamento selecionado para *shaping* é semelhante, próximo, mas diferente do objetivo final. Carr (comunicação pessoal, 1975), por exemplo, usou o *shaping* com crianças que tinham atraso desenvolvimental que conseguiam usar uma xícara, mas não uma colher. O formato da xícara original foi gradualmente modificado até que ficasse tão pequeno e pudesse ser substituída por uma colher. Esse é um clássico exemplo de *shaping*. A evocação de um novo número de telefone não se modifica ao longo do tempo, é somente reforçada para que seja menos passível de esquecimento.

Fridriksson, Holland, Beeson e Morrow (2005) e Turkstrae Bougeois (2005) argumentaram que a evocação espaçada é essencialmente um procedimento de aprendizagem SE, mas apesar de a evocação limitar a probabilidade de erros, não é um fim em si mesma porque os erros sempre podem ser cometidos após um intervalo.

Hochhalter, Overmier, Gasper, Bakke e Holub (2004) descobriram que a aprendizagem com evocação espaçada foi superior à aprendizagem após intervalo fixo, ainda que mais erros tivessem sido cometidos na primeira. Porém, os dois métodos geralmente são combinados, como veremos na seção seguinte.

Já em 1997, Vanhalle e colaboradores sugeriram que a evocação espaçada e a aprendizagem SE deveriam ser combinadas para otimizar a aquisição de novas informações.

A minha opinião é que a evocação espaçada funciona porque é uma forma de prática distribuída: distribuir as tentativas de aprendizagem ao longo de um período de tempo, em vez de realizá-los todos concomitantemente, em bloco, aumenta a probabilidade de aprendizagem. A prática massiva é uma estratégia de aprendizagem menos eficiente do que a prática distribuída (Baddeley, 1999), um fenômeno que é conhecido desde os anos de 1930 (Baddeley e Longman, 1978; Lorge, 1930). Lorge deu uma tarefa de traçado em espelho a três grupos de indivíduos sem comprometimento. Um grupo fez 20 tentativas consecutivas, o segundo grupo fez 20 tentativas intercaladas com descanso entre cada tentativa e o último grupo fez 20 tentativas ao longo de 20 dias. O grupo com os intervalos mais longos entre as tentativas desempenhou melhor do que aqueles que fizeram as tentativas sem intervalo. Baddeley e Longman (1978) queriam ver como se poderia ensinar melhor carteiros a datilografar. Todos os participantes tiveram 12 horas de instrução. Um grupo teve 6 horas ao dia durante 2 dias, outro 4 horas ao dia durante 3 dias e o terceiro grupo 1 hora ao dia durante 12 dias. Este último grupo aprendeu mais e esqueceu menos. Landauer e Bjork (1978) demonstraram que a aprendizagem de nomes acontece mais rápido com repetição expandida/evocação espaçada e desde então esse procedimento vem sendo usado em reabilitação da memória (Camp, 1989; McKitrick e Camp, 1993; Moffat, 1989; Schacter, Rich e Stampp, 1985). Camp, em particular, utilizou o método extensamente para ajudar pessoas com demência a aprender informações novas. Camp, Bird e Cherry (2000) também demonstraram como a evocação espaçada poderia ser usada para reduzir a angústia em uma mulher que acreditava que seus pertences haviam sido roubados. Foi feita uma lista com os nomes daqueles a quem ela havia dado seus pertences. A lista foi mantida em seu armário e um programa de evocação espaçada foi usado para ensiná-la a ir até o armário para verificar o que havia acontecido. Inicialmente ela foi levada para ver a lista em intervalos gradualmente crescentes. Se ela perguntasse onde estavam seus pertences ou quem os havia levado, era questionada sobre como descobrir e levada ao armário para ver a lista. Sua angústia diminuiu e foi mantida em nível baixo por um período de meses.

EVOCAÇÃO ESPAÇADA COMBINADA COM APRENDIZAGEM SEM ERRO

Clare e colaboradores (1999, 2000, 2001) usaram uma combinação de aprendizagem sem erro, evocação espaçada e o método de apagamento de pistas para ensinar informações a pessoas com Doença de Alzheimer. Arkin (2000) também usou a aprendizagem SE e a evocação espaçada para ensinar fatos autobiográficos a pessoas com DA, e Kixmiller (2002) usou as duas estratégias para ensinar tarefas de memória prospectiva tais como fazer anotações, tomar alguma medicação e lembrar datas futuras. Ao final do treinamento, o grupo experimental desempenhou-se significativamente melhor que o grupo controle nessas tarefas. Em uma avaliação dos programas de estimulação de memória em pacientes com DA, Grandmaison e Simard (2003, p. 138) disseram que, "em resumo, dentre os 17 sujeitos treinados com a abordagem da aprendizagem SE combinada com a técnica de evocação espaçada, todos demonstraram significativa melhora no percentual de informação evocada após sessões de treinamento". Leku e colaboradores (2002) usaram evocação espaçada e aprendizagem SE para ensinar pacientes com DA a usar um telefone móvel. O método da evocação espaçada foi usado primeiro para ensinar os pacientes a consultar um cartão colado ao telefone. O cartão continha detalhes de como usar o telefone. Em um segundo momento foram introduzidos exercícios repetitivos para fazer chamadas, de acordo com os princípios da aprendizagem SE. Os autores acreditaram que a aprendizagem resultou do fato de que os pacientes tinham a memória procedural relativamente preservada, o que é semelhante à hipótese da aprendizagem de memória implícita para a efetividade da aprendizagem SE.

O USO EXCLUSIVO DA EVOCAÇÃO ESPAÇADA

Apesar de a evocação espaçada ser geralmente combinada com outros métodos, pode ser utilizada individualmente. Camp e colaboradores talvez sejam os proponentes mais conhecidos da evocação espaçada, particularmente para pessoas com demência (Camp, Foss, Stevens e O'Hanlon, 1996; Camp et al., 2000; Brush e Camp, 1998). McKitrick, Camp e Black (1992) usaram a evocação espaçada para ensinar pacientes com DA a lembrar tarefas de memória prospectiva. Apesar de os quatro pacientes no estudo terem aprendido as tarefas com 100% de sucesso, os efeitos a longo prazo do treinamento não foram relatados.

Hodder e Haslam (2006) compararam o uso exclusivo da aprendizagem SE com o da evocação espaçada e os dois métodos combinados. Os participantes da amostra de controles saudáveis receberam tarefa dupla para reduzir o desempenho de sua memória explícita enquanto a memória implícita permaneceu intata. Dessa forma, a habilidade dos controles não foi significativamente diferente das pessoas com comprometimento de memória de leve a moderado. Descobriram que a evocação espaçada sozinha levou a melhor recuperação do que a aprendizagem SE sozinha. Não houve melhora significativa quando os dois métodos foram combinados. Assim, a evocação espaçada mostrou ser o melhor método a ser usado. Contudo, há problemas metodológicos nesse estudo, porque a aprendizagem SE exigia que os participantes simplesmente ouvissem a resposta correta. Eles não tinham que processá-la de forma alguma e sabemos a partir do trabalho de Clare e colaboradores (1999, 2000, 2001) e Riley e Heaton (2000) que é importante que os participantes estejam engajados e ativos na tarefa de aprendizagem. Além disso, no estudo de Baddeley e Wilson (1994), todas as pessoas severamente amnésicas envolvidas se beneficiaram da aprendizagem SE, tornando difícil arguir que a aprendizagem SE não seja efetiva para pessoas com amnésia.

USANDO A EVOCAÇÃO ESPAÇADA NA PRÁTICA CLÍNICA

Com base em 15 estudos publicados, Hopper e colaboradores (2005) recomendaram o treinamento de evocação espaçada para pessoas com demência. A pessoa que provavelmente completou maior número de trabalhos nessa área é Camp. Com seus pares, Camp demonstrou a eficácia da evocação espaçada para problemas variados em uma série de situações. Por exemplo, na terapia da fala e da linguagem, a evocação espaçada pode ser usada para ajudar na anomia ou disartria. Na terapia ocupacional, pessoas com demência podem aprender a usar cadeiras de rodas, andadores e outros equipamentos adaptativos e atividades cotidianas. Todos os terapeutas e enfermeiras podem usá-la para ensinar nomes, objetos de orientação como o número do quarto de um paciente e números de telefones. Também pode ser usada para reduzir problemas comportamentais (Bird, 2001; Camp et al., 2000). Brush e Camp (1998, p. 23) produziram um manual para ajudar àqueles que trabalham na área. Ofereceram dicas para o treinamento de evocação espaçada, tais como "encare o paciente, sempre estabelecendo contato visual. Monitore seu tom de voz e linguagem corporal de forma a sempre transmitir mensagem e atitudes positivas" e "Se o treinamento [evocação espaçada] perturbar o paciente, PARE. Essa experiência deveria ser agradável e compensadora. O indivíduo deveria querer participar com você". Os autores salientaram que a aprendizagem deveria ter relativamente pouco esforço porque está baseada em memória implícita. Recomendaram também a combinação da evocação espaçada com a aprendizagem SE.

Clare e colaboradores (1999, 2000, 2001) usaram a aprendizagem SE e a evocação espaçada conjuntamente e incluíram também a técnica de apagamento de pistas. Já vimos que Hodder e Haslam (2006) arguiram que as duas, concomitantemente, não aumentaram os benefícios, mas o trabalho de Hodder e Haslam não foi feito com pessoas com demência; então, é possível que os achados possam ser diferentes com uma população diferente.

Apesar de a maioria dos estudos de evocação espaçada ter sido voltada a pessoas com demência, a técnica tem sido usada com outros grupos. Sohlberg (2005) discutiu o trabalho com pessoas que têm problemas desenvolvimentais de aprendizagem. Em reabilitação foi usada com pessoas com dificuldades não progressivas de memória (Moffat, 1989; Wilson, 1999). Hillary e colaboradores (2003) demonstraram que o espaçamento das repetições leva a uma melhor evocação em pessoas com TCE moderado a severo. Contudo, deveria ser levado em consideração que esse foi um experimento de aprendizagem de listas e não um estudo de reabilitação. Parece haver menos pesquisa com pacientes com lesão cerebral e sugiro que haja mais.

O QUE SIGNIFICA "PISTAS EVANESCENTES" OU "APAGAMENTO DE PISTAS"?

As Pistas Evanescentes (PE) ou Apagamento de pistas são um método através do qual são dados estímulos/pistas e gradualmente retirados. Por exemplo, pode-se esperar que uma pessoa aprenda uma palavra nova primeiro copiando a palavra inteira; então a última letra seria apagada, a palavra seria copiada novamente e a última letra inserida; então, as duas últimas letras seriam apagadas e o processo repetido até que todas as letras sejam completadas pela pessoa aprendendo a palavra. É semelhante ao método do encadeamento reverso usado para ensinar novas habilidades a pessoas com deficiência de aprendizagem (Yule e Carr, 1987). No encadeamento reverso, o paciente recebe estímulos e é orientado ao longo de todas as etapas da tarefa, exceto na última, quando se pede que ele a complete sem ajuda; então, os dois últimos passos da tarefa encadeada são omitidos e assim por diante. No encadeamento reverso, o qual também é usado, a primeira etapa da tarefa encadeada é a primeira a ser omitida, em vez da última.

ESTUDOS DE AVALIAÇÃO DAS PISTAS EVANESCENTES (PE) OU APAGAMENTO DE PISTAS

Glisky e colaboradores (1986), os primeiros a relatar o uso da técnica do apagamento de pistas com pessoas com comprometimento de memória, usaram uma mistura de encadeamento direto e reverso para ensinar terminologia de informática a quatro pacientes amnésicos. Inicialmente, aos pacientes foi apresentada uma definição e estes foram solicitados a produzir a palavra sendo definida. Receberam pistas progressivas: assim, se a palavra alvo fosse "deletar" viam primeiro "D", após "De", "Del", e assim sucessivamente (encadeamento direto ou progressivo). Em tentativas subsequentes as letras foram reduzidas uma por vez (encadeamento reverso ou PE). Inicialmente os quatro pacientes no estudo eram muito dependentes da primeira letra de cada termo relativo à informática. Contudo, todos adquiriram algum vocabulário pertinente e finalmente foram capazes de produzir as palavras esperadas na ausência da primeira letra. Além disso, retiveram o vocabulário por período superior a 6 semanas. O procedimento de PE foi superior à condição na qual a resposta correta foi apresentada cada vez que havia um erro. Apesar do sucesso, os pacientes aprenderam muito mais lentamente que os controles e não puderam generalizar para mudanças pequenas em palavras; assim, a aprendizagem foi considerada "hiperespecífica". Em estudo posterior, Glisky e Shacter (1989) ensinaram uma mulher gravemente amnésica, sobrevivente de encefalite, mais de 250 informações distintas em relação a regras e procedimentos para o desempenho de uma tarefa de digitação de dados em computador. A mulher, então, foi capaz de trabalhar usando essa habilidade. Não só ela foi capaz de trabalhar, mas "foi capaz de desempenhar suas funções em ambiente de trabalho real tão rapidamente e com tanta precisão quanto os funcionários experientes em digitação" (1989, p. 893). Os pesquisadores entenderam que o sucesso se deveu a três fatores: a estratégia de treinamento de PE, repetição extensiva de todos os procedimentos necessários e o treinamento explícito e direto de todas as etapas do trabalho. Glisky e colaboradores estavam tentando aproveitar as habilidades implícitas de aprendizagem relativamente intatas de seus pacientes amnésicos. Entretanto, não fizeram relação entre o encadeamento reverso e progressivo no campo da deficiência de aprendizagem.

Breuning, Van Loon-Vervoorn e Van Dieren (1989), Van der Linden, Meulemans e Lorrain (1994) e Komatsu, Mimura, Kato, Wakamatsu e Kashima (2000) usaram o método de PE em pacientes com Síndrome de Korsakoff e todos tiveram algum sucesso, ainda que limitado. Leng e Copello (1990) usaram, com sucesso, procedimento semelhante ao de Glisky e colaboradores (1986) para ensinar terminologia de informática a um paciente com lesão cerebral, inclusive pacientes com amnésia pós-traumática (ATP) – estes também se beneficiaram da técnica de apagamento de pistas (Glisky e Delaney, 1996). Thoene e Glisky (1995) observaram 12 pacientes com diferentes etiologias e compararam três diferentes estratégias de memória, incluindo apagamento de pistas. A mnemônica visual foi considerada de maior utilidade no estudo de 1995, ainda que as PE também tivessem trazido algum benefício. O procedimento das PE tem sido usado não somente com pacientes não progressivos, mas também com aqueles com demência (Diesfeldt e Smits, 1991; Clare et al., 1999; Dunn e Clare, 2007). Nos estudos de Diesfeldt e Smits, pacientes em condição experimental de uso de PE aprenderam melhor os nomes das pessoas da equipe de profissionais do que os controles. O método de apagamento de pistas, entretanto, foi usado juntamente com outros métodos tais como organização, atenção direcionada e repetição e é, dessa forma, semelhante ao estudo de 1999 de Clare e colaboradores, o qual utilizou uma combinação de estratégias, como descrito no capítulo anterior.

Um grupo de pacientes que pode não se beneficiar das PE é o de afásicos (Abel, Schultz, Radermacher, Willmes e Huber, 2005). Nesse estudo, receberam PE ou pistas progressivas ou ambas. Nenhum dos pacientes afásicos se beneficiou do uso isolado de PE, apesar de alguns terem se beneficiado de pistas progressivas e alguns de ambos os tipos. Os autores entenderam que isso se deu porque o método de apagamento de pistas é um procedimento de aprendizagem SE e os pacientes afásicos são menos sensíveis aos erros que os pacientes amnésicos. Voltaremos a esse ponto mais adiante.

COMO AS PISTAS EVANESCENTES OU APAGAMENTO DE PISTAS FUNCIONAM?

Ainda que Kessels e de Haan (2003), em metanálise de aprendizagem SE e PE, tenham descoberto que PE não produzem um efeito estatisticamente significativo em comparação aos tratamentos controle, temos visto que os estudos de fato apresentam efeito. Por quê? Com o método de PE, Glisky e colaboradores (1986, 1989) estavam tentando aproveitar as habilidades implícitas intatas de pessoas com amnésia. Apesar de algum sucesso, o método de PE envolveu tempo e esforço consideráveis dos avaliadores e das pessoas amnésicas. A aprendizagem de memória implícita, por outro lado, não envolve esforço porque acontece sem recuperação consciente. Então o apagamento de pistas depende da memória implícita? O método de PE está melhorando os processos de memória implícita?

Hunkin e Parkin (1995) sugeriram que a memória implícita é a responsável. Eles tentaram ensinar vocabulário de informática a um grupo de indivíduos com comprometimento de memória com TCE ou encefalite (a mesma tarefa usada no estudo original de 1986 de Glisky e colaboradores) e compararam PE com um procedimento de aprendizagem padrão de rota (repetição). Não foram encontradas diferenças significativas entre os dois métodos. Porém, quando o procedimento de PE foi modificado para facilitar o uso de memória implícita, o procedimento de PE levou a um maior desempenho "após seis semanas de intervalo". A modificação envolveu apresentação de partes de palavras a serem completadas até mesmo quando não era necessário. Assim, se a palavra fosse "rato", as letras "rat-" eram mostradas ainda que não fosse necessário. Imaginou-se que isso aumentasse a probabilidade de utilização de memória implícita. Hunkin e Parkin levantaram a possibilidade de que pessoas com comprometimento leve fossem mais passíveis de se beneficiarem do procedimento padrão de antecipação, enquanto aqueles com comprometimento mais severo (portanto mais dependentes da memória implícita) iriam se beneficiar do método de apagamento de pistas.

Apesar de a tarefa de completar palavras ser uma técnica consolidada para a tarefa de avaliação da memória implícita, Hunkin e Parkin também questionaram se a técnica de PE está verdadeiramente utilizando memória implícita. Argumentaram que em um procedimento típico de PE a parte da palavra fornecida (ou letra inicial) funciona como uma tarefa de evocação com pista e assim irá beneficiar a memória explícita em vez da implícita. Então a técnica de PE está utilizando memória implícita, mas isso é de pouca valia quando a tarefa requer memória explícita. O benefício de PE após seis semanas de intervalo acontece porque a memória explícita estará muito mais reduzida e a memória implícita, mais provavelmente por necessidade, será utilizada. Riley, Sotiriou e Jaspal (2004) também sugeriram que o método de PE é mais bem-sucedido quando a aprendizagem explícita se faz necessária. Isso significa que é mais benéfico às pessoas com comprometimento leve ou moderado da memória e pelo menos algum funcionamento de memória explícita. Na verdade, em 1995, Thoene e Glisky descobriram que o mais gravemente comprometido dos seus pacientes, bem como aqueles com déficits mais leves, não se beneficiou da técnica de PE. Komatsu e colaboradores (2000) também acharam que as PE não foram efetivas para alguns pacientes.

O método de PE funciona por que está basicamente utilizando o princípio da aprendizagem SE? Não há dúvida de que as PE reduzem o número de erros durante a aprendizagem e isso, por sua vez, reduz a interferência. Segundo Baddeley e Wilson (1994) e Wilson e colaboradores (1994), a memória implícita é sensível à interferência, produz resposta mais forte e não pode ser usada para a eliminação de erros. Assim, deveríamos minimizar a interferência por meio da aprendizagem SE. Em parte, isso se alcança com as PE porque as pessoas que utilizam o método são encorajadas a adivinhar a resposta correta quando recebem a pista. Já vimos que pessoas com disfasia podem não se beneficiar da aprendizagem SE porque são menos sensíveis aos erros que pessoas com amnésia (Abel et al., 2005). Baddeley e Wilson (1984), Hunkin e Parkin (1995) e Selzer, Clarke, Cohen, Duncan e Gage (2006) acreditam que o método funciona pela minimização da interferência.

PISTAS EVANESCENTES OU APAGAMENTO DE PISTAS NA PRÁTICA CLÍNICA

O principal problema com o método de PE é que para funcionar precisa de no mínimo uma letra. Apesar de o estudo original de Glisky e colaboradores (1986) ter descoberto que todos os seus pacientes, enfim, aprenderiam terminologia de informática sem a letra inicial, a aprendizagem foi lenta e exigiu muitas tentativas (diferentemente da memória implícita, como alegado anteriormente). Se a técnica de PE for o método selecionado para ensinar informações novas, então deveria ser combinada com os princípios da aprendizagem SE (Clare et al., 1999, 2000, 2001; Eslinger, 2002).

Riley e Heaton (2000) recomendaram evitar erros encorajando a evocação com esforço. Clinicamente, logo fica claro que, se os pacientes são muito passivos durante a aprendizagem, não aprendem. Desse modo, em vez de receberem a resposta correta, precisam ser engajados no processo. É claro que o método de PE estimula esse encorajamento quando pede aos pacientes que completem a última letra das palavras. Os procedimentos de aprendizagem SE também precisam encorajar a participação ativa. Nas palavras de Riley e Heaton (2000, p. 133):

> Devemos considerar em conta as circunstâncias de aplicação, inclusive a dificuldade das palavras e as habilidades de memória do paciente. Palavras mais difíceis

e memória mais fraca podem exigir apagamento mais gradual para evitar excesso de erros e omissões; palavras mais fáceis e melhor memória requerem evanescência mais rápida para encorajar a evocação com esforço. Para testar esse prognóstico, dois métodos de evanescência foram comparados no ensino de palavras de conhecimento geral a 12 indivíduos com histórico de trauma craniano. Consistente com o prognóstico, a Assistência Progressiva (que permite evanescência mais rápida) foi mais efetiva para aqueles com melhor memória e para palavras mais fáceis e a Assistência Reduzida (na qual a evanescência é mais gradual) foi mais efetiva para aqueles com memória mais fraca e palavras mais difíceis.

Finalmente, como sempre, em reabilitação, a generalização precisa ser considerada. Se não pensarmos em generalização o tratamento pode ser levado ao insucesso. Clare e colaboradores (1999) ensinaram a seu paciente os nomes das pessoas em um clube por meio do uso de fotografias. A generalização foi testada levando o homem ao clube com as fotografias. Ele deveria olhar cada fotografia, encontrar a pessoa certa e apresentar aquela pessoa ao pesquisador. Glisky e Schacter (1989) ensinaram a sua paciente como desempenhar tarefas de registro de dados e então se certificaram de que ela poderia executar as tarefas no local de trabalho. Algumas vezes vemos estudos que não apresentam evidência de generalização (p. ex., Thoene, 1996; Stark, Stark e Gordon, 2005) e, apesar de isso ser aceitável para alguns dos estudos publicados, qualquer bom clínico deveria automaticamente incluir a generalização como parte da rotina clínica.

ENSINANDO PROCEDIMENTOS OU NOVAS INFORMAÇÕES ATRAVÉS DE APRENDIZAGEM SEM ERRO, EVOCAÇÃO ESPAÇADA OU PISTAS EVANESCENTES

Ehlhardt e colaboradores (2008) estavam preocupados com os procedimentos de ensino ou informações a pessoas com comprometimento de memória adquirido após TCE, AVC, anoxia, infecções neurológicas, demência e esquizofrenia. Pesquisaram na literatura para encontrar evidências da efetividade dos diferentes procedimentos de instrução. A pesquisa a partir de educação especial provou ser particularmente útil. Duas principais formas de instrução surgiram dessa análise, chamada pelos autores de "instruções sistemáticas" ou "métodos convencionas". Métodos sistemáticos incluem aprendizagem SE, o método de PE e evocação espaçada. Esses enfatizam modelos explícitos e pistas cuidadosamente controladas. Métodos convencionais compreendem tentativa e erro ou aprendizagem SE. Esses enfatizam a evocação da informação-alvo ou habilidade sem modelos ou estímulos anteriores. Os treinadores somente oferecem pistas depois que o aprendiz fez a tentativa e cometeu erros.

Ainda que o estudo tenha encontrado evidências convincentes para a efetividade da instrução sistemática, descobriu que faltou clareza de detalhes relacionados ao delineamento e execução. Apesar disso, os autores foram capazes de fazer recomendações para auxiliar os profissionais no planejamento e avaliação de qualquer instrução dada a pessoas com comprometimento de memória:

1. Os objetivos da intervenção deveriam ser claramente delineados e/ou a análise de tarefas deveria ser usada quando se treina para qualquer procedimento de múltiplas etapas.
2. Os erros deveriam ser restringidos e os resultados dos pacientes, controlados quando estão adquirindo ou reaprendendo novas informações ou procedimentos.
3. Deve haver prática suficiente.
4. A prática deve ser distribuída.
5. Deve haver uma variação na forma de exemplos múltiplos para evitar a hiperespecificidade de aprendizagem e aumento da generalização (a generalização é tratada mais detalhadamente no Capítulo 10).
6. Deveriam ser usadas estratégias para promover um processamento com maior esforço (p. ex., elaboração verbal, imageamento visual).
7. A nova aprendizagem deveria focar em alvos ecologicamente válidos.

CAPÍTULO 7

Grupos de Memória

POR QUE CONDUZIR GRUPOS DE MEMÓRIA?

Na sociedade humana as pessoas são membros de grupos, incluindo o grupo familiar, de trabalho, social, político, religioso e de lazer. Os grupos nos dão uma identidade compartilhada, papéis e apoio dos pares. Após lesão cerebral, muitas pessoas sentem a perda do seu papel e objetivo e experimentam uma sensação de isolamento (Malley, Bateman e Gracey, no prelo). Há alguns motivos pelos quais se escolheria tratar as pessoas em grupos. Os terapeutas em geral têm pouco tempo, e uma forma de se lidar com isso é tratar as pessoas em grupos, em vez de individualmente. O tratamento em grupo também é mais custo-eficiente. Mais importante que isso, as pessoas com comprometimento de memória podem se beneficiar da interação com os outros em semelhante condição. Algumas vezes, aqueles com comprometimento de memória têm receio de estar perdendo a sanidade e esse medo pode ser reduzido quando observam outras pessoas com problemas parecidos. Desta forma, os grupos podem reduzir a ansiedade e a angústia. Os pacientes podem, assim, ter esperança e saber que não estão sozinhos. Geralmente, é mais fácil aceitar conselhos dos seus pares do que dos terapeutas ou usar estratégias por eles compartilhadas, em vez daquelas recomendadas pela equipe de profissionais; então, os grupos podem levar a uma melhor aprendizagem de comportamento apropriado e podem até mesmo estimular o altruísmo. Tenho observado que os membros do grupo apoiam aqueles com mais défcits e criam amizades com pessoas que estão socialmente isoladas. As equipes de profissionais que conduzem grupos podem assegurar seu sucesso realizando tarefas adequadas ao nível de habilidade da pessoa. Mais adiante, isso poderá aumentar a autoestima do paciente. "Nada supera o sucesso", então, construí-lo entre os pares é reforçador. Os grupos também têm uma validade aparente, isto é, pacientes e familiares podem entender o objetivo dos grupos e "acreditar" que são uma boa opção; e isso, por sua vez, pode motivar a participação. Finalmente, os grupos são educativos para os terapeutas que os coordenam.

Algumas informações podem ser obtidas através da observação das respostas de cada paciente a diferentes estratégias e de quais tarefas eles gostam ou não. Problemas específicos que venham a surgir podem ser observados e tratados adequadamente. Em resumo, os grupos são um valoroso recurso de tratamento, são importantes para pessoas em situação de angústia ou de maior demanda de auxílio. A aceitação do grupo e o amparo mútuo podem trazer importantes mudanças clínicas.

COMO DEVERIA SE ESTRUTURAR UM GRUPO DE MEMÓRIA?

Quando se organiza um grupo de memória, certas decisões precisam ser tomadas, incluindo (1) se o grupo deveria ser aberto ou fechado, (2) quão homogêneo deveria ser o grupo, (3) quantos participantes deveriam participar do grupo, (4) quantas sessões deveria ter e por quanto tempo o grupo deveria durar e (5) qual seria o grau de envolvimento dos terapeutas responsáveis.

Em um grupo aberto, os participantes podem entrar ou deixar o grupo enquanto ele está em desenvolvimento; em um grupo fechado, os mesmos participantes estão presentes o tempo todo. Há vantagens e desvantagens para ambos. No grupo aberto, há sempre pessoas experientes para ajudar os novos participantes e não é necessário que o paciente aguarde que um novo grupo com seu perfil comece. Contudo, a coesão do grupo pode ser perturbada com pessoas entrando e saindo e os novos participantes podem se sentir abalados ao participar de um grupo em que não conhecem as pessoas, sendo que muitas das quais já se conhecem. Na prática, se um grupo será aberto ou fechado poderá depender da natureza do local onde os pacientes irão se reunir. Em centros onde os participantes estão internados ou têm alta semanalmente, os grupos abertos podem ser uma opção condizente com a realidade; enquanto em centros que admitem pacientes por perfil de défcits para um programa que dura semanas ou meses, os grupos fechados fazem mais sentido.

A homogeneidade dos grupos também pode depender da natureza do ambiente de trabalho. Se o cenário for aquele em que os pacientes têm diagnósticos e níveis de funcionamento semelhantes – por exemplo, pacientes com TCE e déficits cognitivos severos – então isso poderá levar a um grupo mais homogêneo do que aqueles em que há uma grande variedade de diagnósticos e níveis de habilidades. Idealmente, deveria haver algum grau de homogeneidade; assim, por exemplo, pessoas com disfasia severa ou problemas comportamentais graves podem ser inadequadas para a admissão no grupo porque suas dificuldades podem impedi-las de se beneficiarem das estratégias oferecidas e podem interferir nos procedimentos dos outros membros. Por outro lado, algumas diferenças podem ser benéficas. Misturar pacientes com AVC e sobreviventes de TCE e encefalite pode ter vantagens porque os pacientes com AVC são mais idosos e podem servir como bons modelos para os mais jovens. Os pacientes com TCE podem ter problemas mais generalizados, mas os reais déficits de memória podem ser menos severos e, dessa forma, esses podem ajudar aos outros membros do grupo (p. ex., com as tarefas para casa). Algumas pessoas com encefalite podem ter amnésia severa, mas os outros problemas cognitivos podem estar menos afetados, fazendo com que se beneficiem melhor dos auxílios externos. Assim, mais uma vez, não há uma decisão certa ou errada em relação à homogeneidade, que dependerá das circunstâncias.

Quantos participantes são necessários para formar um grupo? Entre quatro e seis participantes parece ser o mais comum, mas, é claro, o número pode ser maior ou menor. Se houver mais de oito em um grupo, poderá ser difícil dar a todos o grau necessário de atenção; e menos de três pessoas pode ser considerado um número muito pequeno para um grupo; porém, já formei grupos de atividades com duas pessoas. Pode não ser o ideal, mas poderia haver vantagens previamente definidas.

Em relação ao número e duração de sessões, 45 a 60 minutos uma vez por semana durante seis a oito semanas parece ser o modelo típico, particularmente para pacientes não internados. Entretanto, isso pode não ser suficiente para a coesão do grupo. No Centro Oliver Zangwill em Ely, onde todos são pacientes ambulatoriais e frequentam o centro vários dias por semana, o grupo de memória pode acontecer duas ou três vezes por semana durante seis a oito semanas com sessões de 40 minutos. Também já tive grupos para pacientes internados cinco dias por semana, com sessões de 45 minutos, durante seis semanas e, em uma ocasião, um grupo de pacientes não internados foi conduzido por duas horas semanais durante 11 meses (Evans e Wilson, 1992). É provável que o tempo e a frequência das reuniões dos grupos dependam das circunstâncias dos organizadores, da composição de um grupo específico e das metas visadas.

O envolvimento do terapeuta é também algo a ser considerado. Os grupos podem, é claro, ser formados sem um líder. No Centro Oliver Zangwill, há um grupo de ex-pacientes que se reune mensalmente sem um membro da equipe como líder. Isso talvez seja incomum porque a maioria dos grupos de memória tem um líder, geralmente um psicólogo clínico, um terapeuta ocupacional ou um assistente de reabilitação. Fonoaudiólogos e psicoterapeutas também podem ser líderes de grupo individualmente ou em parceria com um dos outros profissionais. Nichols e Jenkinson (1990) apontaram que sem um líder o grupo pode ficar confuso ou adotar padrões de pouca ajuda. Não conheço nenhum grupo de memória sem um líder, a não ser que sejam grupos para familiares e cuidadores de pessoas com lesão cerebral. Em tais grupos de autoajuda e apoio (discutidos mais adiante), as próprias pessoas com comprometimento de memória podem participar. Em um grupo conduzido por vários anos em Londres, pessoas com comprometimento de memória e suas famílias se reuniam primeiro, antes de se separarem por uma hora. Durante esse tempo as famílias discutiam suas preocupações e ofereceriam ajuda, apoio e aconselhamento umas às outras enquanto as pessoas com comprometimento de memória reuniam-se em outra sala com um psicólogo para participar de um projeto relacionado a seus problemas cotidianos. Nesse grupo de pessoas com comprometimento de memória, a atividade envolvida implicava a tentativa de ilustrar por meio de desenho um problema específico que tivessem. Na próxima vez que se reuniam, apesar de os membros não se lembrarem uns dos outros ou da reunião anterior, reconheciam seus próprios desenhos e isso os ajudava a resgatar a última reunião (Wearing, 1992).

ESTUDOS DE AVALIAÇÃO DE GRUPOS DE MEMÓRIA

O primeiro relato de grupos de memória parece ser o de Folsom (1968), o qual descreveu grupos de pacientes psicogeriátricos de longa permanência que se reuniram para receber "terapia de orientação para a realidade" (TOR), um tratamento que também é usado para pessoas idosas com confusão mental. De acordo com Spector, Orrell, Davies e Woods (2007), a TOR se origina nas tentativas de reabilitar veteranos de guerra com comprometimentos severos. As sessões podem ser conduzidas durante meia hora por dia, cinco dias por semana, com um líder de grupo e com três a seis pacientes. Uma revisão da base Cochrane (Spector et al., 2007) identificou seis ensaios com controle randomizado com 125 pacientes, dos quais 67 estavam em grupos de tratamento e 58 em grupos controle. Os autores concluíram que a TOR tem benefícios para a cognição e o comportamento de pessoas com demência, apesar de não ficar clara a extensão dos benefícios após o final do tratamento. Apesar de a TOR ser geralmente parte do programa para grupos de memória conduzidos para pessoas com condições não progressivas, esses grupos envolvem mais do que TOR (ver Grupos de Memória na Prática Clínica), e devemos agora considerar sua efetividade na totalidade.

Qual a evidência existente da efetividade dos grupos de memória para essa população? Em geral, a evidência da melhora nas "habilidades de memória" é muito limitada (Wilson e Moffat, 1992). Entretanto, outros benefícios são observados. Berg, Koning-Haanstra e Deelman (1991), em um estudo bem delineado, designaram, randomicamente, 39 sobreviventes de TCE a um de três grupos: (1) treinamento de estratégia de memória, (2) pseudorreabilitação (exercício e prática) e (3) controle sem tratamento. Esses pacientes no grupo de treinamento de estratégia de memória tiveram melhor escore objetivo de memória (uma combinação de alguns testes de memória) quando comparados com os grupos de pseudorreabilitação e controle. As avaliações foram feitas duas semanas e quatro meses após o término do tratamento do grupo. Os efeitos foram mais evidentes no quarto mês de *follow-up*. Ambos os grupos controle, contudo, avaliaram os "efeitos" da terapia no funcionamento de sua memória como benéficos. Dos participantes originais, 31 foram acompanhados quatro anos mais tarde (Milders, Berg e Deelman, 1995) e submetidos aos mesmos testes. Naquela ocasião, não houve diferença entre os três grupos. Os autores acreditaram que isso se deveu a duas razões: primeiro, uma parte dos participantes do grupo inicial não participou das sessões de *follow-up,* e a maioria destes eram aqueles com maior défcit de memória que participaram do grupo de pseudorreabilitação e que eram, portanto, os principais responsáveis pelas diferenças encontradas entre os dois grupos de tratamento. Segundo, observou-se melhora do funcionamento da memória em pacientes dos grupos de pseudorreabilitação e sem tratamento. Isso sugere que o treinamento de estratégias de memória levou à recuperação mais rápida de técnicas compensatórias para esse grupo de participantes; os outros participantes, entretanto, desenvolveram esses comportamentos compensatórios devido ao tempo extra. Esse é o remanescente dos achados do estudo de *follow-up* de Wilson (1991) com 50 pessoas com comprometimento de memória severo avaliadas muitos anos após terem participado de um programa de reabilitação. A maioria estava usando mais auxílios de memória e estratégias quando avaliados no *follow-up* do que durante ou ao final do programa de reabilitação, apesar do fato de que o programa enfatizava o uso de tais auxílios. Foi sugerido que esses auxílios não foram muito usados antes porque sua relevância às percepções cotidianas das pessoas com comprometimento de memória não foi valorizada naquele momento. Uma vez estando em ambiente menos protegido, a relevância e a necessidade para tal compensação se tornaram aparentes.

Um estudo de grupo (Evans e Wilson, 1992) não encontrou evidências de melhora de memória conforme escores em testes aplicados, apesar de ter aumentado o uso de compensações. A principal melhora foi em relação à ansiedade e depressão, as quais haviam diminuído em razão da participação no grupo. Em um estudo de 1988, Ryan e Ruff ofereceram um programa de treinamento estruturado de seis semanas ou grupo de apoio psicosocial (grupo controle) a pessoas com lesão cerebral. Ambos os grupos melhoraram nos escores dos testes neuropsicológicos, mas somente aqueles com comprometimento leve se beneficiaram do treinamento de reabilitação da memória. Jennett e Lincoln (1991) descobriram que era mais provável que pessoas que participavam de um grupo de memória fizessem uso de auxílios externos de memória em seu cotidiano.

Um dos estudos que demonstraram melhora nos testes de memória, bem como outros relatos isolados e significativos de melhora no cotidiano, foi o de Thickpenny-Davis e Barker-Collo (2007). As melhoras no grupo experimental foram consequência de um programa estruturado de grupo de memória com duração de oito sessões e estas foram maiores do que no grupo controle em lista de espera. A melhora se manteve em um período de 1 mês de *follow-up*.

Em resumo, parece que as evidências são limitadas em termos de real melhora no funcionamento da memória, apesar de benefícios emocionais poderem surgir e as pessoas terem mais probabilidade de usar auxílios de memória para compensar suas dificuldades. Assim como com qualquer programa de reabilitação, não esperamos restaurar ou reensinar o funcionamento da memória perdida; assim sendo, o comportamento compensatório e o bem-estar emocional são bons resultados.

GRUPOS DE AUTOAJUDA E APOIO

Em 1946, a Association of Parents with Backward Children (Associação de pais de crianças com atraso) foi fundada no Reino Unido. Essa associação, que mais tarde se tornou a Royal Society for Mentally Handicapped Children and Adults, foi uma das primeiras organizações de autoajuda. Hoje em dia ela tem vários grupos locais em todo o Reino Unido e com membros muito comprometidos. A inauguração de outras organizações se seguiram, lentamente, em um primeiro momento, e mais intensamente nos anos de 1970, com a fundação da Headway, antiga National Head Injuries Group, atual National Brain Injuries Association. Muitas pessoas com comprometimento de memória pertencem a organizações nacionais associadas com diagnóstico específico, assim como a Headway (www.headway.org.uk), Encephalitis Society (www.encephalitis. info), Alzheimer's Society (www.alzheimers.org.uk) e The Stroke Association (www.stroke.org.uk). (Ver Apêndice para uma lista de organizações.)

A maioria das pessoas indicadas para ajuda com problemas de memória sofreu TCE. Em minha experiência clínica, o segundo grupo mais comum consiste de pessoas com encefalite. Muitos sobreviventes dessa rara doença terão dificuldades de memória. Por esse motivo, a Encephalitis Society (Figura 7.1), assim como a Headway, são descritas em mais detalhes.

A Headway iniciou em 1979, quando Sir Neville Butterworth, pai de um menino com lesão cerebral, colocou um anúncio em jornal de circulação nacional para tentar encontrar um local para acomodação do seu filho durante as férias. Os pais de outro jovem que havia sofrido TCE, Dinah e Barry Minton, fizeram contato com o Sir Neville e começaram um trabalho para a descoberta da existência de redes de apoio. Devido às suas ações subsequentes em razão da escassez de apoio, há, agora, associações Headway em todo o Reino Unido prestando uma gama de serviços, inclusive reabilitação, cuidados temporários e redes de grupos locais de apoio que geralmente se reúnem uma vez por mês para oferecer apoio a pessoas com lesão cerebral e a seus familiares e cuidadores. O escritório nacional oferece apoio às associações locais; oferece uma linha direta (Headway UK Helpline); publica muitos folhetos, inclusive um sobre problemas de memória; promove entendimento da lesão cerebral e de seus efeitos e campanhas para melhores serviços. Na mesma época de fundação

Figura 7.1   Encephalitis Society. Copyright Encephalitis Society. Reimpressão permitida.

da Headway, nos Estados Unidos, Marilyn Price Spivak, a mãe de uma jovem sobrevivente de TCE, iniciou a National Head Injury Foundation. Ambas as associações, a britânica e a americana, são associações de famílias, pessoas com lesão cerebral e equipe de profissionais.

Alguns dos serviços da Encephalitis Society são semelhantes àqueles oferecidos pela Headway, particularmente em relação a informações sobre problemas de memória. Em seu *site* na internet está posto: "O objetivo oficial da Sociedade é melhorar a qualidade de vida de todas as pessoas afetadas direta ou indiretamente por encefalite" (www.encephalitis.org). A sociedade foi iniciada em 1994 por Elaine Dowell, mãe de um garoto que havia sobrevivido a encefalite, naquela época chamada Encephalitis Support Group. Por muitos anos, Elaine foi a principal porta-voz e viu o grupo evoluir de uma pequena associação de pais de crianças sobreviventes dessa doença até chegar a uma sociedade próspera englobando pais, neurologistas, neuropsicólogos, psiquiatras, terapeutas ocupacionais, fonoaudiólogos e, é claro, sobreviventes de encefalite. Alguns anos atrás, Ava Easton uniu-se à sociedade como coordenadora de desenvolvimento e desde então a sociedade tem sido uma fonte muito importante para famílias, pacientes e profissionais. Cinco reuniões de apoio são realizadas anualmente, geralmente aos sábados. Seu *site* explica que "as reuniões de apoio têm três funções principais para seus membros:

- Receber informações: especialistas em vários aspectos da condição são convidados a falar, permitindo que os participantes obtenham maiores informações e *insights* sobre sua condição. É provável que um número

significativo de pessoas afetadas se tornem mais especialistas em encefalite que muitos profissionais de saúde: isso os fortalece e lhes dá confiança para a apresentação do caso, quando necessário, aos serviços e terapeutas que necessitem.
- Dar a oportunidade de conhecer outras pessoas afetadas por encefalite: tais oportunidades são de vital importância na redução de sentimentos de isolamento sentido por muitos quando têm que lidar com uma condição rara da qual poucos ou nenhum de seus amigos e parentes ouviram falar e cujas implicações são incapazes de entender.
- Dar aos membros e à equipe do grupo a oportunidade de se reunirem: é essencial que os membros sejam capazes de dar *feedback* construtivo, como sua opinião sobre os serviços prestados e contribuir para seu desenvolvimento de forma tão completa quanto possível para as necessidades expressas de seus membros".

As reuniões são essencialmente oportunidades construtivas para focar tanto na doença propriamente dita quanto nas habilidades e estratégias necessárias para se prosseguir. Alguns membros têm sentimentos negativos em relação a essas ocasiões porque enfatizam a doença, mas o sentimento geral é positivo, salientando a maximização da recuperação e utilização dos pontos fortes remanescentes para compensar quaisquer perdas (www.encephalitis.info).

Para aqueles leitores que trabalham com pacientes com demência, há, é claro, outras sociedades, dentre as quais a maior e mais conhecida é a Alzheimer's Society. No Reino Unido há grupos em mais de 250 localidades. Seu *site* (www.alzheimers.org.uk) estabelece que "as equipes de profissionais e voluntários da Alzheimer's Society trabalham juntos para oferecer ajuda e informação a pessoas afetadas por demência, em suas comunidades. Os serviços das nossas sedes incluem cuidado ambulatorial, ou a domicílio (*home care*), de pessoas com demência, bem como apoio e auxílio para os parceiros e familiares lidarem com as demandas de cuidado. Nossas sedes oferecem desde Alzheimer's Cafés e sessões inovadoras de 'canto para o cérebro', a projetos de livros de memórias e passeios, oferecendo tanto apoio prático quanto o essencial ponto de contato humano".

De acordo com Wearing (1992, p. 275), um grupo de autoajuda defende: "a maioria (um grupo de autoajuda) é uma plataforma onde os membros têm voz". Ela acreditava que uma das principais possibilidades para tais grupos é a coordenação da disseminação de informação "dos profissionais para as famílias, das famílias aos profissionais, do grupo para associações e serviços sociais, do grupo a outros grupos e organismos locais, a empregadores, escolas e mais genericamente ao público geral por meio da mídia e eventos" (p. 284).

Nos dias iniciais após a lesão cerebral, a perspectiva do que está por vir pode ser terrível e, por essa razão, pode ser negada. Como disse Caplan

(1987, p. 136), citando um paciente, "a negação é uma das formas de se enfrentar o inferno". As famílias podem ser extremamente relutantes em aceitar que os problemas do seu ente querido lembrem aqueles observados por pacientes incapacitados por lesão cerebral que já tenham visto ou ouvido falar. Se forem oferecidas às famílias informações escritas por parte de grupos de apoio, para que as leiam a seu tempo, o processo de desmistificação pode se iniciar e poderá haver uma aceitação gradual da situação em que se encontram. Tal informação é raramente suficiente e, em algum momento, irão se beneficiar dos encontros com outros na mesma situação difícil. Há, geralmente, grande valor no partilhamento de experiências com outros que já passaram pelo mesmo tipo de pesadelo. Os familiares se sentem menos sozinhos e as pessoas afetadas se sentem menos vulneráveis, ignorantes ou estranhas quando estão com outros que enfrentam o mesmo tipo de problema. Este poderá ser um dos poucos lugares onde eles podem experimentar um envolvimento com sucesso.

Para Wearing (1992), todos os grupos de autoajuda têm os mesmos objetivos gerais: (1) dar apoio aos pacientes e famílias em uma rede social de pessoas que entendem o problema, (2) informar aos pacientes e familiares sobre o problema específico para o qual devem estar prontos a ajudar e como lidar com ele, (3) acessar serviços na comunidade, (4) fazer campanha para melhores cuidados e serviços de apoio, (5) aumentar a consciência pública para a questão, (6) ser capaz de se instruir sobre a condição por meio de ligação por longo período com profissionais e famílias e (7) promover pesquisa para o avanço do conhecimento.

GRUPOS DE MEMÓRIA NA PRÁTICA CLÍNICA

Um grupo de pacientes internados

A maioria dos grupos consiste em um componente educacional junto com componentes relativos a estratégias externas e internas (Berg et al., 1991). Wilson e Moffat (1984) apresentaram um detalhado relato diário do Grupo de Memória do Rivermead para pacientes internados, o qual foi conduzido durante 45 minutos por dia, cinco dias por semana, durante três semanas. Cada dia começava com as boas vindas do líder do grupo e lembrete dos objetivos do grupo, que incluíam encontrar formas mais fáceis de superar problemas de memória através do uso de auxílios externos e técnicas para tornar mais fácil o ato de lembrar; prática no uso desses auxílios e técnicas; e descoberta da melhor forma para aprendizagem de cada pessoa. Alguma orientação para realidade então acontecia e os membros eram perguntados sobre o ano, mês, dia e data e os nomes das pessoas presentes. Aos indivíduos com mais comprometimento foram feitas perguntas mais fáceis e também foram encorajados a encontrar formas de responder às questões se não soubessem (p. ex., procurando no jornal). Então a cada membro foi perguntado por um de seus pertences que logo após era retirado do seu campo de visão; cada pessoa prestava bastante atenção onde seu pertence era colocado. Eram instruídos de que ao final da sessão deveriam lembrar qual objeto e onde este foi escondido. A tarefa de casa solicitada na sessão anterior deveria ser apresentada e mais tarefas deveriam ser completadas antes da próxima sessão. A tarefa poderia ser fácil (p. ex., lembrar-se de levar um jornal no dia seguinte) ou mais difícil (p. ex., lembrar-se de ouvir um programa de rádio durante o fim de semana e então discuti-lo na próxima reunião do grupo). Uma vez estabelecida a tarefa, as pessoas eram perguntadas como fariam para se lembrar do que deveriam fazer. Se uma pessoa dissesse "Eu simplesmente vou lembrar", os outros eram perguntados se achavam que essa era uma boa ideia ou não e, consequentemente, a pessoa poderia ou não decidir mudar seu plano. Se a resposta fosse "Eu vou pedir para meu terapeuta ocupacional me lembrar", o paciente então poderia ser perguntado: "Como você vai se lembrar de pedir ao seu terapeuta ocupacional?". Assim, havia um debate sobre formas de lembrar. Após a tarefa de casa, havia a prática do uso de auxílios externos, uma mnemônica ou uma estratégia de aprendizagem. Por exemplo, o líder do grupo poderia trazer um auxílio eletrônico para mostrar ao grupo. Este seria passado a todos e mensagens seriam inseridas para lembrar ao grupo de fazer coisas assim como fechar a janela ou molhar as plantas. Os participantes do grupo seriam perguntados pelas vantagens e desvantagens de um auxílio específico e porque poderia ser útil. A sessão geralmente terminava com um jogo de memória que exigia concentração, geralmente apreciado por quase todos os participantes, antes de se lembrarem dos seus pertences. Se alguém esquecesse o que deveria fazer, em qualquer momento, recebia pistas.

Um grupo de pacientes não internados

Wilson e Moffat (1992) apresentaram detalhes do Grupo Dorset (de pacientes não internados), o qual era conduzido por uma hora, uma vez por semana, durante 10 semanas com três sessões de *follow-up* em intervalos mensais. Na primeira sessão – "Como funciona a minha memória" – eram realizados exercícios para ilustrar os vários tipos de memória (p. ex., memória de curto prazo, de longo prazo, implícita). Pedia-se que os participantes do grupo julgassem seu próprio desempenho em diversas tarefas de memória. Na sessão 2 – "Fazendo melhor uso da minha memória" – observava-se a relação entre humor e memória, inclusive ansiedade e depressão, dias bons e ruins e confiança. O treinamento em relaxamento e autoinstrução era feito para ajudar as pessoas a lidarem com lapsos de memória. Na sessão 3 – "Tornando o ato de lembrar mais fácil" – quatro principais tipos de auxílios externos de memória eram abordados: auxílios para armazenamento temporário como cadernos e listas de compras; auxílios para armazenamento de longo prazo como enciclopédias e cadernos de endereços; planejamento futuro, como diários e agendas, e mudanças ambientais, como manter as coisas em lugares específicos. Na sessão 4 – "Concentração" – discutia-se como a concentração poderia ser interrompida e formas de melhorar a concentração, tais como incorporar breves períodos de descanso, trabalhar em uma sala silenciosa e usar a autoinstrução para lidar com pensamentos intrusos. A sessão 5 – "A prática leva à perfeição" – exigia que os membros do grupo identificassem algumas informações que precisassem aprender e então praticá-las usando o método da evocação espaçada/repetição expandida (ver Capítulo 6). Na sessão 6 – "Lembrando-se de fazer coisas" – os participantes deveriam identificar formas de melhorar ou distrair a evocação e recebiam tarefas de casa de implementação de estratégias para ajudar a lembrar de fazer coisas. O método PQRST (ver Capítulo 5) foi descrito e praticado na sessão 7 – "Lembrando informações" – e, mais uma vez, os membros deveriam praticá-las em casa com artigos de jornal e notícias de televisão. Na sessão 8 – "Ouvir com atenção e expressar uma ideia" – orientações escritas, contendo estratégias descritas na semana anterior, eram passadas em cartões. Cada membro do grupo apresentava uma curta fala para os outros membros, usando os cartões e orientações. Na sessão 9 – "Outras dificuldades" – os membros eram perguntados sobre suas dificuldades, inclusive cognitivas, emocionais, financeiras, legais e familiares. Soluções possíveis eram discutidas e, se necessário, havia sessões individuais. A sessão 10 se referia à "Continuidade no uso de técnicas de terapia de memória". Eram buscadas formas de lembrar os membros de manter e aumentar a aplicação de estratégias aprendidas nas sessões anteriores. Algumas vezes isso se dava através de revisão ou de algum lembrete específico de alguma estratégia, como anotar as etapas do PQRST em um marcador de páginas.

O grupo de Groningen

Esse grupo foi referido anteriormente como um exemplo de ensaio clínico randomizado. Todos os participantes haviam sofrido TCE fechado mais de 9 meses antes tinham queixas subjetivas de memória e dificuldades objetivas medidas por testes de memória, e não tinham evidência pré ou pós-mórbida de déficit intelectual severo ou transtornos severos de linguagem, motricidade, percepção ou personalidade. Nenhum tinha evidência de transtorno neurológico ou psicológico, todos estavam vivendo de forma independente e todos tinham entre 18 e 60 anos. Cerca de metade dos participantes estava trabalhando em serviços remunerados. Aqueles designados para o grupo de treinamento de estratégias de memória se reuniram por uma hora, três dias por semana durante seis semanas e tiveram tarefas diárias para casa.

Os próprios pacientes escolheram os problemas que desejavam trabalhar, selecionando aqueles que lhes causavam maior angústia no cotidiano. A maioria dos pacientes escolheu três problemas durante o período de seis semanas de programa. As dificuldades relatadas com mais frequências foram (1) esquecimento dos nomes das pessoas e (2) esquecimento em razão de distração, apesar de alguns terem problemas pessoais e específicos, tais como lembrar como colher amostras para análises químicas ou o caminho da estação de trem até o hospital.

Os pacientes receberam um livro contendo algumas regras simples:

- Tentar aceitar que uma deficiência de memória não pode ser curada.
- Fazer uso mais eficiente das capacidades remanescentes.
- Usar auxílios externos quando possível.
- Prestar mais atenção.
- Dispender mais tempo.
- Repetir.
- Fazer associações.
- Organizar.
- Relacionar as informações com situações de evocação.

Cada sessão começou com uma discussão e uma demonstração das regras. Como primeira tarefa para casa, os participantes tiveram que estudar as regras e pensar em exemplos e experiências relacionadas a cada princípio. Isso servia para assegurar que os princípios se tornassem mais concretos e familiares. A próxima etapa envolveu a aplicação dos princípios a problemas específicos selecionados pelos participantes. Em geral, os mesmos princípios eram aplicáveis a todos os problemas fossem eles lembrar nomes ou colher amostras químicas, ainda que a "ênfase" pudesse ser diferente para cada paciente e problema, dependendo dos pontos fortes e fracos de cada um. Ao surgimento de cada nova situação, o livro de regras era consultado. Além do livro de regras, cada paciente recebeu um caderno para anotar as experiências com cada regra. Se necessário, o líder do grupo acrescentava observações e sugestões. Como mencionado anteriormente, os maiores efeitos desse treinamento apareceram depois de quatro meses. Os autores acreditaram que isso ocorreu porque os participantes continuaram a praticar as estratégias após o término da participação no grupo, o que os levou ao melhor desempenho das tarefas com o decorrer do tempo. É claro, não deveríamos esquecer que, no *follow-up* de 4 anos, os pacientes em tratamento simulado e grupos de não tratamento estavam desempenhando tão bem quanto os que haviam recebido o treinamento de estratégias. Assim, o grupo tratado pode ter aprendido a compensar com mais facilidade; ainda que este tenha sido o único efeito, pode ainda ser desejável incentivar mudanças mais rápidas no início da reabilitação.

Grupo de pacientes ambulatoriais

Evans (no prelo-a) descreveu o grupo de memória do Oliver Zangwill Centre for Neuropsychological Rehabilitation. Os pacientes nesse centro estão, geralmente, pelo menos no segundo ano pós-lesão, a maioria dos quais teve reabilitação no início e a maioria teve a chance de retornar ao trabalho ou continuar os estudos. Isso significa que eles estão menos severamente comprometidos do que os membros do grupo de pacientes internados descrito anteriormente. As reuniões do grupo do Centro Oliver Zangwill acontecem geralmente uma vez por semana durante 2 horas, por 6 semanas, ainda que esse prazo possa ser menor ou maior conforme as circunstâncias. Uma diferença entre esse grupo e os outros descritos é que cada membro tem pelo menos uma sessão individual adicional de 40 minutos a cada semana para revisar conteúdos do grupo, desenvolver a compreensão de como os assuntos discutidos no grupo têm relevância para ele e identificar como aplicar as estratégias discutidas no grupo em seu cotidiano. Os membros são informados dos objetivos do grupo e como o grupo será conduzido. Essa estrutura é apresentada na Tabela 7.1.

Na parte educacional do programa, diferentes aspectos da memória são discutidos: memória de trabalho, memória de longo prazo, memória semântica e episódica, memória retrospectiva e prospectiva e memória implícita e

---

Tabela 7.1   Sessão introdutória do Grupo de Memória do Centro Oliver Zangwill

Objetivos
1. Aprender sobre memória e desenvolver entendimento de seus próprios problemas de memória.
2. Entender os objetivos das avaliações feitas.
3. Discutir diferentes estratégias de memória.
4. Praticar estratégias de memória.
5. Aplicar e avaliar estratégias de memória em relação aos seus problemas.

Como o grupo será conduzido
Haverá três sessões:

- Educação (prover informações sobre memória, modelos de memória e possíveis consequências à memória após a lesão cerebral).
- Estratégias internas (apresentar estratégias internas de memória e a oportunidade de usá-las).
- Estratégias externas (apresentar diferentes estratégias externas e como elas podem ser incorporadas a um sistema de memória).

Ao final de cada grupo, um voluntário concorará em fazer um breve relato do conteúdo abordado no início do próximo grupo. Você receberá folhetos, com espaço para anotações adicionais.

explícita. As várias modalidades de memória (visual, verbal, olfativa, gustativa, cinestésica) também são abordadas. São dadas explicações sobre outros termos e aspectos da memória (p. ex. codificação, armazenamento e recuperação), sobre as áreas do cérebro envolvidas na memória e a terminologia (p. ex., amnésia, AR, AA).

Nas sessões seguintes os membros do grupo abordam a avaliação da memória e as causas do comprometimento de memória. Os participantes consideram como o TCE, o AVC, a encefalite e a anoxia podem levar a dificuldades de memória e usam suas próprias histórias para dar exemplos de problemas de memória específicos. Eles também aprendem sobre outras dificuldades cognitivas e emocionais que podem comprometer o funcionamento da memória. A parte final do componente educacional do grupo é considerar problemas comuns, de rotina, resultantes do comprometimento de memória e se os membros do grupo passam por essas dificuldades ou não. A segunda metade do programa está mais voltada para soluções para problemas de memória. Os participantes recebem folhetos com orientações gerais como:

- Entenda seus próprios problemas de memória por meio da educação e monitoramento efetivo.
- Explore os pontos fortes do seu sistema de memória para superar os fracos.
- Encontre e use estratégias que funcionam para você e use-as com consistência.
- Adapte o ambiente.
- Planeje e faça uso de rotinas.
- Monitore-se para evitar a fadiga (Evans, no prelo-a).

Estratégias internas e auxílios externos são abordados mais ou menos da mesma forma mencionada para outros grupos.

Apesar de os grupos de memória não parecerem resultar na melhora do funcionamento da memória, parecem ser benéficos em outros sentidos, como oferecer informações sobre memória, especificamente sobre auxílios de memória e estratégias, para ajudar as pessoas a compensarem seus problemas. Os grupos dão às pessoas com comprometimento de memória a oportunidade de desenvolverem consciência dos seus problemas. Ouvir os outros pacientes falarem sobre seus próprios problemas pode possibilitar que alguns indivíduos pensem sobre suas próprias dificuldades e, ouvindo os outros, aceitem o fato de que eles têm problemas, pode facilitar o reconhecimento de seus próprios. De modo similar, no que diz respeito ao uso de estratégias, ouvir outra pessoa dizer como é útil uma estratégia específica ou um auxílio pode convencer os outros a tentar usá-los, por estarem mais relutantes em fazê-lo simplesmente pela recomendação de um profissional (Evans, no prelo-a). Por fim, os grupos de memória podem reduzir o estresse emocional (Evans e Wilson, 1992).

Grupos de pessoas com demência

Os grupos TPOR descritos anteriormente não são os únicos grupos para pessoas com condições progressivas. Scott e Clare (2003) descreveram quatro diferentes formas de terapia de grupo oferecidas a pessoas com demência: grupos TPOR, grupos que tentam melhorar memória e cognição, grupos que oferecem psicoterapia e os que dão apoio semelhante ao dos grupos de apoio e autoajuda antes descritos. Scott e Clare (2003) revisaram a literatura sobre o assunto e descobriram várias evidências de criatividade e apoio, mas pouca avaliação formal; assim, foi difícil julgar qual tipo de grupo foi mais benéfico.

Assim como os grupos de memória para pessoas com condições não progressivas, alguns são para familiares e pacientes juntos, enquanto outros são somente para os pacientes, e alguns para pessoas em casas de saúde ou na comunidade. Clare (2008) descreveu alguns dos estudos conduzidos. Bernhardt, Maurer e Frolich (2002) conduziram um grupo em casa de saúde para pessoas com demência leve a moderada, duas vezes por semana durante seis semanas. Cada sessão teve duração de 1 hora. Apesar de não terem sido encontradas diferenças estatísticas entre esse grupo e o grupo controle, os avaliadores acharam que os pacientes no grupo de treinamento tinham melhorado e aqueles no grupo controle haviam piorado. Berger e colaboradores (2004) avaliaram um grupo dando apoio aos cuidadores, junto com treinamento de memória e musicoterapia para os pacientes, e os compararam ao grupo controle. Os grupos de tratamento foram conduzidos uma vez por semana durante 1 hora. Avaliações foram feitas 6, 12 e 24 meses depois. Os autores não encontraram diferenças entre os dois grupos quanto à preocupação da sobrecarga de cuidado, *status* funcional dos pacientes ou sintomas comportamentais ou psicológicos dos pacientes em nenhum dos três períodos. Eles sugeriram que isso pode ter sido devido ao padrão normal de cuidados que os pacientes estavam recebendo.

Clare (2008) discutiu um estudo comparando tratamento de grupo e individual (Koltai, Welsh-Bohmer e Schmechel, 2000). Esse estudo também não encontrou diferenças no tratamento individual ou em grupo comparados ao controle. Um dos primeiros estudos de grupos de terapia de memória foi feito por Zarit, Zarit e Reever (1982). Eles ofereceram intervenção em grupo a pacientes e seus cuidadores morando em comunidade. Três grupos foram comparados: em um deles, os pacientes aprenderam a formar imagens visuais e fazer associações; um segundo envolveu o treinamento de resolução de problemas através dos quais os participantes discutiram etapas práticas que poderiam levá-los ao gerenciamento de problemas cotidianos; o terceiro era um grupo controle de lista de espera. Ao final do treinamento, os pacientes nos grupos de tratamento tiveram melhores resultados que os controles nos testes de evocação, mas os cuidadores em ambos os grupos de tratamento se sentiram mais deprimidos ao final do treinamento, e sua sensação de sobrecarga, percepção de severidade do comprometimento de memória e problemas comportamentais permaneceram inalterados. Isso levou Small e colaboradores (1997) a sugerirem que tal terapia não deveria ser recomendada. Várias revisões subsequentes foram mais positivas (Gatz et al., 1998). Alguns estudos mostrando achados mais neutros ou mais positivos foram descritos por Clare (2008). Por exemplo, ela citou um estudo de Arkin (2001) no qual os pacientes receberam treinamento de memória, atividades de linguagem, atividades físicas, atividades em grupo e passeios. O humor e a forma física melhoraram, assim como os resultados em certos testes. Apesar de algumas evidências em favor dos efeitos benéficos dos grupos para pacientes e cuidadores, estas são fracas. Um problema salientado por Scott e Clare (2003) é a relutância de muitas pessoas com DA em estágios iniciais em participar de grupos para déficits de memória, preferindo sessões individuais. Esse problema também é visto ocasionalmente em pessoas com condições não progressivas, mas é talvez menos provável para esses pacientes.

Grupos para idosos sem demência

Uma variedade de estudos relatam grupos para pessoas idosas sem comprometimento neurológico; apesar de uma ampla análise estar fora do escopo deste livro, vale a pena mencionar dois estudos recentes, um deles de Craik e colaboradores (2007) e outro de Troyer, Murphy, Anderson, Moscovitch·e Craik (2008). O primeiro descreve um grupo para reabilitação cognitiva em pessoas idosas. A reabilitação compreendeu vários módulos, inclusive gerenciamento de objetivos, treinamento psicossocial e memória. Cinco ou seis pessoas participaram desses grupos. No módulo de memória, os participantes aprenderam estratégias e técnicas para melhorar suas habilidades de memória e organizacionais. Os participantes aprenderam sobre diferentes formas de memória e sobre fatores que afetam a evocação e o esquecimento. Aprenderam a perceber lapsos individuais de memória e foram apresentados a uma série de auxílios externos e estratégias internas. As tarefas de casa foram usadas para assegurar a prática dessas estratégias e auxílios. O estudo demonstrou evidências de melhora em alguns aspectos de memória e do processamento estratégico.

O segundo estudo, de Troyer e colaboradores (2008), descreveu um grupo para pessoas idosas com comprometimento cognitivo leve (CCL), que afeta especificamente a memória. Pessoas com CCL têm alto risco de demência, sendo que a maioria a desenvolve dentro de 3 a 6 anos (Fisk e Rookwood, 2005), mas quando diagnosticadas com CCL muitas ainda têm vida independente. Nesse ensaio clínico randomizado, 54 pessoas foram alocadas em grupos de programa de intervenção multidisciplinar ou para uma condição contole de lista de espera (estes mais tarde receberam tratamento em grupo). O tratamento consistiu em treinamento de memória baseado em evidências e educação de estilo de vida para otimizar o comportamento da memória. As sessões de 2 horas por semana durante 10 semanas abordaram uma variedade de assuntos, inclusive informação, intervenção e tarefas para casa. Por exemplo, na sessão 2, as informações incluíram uma visão geral de estratégias de memória, a intervenção cobriu a memória para eventos futuros e lógica para um livro de memórias e a tarefa de casa foi criar um livro de memórias. Aqueles no grupo de tratamento demonstraram aumento no conhecimento e uso de estratégias de memória entre os pré e pós-testes comparados com o grupo controle e mantiveram essa melhora durante o *follow-up* de três meses.

Um grupo para famílias e cuidadores

Sander (2002, 2008) descreveu um grupo para famílias e cuidadores de pessoas com lesão cerebral, muitas das quais tinham comprometimento de memória. O grupo contém seis a oito participantes e acontece durante seis sessões, cada uma com duas horas de duração. É conduzido por um psicólogo, consultor, assistente social ou estagiário de pós-doutorado com *expertise* em TCE. O grupo segue um modelo cognitivo-comportamental com uma mistura de apresentação didática e resolução de problemas interativa, com oportunidades frequentes de interação entre os membros do grupo. A primeira sessão serve de introdução e visão geral. A segunda dá informação sobre TCE. A terceira examina as mudanças nos papéis e relações. A quarta e a quinta sessões cobrem o gerenciamento do estresse com a primeira parte voltada para o relaxamento e para o *coping*, a segunda parte para a resolução de problemas e pensamento positivo. A sexta e última sessão considera recursos locais e nacionais e o encerramento. Após completar as sessões em grupo os membros relatam uma significativa redução de ansiedade e comportamento de fuga e evitação. Os membros expressaram satisfação, de maneira geral, com o grupo (89% estavam muito satisfeitos e 11% de alguma forma satisfeitos). Em termos de satisfação com aspectos específicos (p. ex., aprender novas formas de lidar com familiares e sentir mais confiança em relação à sua habilidade de cuidar), quase todos mostraram-se satisfeitos. Em resposta à pergunta "Qual foi a coisa mais importante que você acha que aprendeu?", alguns dos comentários foram "não sentir culpa de ter tempo para mim mesmo" "eu não acho que meu marido está fazendo isso de propósito" e "como lidar com o estresse".

Concluindo, o principal benefício dos grupos de memória é a oportunidade de encontrar pessoas com problemas parecidos. Isso se mostra verdadeiro para pacientes e seus familiares e cuidadores. Encontrar outros provavelmente lhes dê apoio emocional. Também permite que as pessoas troquem informações sobre estratégias que funcionam e fontes de informação. Esses grupos são por si uma fonte de informações tanto para profissionais quanto para os pacientes e famílias. Não há uma forma correta de se conduzir um grupo, isso depende do nível de funcionamento dos pacientes e das praticidades do ambiente no qual o profissional está trabalhando e no qual as pessoas com comprometimento de memória e os que estão à sua volta estão vivendo.

Tratando os Transtornos Emocionais e de Humor Associados ao Comprometimento de Memória

POR QUE É IMPORTANTE TRATAR OS TRANSTORNOS EMOCIONAIS E DE HUMOR ASSOCIADOS AO COMPROMETIMENTO DE MEMÓRIA?

A reabilitação neuropsicológica preocupa-se com a melhora dos déficits cognitivos, emocionais, psicossociais e comportamentais causados por algum acometimento neurológico (Wilson, 2008). A maioria das pessoas com comprometimento de memória terá não apenas déficits cognitivos (possivelmente problemas de memória, assim como outros problemas cognitivos tais como processamento de informações mais lento, dificuldades executivas e problemas na recuperação de palavras), mas também dificuldades não cognitivas, talvez ansiedade, depressão, mudanças de humor, raiva e medo. Apesar de os déficits cognitivos serem provavelmente o principal foco da reabilitação neuropsicológica, tem sido reconhecido há vários anos que as consequências emocionais e psicológicas da lesão cerebral precisam ser abordadas em programas de reabilitação (Prigatano, 1994, 1999). Além disso, nem sempre é fácil distinguir os problemas cognitivos, emocionais ou psicológicos. Obviamente, a emoção afeta o modo de pensar e comportamento e os déficits cognitivos podem ser exacerbados pela angústia (Dalgleish e Cox, 2002). Podem também causar problemas comportamentais aparentes (Wilson 1999). As dificuldades emocionais também podem resultar em problemas emocionais e comportamentais aumentados e a ansiedade pode reduzir a efetividade dos programas de intervenção. Há, claramente, uma interação entre todos esses aspectos do funcionamento humano e, na verdade, essa é a hipótese principal da abordagem holística à reabilitação em lesão cerebral cujos precursores foram Diller (1976), Ben-Yishay (1978) e Prigatano (1986). Essa abordagem se baseia na crença de que os aspectos cognitivos, psiquiátricos e funcionais da lesão cerebral não deveriam ser separados das emoções, sentimentos e autoestima. Os programas holísticos incluem terapias de grupo e individual, nas quais os pacientes (1) são encorajados a terem mais ciência de seus pontos fortes e fracos, (2) são ajudados a entender e aceitá-los, (3) aprendem estratégias para compensar suas dificuldades cognitivas e (4) recebem orientação vocacional e apoio. Prigatano (1994) sugeriu que tais programas parecem resultar em menor angústia, autoestima aumentada e maior produtividade.

Gainotti (1993, 2003) sugeriu três principais motivos pelos quais ocorrem os problemas emocionais após a lesão cerebral: questões neurológicas resultantes direto da lesão, razões psicológicas ou fatores psicossociais. Um exemplo das questões neurológicas é uma síndrome apática grave com falta de qualquer reação emocional devido a dano ao lobo frontal. Um exemplo das questões psicológicas é a perda da autoestima causada pela inabilidade de ler após AVC. Os fatores psicológicos poderiam ser devido ao isolamento social. Gainotti (2003) também discutiu as lesões anatômicas envolvidas nos transtornos emocionais.

QUÃO PREPONDERANTES SÃO OS TRANSTORNOS EMOCIONAIS E DE HUMOR APÓS LESÃO CEREBRAL?

Williams (2003) sugeriu que sobreviventes de lesão cerebral estão particularmente sujeitos a transtornos de humor e emocionais. Ele menciona Brooks, Campsie, Symington, Beattie e McKinlay (1987), um dos primeiros estudos a mostrar que as consequências da lesão cerebral eram mais comuns e angustiantes para os cuidadores do que os problemas cognitivos e, incidentalmente, mais passíveis de piora ao longo do tempo. Os cuidadores nessa pesquisa relataram que 73% dos seus parentes com lesão cerebral tinham problemas de humor e mudança de personalidade, 67% tinham ataques de fúria e 63% estavam deprimidos. Os problemas cognitivos relatados com maior frequência foram memória (73%), com 67% trocando objetos de lugar e 58% se repetindo. Mesmo anteriormente, Tyerman e Humphrey (1984) descobriram que dos 25 sobreviventes de TCE, 60% estavam deprimidos e 44% tinham ansiedade. Garske e Thomas (1992) descobriram que 55% dos sobreviventes de TCE (de uma amostra de 47) estavam deprimidos. Jorge e colaboradores (1993) apresentaram números um pouco menores: 26% relataram depressão maior no primeiro mês pós-lesão e 42% mostraram sinais de depressão em algum momento durante o ano seguinte. Assim como no estudo de Brooks e colaboradores (1987) que sugeriu que problemas emocionais e de humor provavelmente pioram com o tempo, Varney, Martzke e Roberts (1987) descobriram que depressão maior ocorria em 77% da sua amostra de 3 anos pós-lesão cerebral. Bowen, Neumann, Conner, Tennant e Chamberlain, usando a escala de autorrelato de Wimbledon (Wimbledon Self Report Scale for Mood Disorders), verificaram que 38% da sua amostra de 77 sobreviventes de TCE estavam clinicamente comprometidos nos seis meses pós-lesão.

Em uma amostra mais variada, Kopelman e Crawford (1996) descobriram que mais de 40% das pessoas encaminhadas a uma clínica de memória estavam clinicamente deprimidas. Um outro estudo em pessoas com TCE (Hibbard, Uysal, Kepler, Bogdany e Silver, 1998) verificou que a depressão e a ansiedade foram os problemas emocionais com maior frequência de relatos e que 44% da amostra tinha dois ou mais diagnósticos. Kreutser, Seel e Gourley (2001), em uma amostra grande de 722 pacientes não internados, descobriram que 42% sofria de depressão maior. A variação na taxa é, pelo menos em parte, devido ao tempo pós-lesão quando foram feitos os estudos, sendo que o primeiro ano resultou em taxas mais baixas. O que fica claro, entretanto, é que uma proporção substancial de sobreviventes de TCE está sujeita à depressão. Fleminger, Oliver, Williams e Evans (2003) sugeriram que a prevalência de depressão tanto após TCE como AVC é de 20 a 40% no primeiro ano e que 50% terão depressão em algum momento.

Parece que o transtorno de ansiedade generalizada é menos comum que a depressão, ainda que, como vimos, a comorbidade possa também ocorrer (Hibbard et al., 1998). Evans e Wilson (1992) relataram que a ansiedade foi observada com frequência entre os participantes de um grupo de memória. Brown (2004) descreveu alguns estudos mostrando uma taxa de dificuldades emocionais entre 9 e 25% após TCE e 30% após AVC. Ele também discutiu a prevalência dos transtornos emocionais e de humor entre pessoas com condições progressivas. Williams (2003) acreditou que os transtornos de ansiedade podem ser subdiagnosticados devido à dificuldade de identificar sintomas no contexto de outras questões, isto é, os sintomas da ansiedade podem ser atribuídos às consequências orgânicas da lesão cerebral.

Outros tipos de ansiedade incluem fobias, transtorno de pânico, transtorno obsessivo-compulsivo (TOC) e TEPT (Williams, 2003). É sabido que esses são comuns após TCE (Hibbard et al., 1998). De acordo com Williams, Evans, Needham e Wilson (2002), o TOC foi uma vez considerado raro após lesão cerebral, mas há, agora, crescentes evidências de sua ocorrência (Lishman, 1998). A paciente com AVC relatada por Evans, Emslie e Wilson (1998) mostrou forte comportamento obsessivo-compulsivo (ela tinha que se lavar em uma determinada ordem durante o banho e contar os carros que passavam diante de sua janela), mas, quando impedida, não tinha ansiedade, o que geralmente é típico em TOC. O verdadeiro TOC não é incomum. Berthier, Kulisevsky, Gironell e López (2001, p. 23) relataram 10 pacientes com TCE e com TOC, inclusive obsessão por contaminação e necessidade de simetria e compulsões tais como verificação e limpeza. Sugeriram que o "TOC pós-traumático tem um padrão relativamente específico de sintomas, mesmo em pacientes com TCE leve e está associado a uma variedade de outros transtornos psiquiátricos, particularmente o TOC sem ansiedade".

Scheutznow e Wiercisiewski (1999) relataram um estudo de caso individual de um homem com fobia e ataques de pânico que evitava situações e temia ter ataque cardíaco. Entretanto, segundo Brown (2004), há poucos dados epidemiológicos úteis, ou mesmo bons, sobre a prevalência de fobias e transtornos de pânico após lesão cerebral. Há poucos estudos sobre TEPT, o qual é caracterizado por experiências intrusivas, hipervigilância, ansiedade, medo e rejeição de atividades (Williams, 2003). Vale a pena salientar que o TEPT é geralmente acompanhado de transtorno de pânico, reações fóbicas, TOC e abuso de substâncias (McMillan, Williams e Bryant, 2003).

Apesar de uma vez se ter acreditado que pacientes com TCE em coma não pudessem ter TEPT porque não eram capazes de lembrar-se do incidente em torno do trauma (Sbordone e Liter, 1995), as pesquisas têm mostrado o contrário. McMillan (1996) descobriu que mais de 3% da sua amostra tinha sintomas de TEPT, enquanto Bryant, Marosszeky, Crooks e Gurka (2000) relataram um aumento de 27%, e Williams, Evans, Wilson e Needham (2002), 18%. Alguns sobreviventes têm "ilhas de memória". Um paciente relatado por Williams, Evans e Wilson (2003), por exemplo, lembra-se de recuperar a consciência por um curto período após acidente de carro. Ele descrevia fumaça e sangue, o fato de que não conseguia ver ou sentir que ia morrer, e quando pôde pegar a mão da sua namorada percebeu que ela estava morta. De acordo com McMillan, mais tarde, experiências secundárias podem abastecer as ruminações intrusivas. King (1997) entendeu que as confabulações acerca do evento podem traumatizar as pessoas.

Várias pesquisas têm expressado a crença de que as experiências pós-traumáticas podem ser processadas independentemente das funções corticais maiores (Brewin, Dalgleish e Joseph, 1996; Bryant, 2001a, 2001b; Williams et al., 2002). Em alguns casos, é claro, não há perda da consciência. O segundo caso relatado por Williams e colaboradores (2003) e descrito em detalhes por Evans (no prelo–b) é o de uma jovem que aos 24 anos foi atacada no trem por um homem com uma faca de caça. A faca entrou na área parietal direita, mas a vítima não perdeu a consciência e lembrava-se do evento todo. Não surpreendentemente, ela desenvolveu TEPT juntamente com problemas cognitivos (dificuldades visuoespaciais e de memória). Esse caso é descrito mais adiante e no Capítulo 9.

As psicoses parecem ser relativamente raras após lesão cerebral. Achté, Hillbom e Aalberg (1969) descobriram que apenas 3% da amostra de 3552 soldados da Segunda Guerra Mundial tinham sinais de doença psicótica e semelhantes taxas baixas foram encontradas em pacientes com AVC (Robinson, 1997; Chemerinski e Levine, 2006). Fleminger (2008) sugeriu que a psicose na forma de esquizofrenia não é comum após TCE, apesar de ser difícil confirmar que a esquizofrenia tenha de fato sido causada por lesão cerebral.

A mudança de personalidade é frequentemente relatada após lesão cerebral. Hibbard e colaboradores (2000) sugeriram que 66% dos 438 pacientes com TCE tinham um diagnóstico de transtorno de personalidade. Tate (2003), estudando os efeitos dos fatores pré-lesão na mudança de personalidade, descobriu que as mudanças ocorridas como resultado de TCE são largamente independentes da estrutura de personalidade pré-morbidade. Há também risco aumentado de suicídio após lesão cerebral (Fleminger et al., 2003). Teasdale e Engberg (2001a) examinaram "todos" os pacientes com AVC egressos de hospitais da Dinamarca entre 1979 e 1993 (n=114.098) e concluíram que o risco de suicídio dobrava para esse grupo. Pacientes mais jovens e aqueles hospitalizados por um período relativamente mais curto tinham maior risco. O risco parecia diminuir com o tempo, sendo o suicídio mais provável nos primeiros 5 anos. Teasdale e Engberg (2001b) conduziram um estudo semelhante com pacientes com TCE, cobrindo o mesmo período. Incluíram pacientes que haviam sofrido concussão (n=126.114), fratura craniana (n=7.560) ou hemorragia intracraniana (n=11.766). O risco aumentado de suicídio, comparado à população geral, foi de 3,0 para o primeiro grupo, 2,7 para o segundo e 4,1 para o último. As proporções foram maiores para mulheres e mais baixas naqueles com lesão sofrida antes dos 21 e após os 60 anos. De acordo com Fleminger e colaboradores (2003), o risco geral aumentado é três vezes o observado na população geral.

Um resumo sobre ansiedade e depressão, apatia e falta de controle emocional em pessoas com AVC, TCE e DA é apresentado por Gainotti (2003), que observou que, após um AVC, a ansiedade e a depressão são muito frequentes, sendo vistas em 40 a 50% dos pacientes hospitalizados e menos comum (20 a 30%) em pacientes da comunidade. Em pacientes com TCE, a ansiedade e depressão são menos comuns nos períodos iniciais, mas tendem a se desenvolver com a consciência aumentada. Em pessoas com DA, cerca de 40% dos pacientes apresenta depressão ou ansiedade nos estágios iniciais; a taxa declina à medida que a doença progride. Cerca de 20 a 25% dos pacientes com acidente vascular cerebral no hemisfério direito demonstrou apatia quando comparados a 10 a 15% dos pacientes com AVC no hemisfério esquerdo. A apatia é vista, com frequência, após TCE como uma resultado de causas neurológicas nos estágios iniciais e de causas psicológicas nos períodos posteriores. A apatia também é vista em 30 a 80% dos pacientes com DA. A perda de controle emocional é incomum em pacientes com AVC, muito comum nos estágios iniciais após TCE e "bem comum" na maioria dos estágios avançados de DA. Selassie, Lineberry, Ferguson e Labbate (2008), em um estudo populacional na Carolina do Sul, fizeram entrevistas por telefone com 1.560 adultos que haviam sofrido TCE aproximadamente 1 ano antes. Desses, 40% tinham transtornos de humor e de ansiedade clinicamente significante, outros 12% tinham prováveis transtornos e 27,5% tinham possíveis transtornos. Assim, a grande maioria da amostra relatou algum tipo de problema de humor e ansiedade.

A maioria dos assuntos discutidos envolveu pacientes com TCE ou AVC, mas uma importante proporção das pessoas recomendadas para reabilitação terá sobrevivido a um dos muitos tipos de encefalite. Um número especial da revista *Neuropsychological Rehabilitation* (Dewar e Williams, 2007) é dedicado à encefalite e alguns dos estudos abordam a questão da prevalência. Pewter, Williams, Haslam e Kay (2007), em particular, consideraram o resultado psiquiátrico de longo prazo em encefalite aguda. Os autores citaram dois estudos relatando que entre 45 e 66% dos pacientes apresentam mudança de personalidade ou incapacidade emocional. Em seu próprio estudo com 37 pacientes com encefalite, a Escala de Avaliação de Sintomas-90 (Derogatis, Lipman e Covi, 1973) mostrou níveis elevados de sensibilidade interpessoal, depressão, ansiedade fóbica e comportamentos obsessivo-compulsivos.

Todos esses números relacionam-se, é claro, com a lesão cerebral em geral e não especificamente com pessoas com comprometimento de memória. Contudo, muitas pessoas com lesão cerebral irão experimentar dificuldades de memória, então, o risco de transtornos emocionais e de humor pode ser semelhante. Há algumas evidências de que as pessoas com síndrome amnésica pura (isto é, sem problemas cognitivos além de déficits de memória) podem correr menos risco de transtornos emocionais. Tate (2004), por exemplo, examinou estudos publicados de três casos conhecidos de pacientes amnésicos: HM (Scoville e Milner, 1957; Ogden, 1996), NA (Kauschal, Zetin e Squire, 1981) e SS (O'Connor et al., 1995). As investigações sugeriram que eles não admitiam ter dificuldades emocionais e, quando as tinham, mostravam processamento emocional reduzido. Tate comentou, porém, que, apesar de eles não admitirem os problemas, outras avaliações mostraram que havia alguma angústia. Ela também citou os três pacientes com síndrome amnésica pura relatados em Wilson (1999). Os estilos de vida de todos os três mudaram de maneira irrevogável pelo comprometimento de memória e ainda que houvesse variabilidade em suas respostas emocionais aos défcits, todos encontraram dificuldades.

AVALIAÇÃO DOS TRANSTORNOS EMOCIONAIS E DE HUMOR EM PESSOAS COM LESÃO CEREBRAL

Muito do que foi escrito sobre avaliação no Capítulo 3 também se aplica aqui. As avaliações são desenvolvidas para responder questionamentos e a natureza das perguntas irá determinar o procedimento de avaliação a ser usado. Quando simplesmente se pergunta às pessoas sobre seus problemas de memória, precisamos estar cientes de que elas podem ter esquecido seus sintomas ou suas dificuldades comuns. Por esse motivo, a avaliação de memória pode ser um grande problema em circunstâncias em que se depende do uso de questionários e escalas de avaliação para um relato objetivo de frequência e intensidade de certos sintomas. Contudo, se a preocupação é com a "percepção" imediata das sensações de si mesmo, então o componente de memória é menos preocupante. No último caso, pode ser necessário questionar o cuidador ou familiar para se ter certeza de informações relativamente precisas, mas para as experiências subjetivas e de autopercepção (p. ex., "Você se sente triste, sem utilidade, amedrontado?") as respostas das pessoas com comprometimento de memória são válidas.

Brown (2004) sugeriu que, para o diagnóstico de problemas psicológicos em pessoas com comprometimento neurológico, não há substituto para a entrevista clínica, observação e critérios de diagnóstico padrão. Code e Herrmann (2003), citando Starkstein e Robinson (1988), arguiram que o método mais confiável de obtenção de informações sobre o estado emocional de alguém é perguntar à própria pessoa. Assim, a entrevista clínica terá um importante papel na identificação da existência ou não de dificuldades emocionais na pessoa com lesão cerebral. Brown (2004) recomendou uma lista de verificação (*checklist*) que sirva de *aide-mémoire* (ajuda à memória) quando se conduz uma entrevista. Apesar de avaliações padronizadas serem consideradas menos relevantes para problemas emocionais do que para problemas cognitivos (Gainotti, 2003), haverá momentos em que se precisará usar certos instrumentos psicométricos validados para se saber como é o desempenho das pessoas em relação às outras da mesma idade ou com o mesmo diagnóstico. Então, certas ferramentas padronizadas para medição da emoção e do humor serão também parte da abordagem abrangente.

As escalas de depressão e de ansiedade mais comuns usadas por neuropsicólogos parecem ser o Inventário de Depressão de Beck (Beck, 1987), a Hospital Anxiety and Depression (HADS; Zigmond e Snaith, 1983), o Wakefield Self Assessment Depression Scale (Snaith, Ahmed, Mehta e Hamilton, 1971), a Hamilton Depression Rating Scale (Hamilton, 1960), a Wimbledon Self Report Scale (Coughlan e Storey, 1988), a Post Stroke Depression Rating Scale (Gainotti, Azzoni, Razzano, Lanzillotta e Gasparini, 1997) e a Zung Self Rating Depression Scale (Zung, 1965). Todas foram planejadas para pacientes psiquiátricos, excedo a HADS, a qual é usada para pacientes neurológicos, a Wimbledon Self Report Scale, criada para avaliar o humor em pacientes com lesão cerebral e a Post Stroke Depression Rating Scale, planejada para uso com pacientes com AVC. Todas têm seus pontos fortes e fracos (ver Brown, 2004, para um resumo), sendo que, talvez, o maior problema seja que os efeitos da lesão cerebral podem se confundir com os efeitos da depressão (p. ex., a resposta "Eu estou muito mais lento agora" poderia ser em razão da lesão cerebral "ou" da depressão).

A ferramenta mais comumente utilizada para a TEPT parece ser a Escala Diagnóstica de TEPT (CAPS; Turner e Lee, 1998). Essa entrevista estruturada de 30 itens abrange 17 sintomas de TEPT. De acordo com Blake e colaboradores (1995), é a ferramenta de avaliação de TEPT de escolha. Ela dá uma classificação abrangente da intensidade de cada área-chave de sintomas associados ao TEPT. Há, também, questões relacionadas ao impacto dos sintomas e funcionamento ocupacional. A Escala de Holmes e Rahe (Holmes e Rahe, 1967) também pode ser aplicada junto com a CAPS para identificar estressores traumáticos. O Perfil de Estados de Humor (McNair, Lorr e Droppleman, 1992) é uma medida de seis Estados de Humor e suas flutuações. Apesar de não ter sido originalmente criada para pessoas com lesão cerebral, alguns estudos a utilizaram (Moore, Stambrook e Peters, 1993; Perlesz, Kinsella e Crowe, 1999).

Várias ferramentas medem o TOC (ver Steketee e Nziroglu, 2003). A Escala Yale-Brown de transtorno obsessivo-compulsivo (Goodman et al., 1989) inclui uma lista de verificação de sintomas e uma escala para avaliação da gravidade dos sintomas de TOC. O inventário de Pádua contendo 60 itens (Sanavio, 1988) é tido como confiável e válido. Há, também, duas versões simplificadas dessa medida. O Inventário obsessivo-compulsivo (Foa et al., 2002) tem os dois formatos, um longo (expandido) e outro mais curto (breve). É psicometricamente bom e vem crescendo em popularidade. A Tabela 8.1 lista as medidas mais usadas no Centro Oliver Zangwill em Ely, na Inglaterra, para a avaliação de humor e emoção com uma breve descrição de cada.

Uma outra área que deveria ser avaliada é o reconhecimento da expressão facial. Pessoas com lesão cerebral geralmente têm dificuldade de determinar emoções a partir da expressão facial. Sprengelmeyer, Raush, Eysel e Przuntek (1988) demonstrou que as pessoas com Doença de Huntington e com TOC tinham dificuldade de identificar repulsa; pessoas com lesões restritas à amígdala tinham problemas particularmente na compreensão do medo. Diehl-Schmid e colaboradores (2007) descobriram que pacientes com demência fronto-temporal tinham dificuldade de reconhecer emoções básicas. Radice-Neumann, Zupan, Babbage e Willer (2007) observaram o mesmo com sobreviventes de TCE, assim como Evans, Wilson, Calder e Bateman (2007). Tais achados levantam a possibilidade de que os déficits de percepção emocional sejam comuns após lesão cerebral.

As seis emoções básicas a qualquer cultura são "felicidade", "raiva", "tristeza", "medo", "repulsa" e "surpresa" (Ekman e Friesen, 1971) e as expressões faciais de Ekman (1976) são geralmente usadas para avaliar a habilidade das pessoas de reconhecerem tais expressões. Evans e colaboradores (2007) estudaram o reconhecimento dessas expressões em 104 pacientes com lesão cerebral não progressiva e 90 foram compatíveis com os controles. Mais de 50% dos pacientes teve dificuldade com pelo menos uma emoção. A percepção do medo pareceu ser a mais vulnerável à lesão cerebral. Para alguns pacientes, isso pode ser resultado do dano aos sistemas específicos do medo, mas para outros pode ser que comprometimentos cognitivos mais generalizados sejam os responsáveis, porque o medo é menos prontamente percebido pelos controles, sugerindo que pode exigir maiores recursos cognitivos do que outras emoções para uma percepção bem-sucedida.

Tabela 8.1   As medidas mais comumente usadas para avaliação de humor e
emoções no Centro Oliver Zangwill

Inventário de Ansiedade de Beck (BAI: Beck Anxiety Inventory)
Uma medida validada com 21 itens que avaliam os sintomas da ansiedade. Ambos os componentes psicológicos e cognitivos são referidos, descrevendo sintomas subjetivos, somáticos e relacionados ao pânico.

Inventário de Depressão de Beck (BDI: Beck Depression Inventory)
Um instrumento de autoavaliação contendo 21 itens de múltipla escolha planejado para avaliar a severidade da depressão em adolescentes e adultos. Essa medida validada é composta de itens relacionados aos sintomas da depressão tais como falta de esperança e irritabilidade, cognições como culpa ou sentimentos de punição, bem como sintomas físicos como fadiga, perda de peso e falta de desejo sexual.

Escala de Desesperança de Beck (BHS: Beck Hopelessness Scale)
Inventário com 21 itens para autoavaliação planejado para medir os três principais aspectos da falta de esperança: sentimentos sobre o futuro, falta de motivação e expectativas. O BHS é uma das medidas mais usadas para a falta de esperança. Vários estudos endossam a sua validade.

Coping Inventory for Stressful Situations (CISS)
Um questionário com 48 itens de escala Lickert que mede os três principais tipos de estilos de gerenciamento: para tarefas, emoções e rejeição ao gerenciamento (que consiste em dois padrões: distração e diversão social) em adolescentes e adultos.

Escala de Transtorno de Ansiedade Generalizada (ETAG)
Uma escala múltipla para avaliação das dimensões da preocupação. Essa escala de avaliação clínica, a qual mede a angústia, crenças positivas e negativas, comportamentos e controle de estratégias, é considerada importante no tratamento do transtorno de ansiedade generalizada.

Hospital Anxiety and Depression Scale (HADS)
Uma medida validada breve planejada para detectar a presença e severidade da ansiedade e da depressão em indivíduos com problemas de saúde física. Os itens são sensíveis à ansiedade e depressão sem serem confundidos com sintomas físicos que possam estar associados a problemas de saúde.

Posttraumatic Cognition Inventory (PTCI)
Um questionário de 33 itens que medem as cognições negativas e disfuncionais pós-trauma, as quais considera-se que sustentem o TEPT. A medida consiste em três subescalas (Cognições negativas do *self*, cognições negativas do mundo, autoculpa).

Posttraumatic Stress Diagnotic Scale (PDS)
Uma medida validada e eficiente contendo 17 itens de autoavaliação da presença e severidade de sintomas TEPT. Cada item se destina a identificar com que frequência um sintoma incomodou o paciente no mês anterior. A amplitude de escore varia de 0 a 51.

(Continua)

Tabela 8.1 As medidas mais comumente usadas para avaliação de humor e emoções no Centro Oliver Zangwill   (*Continuação*)

Response Styles Questionnaire (RSQ)
Um questionário validado contendo 71 itens que medem como os participantes reagem aos sentimentos e sintomas de disforia.

Robson Self-Concept Questionnaire (Robson SCQ)
Um questionário de 30 itens que mede sete componentes da autoestima: senso de significância, mérito, aparência e aceitabilidade social, competência, resiliência e determinação, controle sobre o destino pessoa e o valor da existência.

State-Trait Anger Expression Inventory – 2 (STAXI-2)
Um questionário validado que dá uma medida objetiva da experiência, expressão e controle da raiva. A escala de Raiva e Estado avalia a intensidade da raiva em dado momento. A Escala de Traço e Raiva mede a frequência dos sentimentos de raiva ao longo do tempo. As escalas de Expressão e Controle de Raiva avaliam quatro traços relativamente independentes de raiva: expressão de raiva em relação aos outros ou objetos (Raiva para fora); supressão do sentimento de raiva (Raiva para dentro); controle de raiva através do impedimento da expressão de raiva em relação aos outros ou objetos (Controle de raiva para fora); controle da supressão do sentimento de raiva através da sensação de calma (Controle de Raiva para dentro).

Escala de Avaliação de Sintomas 90 – Revisada (SCL-90-R)
Um instrumento de classificação de 90 itens para sintomas psiquiátricos que ajuda a avaliar uma ampla variedade de problemas psicológicos. A escala mede nove dimensões de sintomas primários e é planejada para dar uma visão geral dos sintomas do paciente e sua intensidade em momento específico. As nove dimensões de sintomas são: somatização, comportamento obsessivo-compulsivo, sensibilidade interpessoal, depressão, ansiedade, hostilidade, ansiedade fóbica, ideação paranoica, psicoticismo.

Well-Being Questionnaire
Um questionário de 18 itens que mede o *self* e o *self* ideal em seis aspectos de bem-estar: autoaceitação, relações positivas com os outros, autonomia, domínio ambiental, objetivo de vida e crescimento pessoal.

Outros testes para medir a habilidade de interpretação de expressões faciais incluem as Expressões Faciais de Emoções: Estímulos e Testes (Young, Perrett, Calder, Sprengelmeyer e Ekman, 2002), um teste no qual as faces são alteradas de tal forma que gradualmente mudam de uma expressão a outra ou mudam de intensidade (ver Figura 8.1).

Um outro teste clinicamente útil para a identificação de emoções é o The Awareness of Social Inference Test (TASIT; McDonald, Flanagan e Rollins, 2002), o qual avalia o reconhecimento de emoções a partir de exibição visual. Na primeira parte, são mostradas vinhetas gravadas em vídeo de pes-

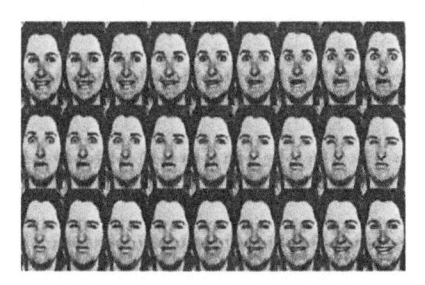

Exemplos de expressões faciais contínuas ou
modificadas para as três emoções básicas
(alegria, medo e repulsa).
A linha de cima mostra as faces do contínuo
alegria-medo, a linha cetral, medo-repulsa e
a última linha, repulsa-felicidade.

Figura 8.1 Um exemplo de faces alteradas em Expressões Faciais de Emoções: Estímulos e Testes, de Young, Perrett, Calder, Sprengelmeyer e Ekman (2002). *Copyright* 2002 Paul Ekman, www.ekmangroup.com. Reimpressão autorizada.

soas interagindo, com quatro exemplos de expressões neutras e expressões de seis emoções básicas. Após cada vinheta, os pacientes têm que dizer quais das sete emoções foram exibidas. Como os *scripts* são ambíguos, os julgamentos têm que ser feitos com base nas expressões faciais e vocais. Na segunda parte, os pacientes têm que fazer inferências sociais a partir das conversas gravadas no vídeo com base nas expressões emocionais e outras pistas não verbais. Eles também têm que fazer distinção entre sarcasmo e sinceridade ou sarcasmo e mentiras. Todos esses testes são úteis acréscimos aos clínicos para a avaliação da habilidade de seus pacientes de entender expressões emocionais e inferência social.

TRATAMENTOS EM GRUPO PARA TRANSTORNOS EMOCIONAIS E DE HUMOR EM PESSOAS COM COMPROMETIMENTO DE MEMÓRIA

Há uma variedade de métodos para o tratamento de dificuldades emocionais e de humor, inclusive tratamentos educacionais e psicoterápicos em grupo, técnicas de gerenciamento comportamental, intervenções farmacológicas e programas holísticos de reabilitação (Gainotti, 2003). As intervenções farmacológicas não serão abordadas aqui. Para os leitores interessados nesse assunto, ver Turner-Stokes e Hassan (2002) para uma boa revisão de medicação antidepressiva para uso após AVC; Williams e colaboradores (2003) para um breve resumo e Thase e Denko (2008) para uma revisão atualizada de farmacoterapia para transtornos de humor (mas não para pessoas com lesão cerebral). Voltaremos às estratégias de gerenciamento comportamental mais tarde. Agora, consideraremos as terapias de grupo e a as terapias individuais.

A interação em grupos aumenta o nível de consciência dos participantes para os défcits e incapacidades e permite que as pessoas verifiquem a adequação do seu comportamento (Williams et al., 2003). No Capítulo 7, discutimos alguns motivos pelos quais os tratamentos de grupo são benéficos. Em grupos para transtornos emocionais e de humor, os pacientes podem se beneficiar do apoio entre os próprios participantes; eles ficam em um ambiente protegido, o que lhes permite colocar em prática quaisquer estratégias que tenham aprendido em sessões individuais e o *feedback* de seus pares pode facilitar a ciência de suas atitudes.

Por certo quando se trabalha com grupos de pessoas com comprometimento de memória certos procedimentos se fazem necessários para compensar as dificuldades de memória. Por exemplo, um resumo da sessão do grupo precisará ser escrito. Isso poderá ser necessário para um dos líderes do grupo ou assistentes acompanhar o andamento ou dar especial atenção àqueles com comprometimento grave de memória para lembrá-los (p. ex., anotar quaisquer lapsos de memória ou verificar o caderno de memórias quando soa um alarme). Em alguns casos, um auxílio externo de memória tal como um *pager* pode ser necessário para lembrar as pessoas de entrarem em procedimento de relaxamento. Tyerman e King (2004) discutiu a psicoterapia com pessoas com diferentes déficits cognitivos e apresentou sugestões de como contornar problemas. Para aqueles passando por dificuldades de memória, por exemplo, ele sugeriu anotações, sessões com áudio e vídeo, repetições frequentes, minirrevisões, lembretes no telefone para as tarefas de casa e apoio de familiares como coterapeutas.

Psaila e Gracey (no prelo) e Gracey, Yates, Palmer e Psaila (no prelo) descreveram, detalhadamente, dois grupos: um grupo de gerenciamento de humor e um grupo de apoio psicológico. Ambos estão incluídos como uma parte de um programa holístico de reabilitação. O primeiro visa à educação e ao desenvolvimento de estratégias; o último é menos estruturado. Tópicos relevantes relacionados ao estresse da vida após lesão cerebral são apresentados para discussão e apoio mútuo (Klonoff, 1997). O grupo de gerenciamento do humor acontece durante 1 hora por 12 semanas e visa a dar aos pacientes "uma oportunidade de desenvolver a consciência dos problemas que possam ter em relação ao humor e ao comportamento e desenvolver habilidades e estratégias para lidar com tais problemas". O grupo de apoio psicológico acontece durante 6 meses com não mais que oito participantes e dois facilitadores. Esse grupo oferece a oportunidade de se receber apoio através do compartilhamento de experiências e permite que os participantes discutam suas respostas emocionais à situação do momento, ajudando-os a se ajustarem a diferentes circunstâncias. Outros grupos, inclusive o de gerenciamento do medo e do estresse, são conduzidos, se necessário.

O grupo de gerenciamento do humor tenta atingir seu objetivo dando informações e apoio, ajudando os participantes a pensarem sobre o que está acontecendo, bem como ajudando-os a desenvolver habilidades para lidar com as mudanças em sua experiência e expressão de emoções. O grupo inicia com uma revisão de 10 minutos da semana anterior e das tarefas de casa. A isso se segue uma apresentação de um assunto-chave, assim como "O processo de ajustamento" ou "Por que o dano cerebral causa dificuldades emocionais". O grupo continua com mais discussão e prática de certos exercícios como técnicas de relaxamento, meditação, controle de atenção e solução de problemas. O grupo também revela como essas estratégias podem ser aplicadas no cotidiano. Essa discussão de tópicos e exercícios duram aproximadamente 40 minutos; os 10 minutos finais são usados para revisão e resumo dos principais pontos da sessão. A interação do grupo se baseia em um modelo cognitivo-comportamental geral. Apesar de haver vários pontos de informações que os facilitadores queiram abordar em cada sessão, o grupo tem um forte componente de discussão para encorajar os participantes a assim aprenderem uns com os outros. Todos terão sessões individuais de psicoterapia além da participação no grupo e são encorajados a fazer ligações entre o trabalho individual e o de grupo. Isso se aplica não somente ao grupo de humor, mas a todos os outros grupos dos quais participam. Todos os participantes recebem folhetos e cópias de quaisquer *slides* usados durante as discussões. Para mais informações sobre outros grupos, ver Wilson, Gracey, Evas e Bateman (no prelo).

O programa acontece em três partes. A Parte I é a apresentação do grupo e uma discussão sobre os objetivos e exercícios para verificação do que os participantes esperam ganhar com o grupo. A Parte II (semana 2-5) aborda a questão: "O que afeta o humor e a emoção?". Esta aborda o dano neurológico, personalidade pré e pós-lesão, ajuste a mudanças e perdas e ambiente. A Parte III (semanas 6-12) aborda estratégias para ajudar a gerenciar mudanças emocionais e comportamentais, inclusive consciência, gerenciamento de frustrações, irritabilidade e raiva, gerenciamento de problemas relacionados à ansiedade e humor baixo, tristeza e depressão.

O grupo de apoio psicológico visa a dar oportunidades de identificar, discutir e praticar estratégias para o gerenciamento de consequências emocionais da lesão cerebral. São considerados os comprometimentos cognitivos dos participantes; dessa forma, estrutura e repetição se fazem necessárias. Ao mesmo tempo, é importante que os clientes possam usar seu próprio conhecimento e experiências para se apoiarem mutuamente (Gracey et al., no prelo). Os autores se valem de uma variedade de modelos, inclusive do modelo de processo de grupo de Bion (1961), do modelo de ambiente terapêutico de Goldstein e Denny-Brown (1942) e das teorias de psicoterapia em grupo de Foulke (1965) e Yalom (1975).

Apesar de os participantes do grupo de apoio psicológico serem heterogêneos, os indivíduos com problemas significativos de comunicação ou comportamento podem precisar ser excluídos para o bem do grupo como um todo. Aqueles com comportamento menos tumultuante podem se beneficiar do *feedback* e da responsabilidade do grupo. Os déficits executivos são os problemas cognitivos mais frequentes vividos pelos membros do grupo, apesar de algumas vezes os problemas de memória serem dominantes. Nesse caso, o facilitador precisa ser mais pró-ativo e sugerir estratégias tais como fazer anotações, recapitular a semana anterior ou estabelecer tópicos para discussão (Gracey et al., no prelo). Os principais objetivos do grupo são gradualmente introduzir esperança, mostrar aos pacientes que eles não estão sozinhos em suas lutas, oferecer conhecimento e informação, dar apoio, ajudar a desenvolver técnicas de socialização, dar oportunidade de aprendizagem interpessoal, encorajar a coesão do grupo e permitir que os pacientes expressem quaisquer sentimentos reprimidos.

Às vezes, questões mais práticas como aconselhamento em casos médico-legais, benefícios previdenciários e outras fontes de apoio são abordados pelos membros do grupo. Mais detalhes sobre o gerenciamento do grupo e tópicos abordados podem ser encontrados em Gracey e colaboradores (no prelo). Os autores concluem dizendo que o grupo de apoio psicológico é um dos grupos mais desafiadores de se conduzir e pode ser mais difícil para os pacientes. Na verdade, algumas pessoas com lesão cerebral podem achar que o trabalho de tais grupos demanda muito esforço.

PSICOTERAPIA INDIVIDUAL PARA TRANSTORNOS EMOCIONAIS E DE HUMOR

Agora nos voltaremos aos tratamentos para indivíduos com déficits emocionais e de humor, bem como comprometimento de memória. Khan-Bourne e Brown (2003) salientaram que as intervenções psicológicas tradicionais em neurorreabilitação adotaram uma teoria de aprendizagem ou abordagem comportamental. As técnicas de terapia comportamental e experimentos comportamentais estão incluídos na terapia cognitivo-comportamental (TCC), a qual deriva dos modelos cognitivos de depressão (Beck, 1970) e terapia de aprendizagem de comportamento (Khan-Bourne e Brown, 2003). Esses autores resumem alguns dos achados positivos da abordagem comportamental ao tratamento dos transtornos emocionais. Wilson, Herbert e Shiel (2003) foram mais além, discutindo transtornos emocionais diretamente resultantes de déficits cognitivos. Por exemplo, relataram uma paciente com AVC que ficava muito ansiosa quando tinha que falar porque tinha perdido a habilidade de julgar profundidade e distância; assim, a ansiedade era um resultado direto do comprometimento cognitivo. O tratamento, nesse caso, envolveu uma abordagem compensatória através de uma corda que ela segurava ou um carrinho de supermercado para empurrar. Tyerman e King (2004) também abordaram o aconselhamento neuropsicológico individual, para ajudá-los a entender e lidar com os complexos efeitos da lesão cerebral. Citaram Prigatano (1994, 1995), cujas ideias sobre tratamento de transtornos emocionais têm sido de grande influência na reabilitação neuropsicológica. Segundo Prigatano, muitas das questões enfrentadas pelos sobreviventes têm a ver com o gerenciamento da vida, assim como "Eu serei normal?" e "Vale a pena viver após lesão cerebral?". Tyerman e King (2004) listaram os componentes terapêuticos que acreditam ser importantes no trabalho individual:

1. Estabelecer o histórico pessoal do indivíduo, bem como suas expectativas e planos anteriores à lesão. Isso é verificado na entrevista detalhada com a pessoa e familiares, se apropriado.
2. Com a ajuda dos registros médicos, das avaliações neuropsicológicas e relatos pessoais, revisar a natureza da lesão cerebral e seus efeitos para poder estabelecer um modelo de compreensão.
3. Acompanhar o curso da recuperação experimentada pela pessoa e profissionais para se dispor as atuais dificuldades no contexto.
4. Explicar o processo de recuperação e representá-lo ou usar analogias relevantes.
5. Avaliar mudanças nas circunstâncias de vida e representar as mudanças nas circunstâncias pessoais e sociais pré e pós-lesão.
6. Explorar as mudanças no autoconceito e valores pessoais surgidos após a lesão cerebral.
7. Guiar e apoiar a pessoa na busca e avaliação de novas experiências.
8. Estabelecer uma visão clara e equilibrada de como a lesão impactou o sobrevivente e então construir e reforçar uma imagem positiva de uma pessoa buscando lidar com a situação e reconstruindo sua própria vida.
9. Reavaliar problemas atuais, identificar prioridades e formular planos de ação adequados.
10. Guiar a pessoa de modo que ela possa eleger objetivos alcançáveis de alta prioridade e ajudar a avaliar os custos e benefícios para a obtenção de uma vida mais positiva que seja suportável sem pressão exagerada.

A principal abordagem teórica ao tratamento de transtornos emocionais e de humor após lesão cerebral, pelo menos no Reino Unido, é a TCC (Wilson, Rous e Sopena, 2008). A TCC tem se provado altamente eficiente para uma variedade de transtornos e tem seu foco em um "processo de descoberta guiada que permite a uma pessoa partilhar em um exame de suas experiências cognitivas, emocionais e comportamentais" (Williams, 2003, p. 127). A reabilitação cognitiva e a TCC têm muito em comum. Ambas visam a uma meta; envolvem resolução de problemas; são orientadas ao paciente; são colaborativas e educativas; testam hipóteses; incluem medidas de resultados e treinamento de habilidades; garantem que a pessoa esteja pronta para mudar e são estruturadas e com tempo limitado (Gracey, 2002). Khan-Bourne e Brown (2003) caracterizaram a TCC como uma abordagem que acomoda e busca pinçar as muitas consequências pessoais e sociais que contribuem para as dificuldades psicológicas; ela dá ao terapeuta uma variedade de ferramentas de trabalho e é flexível de modo a permitir diferenças em circunstâncias, pontos fortes e fracos individuais. Esses autores também abordaram a questão do oferecer TCC a pessoas com problemas de memória e, assim como Tyerman e King (2004), apresentaram sugestões, inclusive de como usar auxílios de memória (anotações, cartões de dicas e fitas de áudio), diminuir a duração das sessões individuais, aumentar a frequência das sessões, envolver um familiar ou amigo para lembrar/reforçar estratégias e auxiliar com as tarefas para casa e uso de técnicas como o resumo.

A TCC tem sido usada para muitas dificuldades emocionais e de humor, inclusive depressão, ansiedade, TOC e TEPT. Mohr, Boudewyn, Goodkin, Bostrom e Epstein (2001) descobriram que pessoas com esclerose múltipla e depressão se beneficiavam da TCC; Macniven, Poz, Bainbridge, Gracey e Wilson (2003) usaram uma variedade de abordagens, inclusive TCC, com sobreviventes de encefalite para melhorar sua angústia; Williams (2003), Williams e colaboradores (2003), Dewar e Gracey (2007) e Arco (2008) são apenas alguns dos pesquisadores que relataram estudos de casos individuais de TCC com sobreviventes de lesão cerebral.

Alguns desses casos têm mais de um problema emocional, porque, como dito anteriormente, a comorbidade é comum. K.E., um sobrevivente de TCE relatado por Williams (2003), tinha vários problemas cognitivos e emocionais e, na formulação da sua situação, observou-se que ele tinha dificuldades executivas, de memória e de atenção. Ele também tinha TEPT severo, inclusive experiências intrusivas, comportamentos de rejeição e emoções alteradas. Verificou-se que os sintomas de TEPT seriam devidos à culpa do sobrevivente em relação a um acidente de carro no qual sua namorada morreu. Além disso ele tinha ansiedade generalizada leve e depressão moderada à grave com dependência de álcool moderada. Ele tinha algum grau de *insight* em relação ao seu humor. Observou-se que os sintomas se mantinham porque ele não tinha oportunidade de desenvolver respostas adaptativas. Sem o apoio adequado, acreditava-se que ele corria o risco de depressão ainda mais grave e TEPT continuado.

Além do apoio psicológico individual, K.E. participou de vários grupos, inclusive de apoio psicológico e grupos de humor descritos anteriormente. Nos grupos cognitivos, ele desenvolveu sistemas para lidar com suas dificuldades de planejamento, memória e atenção, os quais incluíram o uso de um computador de mão e monitoramento de atividades domésticas. O computador de mão também o lembrava de fazer intervalos importantes e passar tempo com seus familiares. No grupo de humor, a TTC ajudou K.E. a ter ciência dos fatores que influenciavam seu humor. Ele também aprendeu técnicas de relaxamento e como encontrar evidências para amparar seus pontos de vista. Em suas duas sessões semanais de terapia individual, ele focava tanto as influências ambientais como os gatilhos que afetavam seu humor e estratégias de gerenciamento. Em seu computador de mão, ele registrava sua ingestão de álcool, problemas do sono, discussões com outras pessoas (inclusive antecedentes, comportamento e consequências), além de pesadelos e *flashbacks*. O mal uso do álcool e as técnicas de gerenciamento da raiva foram abordados tanto nas sessões em grupo quanto nas individuais.

Na próxima etapa do programa, K.E. progrediu lidando com experiências intrusivas. Apesar de os pesadelos não terem desaparecido completamente, eles agora ocorriam ocasionalmente, em vez de todas as noites. As técnicas de relaxamento o ajudaram a dormir de forma que ele bebia menos e assim funcionava melhor durante o dia. Ele se sentia muito mais capaz de controlar seus sintomas de TEPT.

Dewar e Gracey (2007) relataram o caso de ansiedade de V.O., uma enfermeira mãe de quatro filhos e sobrevivente de encefalite por herpes simples aos 43 anos. Ela ficou com vários déficits cognitivos, inclusive prosopagnosia (uma incapacidade de reconhecer rostos) e perda de memória retrógrada grave. Ela descrevia seu humor como baixo, com perda de interesse e de esperança no futuro. V.O. não estava gravemente deprimida, mas com transtorno de ansiedade generalizada. Ela disse que sentia como se fosse um "era" e queria ser um "sou". Situações específicas de gatilho foram identificadas, as quais levavam à sensação de ansiedade de perda de identidade, inclusive impossibilidade de reconhecer alguém, pessoas que estivessem fazendo para ela coisas que ela achava que pudesse fazer sozinha e o "mau relacionamento" com a família.

V.O. foi introduzida na TCC e iniciou-se a aliança terapêutica. Ela aprendeu técnicas de relaxamento e começou a monitorar suas respostas emocionais e identificar pensamentos negativos automáticos (Padesky e Greenberger, 1995). A principal abordagem, a seguir, foi o uso de experimentos comportamentais. Uma das crenças de V.O., por causa de sua inabilidade de reconhecer pessoas, era de que "era antipático ou rude perguntar às pessoas quem elas eram, pois ficariam ofendidas". Durante um dia, a equipe de profissionais e os clientes do centro de reabilitação não usaram seus crachás e, devido à sua prosopagnosia, V.O. não tinha como identificá-los. V.O. concordou em perguntar às pessoas seus nomes se ela não tivesse certeza de quem eram. Ela assim o fez e percebeu que as pessoas não se ofendiam. Quando solicitada a refletir sobre isso, V.O. disse que "não há problema em perguntar às pessoas quem elas são se eu não tiver certeza".

Os experimentos comportamentais deram a V.O. experiências positivas de aprendizagem, e, uma vez que ela se sentiu confortável para compensar seu déficit de reconhecimento de rostos (ela também aprendeu a reconhecer novos rostos e foi uma das pessoas descritas no estudo de reaprendizagem semântica no Capítulo 1), sua sensação de ter perdido seu próprio eu foi diminuída. A sensação de que ela não era uma boa mãe e de que sua família "não estava se relacionando bem", associada com a mudança no seu papel familiar, foi ajudada através do encorajamento da família no entendimento das dificuldades de V.O.

Mateer, Sira e O'Connell (2008) descreveram um tratamento simples para um homem com síndrome de Korsakoff com ansiedade severa. Uma página foi inserida em seu livro de memórias, com o título "O que fazer quando me sinto ansioso", seguida de uma lista de frases como "Eu tive uma doença", "Não é minha culpa", "Eu não sou um fardo para os meus pais", etc. Judd (1999) usou uma abordagem semelhante, incluindo um quadro de quatro etapas para ajudar as pessoas a gerenciarem a raiva, como segue: (1) "Meus riscos de raiva", os quais incluíam itens como "Estar cansado" ou "Em um ambiente barulhento"; (2) "Meus sinais de raiva", os quais incluem exemplos como "Rigidez muscular" e "Ranger de dentes"; (3) "O que fazer", incluindo "Retirar-me da situação" e (4) "Me preparando para voltar", incluindo "Quando posso sorrir estou pronto para voltar".

Arco (2008) descreveu um tratamento bem-sucedido com um homem de 24 anos com TOC depois de 1 ano de TCE. Apesar de esse homem não ter problemas graves de memória, sua pontuação em testes padronizados era abaixo da média. Ele fazia contagem compulsiva e precisava esvaziar sua bexiga com frequência. As medidas de linhas de base mostraram que ele estava contando em 80% dos intervalos de 1 hora e esvaziando a bexiga 12 vezes ao dia. A intervenção consistiu em consultas em casa, procedimentos de autorregulação (inclusive autorregistro de comportamento compulsivo), estratégias de gerenciamento do estresse, soluções com aprendizagem sem erro, reforço social e retirada gradual das intervenções. Ao final do tratamento ele não estava mais contando e estava esvaziando sua bexiga oito vezes ao dia. Isso mais tarde se reduziu para sete vezes ao dia no *follow-up* (6 meses) e a contagem ainda estava ausente.

Alguns casos de tratamento para TEPT foram relatados, inclusive o de C.M., também conhecida como Caroline (Williams et al., 2003; Evans e Williams, no prelo). Esta era uma jovem que havia sido atacada por um homem com uma faca, como anteriormente mencionado. A formulação de Evans e Williams (no prelo – b) resume as dificuldades:

> Como resultado da experiência traumática de um ataque que estava fora da sua experiência comum e envolveu ameaça a sua vida, Caroline estava sofrendo de

TEPT grave, com intrusões (*flashbacks*, imagens intrusivas e pesadelos) e rejeição (de coisas que lembrassem a lesão). Ela tinha alguns comprometimentos cognitivos, inclusive alguma redução de velocidade no processamento de informações, atenção/concentração e memória. Criou-se a hipótese de que o transtorno de humor de Caroline houvesse contribuído para suas dificuldades cognitivas. Por exemplo, parecia provável que aqueles pensamentos/imagens intrusivos e hipervigilância à percepção de ameaça, mais adiante afetariam a concentração e também a memória e habilidade de planejamento. Com relação às consequências funcionais de suas dificuldades, foi concluído que o TEPT foi o principal responsável pelas limitações nas atividades sociais, de lazer, domésticas e ocupacionais, mas que os problemas de velocidade de processamento, atenção e memória relacionados à lesão cerebral também faziam com que a abordagem desses fosse mais difícil.

Havia três partes no programa de Caroline: (1) entender mais sobre sua lesão cerebral e suas consequências para a cognição e comprometimento e para o TEPT; (2) desenvolver estratégias para o gerenciamento das consequências cognitivas e emocionais da sua lesão; (3) aplicar essas estratégias em situações cotidianas para alcançar seus objetivos pessoais. (Voltaremos aos objetivos no Capítulo 9.) Caroline participou de grupos para a compreensão da lesão cerebral para alcançar a primeira parte do programa e também completou seu portfólio pessoal sobre sua lesão cerebral e consequências. Para alcançar o controle da seu TEPT, a TCC foi usada com quatro elementos principais: psicoeducação, exposição, reestruturação cognitiva e treinamento para o gerenciamento da ansiedade. Cada um desses elementos foi incorporado no programa maior de reabilitação neuropsicológica de Caroline. Além disso, ela participou do grupo cognitivo para ajudá-la com seus problemas cognitivos e participou dos grupos de gerenciamento de humor e de apoio psicológico para ajudá-la a desenvolver e colocar em prática estratégias para lidar com problemas cognitivos e emocionais. Um trabalho posterior no desenvolvimento e implementação de estratégias foi realizado em suas sessões individuais. Essas estratégias foram gradualmente aplicadas em situações de rotina, inclusive utilização de transporte público e retorno ao trabalho.

Essa sessão termina com uma breve nota sobre tratamento de transtornos de percepção emocional após lesão cerebral. Bornhofen e McDonald (2008) nos lembram de que apesar de muitos estudos visarem aos déficits de habilidade social em sobreviventes de lesão cerebral utilizando uma abordagem comportamental, há um sucesso limitado, possivelmente devido à dificuldade de apreciação e monitoramento das pistas sociais como a expressão facial, prosódia da fala e postura corporal. Isso levou Bornhofen e McDonald (2008) a tentar remediar déficits de percepção emocional. Os pacientes foram distribuídos de forma aleatória em tratamento ou controle. O tratamento durou 25 horas durante um período de oito semanas. O programa foi hierarquicamente estruturado de forma que inicialmente as pessoas trabalharam nos aspectos semânticos da emoção: por exemplo, como as pessoas se sentiriam em seus aniversários ou primeiro dia na escola. Esse conhecimento semântico estava intato. No segundo estágio, as pessoas praticaram o julgamento das pistas de emoção visual estática, primeiro com desenhos e depois com fotografias. O próximo estágio envolveu o julgamento da emoção através de pistas dinâmicas (p. ex., através de vídeos ou dramatização) primeiro em uma modalidade (visual ou verbal) e depois com uma combinação de modalidades. No estágio final, os participantes praticaram inferências sociais com base em comportamento emocional e pistas situacionais. Apesar de os números serem pequenos, com somente cinco no grupo de tratamento e seis no grupo controle, houve significativa melhor no tratamento de grupo, sugerindo que é possível melhorar o reconhecimento de emoções e inferência social.

TRATAMENTO DE TRANSTORNOS EMOCIONAIS E DE HUMOR NA PRÁTICA CLÍNICA

Ylvisaker e Feeney (2000) afirmaram que "a reabilitação precisa envolver temas, atividades, ambientes e interações pessoalmente significativas". Isso significa que os problemas cognitivos e psicossociais precisam ser abordados em reabilitação. Entrevistas com cada participante e possivelmente com familiares precisarão estabelecer o histórico com as expectativas e aspirações do indivíduo. Isso será suplementado com registros médicos e informações de avaliações e tratamentos anteriores. A natureza da lesão cerebral e seus efeitos precisam ser esclarecidos.

Além das entrevistas, as avaliações irão oferecer maiores informações. Estas provavelmente incluirão avaliações neuropsicológicas, bem como medidas de humor e de emoções e autoavaliações e do observador. A formulação é crucial porque usa teorias e modelos para compreensão do desenvolvimento e manutenção de problemas e pode ser usada para fazer prognósticos do tratamento. Estará sob constante supervisão à medida que as situações mudam e evoluem. Os fatores a serem considerados na formulação são apresentados na Figura 8.2.

Abordamos as formulações de K.E. e Caroline. Williams e colaboradores (2003) também relataram a formulação de DC, um sobrevivente de TCE com TOC e ansiedade. DC tinha amnésia grave com déficits de atenção associados ao seu TCE e TOC como uma consequência indireta da sua lesão.

> Os sintomas de TOC de DC pareciam estar relacionados ao seguinte: (1) transtornos cognitivos despertando autodúvida e ruminações com verificação como uma supercompensação da fraca memória; (2) verificação e organização oportunizando meio de controle de aspectos do seu ambiente imediato e senso de segurança na ausência de outras atividades mais significativas; (3) comportamentos sendo negativamente reforçados pela rejeição (o comportamento o "livrava" de exigências sociais);

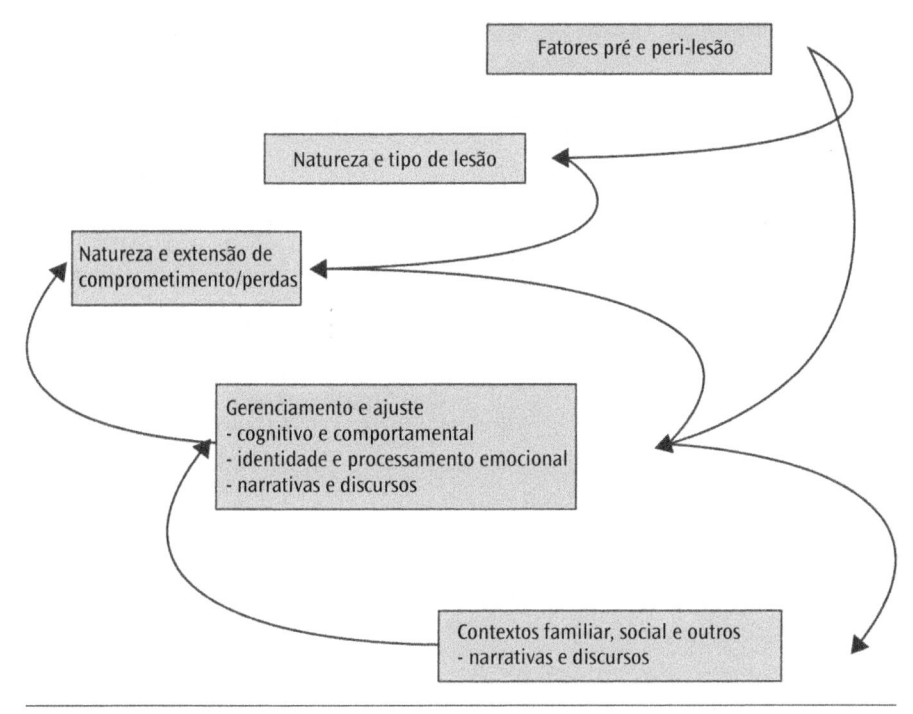

Figura 8.2 Fatores a serem considerados na formulação.

(4) autoimagem distorcida sendo mantida e exacerbada, pela rejeição de atividades com autocrenças principais negativas, levando a pensamentos automáticos negativos; (5) medos relacionados à saúde contribuindo para o comportamento de rejeição geral e (6) problemas sendo mantidos e exacerbados pela falta de oportunidade de desenvolver respostas adaptativas. (p. 141-142)

Uma vez completas as avaliações e formulações, o programa de reabilitação provavelmente incluirá algumas ou todas as etapas seguintes. Os objetivos de longo prazo serão estabelecidos (os objetivos serão abordados no Capítulo 9); todos os terapeutas e psicólogos envolvidos irão assegurar que estão trabalhando juntos para facilitar a compreensão do paciente da intervenção e objetivos; intervenção para as dificuldades cognitivas e emocionais; participação em grupos de apoio e encorajamento da consciência e aceitação do uso de estratégias e reintegração social amparada para facilitar a transferência do uso de estratégias em outras situações. Algumas estratégias para o gerenciamento de estresse, ansiedade e pânico são apresentadas na Tabela 8.2. As questões sobre colocar a teoria em prática serão mais discutidas no Capítulo 10.

Tabela 8.2 Estratégias de gerenciamento para o estresse, ansiedade e pânico

- Identificar gatilhos e reações.
- Gerenciamento do relaxamento e da ansiedade.
- Impedimento da evitação.
- Desafio aos pensamentos negativos.
- Estabelecimento de metas realistas – não muitas de uma vez!
- Obtenção de ajuda profissional.

CAPÍTULO 9

Estabelecimento de Objetivos para Planejar e Avaliar a Reabilitação da Memória

O QUE SÃO OBJETIVOS?

O Concise Oxford English Dictionary* (1999, p. 505) define "objetivo" como o "objeto de ambição ou esforço de uma pessoa; um destino; um alvo"**. Ylvisaker e Feeney (2000) sugeriram que "a reabilitação precisa envolver temas, atividades, ambientes e interações pessoalmente significativos". Wade (1999, p. 2), discutindo especificamente metas de reabilitação, apontou que "um objetivo é um estado ou mudança de estado esperado ou pretendido em uma intervenção ou curso da ação a ser alcançada". Na prática, para nossos propósitos, um objetivo é algo que o indivíduo a receber, ou participando de reabilitação, quer alcançar e ações subsequentes serão relevantes e significativas para essa pessoa quando refletirem suas metas de longo prazo. Apesar de outras pessoas, podendo ser membros da família ou terapeutas envolvidos no programa de terapia específico, poderem ajudar no alcance de objetivos por seus esforços e apoio, suas "ações" no processo não são vistas como tal.

Houts e Scott (1975) e McMillan e Sparkes (1999) propuseram alguns princípios direcionados à abordagem do planejamento de objetivos para reabilitação. Primeiramente, o paciente deveria estar envolvido no estabelecimento desses objetivos. Segundo, o estabelecimento de objetivos deveria ser razoável e centrado no cliente. Terceiro, esses objetivos deveriam descrever o comportamento do paciente quando algum deles é alcançado. Quarto, o método a ser usado no alcance desses objetivos deve ser apresentado detalhadamente para que qualquer pessoa que leia o plano, possa saber o que fazer. McMillan e Sparkes resumiram os princípios de Houts e Scott e acrescentaram sugerindo que os objetivos deveriam (1) estar concentrados no cliente, (2) ser realistas e

---

* N. de T.: Dicionário Oxford conciso de inglês.

** N. de T.: Definição para a palavra *goal*, segundo o Dicionário Oxford, que em português significa meta, objetivo, alvo.

potencialmente tangíveis durante a admissão, (3) ser claros e específicos, (4) ter um prazo definido e (5) ser mensuráveis.

Na maioria dos centros de reabilitação, os objetivos de longo prazo são aqueles que se espera que sejam alcançados pelo paciente ou cliente quando tiver alta do programa, enquanto os de curto prazo são as etapas estabelecidas a cada semana ou duas para serem alcançados. Os objetivos de longo prazo visam a incapacidades e obstáculos para que aconteça a melhora do funcionamento cotidiano. Esses deveriam ser alcançáveis até o momento da alta. Collicut-McGrath (2008, p. 41) capturou a essência da filosofia do planejamento de objetivos dizendo que idealmente a reabilitação deveria "estar voltada para o paciente, **não** para a profissão; deveria estar voltada para a participação/papel, **não** para as atividades; para a interdisciplinariedade, **não** para a multidisciplinaridade; para o objetivo, **não** para o problema visado; deveria ser individualizada, **não** programática". Em relação à terceira formulação de Collicut-McGrath, Nair e Wade (2003) sugeriram que em reabilitação interdisciplinar os profissionais trabalham no sentido de um objetivo comum, enquanto em reabilitação multidisciplinar as diferentes disciplinas estabelecem objetivos adequados à sua profissão.

POR QUE ESTABELECER OBJETIVOS EM REABILITAÇÃO DA MEMÓRIA?

Nair e Wade (2003) argumentaram que incorporar os objetivos de vida da pessoa no tratamento leva a melhores resultados. Os principais objetivos da reabilitação são capacitar as pessoas com défcits a alcançarem seu melhor nível de bem-estar, reduzir o impacto dos problemas no cotidiano e ajudá-las a retornar aos seus ambientes próprios mais adequados. Em outras palavras, a reabilitação está principalmente preocupada com a capacitação das pessoas para participarem efetivamente em atividades relevantes (Hart e Evans, 2006). A reabilitação da memória não é diferente. Seu propósito não é ensinar pessoas a terem melhor desempenho em exercícios de memória, melhorar sua *performance* em testes de memória ou aprender listas de palavras, mas sim, capacitá-las para alcançarem objetivos pessoais. Esses objetivos, dessa forma, deveriam ser o principal foco da reabilitação da memória e se forem buscados, então, sejam ou não alcançados, representam um dos melhores canais para avaliação do sucesso em reabilitação da memória.

Alguns estudos utilizam testes com resultados padronizados como principal ou única medida de resultados (ver, p. ex., os estudos avaliados por Carney e colaboradores, 1999). Isso é inadequado não só porque a reabilitação da memória não significa melhorar resultados de testes, mas também porque a relação entre o desempenho no teste e as habilidades do cotidiano é na melhor das hipóteses muito fraca, e, na pior das hipóteses, inexistente (Sbordone e Long, 1996). Pela mesma razão, é errado usar resultados de testes para determinar aqueles problemas de memória que deveriam ser abordados na reabilitação. Apesar de os testes fornecerem um perfil dos pontos cognitivos fortes e fracos de uma pessoa, não dizem muito sobre como as pessoas com déficits neuropsicológicos os gerenciam no cotidiano. Nem dizem o que as pessoas com lesão cerebral e suas famílias esperam alcançar ou o que é importante para elas.

Como ilustração, tome o exemplo de um paciente amnésico que conseguia viver sozinho, trabalhar e fazer sua própria declaração de imposto de renda. Ele podia fazer tudo isso devido à excelente organização e planejamento de habilidades. Quase todos os que trabalham em reabilitação o descreveriam como uma reabilitação de sucesso, mas se testes padronizados fossem utilizados para essa medição, ele seria um fracasso porque tinha pontuação zero em qualquer teste de evocação tardia (Wilson, 1999; Wilson, Gracey, Evans, Bateman, no prelo).

Há várias vantagens para a abordagem de estabelecimento de objetivos. Primeiramente, garante que os alvos da admissão estejam claramente documentados. Segundo, pacientes, parentes e cuidadores estão envolvidos, assim como a equipe de reabilitação. Terceiro, tal abordagem promove trabalho em equipe. Quarto, ela incorpora uma medida de resultados. Quinto, remove a distinção artificial entre resultado e atividade concentrada no cliente. O estabelecimento de objetivos como medida de resultados será uma questão abordada mais adiante neste capítulo. Dentre as desvantagens estão:

1. Não apresenta dados sistemáticos para todos os problemas. Para abordar a questão, pode-se, é claro, incluir dados adicionais tais como questionários, escalas de julgamento e dados demográficos.
2. Depende de um líder/coordenador experiente. Isso pode ser superado tendo novos membros na equipe acompanhando os membros mais experientes antes de tomarem lugar na coordenação.
3. Há a possibilidade da definição de objetivos muito fáceis.

McMillan e Sparkes (1999) entenderam que este último ponto pode ser resolvido com o treinamento e experiência da equipe; além disso, pode-se justificar que alguns objetivos fáceis são bons porque podem aumentar a motivação e a autoestima. Contudo, segundo Wade (1999, p. 41), "a boa prática de reabilitação deveria estabelecer objetivos significativos e desafiadores, mas alcançáveis", há, certamente, espaço para alguns objetivos fáceis para levantar a moral dos pacientes. Ainda, sempre podem-se usar escalas de obtenção de objetivos (GAS[*]; Kiresuk e Sherman, 1968) para medir os objetivos e assim torná-los mais comparáveis. A GAS também permite a comparação entre pacientes. Uma vez que os objetivos tenham sido negociados, os pesos podem ser aplicados a cada um deles para refletir sua relativa importância.

---

[*] N. de T.: Sigla em inglês para *goal attainment scaling*.

A GAS foi desenvolvida em 1968 por Kiresuk e Sherman para uso em ambientes de saúde mental. Ottenbacher e Cusik (1990, p. 520), recomendando-a aos terapeutas, sugeriu que a GAS oferece um modelo para objetivos que "é mensurável, alcançável, desejado por todos, social funcional e contextualmente relevante". Malec (1999) descreveu as etapas envolvidas na GAS.

1. Os objetivos iniciais são negociados.
2. Os objetivos são medidos e hierarquizados, sendo que os de alta prioridade tem nível 1 (se todos os objetivos forem de alta prioridade, eles podem receber pontuação 1). (Malec também afirmou que em ambiente de reabilitação os objetivos mensurados não são comumente utilizados.)
3. O tempo que levará para o alcance de cada objetivo é estabelecido.

Assim sendo, a GAS parece bastante com o estabelecimento de objetivos descrito neste capítulo. As etapas 4 e 5 são o que diferencia a GAS.

4. Articular o nível de resultados "esperados" em termos comportamentais específicos (Malec, 1999, p. 256). O resultado esperado recebe pontuação 0.
5. Articular outros possíveis resultados.

Um resultado melhor que o esperado receberá pontuação +1 e um resultado melhor ainda +2. A seguir, determinar um pior resultado, o qual será pontuado -1 e um outro pior ainda -2. Então, se por exemplo, o objetivo é que Jim se lembre de tomar a medicação quatro vezes ao dia durante 2 semanas (i.e., 56 vezes no período específico) e todos envolvidos na negociação acreditam que Jim conseguirá chegar próximo disso durante a metade do tempo (26 a 30 ocasiões), o escore será 0; se ele se sair melhor (p. ex., conseguindo entre 31 a 38 vezes), pontuará +1; se ele lembrar mais que 38 vezes, pontuará +2. Por outro lado, se lembrar menos que 26 vezes, mas acima de 18, o escore será -1 e se for pior que isso -2. A etapa final é atribuir escore ao paciente em relação aos objetivos antes do tratamento e no momento em que se espera que a pessoa alcance o objetivo.

Zweber e Malec (1990) provavelmente foram os primeiros a descrever a GAS para pessoas com lesão cerebral. Sugeriram também o uso da GAS, em vez do estabelecimento mais tradicional de objetivos. Malec, Smigielski e De-Pompolo (1991, p. 138) fizeram *follow-up* com um estudo posterior analisando resultados em programa de reabilitação após lesão cerebral. Descobriram que a GAS era "uma medida quantificável individualizada útil para (1) monitorar o progresso dos pacientes, (2) estruturar conferências da equipe, (3) planejar reabilitação em curso e tomar decisões, (4) promover uma comunicação concisa e relevante com a família, orientação e levantamento de fundos e (5) uma avaliação geral do programa quando utilizado no contexto de outras medidas de resultados de objetivos".

Rockwook, Joyce e Stolee (1997) estudaram 44 pessoas com lesão cerebral. Relataram uma variedade de correlações entre a GAS e outras medidas de resultados, como a Escala de Avaliação de Incapacidade e as Escalas de Avaliação Funcional. Malec e colaboradores publicaram diversos trabalhos sobre GAS em reabilitação de lesão cerebral (p. ex., Malec, Smiegielski, DePompolo e Thompson, 1993; Malec, 1999). Apesar de Tennant (2007) acreditar que a GAS tem sérias falhas, o artigo de 1999 é uma análise útil da GAS e inclui uma discussão sobre pontos fortes e fracos. Em 2006 uma avaliação de estudos de GAS por Hurn, Kneebone e Cropley também sugeriu fortes evidências de confiabilidade, validade e sensibilidade da escala.

TEORIAS SOBRE ESTABELECIMENTO DE OBJETIVOS

Hart e Evans (2006, p. 143) observaram que as teorias de tratamento tentam explicar o processo pelo qual cada tratamento recebido resulta em melhora da saúde. Descobriram que a teoria social cognitiva é uma fonte útil para a reabilitação porque propõe que "o comportamento humano é autorregulado para alcançar padrões ou objetivos pessoais". As pessoas tentam reduzir a discrepância entre o real estado das coias e o estado desejado ou, em outras palavras, estão tentando alcançar objetivos pessoais. Outras fontes de valor para a reabilitação em lesão cerebral são as finanças pessoais, a educação e o esporte. Locke e Latham (2002) conduziram metanálise de mais de 30 estudos de estabelecimento de objetivos e concluíram que há fortes evidências de que determinar objetivos melhora a *performance*. Sugeriram que há um grande número de mecanismos através dos quais o estabelecimento de objetivos influencia o comportamento. Os objetivos servem como função diretiva, atraindo a atenção para as atividades voltadas ao objetivo e não para as atividades irrelevantes em relação a esse. Eles têm efeito energizante, com objetivos de maior exigência levando a maior esforço do que os de menor exigência. Eles também afetam a persistência, com objetivos difíceis levando a esforço mais prolongado. Finalmente, entende-se que os objetivos levam ao estímulo, descoberta e uso de conhecimentos e estratégias derivados de tarefas relevantes.

Gauggel e Fischer (2001) descobriram que objetivos específicos são melhores que os vagos ou genéricos, tais como "faça o seu melhor". Em um estudo, 45 pessoas com lesão cerebral foram aleatoriamente divididas em dois grupos. Cada grupo foi avaliado com o Purdue Pegboard Test. Um grupo recebeu um objetivo geral para "fazer o seu melhor". O outro grupo recebeu um objetivo específico: "tente aumentar sua velocidade em 20 segundos". Aqueles que receberam o objetivo específico tiveram desempenho significativamente melhor do que os que receberam o objetivo geral. Gauggel e colaboradores encontraram resultados semelhantes com outras tarefas, inclusive em cálculo mental (Gauggle e Billino, 2002) e tempo de reação (Gauggel, Leinberger e Richardt, 2001).

Latham e Seijts (1999) também descobriram que a determinação de objetivos de longo prazo, isoladamente, resultava em pior desempenho do que quando objetivos de longo e curto prazo eram determinados. Conforme afirmado por Wilson, Gracey, Evans e Bateman (no prelo), é provável que haja um *feedback* importante em reabilitação de lesão cerebral e o alcance de objetivos de curto prazo dão *feedback* na busca dos objetivos de longo prazo porque servem como sinalizadores do progresso alcançado. Carver e Scheier (1990) também argumentam que reduzir a discrepância entre o estado atual e o estado visado é importante na redução do estresse emocional. Um estudo de 82 pacientes com lesão cerebral por McGrath e Adams (1999) sugeriu que o progresso na reabilitação (através do estabelecimento de objetivos e avanços) estava associado à redução da ansiedade. Young, Manmathan e Ward (2008) também descobriram que o estabelecimento de objetivos reduziu a ansiedade dos cuidadores e propiciou benefícios psicológicos a pacientes e cuidadores na forma de motivação aumentada e recuperação da confiança.

IDENTIFICANDO E ESTABELECENDO OBJETIVOS: A ARTE DA NEGOCIAÇÃO

Alguns pacientes podem parecer querer alcançar o impossível. Um paciente com lesão da medula espinhal pode dizer: "Meu objetivo é caminhar outra vez". Um paciente com déficits cognitivos generalizados pode dizer: "Eu quero voltar ao meu antigo trabalho de advogado". Um paciente amnésico pode dizer: "Eu quero a minha memória de volta". É aí que começa a arte da negociação. No caso do paciente amnésico, a resposta pode estar nestas frases: "Nós não achamos que seja possível você recuperar a sua memória como ela era antes do seu acidente/doença/lesão, mas podemos encontrar uma forma de ajudá-lo a lembrar o que fazer a cada dia. O que você acha de ter esse como um de seus objetivos?". Isso pode ser suficiente para se ter o primeiro objetivo estabelecido. Se não, poderíamos tentar persuadir o paciente a aceitar primeiro um objetivo mais simples: "Vamos tentar isso primeiro e poderemos examinar mais uma vez outros objetivos possíveis em algumas semanas". Algumas vezes é necessário aceitar um objetivo não realista se o paciente e/ou sua família não cederem; nesses casos, contudo, a equipe poderá se sentir desconfortável ao concordar com objetivos que eles acreditam firmemente serem inalcançáveis. Afinal, um dos princípios do estabelecimento de objetivos mais importante é que eles sejam potencialmente alcançáveis. Se tiverem a ver com a volta ao trabalho, é mais realista ter por objetivo "identificar as tarefas que você precisa desempenhar para poder retornar ao trabalho". A razão para isso é que é difícil prever, na maioria dos casos, em que medida é alcançável o objetivo da volta ao trabalho, pois depende de muitos outros fatores como apoio da comunidade, se a pessoa estava ou não empregada quando ocorreu a lesão, a situação econômica do país ou cidade onde a pessoa mora. Ao final, porém, a última palavra será a do paciente porque é ele quem "tem" os objetivos.

A primeira etapa no estabelecimento de objetivos é discutir com o paciente, a família e a equipe de reabilitação aquilo que eles gostariam de alcançar a longo e a curto prazo. Todas as partes precisam considerar que são necessárias mudanças para o alcance de qualquer objetivo: a pessoa precisa aprender uma nova habilidade ou fazer algo com mais frequência ou por mais tempo, ou ela precisa de mais apoio para desempenhar a tarefa ou comportamento? A negociação, como dito, é importante. Também é necessário decidir como a pessoa saberá ou não se um objetivo foi alcançado. Algumas vezes é fácil, quando, por exemplo, se pode observar um comportamento que leve ao alcance do objetivo. Nessa categoria estaria a verificação do livro de memórias após as refeições. Entretanto, um objetivo que envolva, por exemplo, o desenvolvimento de maior segurança, provavelmente teria que ser medido por escala de avaliação, questionário ou pelo número e natureza das afirmações de autocrítica feitas, algo que seria mais difícil de observar e avaliar.

Uma vez estabelecidos os objetivos a intervenção pode iniciar. Após um determinado período, os objetivos deveriam ser reavaliados. Se o objetivo foi alcançado, então um novo poderá ser estabelecido; se não foi alcançado, os motivos e as falhas precisam ser examinadas. O objetivo foi apropriado? É necessário mais tempo? Outras pessoas precisam ser recrutadas para se assegurar a conformidade ao longo do dia? A próxima etapa do processo dependerá das respostas a essas questões.

Os objetivos típicos para pessoas com comprometimento de memória incluem estabelecer um sistema de memória para lembrá-las das atividades cotidianas; lembrar-se de tomar a medicação; lembrar-se de fazer as atividades de auto-higiene; aprender o caminho para o mercado ou na região da sua casa, hospital, escola ou local de trabalho; aprender os nomes dos colegas de trabalho e de outras atividades de rotina e aprender atividades funcionalmente relevantes e significativas. Cada um desses comportamentos ou realizações precisará ser classificado em objetivos de curto prazo. (Voltaremos a essa questão adiante.) Certamente que problemas de memória via de regra não são observados ou tratados isoladamente. As pessoas com dificuldades de memória podem ter outros problemas cognitivos como déficit de atenção, pouco planejamento e raciocínio lento, bem como problemas não cognitivos como ansiedade, isolamento social e fadiga. Pode ser necessário estabelecer objetivos para quaisquer desses problemas. Além disso, os objetivos para pessoas com problemas cognitivos graves e generalizados ou que ainda em APT serão diferentes daqueles estabelecidos para pessoas com problemas menos severos ou que tenham síndrome amnésica pura. Um objetivo para alguém na primeira categoria poderia ser encontrar sua cama na ala do hospital ou aprender a localização do banheiro. Nesse caso, as mudanças no ambiente podem ser uma opção de tratamento. Os objetivos para alguém que espere retornar ao trabalho, ou que não tenha outros problemas além daqueles associados ao comprometimento de memória, podem ser mais voltados aos auxílios externos e aprendizagem de informações importantes. Na medida em que as pessoas se recuperam, mudam ou ficam mais cientes, os objetivos podem ser alterados para refletir as mudanças de *status*.

O ALCANCE DOS OBJETIVOS COMO UMA MEDIDA DE RESULTADO

Assim como em qualquer programa de reabilitação, precisamos saber se nossos esforços em ajudar as pessoas com dificuldades de memória são efetivos ou valem a pena; isto é, precisamos conhecer o resultado da intervenção. O resultado pode ser definido como consequência ou efeito da intervenção, mas não é fácil medi-lo, em parte devido à heterogeneidade dos pacientes e de suas metas ou objetivos resultantes do tratamento. Entretanto, se reconhecermos o propósito geral da reabilitação como algo que permite aos pacientes alcançar metas, então devemos avaliar se esses objetivos são ou não alcançados.

Em caso de atendimento a casos agudos, o principal resultado pode ser tanto a sobrevivência quanto a morte. Isso, obviamente, não é o adequado para a reabilitação porque os pacientes sobreviveram. A reabilitação tem uma série de medidas de resultados, sendo as principais a Escala Neurológica de Glasgow (GOS; Jennett e Bond, 1975); a Escala Neurológica de Glasgow – Espandida (GOSE; Jennet, Snoek, Bond e Brooks, 1981); outras escalas de classificação de incapacidades, tais como o Índice de Barthel (IB; Mahoney e Barthel, 1965), a Medida de Independência Funcional (MIF), a Medida de Avaliação Funcional (MAF; Keith, Granger, Hamilton e Sherwin, 1987) e o Inventário Mayo-Portland de Adaptação (Malec, 2004). Este último é uma forte escala psicométrica bem documentada e muito apropriada para medir resultados após reabilitação, incluindo medidas de problemas físicos, cognitivos, emocionais, comportamentais e sociais que as pessoas com lesão cerebral possam encontrar.

A GOS é uma escala de 5 pontos e a GOSE de 8 pontos, variando da morte à boa recuperação. Assim, nenhuma das duas é útil para a determinação dos efeitos da reabilitação cognitiva porque as categorias são muito amplas. O IB é uma escala de 20 pontos que engloba controle do intestino, da bexiga, alimentação, subir escadas, vestir-se e outras atividades. O escore mais alto significa independência. Apesar de essa escala ter sua utilidade na reabilitação física, não capta as mudanças no funcionamento cognitivo. A escala MIF tem 18 itens semelhantes ao IB, enquanto a MAF inclui 12 itens de avaliação de cognição, comportamento, comunicação e independência. Mais uma vez, as escalas são muito amplas e insensíveis à medida de tais mudanças como o melhor uso de um auxílio externo ou à lembrança de tomar medicação. O Inventário Mayo-Portland é uma medida útil e é preditiva do trabalho e independência (Testa, Malec, Moessner e Brown, 2005). O índice de participação pode ser usado para medir a quantidade de pessoas socialmente engajadas, havendo uma versão mais curta de 8 itens.

Outras escalas como o European Brain Injury Questionnaire (EBIQ; Teasdale et al., 1997) e a Brain Injury Community Rehabilitation Outcomes (Powell, Beckers e Greenwood, 1998) captam alguns aspectos da reabilitação. Além dessas escalas padronizadas, podem ser usadas medidas como a do retorno ao trabalho ou independência funcional. Em relação à memória, porém, se aceitarmos que a essência da reabilitação é ajudar as pessoas a alcançarem objetivos pessoalmente relevantes e participar de atividades significativas, então o alcance de metas é a forma óbvia de medida do sucesso. Os objetivos são o que os pacientes querem alcançar; eles podem estar no "chão" ou no "teto" em outras medidas, mas ainda podem se tornar mais independentes, aprender a usar o sistema de memória e ganhar mais compreensão da natureza dos seus problemas. Randall e McEwen (2000) consideraram que quanto mais específicos os objetivos, em termos de contexto pessoal do paciente, melhores serão os resultados.

Em resumo, a reabilitação da memória deveria estar voltada para os objetivos. O estabelecimento de objetivos é uma medida de resultado direta que não exclui o uso de medidas como as escalas de avaliação, questionários e medidas de independência. Podemos até mesmo usar testes padronizados para determinar se as pessoas têm, incidentalmente, melhorado, apesar de que deveríamos estar alertas para o fato de que o propósito da reabilitação não é somente melhorar os resultados dos testes. Finalmente, precisamos estar muito certos de que qualquer mudança não seja o resultado de um efeito da prática (Wilson, Watson, Baddeley, Enslie e Evans, 2000).

ESTABELECIMENTO DE OBJETIVOS NA PRÁTICA CLÍNICA

Agora, consideremos o processo de planejamento de objetivos, planos de curto prazo *versus* planos de longo prazo. Então examinemos os objetivos dos pacientes ambulatoriais, internados e não internados. Os estágios envolvidos no planejamento podem ser vistos na Figura 9.1.

Após avaliações multidisciplinares e observações, haverá discussões com os clientes, familiares, equipe e possivelmente outros serviços de apoio para considerarem as necessidades, desejos e expectativas das pessoas. Então, haverá uma formulação. Como mencionado, a formulação é um processo de derivação de hipóteses em relação à natureza, causas e fatores de influência nos atuais problemas ou situação presente de um cliente. A formulação leva em conta as múltiplas influências possíveis sobre o nível de funcionamento e

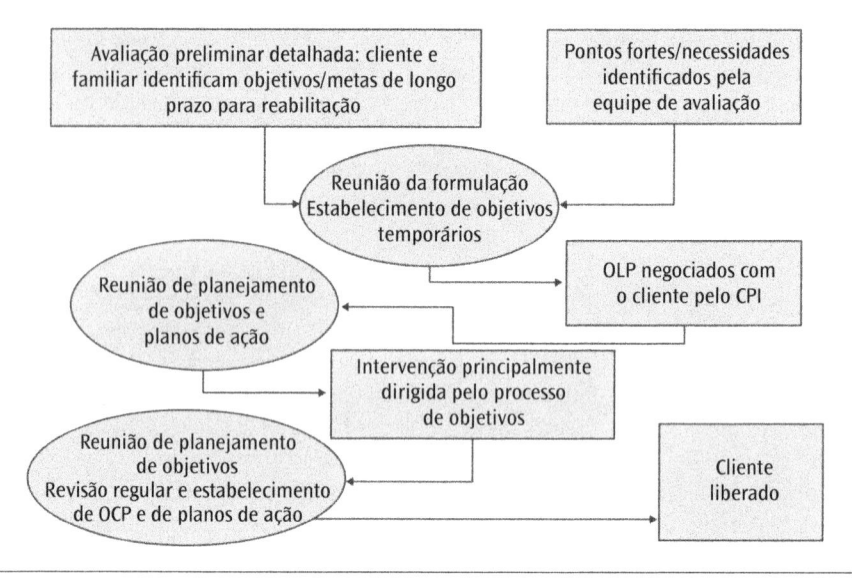

Figura 9.1 Estágios envolvidos no planejamento de objetivos. OCP = objetivos de curto prazo; OLP = objetivos de longo prazo; CPI = coordenador de programa individual. Cortesia do Centro Oliver Zangwill.

o estado psicológico de um cliente. Ela também ajuda a equipe e o cliente a entenderem os problemas. Em uma reabilitação de equipe interdisciplinar, em que uma variedade de avaliações (e intervenções) podem ser conduzidas por diferentes profissionais, a formulação ajuda a reunir com coerência os resultados dessas avaliações. Fazer uma representação visual disso, em um quadro ou gráfico, pode ajudar a resumir as informações e promover uma compreensão compartilhada e trabalho em equipe. Uma boa formulação clínica deveria levar a intervenções apropriadas e relevantes. Em uma situação em que estão presentes influências múltiplas sobre a funcionalidade, é provável que seja necessária uma série de intervenções. Estas provavelmente serão mais eficazes se conduzidas no mesmo período e pelas mesmas pessoas informadas de tudo o que está acontecendo.

Após a formulação, pode-se proceder à identificação de objetivos. Como enfatizado anteriormente, é fundamental que os clientes estejam envolvidos no processo de estabelecimento de objetivos. Holliday, Cano, Freeman e Playford (2007) examinaram o impacto da participação aumentada do paciente no estabelecimento de objetivos. Os pacientes que tiveram mais inserção no estabelecimento dos seus objetivos perceberam a relevância dos seus objetivos e expressaram maior satisfação com o processo do que aqueles que receberam procedimento padrão de tratamento. O estabelecimento de objetivos deveria seguir os princípios SMART*: sendo eles, Específico, Mensurável, Alcançável, Realista e com Prazo definido (www.projectsmart.co.uk). Um exemplo de um objetivo SMART é o caso de Peter (Wilson, Gracey et al., no prelo). Um dos objetivos de longo prazo de Peter era gerenciar suas próprias questões financeiras. Um dos objetivos em relação a isso era poder assinar seus próprios cheques. Ele tinha apraxia, então, para ele era difícil escrever. A meta de Peter era assinar qualquer cheque em 6 segundos e deveria alcançá-la em 2 semanas (isso certamente era específico). No início, levou quase 30 segundos para assinar cada cheque (fácil de medir); ele podia executar a tarefa, mas muito lentamente. A equipe achou que ele poderia chegar ao objetivo se pedissem a ele que o fizesse mais rápido (alcançável). Como Peter precisava ser capaz de assinar seus cheques para que pudesse controlar suas próprias finanças, a tarefa era realista. O prazo de 2 semanas foi estabelecido, então o elemento T (prazo definido) do SMART era parte do processo. Duas outras letras podem ser acrescentadas ao acrônimo e formar "SMARTER", sendo o "E" e o "R"** para Avaliar e Revisar (MEC Services Ltd., www.mecservices.co.uk). Peter foi avaliado (com tempo controlado) em cada ocasião em que precisou assinar um cheque e teve o objetivo revisado a cada duas semanas na reunião de planejamento. A formulação do objetivo deveria ser avaliada detalhadamente, com o cliente tendo a última palavra para se ter certeza de que ele detém a "propriedade" do objetivo. Objetivos de curto prazo e planos de ação precisam ser estabelecidos (ver a discussão seguinte). Os objetivos devem, então, ser revistos.

Na maioria dos centros de reabilitação, haverá um líder para cada paciente ou cliente. Essa pessoa irá, provavelmente, coordenar as reuniões de revisão de objetivos e apresentar as atualizações sobre o progresso, assim como quaisquer questões ou preocupações que tenham surgido. Estes poderão ser seguidos de comentários e preocupações gerais que tenham surgido por parte da equipe. Haverá, provavelmente, uma revisão da formulação e dos objetivos. Novas metas de curto prazo e planos de ação serão fixados em conjunto com o agendamento da próxima reunião. Se os objetivos de longo prazo tiverem sido alcançados ou forem considerados inalcançáveis, novos serão estabelecidos.

Apesar de a frequência das novas reuniões de revisão depender de escalas de tempo para o alcance de objetivos, revisões regulares se fazem necessárias. As metas podem ser alcançadas, parcialmente alcançadas ou não alcançadas. Se não o forem ou o forem somente em parte, a equipe e o cliente precisam saber o porquê. Códigos de variância podem ser úteis. Quatro categorias de códigos são usadas no Centro Oliver Zangwill para registrar os motivos pelos

---

* N. de T.: A sigla se refere às iniciais dos princípios em inglês *Specific, Measurable, Achievable, Realistic, and Time based*. A palavra formada, SMART, significa inteligente, esperto.

** N. de T.: *Smarter* significa mais inteligente, esperto. A letra "E" é para *evaluation* e a letra "R" para *review*.

quais os objetivos não foram alcançados: cliente/cuidador (p. ex., cliente enfermo), equipe (p. ex., período insuficiente para terapia), administração interna (p. ex., ônibus para pegar o paciente não chegou) e administração externa (p. ex., seleção de emprego foi cancelada).

Agora vejamos exemplos de objetivos para pacientes ambulatoriais, internados e não internados. Apesar de as áreas de metas serem diferentes para cada grupo, alguns aspectos são comuns a todos. Collicutt-McGrath (2008) discutiu nove áreas que provavelmente afetarão todos os pacientes em reabilitação (ver Tabela 9.1). Estas podem ser medidas pelo Rivermead Life Goals Questionnaire (Davies et al., 1992).

Esse questionário poderá ajudar a decidir quais são as áreas de especial importância para nossos clientes. Nossos objetivos específicos provavelmente são classificados em áreas mais amplas como mobilidade, comunicação, auto-higiene, produtividade, lazer, compreensão da lesão cerebral, humor e funcionamento cognitivo. A memória, é claro, está incluída no funcionamento cognitivo, mas pessoas com comprometimento de memória também terão uma variedade de outras metas além das específicas para a memória. Bateman e colaboradores (2005) examinaram 680 objetivos estabelecidos para 95 clientes do Centro Oliver Zangwill, no Reino Unido. Os objetivos mais comuns ($n = 248$) foram aqueles referentes ao gerenciamento de atividades de rotina, seguidos de objetivos de lazer, objetivos relacionados à compreensão das consequências da lesão cerebral (ambos com $n = 54$) e então objetivos de habilidades de trabalho ou estudo ($n = 119$). Esse mesmo estudo mostrou que dos 680 objetivos fixados, somente 50 não foram alcançados. Os restantes foram total ou parcialmente alcançados e em duas das medidas de resultados – EBIQ (Teasdale et al., 1997) e o Questionário Disexecutivo (Burgess et al., 1998) – houve melhora significativa nos escores do início ao fim do programa.

Tabela 9.1   Prováveis áreas de objetivos de vida que afetam todos os pacientes de reabilitação

1. Questões domésticas e de residência.
2. Cuidados pessoais.
3. Lazer, passatempos e interesses.
4. Trabalho.
5. Relacionamento com parceiro(a).
6. Vida familiar.
7. Amigos.
8. Religião ou filosofia de vida.
9. Finanças pessoais.

Fonte: Davies e colaboradores (1992).

O Centro Oliver Zangwill, em Ely, oferece um programa diário de 6 meses de reabilitação para pessoas que têm alguma chance de retornar ao trabalho ou aos estudos. Antes de os pacientes começarem o programa completo, passam por avaliação detalhada durante 2 semanas. Durante esse período, passarão por avaliação neuropsicológica do seu funcionamento cognitivo e emocional, bem como avaliações de outros terapeutas em relação, por exemplo, a atividades do cotidiano. Essas atividades podem ser fazer compras, cozinhar, segurança nas vias, habilidade de comunicação e avaliações psicológicas. Além disso, serão observados em grupo e em sessões individuais. Durante esse período de duas semanas os clientes são questionados sobre seus objetivos possíveis durante o programa.

Quando os clientes começam o programa de 6 meses, os objetivos são considerados e traçados após reuniões com membros da equipe, o cliente e os familiares. A maioria irá trabalhar em sete ou oito objetivos de longo prazo durante o programa, outros terão mais ou menos metas. Muitos, mas não todos, têm um ou dois objetivos e a maioria tem um objetivo relacionado à compreensão das consequências da sua lesão cerebral. Haverá também um ou dois objetivos relacionados ao humor e à emoção, um objetivo voltado ao lazer e um visando ao trabalho ou à educação. Outras áreas frequentes são as relativas a voltar a dirigir, responsabilidades familiares, autoestima ou autoconfiança, bem-estar emocional e, com frequência, objetivos pessoais importantes. Peter, por exemplo, era apaixonado por seu aeromodelo – um helicóptero – e, como ele não podia mais fazê-lo voar devido à sua lesão cerebral, queria muito incluir isso como uma meta (Wilson, Evans e Keohane, 2002; Wilson, Gracey et al., no prelo). Lorna, uma paciente com disfasia e dificuldade severa para encontrar palavras, usava figuras para lembrá-la de atingir seus objetivos (Prince et al., no prelo; ver Tabela 9.2).

Assim como todos os objetivos, os de memória são divididos em objetivos de curto prazo a planos de ação. Os objetivos de longo prazo são aqueles esperados de serem alcançados até a alta do programa, nesse caso em 6 meses. Como mencionado, os objetivos de curto prazo são passos em direção aos de longo prazo e espera-se que sejam alcançados em 1 ou 2 semanas. Os planos de ação são as etapas realizadas por alguém, que não o cliente, para alcançar os objetivos de curto prazo. Se alguém, que não o cliente, estiver executando a atividade, não se trata de um objetivo. Quando se executa um plano de ação deveria ficar claro quem vai fazer o quê e como isso será alcançado. Tomemos por exemplo o seguinte objetivo de longo prazo: "Joe irá aprender a usar o sistema de memória para aprender a lembrar o que ele tem que fazer todos os dias". O primeiro objetivo de curto prazo poderia ser "Joe irá escolher um auxílio e treiná-lo por uma semana para ver se ele acha que seria adequado para ele". Os planos de ação poderiam ser os seguintes: "1. Donna, a terapeuta ocupacional de Joe irá levá-lo ao centro de recursos de auxílios

Tabela 9.2 Uma breve descrição de um dos objetivos para Lorna, uma mulher com disfasia

- Lorna, uma mulher de 34 anos, sofreu ferimento à bala na cabeça em 1999.
- Tomografias mostraram que a bala entrou pela margem lateral orbital esquerda e saiu pela região parieto-occipital esquerda.
- Ela foi avaliada em 2004 no Centro Oliver Zangwill.
- As dificuldades residuais foram disfasia de expressão e de compreensão, memória, atenção e gerenciamento da raiva.
- Um objetivo selecionado por Lorna foi ser independente para lembrar compromissos e outras tarefas cotidianas.
- Devido às suas dificuldades de linguagem e comunicação, lembretes escritos e falados não eram apropriados.
- Lorna decidiu que queria usar uma agenda pessoal.
- Adesivos com figuras foram usados na data em que ela deveria lembrar-se de fazer algo (p. ex., uma figura de um dente para lembrar de ir ao dentista, de pessoas dançando para lembrá-la das aulas de dança e de comprimidos para lembrá-la de pegar sua receita).
- A terapia semanal ajudou Lorna a aprender a planejar sua semana.
- Ela foi capaz de lembrar seus compromissos.
- Seu marido a ajudava a imprimir os adesivos.
- Quando liberada do centro, seu marido a ajudava a fazer o planejamento semanal.

Fonte: Prince e colaboradores (no prelo).

de memória de carro na quarta-feira para que ele veja os auxílios de memória lá. 2. Donna irá discutir com Joe os prós e os contras de vários auxílios de memória e ajudá-lo a selecionar um. 3. Donna irá tomar providências para que Joe possa pegar emprestado o auxílio escolhido por uma semana para experimentá-lo no centro de reabilitação". Se Joe gostar do auxílio, o segundo objetivo de curto prazo poderia ser "Joe vai aprender a chegar sozinho no dia e hora marcados para o próximo compromisso". O plano de ação poderia ser "Donna vai mostrar a Joe como fazer isso e usando a abordagem de aprendizagem sem erro, ensiná-lo a completar a tarefa". A abordagem da aprendizagem SE poderia ser acompanhar Joe ao longo de cada etapa três vezes e então usar uma abordagem de encadeamento reverso para ver se ele consegue completar as etapas sozinho. Se ele for cometer um erro, Donna irá se adiantar e conduzi-lo pela mão, e assim o progresso acontece! Wilson, Gracey e colaboradores (no prelo) deram exemplos detalhados dessa abordagem no Oliver Zangwill Center. Um outro plano de ação poderia ser que Donna comprasse o auxílio para Joe, se o que ele está experimentando tiver que ser devolvido ao centro de recursos.

Para os pacientes internados os princípios são os mesmos, mas a natureza dos objetivos pode ser diferente. Para alguns em APT, o objetivo pode ser ensiná-los a ver o mural de orientações na sala para verificar que dia é. O objetivo de curto prazo poderá ser aprender a localização do quadro ("Susan aprenderá a localização do mural de orientação") e o plano de ação poderia ser "Kate (a enfermeira de Susan) levará Susan até o mural e dizer: 'Esse é o mural que indica o dia e a data de hoje'". Kate irá seguir um plano de evocação espaçada uma vez que Susan tenha se vestido e tomado café da manhã, Kate irá levá-la ao mural e voltar à sala agendada. Ela repetirá esse processo depois de 2 minutos, 5 minutos, 10 minutos, 20 minutos e 30 minutos. Então será perguntado a Susan se ela consegue encontrar o mural que indica o dia e a data. Ela pode receber uma dica se necessário. Se Susan parecer confusa, Kate deverá voltar ao início, mas retomar lentamente, em intervalos com incremento de 5 minutos. Para os pacientes internados que estiverem saído da ATP, os objetivos podem visar a encontrar o caminho, dentro do hospital, para os diferentes departamentos, ou aprender os nomes das pessoas da equipe e de outros pacientes, mais a aprendizagem do uso de um auxílio externo de memória.

Rene Stolwyk, colega em Londres, descreveu um objetivo para um paciente internado que precisava lembrar-se de ir ao toalete. O objetivo de longo prazo era usar o toalete de forma independente. Para maximizar a motivação, foi dito ao paciente que haveria uma série de objetivos de curto prazo que progressivamente se tornariam mais difíceis. O primeiro objetivo de curto prazo foi de ele concordar em ir ao toalete quando a enfermeira sugerisse. Uma vez alcançado, o segundo objetivo de curto prazo foi ajustar um alarme e perguntar para a enfermeira pelo toalete quando o alarme soasse. Após o paciente devia ajustar o alarme quando recebesse a dica, depois o faria sem dica, a seguir só usaria o alarme à noite, antes de chegar à etapa final de usar o toalete de maneira independente, sem alarme ou dica. Isso foi conseguido dentro de 2 semanas.

Para pacientes não internados, mais uma vez, os princípios são os mesmos mas os objetivos serão provavelmente diferentes e possivelmente terão mais a ver com a independência cotidiana. Wilson (1999), por exemplo, discutiu o caso de Jack, que se tornou amnésico por envenenamento por monóxido de carbono. Paciente ambulatorial visto semanalmente durante algumas semanas, Jack queria lembrar onde estava estacionado o seu carro e onde ele tinha colocado seus pertences; ele também queria ter certeza de que não estava agendando compromissos diversos no mesmo horário. Como discutido, V.J., paciente de Clare e colaboradores (1999), com diagnóstico de DA seis anos antes, queria reaprender os nomes das pessoas no clube que ele frequentava uma vez por semana. Ele foi acompanhado semanalmente em casa e aprendeu 11 nomes, um por semana, a partir de fotografias. Essa aprendizagem generalizada às pessoas reais no clube foi mantida por 9 meses.

Seja no trabalho com pacientes ambulatoriais, internados ou não internados, outros objetivos definidos para as pessoas com comprometimento de memória precisarão levar em conta suas dificuldades de memória. Às vezes estratégias específicas de aprendizagem serão necessárias para ensinar o uso de um auxílio eletrônico ou se familiarizar com um programa de computador. Hart, Hawkey e Whyte (2002) pediram aos clientes que registrassem seus objetivos em uma agenda, a qual foi usada para alertá-los de revisar seus objetivos de tempos em tempos. Houve evidências de que isso levou a uma melhor recuperação dos seus objetivos de terapia. Para os objetivos emocionais e de humor, poderia ser útil usar um *pager* ou alarme para lembrá-los de fazer exercícios de relaxamento ou técnicas de respiração para reduzir a ansiedade.

Caroline (Evans, no prelo – b), descrita no Capítulo 8, tinha TEPT e dificuldades de memória; então, o uso das orientações gerais descritas no Capítulo 1 a ajudaram a alcançar seus objetivos, que incluíam:

1. Entender as consequências da lesão cerebral, seu impacto no cotidiano e as estratégias que ela poderia usar para lidar com elas.
2. Reduzir a intensidade dos pensamentos/imagens intrusivas.
3. Reduzir a frequência dos sonhos desagradáveis (severo a moderado).
4. Avaliar-se como confortável em mais de 70% das interações em relações pessoais.
5. Avaliar-se como esperançosa mais do que 50% das vezes.
6. Usar um sistema de memória e planejamento para executar atividades cotidianas independentes em pelo menos 80% das ocasiões.
7. Usar estratégias para manter a atenção durante atividades cotidianas para poder se concentrar nelas em mais de 70% das ocasiões.
8. Ser capaz de se engajar confortavelmente em atividades identificadas anteriormente evitadas, inclusive (a) viajar independentemente de trem ou pelo menos em um trajeto conhecido, (b) ir às compras em horário razoavelmente movimentado, (c) sentir-se confortável em um bar ou restaurante estranho e (d) sentir-se confortável no cinema.
9. Engajar-se em uma atividade física semanal prazerosa.
10. Dedicar-se a um curso relacionado à sua vocação e ter um plano claramente documentado para retornar ao trabalho (Evans, no prelo – b).

No Capítulo 10 buscaremos resumir os conhecimentos previamente discutidos delineando um programa para reabilitação de memória.

CAPÍTULO 10

Reunindo Tudo

ANTES DE COMEÇAR UM PROGRAMA DE REABILITAÇÃO DA MEMÓRIA

Qualquer pessoa com problemas de memória encaminhada para ajuda deveria receber algum aconselhamento e dicas de memória – por exemplo, saber que álcool e drogas irão afetar a memória, que a fadiga e poucas horas de sono poderão comprometer o funcionamento e que as pessoas podem precisar diminuir suas expectativas. Kapur (2008) ofereceu 10 dicas de memória para ajudar a lidar com dificuldades e dividiu essas em quatro sessões (ver Tabela 10.1). As orientações gerais sobre como melhorar a codificação, armazenamento e evocação descritas no Capítulo 1 também devem ser observadas.

PRIMEIRAS ETAPAS NO PLANEJAMENTO DE UM PROGRAMA DE REABILITAÇÃO DA MEMÓRIA

Quando se é solicitado a examinar uma pessoa com comprometimento de memória para ajudá-la com problemas cotidianos, haverá, provavelmente, informações na carta de encaminhamento sobre as causas originais de dificuldades (i.e., se a pessoa sofreu TCE, AVC, encefalite ou anoxia ou se há diagnóstico para demência). Entretanto, a exata natureza dos problemas pode não ser referida. Assim, uma entrevista e uma avaliação podem ser necessárias. Se a pessoa já passou por avaliação neuropsicológica, então isso deve ser suficiente para um mapeamento cognitivo dos pontos fortes e fracos do indivíduo. A pessoa está atualmente funcionando dentro da média ou superior de habilidade, ou ela está abaixo da média e, portanto, com défcit? Está abaixo do nível pré-morbidade esperado? O nível de comprometimento de memória é grave, moderado ou leve? O pacinte tem défcit de memória em todas as modalidades ou a memória verbal está melhor ou pior que a memória visual? Há um período significativo de AR? O *span* de memória imediata está dentro da amplitude normal (como se esperaria da maioria das pessoas com o funcionamento de memória comprometido)? E as outras habilidades cognitivas? A pessoa

Tabela 10.1 Dez dicas para a memória

Tenha calma
1. Tente não fazer muitas coisas de uma vez.
2. Evite situações estressantes, pois a ansiedade e o cansaço podem afetar a memória. Seja positivo e faça intervalos regulares.
3. Não fique chateado se você esquecer algo. Mantenha-se calmo e pense nas conexões que podem refrescar a memória.

Seja organizado
4. Mantenha uma rotina fixa com tarefas e compromissos em horários e dias determinados.
5. Seja sistemático: tenha um lugar para todas as coisas e coloque-as de volta em seu lugar. Coloque etiquetas nas gavetas e arquivos.

Concentre-se mais
6. Se você tiver que fazer alguma coisa, não deixe para depois: "Faça ou perca".
7. Tente não deixar sua mente vagar: mantenha o foco.
8. Se você tiver que lembrar algo como um recado ou um nome, tente relembrá-lo em intervalos regulares.
9. Tente encontrar significado para as coisas que você tem que lembrar (p. ex., fazendo associações ou relacionando as coisas).

Use auxílios de memória
10. Use auxílios de memória como quadro branco, adesivos *post-it*, cadernos, agendas, calendários, telefone celular e alarmes para ajudar a lembrá-lo dos recados e das coisas a fazer na hora certa.

Fonte: Reimpressão com permissão de Narinder Kapur.

tem habilidades de linguagem e de leitura normais? Os escores nos testes de funcionamento visuoperceptivo e visuoespacial são normais? Há evidências de atenção e habilidades executivas fracas? Um bom perfil do funcionamento intelectual irá nos ajudar a selecionar o programa e estratégias corretos porque não deveríamos pedir a qualquer paciente aquilo que é cognitivamente impossível. E quanto às dificuldades emocionais? A pessoa sofre de ansiedade grave, depressão ou transtorno de estresse pós-traumático TEPT? Uma avaliação emocional detalhada usando os procedimentos descritos no Capítulo 8 deveriam complementar a avaliação cognitiva.

COMPLEMENTANDO A AVALIAÇÃO NEUROPSICOLÓGICA COM AVALIAÇÃO COMPORTAMENTAL

Uma avaliação neuropsicológica completa não nos dirá quais problemas estão causando o maior estresse ao paciente e a sua família; esta simplesmente informará as habilidades fortes e fracas do paciente e determinará se é necessário abordar dificuldades cognitivas e emocionais adicionais, bem como as de memória. Uma avaliação funcional ou comportamental será necessária para determinar que problemas cotidianos deveriam ser visados. Isso pode ser feito através de observações, entrevistas com a equipe, pacientes e familiares e medidas de autorrelato, como diários, escalas de avaliação e questionários. Certamente, os pacientes com problemas de memória nem sempre estarão cientes da natureza das suas dificuldades porque podem não lembrá-las, mas podemos pelo menos ver como eles "percebem" seus problemas e obter alguma ideia sobre seu nível de *insight*. Os membros da família, cuidadores e outros profissionais envolvidos poderão ter uma melhor compreensão; podemos também querer pedir a essas outras pessoas importantes que completem as escalas de avaliação, inventários ou questionários. Há uma discrepância entre os resultados do paciente e do informante?

Os procedimentos de avaliação comportamental têm amparado a reabilitação cognitiva com uma série de técnicas de medidas do comportamento. Segundo Hall (1971), há três principais tipos de medida: registro automático, medida de produto permanente e registro observacional. O registro automático poderia ser usado, por exemplo, para medir quantas vezes um paciente passeia pela ala desde que um sistema de alarme fosse usado para monitorar cada vez que o paciente passasse pela porta, deixando a ala. A medida de produto permanente se refere à medida de algo que permanece após um dado comportamento, por exemplo, quantas linhas de digitação foram completadas ou quantos quebra-cabeças foram montados? Não há duvida, porém, de que o registro observacional é o mais relevante para a reabilitação. Esse registro também pode ser subdividido nas seguintes categorias:

1. Registro contínuo. Alguém registra "tudo" o que a pessoa faz em dada situação (i.e., cada movimento, cada palavra, atividade e assim por diante). O registro contínuo é difícil de ser alcançado em um longo período de tempo, apesar de as gravações de áudio e vídeo poderem ser usadas para se chegar a um registro mais preciso.

2. Registro de evento. Um comportamento alvo é definido e cada instante desse comportamento é registrado. Poderíamos, por exemplo, estar interessados em quantas vezes uma pergunta é feita durante o curso de um dia ou quantas vezes a pessoa usa o caderno de anotações. Repetindo, apesar de isso poder ser difícil para alguns comportamentos de baixa frequência, pode ser útil para certos comportamentos, como o uso dos freios da cadeira de rodas antes da transferência ou lembrar-se de tomar a medicação. Na prática, o registro de eventos é geralmente limitado a certos períodos do dia ou da semana, assim como durante uma sessão de terapia ocupacional ou durante um intervalo de almoço. Esse método de registro também pode levar à imprecisão se quem regis-

tra colhe as informações em um período em que o comportamento seja mais ou menos provável. Se a pessoa somente repete questões quando um certo número de membros da equipe está presente, ou em algum momento específico do dia, e não estivermos fazendo a amostragem, teremos um registro impreciso. Nesses casos, seria necessário garantir que os períodos registrados foram de fato representativos, caso contrário será necessário fazer a coleta da amostra em uma variedade de momentos para se reduzir a probabilidade de um falso quadro.

3. Registro de duração. É usado quando é importante saber quanto tempo dura um certo comportamento. Por exemplo, se precisamos saber quanto tempo alguém leva para ler uma determinada passagem ou por quanto tempo um paciente pode trabalhar em uma tarefa; assim o registro de duração poderia ser o método de escolha. Uma desvantagem é que nem sempre é fácil determinar quando um comportamento específico começa e para. Por exemplo, se alguém estiver medindo o tempo de tarefa e a pessoa para para olhar o teto, pode não ficar claro se a pessoa está pensando sobre a próxima etapa ou se perdeu a concentração.

4. Registro de intervalo. Esse é um método convencional de amostragem comportamental. O período total de observação é dividido em intervalos de tempo e o observador anota se o comportamento alvo acontece ou não durante aquele intervalo. Esse método é particularmente útil para certos comportamentos como a repetição de uma história, pergunta ou piada. Uma outra vantagem é que pode indicar tanto severidade como duração de um comportamento. A principal desvantagem é que se trata de uma "estimativa" e não de um registro preciso da frequência do comportamento alvo. Se a repetição de uma pergunta acontece no intervalo, será anotado, mas o registro não faz distinção entre duas repetições ou 50 repetições. Na prática, os clínicos devem combinar o intervalo de registro com o registro de eventos, assim se for feita a amostragem de um comportamento de repetição em um período de 15 minutos quatro vezes ao dia, se poderia anotar "quantas" repetições (registro de eventos) ocorrem durante aquele intervalo.

5. Amostragem de tempo. O observador registra ao fim de um intervalo pré-determinado (p. ex., a cada hora cheia). A duração do intervalo depende do comportamento alvo propriamente dito e do tempo disponível para o observador. Dessa forma, pode-se decidir observar se a pessoa está ou não na sala correta ao final de um período de 15 minutos durante a manhã, ou se a pessoa está presente para as refeições no início de cada uma delas. A vantagem desse método é que não requer monitoramento contínuo, embora necessite de uma cronometragem precisa para se evitar viés nos resultados. Murphy e Goodall (1980) descobriram que a amostragem de tempo era um reflexo mais preciso

do verdadeiro índice de ocorrência de um comportamento alvo do que o registro de intervalo.

Uma outra forma de classificar os procedimentos de avaliação comportamental é dividi-los em autorrelato e procedimentos de observação comportamental (Hay, 1982). As medidas de autorrelato incluem (1) entrevistas, (2) questionários, escalas e inventários (do tipo *checklist*) e (3) automonitoramento.

Entrevistas comportamentais

O propósito de uma entrevista comportamental é obter entendimento dos antecedentes do comportamento problemático, descrevê-lo precisamente e sem ambiguidade e identificar as consequências que mantêm o comportamento. Isso pode, em um primeiro momento, parecer estranho no caso de pessoas com comprometimento de memória. Afinal, os antecedentes dos comportamentos problemáticos, assim como o esquecimento de informações ou falha na aprendizagem de novas habilidades, são devidos, quase com certeza, à lesão cerebral e ao déficit orgânico de memória em si. O comportamento problemático é que pouco ou quase nada é evocado após intervalo. A consequência de manter esse comportamento é que as estruturas da memória que garantem a consolidação, armazenamento e evocação não estão funcionando. Apesar disso, há situações em que tais entrevistas são valiosas. Por exemplo, se alguém está repetindo a mesma pergunta, história ou piada *ad infinutum*, poderá haver circunstâncias que disparam e mantêm esse comportamento. A repetição constante pode irritar os parentes e cuidadores. Uma entrevista comportamental poderia elicitar os gatilhos que causam o comportamento. Wilson (1999) descreveu um jovem, Martin, com a memória muito comprometida, fisicamente deficiente e muito simpático e sociável. Para garantir que ele estava prestando atenção durante as sessões de terapia, Martin era perguntado: "Você está pronto, Martin?". Sua resposta era invariavelmente: "Pronto, disposto e incapacitado". Apesar de animadora em um primeiro momento, a resposta rapidamente passava a ser irritante. Esse é um caso claro. O antecedente da sua "piada" repetitiva era a pergunta "Você está pronto?". O comportamento problemático era a sua resposta "Pronto, disposto e incapacitado" e a consequência da manutenção do comportamento era que ele não tinha lembrança de alguma vez ter dito isso antes. A solução era simples: mudar a questão. Para garantir que ele estava prestando atenção, Martin ouvia: "Vamos começar agora, Martin".

Um outro exemplo (Wilson, 1999) pode ser encontrado no capítulo sobre Clive, também descrito no Capítulo 3 deste livro. Frequentemente, Clive dizia que a sua situação era como estar morto. Geralmente ele diria: "Essa é a primeira prova que eu tive, a primeira visão, é como estar morto". Se as pessoas se solidarizavam a ele ou repetiam dizendo: "Então a sensação é de estar morto?", ele ficava cada vez mais agitado. Certas questões disparavam o gatilho, assim como testes de memória. Esses eram os antecedentes. O comportamento era a afirmação: "É como estar morto". As consequências que mantinham o comportamento eram respostas demonstrando solidariedade ou empatia. O problema foi diminuído quando os cuidadores e terapeutas mudavam de assunto e, em vez de se solidarizarem, perguntavam algo que era mais confortável para ele como: "Em que idade uma criança deveria aprender a tocar um instrumento?" ou "Qual o melhor instrumento para uma criança aprender a tocar?". Isso o acalmava e as mesmas questões poderiam ser perguntadas tanto quanto necessário porque Clive não lembrava de tê-las ouvido antes. A entrevista comportamental pode não levar a informações precisas com a maioria das pessoas com comprometimento de memória porque elas não conseguem lembrar aquilo que não conseguem lembrar, ou, em outras palavras, esquecem daquilo que esquecem. Por outro lado, elas podem ter *insight* fraco. Pode-se, ainda, querer entrevistar os parentes, cuidadores e terapeutas, que podem ter conhecimento das situações e podem dar informações mais precisas.

Questionários, escalas e inventários

Esses instrumentos são usados desde os primórdios da psicologia (p. ex., Galton, 1907). Em relação à avaliação de memória, alguns questionários, escalas e inventários foram desenvolvidos. Os questionários relacionados às falhas de memória incluem o Short Inventory of Memory Experiences (Inventário de Experiências de Memória), de Herrman e Neisser (1978), o Subjective Memory Questionnaire (Questionário Subjetivo de Memória), de Bennett-Levy e Powell (1980), o Cognitive Failures Questionnaire (Questionário de Lapsos de Memória), de Broadbent, Cooper, Fitzgerald e Parks (1982), o Everyday Memory Questionnaire (Questionário de Memória Cotidiana), de Sunderland, Harris e Baddeley (1983) e o Perspective and Retrospective Memory Questionnaire (Questionário de Memória Prospectiva e Retrospectiva), de Crawford, Smith, Maylor, Della Salla e Logie (2003). Uma versão abreviada de 13 itens do Questionário de Memória Cotidiana (originalmente com 28 itens) foi publicada por Royle e Lincoln (2008), que sugeriram que a versão reduzida é uma medida confiável e válida.

Escalas e inventários incluem o Everyday Memory Symptoms Questionnaire (Questionário de Sintomas de Memória Cotidiana), de Kapur e Pearson (1983), que é uma escala curta e prática. Os pacientes são solicitados a comparar seu desempenho atual em tarefas de memória (p. ex., lembrar de dar recados ou como chegar a algum lugar) com o desempenho pré-mórbido. A autoavaliação é medida em uma escala de 3 pontos (sem mudança, levemente pior e muito pior). Como mencionado antes, as pessoas com comprometimento de memória geralmente não têm ciência de seus déficits e podem superestimar sua habilidade de recordar, mas essa escala é uma boa medida de seu *insight* e, certamente, o clínico pode dar a escala para parentes e cuidadores do paciente para verificar a ocorrência de uma discrepância importante. Entretanto, Olsson, Wik, Ostling, Johansson e Andersson (2006) encontraram um bom grau de consistência entre escalas de autoavaliação e outras avaliações significativas dentre 30 pessoas com lesão cerebral e seus cuidadores em uma versão modificada do Questionário de Memória Cotidiana. Os inventários podem dar informações adicionais às obtidas através de questionários e escalas. O inventário de Sunderland Harris e Gleave (1984) foi modificado para uso com pessoas com comprometimento de memória para dar informações sobre o tipo e a frequência dos lapsos de memória em diferentes situações (Wilson, 1999). Os inventários podem também ser usados, é claro, como auxílios de memória. Retornaremos a essa questão mais adiante.

Técnicas de automonitoramento

Já em 1970, Kanfer disse que as técnicas de automonitoramento (i.e., observação do seu próprio comportamento) podem levar ao aumento ou à diminuição do comportamento. Registrar o que a pessoa come, por exemplo, pode levar à redução de alimento ingerido. O automonitoramento é, por vezes, usado em reabilitação de memória, geralmente para se obter um registro de lapsos de memória. Pode-se solicitar aos pacientes que completem um diário de memórias ou anotar cada ocasião de um lapso de memória (Wilson, 1999). Novamente, o problema com o uso de automonitoramento com pessoas com comprometimento de memória é que elas podem-se esquecer de registrar os incidentes. Algumas vezes isso pode ser superado com o treinamento. Alderman, Fry e Youngston (1195) descreveram como ensinaram um paciente com lesão cerebral a melhorar seu automonitoramento; Kime e colaboradores (1996) também melhoraram o automonitoramento em um paciente amnésico.

Observações comportamentais

As observações no ambiente natural são importantes. Como o propósito da reabilitação é melhorar o funcionamento cotidiano, com frequência precisamos fazer observações no cotidiano. As observações podem revelar comportamentos não detectados por avaliações, entrevistas, questionários, escalas ou inventários. Clive, o músico amnésico, sofria frequentes episódios de espasmos e de eructação (popularmente conhecido como ato de "arrotar"), atribuídos à epilepsia, inicialmente. As observações feitas por um estagiário de psicologia, Avi Schmueli, mostraram que os apisódios eram mais frequentes quando havia mudança de atividade, como quando era solicitado a fazer um teste diferente ou ir de uma sala para outra (Wilson, 1999). Essa descoberta não teria sido facilmente identificada sem observação.

Por meio da observação, também se pode perceber eventos que levam ao problema e às consequências da manutenção do comportamento, o que auxilia na análise funcional (determinar os antecedentes, comportamento e consequências). Além disso, pode-se observar como um paciente prefere passar seu tempo, tais como ficar sentado, fazer nada, ler, conversar com pessoas ou assistir à televisão. Essas atividades podem ser usadas como motivadores. Pode-se observar, também, se quaisquer novas estratégias, habilidades ou informações são usadas ou não em outras situações (i. e., há transferência de nova aprendizagem?). Certos comportamentos não são detectáveis à observação direta porque acontecem de forma privada, pois a observação modifica o comportamento ou devido à preocupação com atitudes, crenças ou sentimentos.

É importante ainda considerar as observações simuladas em alguns casos como quando se quer medir um comportamento não frequente (p. ex., ver como a pessoa com comprometimento de memória explica a lesão cerebral ou problema de memória a um estranho) ou quando o observador tem pouco tempo e só pode fazer a observação em certas situações. É sempre possível que essas situações de simulação levem à informação imprecisa, mas se a pessoa tiver razoável confiança de que as situações simuladas e naturais se aproximam, então podem trazer dados importantes. Em reabilitação da memória, pode-se pedir aos pacientes que dramatizem para que se observe um aspecto de seu comportamento. Assim, se um dos objetivos para um paciente for ser capaz de explicar aos outros o que aconteceu a ele ou ela, isso pode ser observado em situações de dramatização (*role-play*). Se quisermos saber como alguém lida com o telefone ou se pode anotar recados de forma correta, podemos simular essa situação. A maioria dos departamentos de terapia ocupacional tem uma cozinha onde se pode observar quão bem os pacientes podem cozinhar ou seguir uma receita – e esse princípio pode ser aplicado a uma simulação de escritório, sala de aula ou loja.

Há vantagens e desvantagens em todas as técnicas de registro e avaliação comportamental, mas precisamos ter alguma medida das dificuldades da vida real para se estabelecer uma linha de base para o julgamento da eficácia das intervenções de reabilitação. Quando as informações das avaliações cognitiva, emocional e comportamental forem reunidas a outras avaliações tais como atividades do cotidiano, fisioterapia e avaliações de fala e linguagem e o estabelecimeto de objetivos for completado, as próximas etapas podem ser seguidas.

ESTABELECIMENTO DE OBJETIVOS

Como mostrado no capítulo anterior, os programas de reabilitação são planejados em função de objetivos. Em muitos casos, o paciente, os familiares e a equipe envolvidos terão de começar a pensar sobre os objetivos antes de a formulação de objetivos ser completada. Os objetivos precisam ser significativos e seguir os princípios SMART descritos no Capítulo 9. Isso é importante para estabelecer os objetivos de curto e de longo prazo porque, como Latham e Seijts (1999) descobriram, o estabelecimento de objetivos a longo prazo por si só leva a *performances* mais fracas do que quando se combina objetivos de longo e curto prazo. As metas serão fixadas após discussão com o cliente, familiares, cuidadores e, possivelmente, outros serviços de apoio importantes. Precisamos saber o que as famílias e pacientes percebem como problemas, quais são suas prioridades e necessidades, e o que eles querem ser capazes de fazer. Pode ser necessário estabelecer objetivos temporários antes de se determinar os objetivos finais acordados. Por exemplo, para Simon, um paciente com AVC, Palmer, Psaila e Yates (no prelo) estabeleceram os seguintes objetivos temporários:

• Melhorar a leitura e escrita.
• Ser capaz de voltar a expressar palavras.
• Voltar ao trabalho como capataz e trabalhador de obra.
• Readquirir licença para dirigir.
• Sentir-se mais próximo do seu antigo jeito de ser.

Após avaliação, formulação e negociação, os objetivos foram renegociados e acordados como segue:

• Entender a lesão e suas consequências e lidar com elas de forma efetiva.
• Ser independente em atividades cotidianas tais como orçamento doméstico, planejamento e gerenciamento de correspondências e finanças.
• Identificar um plano de ação vocacional realista para os próximos seis a 12 meses.

Além dessas áreas, Simon também estabeleceu três objetivos relevantes à paternidade e relacionamentos: Simon terá confiança na sua habilidade de ler histórias para seus filhos mais novos como avaliado pelo fonoaudiólogo e por dois avaliadores independentes. Simon irá se responsabilizar de forma independente por atividades de cuidados com os filhos (inclusive sendo capaz de organizar suas atividades diárias, de ajudá-los a fazer as tarefas de casa e se envolver com suas atividades de lazer). Simon irá interagir melhor em atividades sociais identificadas a partir de avaliações feitas por ele mesmo, pelo cuidador e pela equipe do Centro Oliver Zangwill.

Todos os objetivos estabelecidos deveriam ser realistas e pelo menos potencialmente alcançáveis com o período e recursos disponíveis. É importante, também, expressar os objetivos de forma que não somente seja confortável para o cliente, mas que também lhe permita se sentir responsável por esses objetivos. Consistente com os princípios SMART, deveria ser especificado quem fará o quê, sob que condições e dentro de que padrão e como será determinado o sucesso. Os objetivos de curto prazo são passos na direção do alcance dos objetivos de longo prazo e os planos de ação afirmam o que precisa ser feito para que se alcancem os objetivos de curto prazo. Assim como com os objetivos de longo prazo, tanto os de curto prazo quanto os planos de ação deveriam especificar quem fará o quê, quando, etc. Exemplos de objetivos de longo e curto prazo, bem como planos de ação podem ser encontrados no Capítulo 9.

Kime (2006), em seu livro prático *Compensating for memory deficits using a systematic approach*, usou uma abordagem um pouco diferente para esses objetivos. Geralmente, ela começa com objetivos iniciais de curto prazo durante as 4 primeiras semanas, então vai para os objetivos de curto prazo revisados nas semanas 5 a 11, e, finalmente, vai para mais objetivos revisados nas semanas 11 a 14. Uma de suas pacientes era uma mulher de 55 anos sobrevivente da remoção cirúrgica de um tumor e que também tinha um aneurisma na artéria oftálmica esquerda, que havia sido perfurada. Os objetivos iniciais de curto prazo da paciente foram (1) chegar aos compromissos a tempo, inclusive pegar sua filha na escola; (2) controlar informações médicas, inclusive detalhes das visitas ao seu médico; (3) ir à lavanderia a cada semana, de forma independente. Os objetivos revisados para o meio do período de reabilitação foram (4) completar as tarefas domésticas de gerenciamento e (5) desenvolver e usar um sistema organizado de arquivos para controlar os registros de finanças e outros registros pessoais. O objetivo final revisado foi (6) planejamento alimentar. Auxílios compensatórios foram usados para o alcance bem-sucedido desses objetivos.

SELECIONANDO AS MELHORES ESTRATÉGIAS PARA ALCANÇAR OS OBJETIVOS

Se possível, deveríamos oferecer às pessoas com comprometimento de memória ambas as terapias, em grupo e individual. Vivemos em grupos, funcionamos em grupos e, como dito no Capítulo 7, há muitas vantagens no tratamento de pessoas em grupos. Os grupos também podem ser designados a ajudar as pessoas a alcançarem seus objetivos. Se temos a expectativa de que eles usem auxílios de memória, isso pode ser feito durante a sessão em grupo. Se o objetivo for ganhar confiança, os grupos podem se úteis nesse sentido. Se o grupo for orientado em relação ao tempo e lugar, então, mais uma vez, isso pode ser feito durante uma sessão em grupo.

Os capítulos anteriores descrevem uma série de estratégias para auxiliar as pessoas com comprometimento de memória a alcançarem seus objetivos. Se as pessoas precisarem aprender informações novas, então as estratégias de aprendizagem SE, evocação espaçada e técnica do apagamento de pistas podem ser consideradas juntamente com mnemônicas e estratégias de repetição. Para aprender os nomes das pessoas, a aprendizagem SE combinada com mnemônica visual, PE e evocação espaçada pode ser o método de escolha. Se o objetivo for aprender um novo programa de computador (ou como usar um computador), então a aprendizagem SE, a evocação espaçada e a

PE provam ser eficientes. Para melhorar as habilidades de estudo, a técnica PQRST pode ser benéfica.

Para pacientes com problemas emocionais, o Capítulo 8 descreve uma série de formas usadas para se lidar com estes. A participação em grupos também pode reduzir a ansiedade e o estresse. O propósito de grupos de gerenciamento do humor, descritos no Capítulo 7, é permitir que os pacientes desenvolvam habilidades e estratégias para lidar com dificuldades emocionais. Em relação a esse fim, os clientes são auxiliados a discutir e partilhar suas experiências com outros clientes e recebem uma "caixa de ferramentas" de estratégias para ajudá-los a experimentar diferentes formas de lidar com os desafios emocionais.

Para pessoas cujo objetivo é lembrar mais eventos cotidianos, poderia ser válido considerar o uso de uma câmera para registro dos acontecimentos diários. Uma câmera com sensor foi brevemente descrita no Capítulo 4. Trata-se de uma câmera que pode ser usada junto ao corpo, desenvolvida pela Microsoft Research, em Cambridge, a qual capta algumas centenas de imagens ao dia, para auxiliar a memória autobiográfica de pessoas com comprometimento de memória. Ela pode ser ligada a um computador pessoal que automaticamente baixa as imagens registradas e permite que sejam vistas rapidamente, como se fosse um filme. Alguns estudos preliminares para avaliação dessa nova câmera foram conduzidos por Berry e colaboradores (2007) e parece promissora, pelo menos para algumas das pessoas com déficits de memória.

Se o objetivo for lembrar de fazer coisas ou usar um sistema de memória de maneira eficiente, então um dos vários auxílios descritos no Capítulo 5 pode ser útil. Kime (2006) também descreveu uma série de auxílios e explicou como alguns desses podem ser modificados e ensinados para as pessoas com comprometimento de memória. Por exemplo, seu esquema para aprender a usar uma agenda pessoal inclui o seguinte:

1. Certificar-se de que a pessoa tem sua agenda consigo o tempo todo.
2. Treinar a equipe para que dê dicas ao cliente para que mantenha sua agenda consigo o tempo todo.
3. Identificar um lugar específico para manter a agenda (deve ser um lugar bastante visível).
4. Colocar anotações ou cartazes onde não possam ser ignorados (p. ex., na porta de saída da casa, mas definitivamente "não" na agenda).
5. Assegurar que o cliente verifique a agenda com frequência.
6. Consultar o alarme a cada hora (associar isso a um alarme que soa de hora em hora pode ser necessário para alguns clientes).
7. Consultar a agenda em horários predeterminados ou em horários variados dependendo da natureza das tarefas a serem executadas.

Kime então discutiu o seguinte:

Usar as páginas diárias
• Onde dispor a informação.
• Quando inserir informação.
• Escrever notas legíveis e concisas.
• Recuperar a informação por meio de escaneamento e marcar as tarefas completadas.

Usar um calendário de visualização mensal
• Determinar quais informações são relevantes aqui.
• Inserir informações.
• Lembrar-se de revisar o calendário mensal.
• Transferir as informações para as páginas diárias.

Não há uma única forma certa para ensinar tais estratégias, mas as etapas acima devem ser consideradas quando se ajuda uma pessoa com comprometimento de memória a usar um sistema de memória.

Listas de checagem (*checklists*) como estratégias de tratamento

Em 1993, tive a sorte de passar um tempo com Susan Kime no Arizona e fiquei impressionada com a sua habilidade de ensinar pessoas com comprometimento de memória a alcançar tarefas ainda mais difíceis através do uso de listas de checagem. A paciente descrita por Kime e colaboradores (1996) foi uma dessas. Ela tinha amnésia grave e Kime decidiu ensiná-la a usar um livro de memórias contendo muitas partes (p. ex., um mapa do centro de reabilitação, sua agenda diária, coisas a fazer, nomes das pessoas da equipe e várias outras seções). Eu achei que isso era algo muito ambicioso, mas Kime foi brilhante e a jovem com amnésia grave, ao final, foi capaz de manter um trabalho através do excelente uso de seu sistema de memória. Muito do trabalho foi conseguido através de listas de checagem nas quais as etapas individuais para completar qualquer tarefa são listadas para a paciente trabalhar nelas e verificar cada passo. Aprender a programar um alarme é um exemplo. Um relógio com uma campainha e um alarme de hora em hora é dado, bem como uma lista de passos de como usá-lo (ver Figura 10.1).

Segundo Kime (2006, p. 40), a maioria dos pacientes precisará de duas ou três sessões com um terapeuta para aprender a fazer uso da lista de checagem. Os passos para o relógio com alarme são bastante complexos, mas listas podem ser feitas para qualquer tarefa, não importando quão curtas ou difíceis sejam. O exemplo de Kime (p. 40) de uma tarefa mais fácil é uma lista para uso do toalete por paciente em cadeira de rodas:

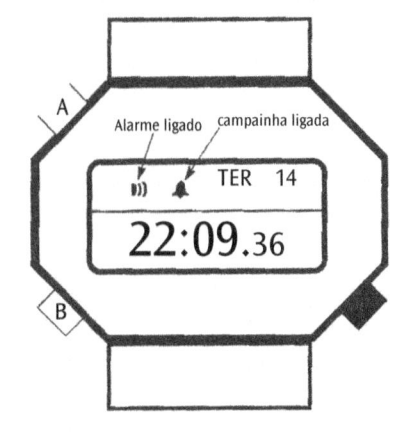

Funções
Campainha – toca a cada hora
Alarme – dispara no horário programado

Instruções para a campainha
(A campainha deve estar sempre ligada)
1. Aperte o botão B até que as letras "AL" sejam mostradas.
2. Aperte o botão C para alternar entre os símbolos "alarme" e "campainha", até que somente o símbolo "campainha" esteja aparecendo.
3. Aperte o botão B *uma vez* para retornar ao modo de horário.
4. A campainha agora está programada.

Instruções para o alarme
1. Aperte o botão B até que as letras "AL" sejam mostradas.
2. Aperte o botão A para iniciar o procedimento de ajuste do alarme (o horário deve estar piscando).
3. Aperte o botão C para avançar nas horas. As letras PM irão aparecer no canto superior esquerdo se o alarme for programado para horas após o meio-dia.
4. Aperte o botão A para o próximo número piscar. Use o botão C para avançar nos números.
5. Aperte o botão A quando o alarme estiver programado.
6. Aperte o botão B para voltar ao modo de exibição normal. O alarme agora está programado. O símbolo "alarme" deverá estar aparecendo.

Para desligar o alarme
1. Aperte o botão B até que as letras "AL" sejam exibidas.
2. Aperte o botão C para alternar entre os símbolos "alarme" e "campainha", até que o símbolo "campainha" apareça.
3. Aperte o botão B *uma vez* para voltar ao modo de horário.
4. O alarme agora está desligado e a campainha de hora em hora está ligada.

Figura 10.1 Instruções para uso de um relógio com alarme. Reimpressão permitida por Susan Kime.

1. Acione ambos os freios da cadeira de rodas.
2. Coloque ambos os pés no chão.
3. Alcance o braço do sanitário. NÃO USE O SUPORTE DE TOALHAS.

O EXEMPLO DE JAY

Jay sofreu hemorragia cerebral aos 20 anos e ficou com amnésia grave. Com a ajuda de sua família, alguma reabilitação e seus próprios esforços, desenvolveu um sofisticado sistema ao longo dos anos. Tem sido tão bem-sucedido, que é capaz de viver sozinho, sustentar-se, e até mesmo fazer sua própria declaração de imposto de renda, apesar do fato de seus graves déficits de memória terem persistido (Wilson, J.C. e Hughes, 1997; Wilson, 1999). Devido à escassez de histórico de tais sistemas e porque James mantém anotações extensivas, seu próprio relato do desenvolvimento desse sistema é apresentado aqui.[1] Ressalta-se o modo como Jay foi capaz de se manter como um profissional autônomo graças ao uso deste sistema.

Estágio 1. Entre outubro e dezembro de 1986, usei um bloco de notas que mantinha no bolso da minha camisa e um relógio com um alarme o qual soava a cada hora. Sempre que o alarme soava, eu anotava o que estava fazendo. Mais tarde eu transferia essa informação para um diário, mas fiz muito pouco no sentido de planejamento futuro.

Estágio 2. "O grande plano", janeiro de 1987. Tinha uma folha semanal na minha mesa, assim como uma folha diária, as quais eu preenchia com detalhes da minha folha semanal e apontamentos isolados da minha agenda. O cartão diário era mantido em uma pequena agenda. O propósito era:

1. Todos os compromissos deveriam ser anotados.
2. Haveria um cartão diário na minha agenda.
3. Uma lista escrita de todas as tarefas diárias e semanais estaria na minha mesa (a folha semanal).
4. As tarefas seriam transferidas para meu cartão diário à noite ou pela manhã. Evi [tia de Jay] ou uma de minhas irmãs me lembrariam de fazê-lo.

Inicialmente, usei o verso das minhas anotações diárias como registro do dia. Entretanto, logo em seguida, passei a usar um bloco de espiral. A agenda era amarrada com uma tira elástica ao caderno e ambos cabiam no bolso da minha camisa. Nesse estágio era importante que eu carregasse o bloco comigo o tempo todo.

O foco era, agora, o planejamento futuro e não a concentração no passado.

Estágio 3. Eu obtive um gravador de voz para registrar os eventos do momento, os quais transcrevia para meu diário à noite.

Estágio 4. Abril de 1987. Quando escrevia o cartão diário, eu usava o diário de bolso, assim como a folha semanal. Isso foi uma tentativa de estabelecer uma rotina

---

[1] Adaptado de Wilson, J. C. e Hughes (1997). Adaptado com permissão de Psychology Press, Taylor e Francis e Informal-World (www.informaworld.com).

em que, quando o alarme soa para um compromisso, é reiniciado para o próximo conforme o cartão diário. (Isso nunca deu muito certo, mesmo quando tive um Seiko RC 4000 em 1989.)

Estágio 5. Em setembro de 1987 me mudei para meu próprio apartamento na mesma rua que a casa dos meus pais. Eu tirei a chave da minha antiga casa do chaveiro para que eu não fosse para lá por engano.

Estágio 6. Dezembro de 1987. Houve um problema em relação a como eu pegaria as informações da agenda uma vez que, quando eu a lia, esquecia o que estava procurando. Uma das minhas irmãs me deu uma pequena agenda com folhas soltas, parecida com um organizador pessoal, o que pareceu ajudar.

Estágio 7. Dezembro de 1987. Eu esquecia compromissos por me esquecer de programar meu relógio; então fiz esforços extras nesse sentido.

Estágio 8. Janeiro de 1988. Comprei um organizador pessoal.

Estágio 9. Fevereiro de 1988. No início de fevereiro eu perdi um compromisso com minha irmã mais nova. Ela ficou zangada comigo para ver se isso ajudaria. Parece que sim, uma vez que mantive três compromissos extras durante a semana.

Estágio 10. Março de 1988. O controle do meu relógio estava melhor.

Estágio 11. Abril de 1988. Tudo certo com o relógio, eu estava fazendo anotações no organizador do tempo gasto em meus projetos.

Estágio 12. Julho de 1988. Comecei a digitar em um computador para ver se era útil. Elaborei um padrão de programa de computador que me ajudaria a recuperar informações da agenda.

Estágio 13. Setembro de 1988. Comecei no London College of Furniture. Eu tinha mapas mostrando como chegar lá, assim como uma anotação para entrar na parte da frente do trem, de modo que eu usava a saída à esquerda para sair da estação.

Estágio 14. Outubro de 1988. Avaliei a possibilidade de usar um computador para registrar minha agenda. Houve problemas com o tamanho do banco de dados e também para recuperar informações.

Estágio 15. Fevereiro de 1989. Minha agenda foi feita no computador. Recebi um novo relógio, um Seiko RC 4000. As instruções para inserir informações no relógio foram escritas em uma folha do meu organizador. Seis semanas mais tarde eu tinha memorizado esses passos.

Estágio 16. Abril de 1989. Quando estava longe de casa eu usava meu casaco como uma base. Eu usava um gravador de voz para planejar meus trabalhos do curso e descobri que era melhor fazer o planejamento ao final de cada lição.

Meu arquivo escolar tinha diferentes seções para diferentes habilidades. Para as compras, agora eu tinha diferentes seções para diferentes lojas em vez de colocar tudo em uma única lista. Então, por exemplo, gêneros alimentícios iriam em uma seção e carne em outra.

Estágio 17. Setembro de 1990. Comecei cursos nas escolas Twickenham e Richmond. Usei um mapa A-Z no ônibus para saber onde descer. Depois de 20 viagens, eu sabia, sem verificar o mapa, onde descer. Eu tinha um mapa da escola para chegar até a oficina e um outro mapa para ir da Twickenham à Richmond. Finalmente, eu tinha anotações com os números dos ônibus e a posição das paradas.

Estágio 18. (desde 1990.) Em janeiro de 1991 eu tinha um encontro com uma amiga. As gravações que fiz durante o encontro foram anotadas em uma folha amarela, com o nome dela em cima, no meu organizador. Mais tarde, chamei essa de folha social. As anotações dos encontros seguintes foram acrescentadas à folha. Houve uma segunda ou terceira folha. Então usei folhas sociais para outras pessoas. Um colega de trabalho detém o recorde e ele tem nove folhas sociais. A maioria dessas será guardada em um arquivo reservado. Adesivos *post-it* são colocados nas folhas sociais com sugestões e ideias para futuras atividades conjuntas, quando fazer a próxima ligação e assim por diante. Gradualmente, diferentes folhas coloridas foram usadas para diferentes aspectos da minha vida.

Sempre que algo tivesse que ser feito no meu apartamento, uma folha verde era usada. A luz piloto do meu *boiler* periodicamente estraga, então eu preciso chamar um encanador. Ele está atualmente na terceira folha social. Detalhes do que precisa ser feito são anotados em *post-it* para que eu saiba o que dizer quando ligar para ele. Uma vez que o trabalho tenha sido feito, o transfiro para uma folha social.

Se for a um restaurante que eu particularmente goste, anoto em uma folha vermelha. Incluo o nome, o telefone, o endereço e como chegar até lá, o tipo de comida servida e alguma ideia sobre quanto poderia custar. Então faço uma anotação sobre quando estive lá, com quem e quanto gastei. Ocasionalmente anoto algum prato em especial (p. ex., "carne com manjericão é fabulosa").

Comecei a usar folhas cor-de-rosa em 1995 para informações variadas como anotações sobre uma piscina que abriu perto ou detalhes sobre férias que precisassem de organização de várias datas e horários de trem. Agora chamo essas de "folhas de lazer". O último tipo de folha é azul e falarei mais dela na próxima parte.

Estágio 19. Desde 1992 sou profissional autônomo. Eu faço pátina e recupero cadeiras. O sistema atual é: um cliente telefona e diz que tem um trabalho para mim. Se for para recuperar uma cadeira, essa é geralmente entregue para mim, mas às vezes eu vou buscá-la. Se for um trabalho de pátina, eu preciso sair e fazer um orçamento.

Então abro a folha de trabalhos no meu organizador. Um número para o trabalho vai na folha junto do nome do cliente, endereço e telefone. Eu também registro a data de início do trabalho, o prazo de término, o tipo de trabalho, o preço cobrado e os detalhes do trabalho. O número do trabalho corresponde a uma página em um caderno A5, idêntico. Esse processo é um pouco diferente para trabalhos com fornecedores.

Anoto os detalhes dos clientes e acerto no momento quando vou entregar um orçamento. Eu faço uma anotação na folha diária pertinente (p. ex., "fazer o trabalho 455"). Eu também programo o alarme para ter tempo. Faço o orçamento do trabalho e o cliente fica com uma cópia do livro de trabalhos como registro do que foi acordado. Também combinamos quando vou devolver (ou quando o cliente virá retirar). Anoto na minha folha diária no organizador quando vou fazer o trabalho e também programo o alarme. Anoto quanto tempo gasto em cada trabalho e armazeno no livro de trabalhos na folha de trabalhos. Também anoto o custo dos materiais. Quando um cliente paga, é feito o registro no livro de trabalhos, e a folha de trabalhos no organizador é então dispensada.

Essas folhas coloridas e a capacidade de cruzamento entre elas facilitam a recuperação de informações, o que é melhor que um programa de computador porque várias folhas podem ser vistas ao mesmo tempo. Também são mais portáteis e menos prováveis de serem roubadas. O fato de que as folhas são de diferentes cores torna a busca mais fácil no organizador.

A tia de Jay também fazia anotações sobre seu progresso e descreve os diferentes tipos de listas e alarmes que Jay utiliza. Apesar de não serem totalmente à prova de erro, não há dúvida de que Jay desenvolveu um sistema muito eficiente para lidar com seus problemas de memória e sua contribuição é um admirável exemplo do que pode ser alcançado por alguém que compensa muito bem.

GENERALIZAÇÃO OU TRANSFERÊNCIA DE APRENDIZAGEM

Muitos programas de reabilitação falham porque preocupam-se pouco com a generalização. Se ensinamos alguém a usar um auxílio compensatório no centro de reabilitação, esse poderá não ser usado em outras situações; se podemos ensinar alguém a usar as travas da cadeira de rodas antes de transferi-la ao hospital não sabemos o que irá acontecer quando a pessoa sair do hospital; e se podemos evitar que alguém faça a mesma pergunta repetidas vezes na terapia ocupacional, as repetições podem voltar a acontecer quando a pessoa está em casa. O planejamento para a generalização deveria ser parte de cada programa. Verfaellie, Rajaram, Fossum e Williams (2008) melhoraram a generalização em cada pesquisa apresentando variados contextos semânticos nos quais as palavras eram repetidas. Em relação ao mesmo número de repetições em dado contexto semântico fixo, as pessoas com comprometimento de memória desempenharam-se melhor em tarefas de reconhecimento quando os contextos eram variados.

Há diferentes tipos de generalização, inclusive a generalização entre ambientes (provavelmente a mais importante em reabilitação), a generalização entre comportamentos ou problemas e generalização entre pessoas. A primeira se refere a situações nas quais a estratégia aprendida em um ambiente é usada em outro. Dessa forma, se uma pessoa com comprometimento de memória aprende a usar um auxílio eletrônico de memória em um grupo de memória, mas falha ao usá-lo em qualquer outro lugar, a generalização não aconteceu. O segundo, a generalização entre comportamentos ou problemas, refere-se às situações nas quais estratégias são ensinadas para se lidar com um comportamento ou problema são aplicadas a outros comportamentos ou problemas. Por exemplo, se alguém aprende a usar o procedimento PQRST para melhorar a evocação de artigos de jornal e então usa o mesmo procedimento para lembrar trabalhos escolares, a generalização aconteceu. No terceiro tipo, a generalização entre pessoas, quando foi estabelecido qual estratégia é efetiva para uma pessoa, queremos saber se a mesma estratégia é efetiva para outros. Assim, demonstramos que a aprendizagem SE é um bom método para ensinar um novo programa de computador a John, questionamos se essa será também uma boa estratégia para Mary, Sally e Joe. Em outras palavras, a estratégia se generaliza entre as pessoas?

Podemos melhorar a generalização de várias formas. Para pacientes internados, ter um tempo em casa antes da alta final pode levar a um aumento da aplicação de estratégias aprendidas no hospital. Também podemos educar membros da família e outros cuidadores em relação à natureza das dificuldades da pessoa com comprometimento de memória e como melhor lidar com essas. Visitas à casa, sessões de *follow-up* e revisões podem determinar se procedimentos, técnicas e estratégias estão sendo mantidos. Antes disso, porém, deveríamos nos referir à generalização como parte do tratamento e, se não estiver acontecendo espontaneamente, precisamos ensinar a generalização. Se alguém aprende a usar um auxílio eletrônico ou qualquer tipo de sistema de memória no centro de reabilitação, precisamos observar se é usado ou não em outros lugares, como nas alas do hospital, em casa ou no trabalho. Se não é usado, então devemos encorajar, estimular ou usar a estratégia de ensino outra vez, para garantir que seja usado nesses outros lugares. Se um paciente aprende os nomes dos terapeutas, amigos e vizinhos através de fotografias em uma sessão de treinamento, é fundamental garantir que essa aprendizagem seja transferida para a vida cotidiana. Por exemplo, podemos levar o paciente para um passeio ao redor do centro de reabilitação ou na vizinhança para encontrar essas pessoas e ver se ele consegue cumprimentá-las por seus nomes e, se não puder, ensinar em outras situações, preferencialmente com o terapeuta, amigo ou vizinho presentes. Os familiares e cuidadores podem aprender a garantir a generalização. O importante é abordar a generalização conscientemente e não esperar que ocorra espontaneamente. Se assim acontecer, então será um bônus, mas se não o for, todo o programa de reabilitação poderá ser uma perda de tempo.

UM MODELO PARA PLANEJAR UM PROGRAMA DE REABILITAÇÃO

Anteriormente descrevi um modelo básico para planejamento de tratamento (Wilson, 1992; Wilson et al., 2003) e reitero aqui essas etapas porque acho que são muito úteis para pensar sobre qualquer problema com o qual eu tenha que lidar em reabilitação. Apesar de primeiramente usado para comportamentos problemáticos, o modelo pode ser aplicado à memória e a outros déficits, problemas motores e até mesmo dificuldades emocionais. Esse modelo pode ser usado junto com os objetivos SMART descritos anteriormente. Um não exclui o outro.

1. *Defina o comportamento a ser modificado.* Evite termos vagos e genéricos como "memória fraca" ou "esquece facilmente" porque é difícil medi-los e não saberemos se o tratamento foi bem-sucedido. É melhor dizer algo como "não usa auxílio de memória" ou "não consegue encontrar sua cama na ala do hospital".
2. *Decida se uma definição operacional é necessária.* Definições operacionais são úteis quando é difícil determinar o problema. Por exemplo, se um paciente tem "concentração fraca" ou "não tem autocontrole",

se poderia observar o paciente em situações em que ele parece ter fraca concentração ou perda de autocontrole e, dependendo das circunstâncias, diga algo como "para efeito de tratamento, iremos definir operacionalmente atenção fraca como a incapacidade de trabalhar mais do que 2 minutos em uma tarefa de terapia ocupacional" ou "a falta de autocontrole é operacionalmente definida aqui como xingamento a outros pacientes, gritos com a equipe e derrubar as cadeiras". Uma vez que os problemas tenham sido definidos dessa forma, podemos então medir a frequência com que ocorrem. No caso de problemas de memória, "a memória fraca" pode ser operacionalmente definida como "não tomar medicação, não lembrar se tomou banho naquele dia e não poder encontrar o caminho na volta da lanchonete do hospital".

3. *Determine os objetivos ou alvos do tratamento.* Como dito, é importante especificar os objetivos claramente e sem ambiguidade. Dessa forma, para uma pessoa com comprometimento de memória com os problemas descritos na etapa 2, podemos decidir, após negociação com o paciente e outros, que os três objetivos são: (1) tomar medicação de forma independente três vezes ao dia durante 7 dias consecutivos, dentro de meia hora do horário especificado; (2) usar um inventário para registrar data e horários dos banhos e fazê-lo durante duas semanas sem erro e (3) aprender a chegar na lanchonete, fazendo o menor caminho na hora do almoço todos os dias durante 2 semanas.

4. *Mensure a(s) dificuldade(s) – isto é, obtenha linhas de base por avaliações iniciais.* Isso pode ser feito de diversas formas usando as medidas descritas anteriormente. Para os problemas de memória do nosso paciente descrito no item 3, provavelmente faríamos uma contagem de frequência (registro de eventos) da série de vezes que ele toma sua medicação sem estímulo (e quão próximo o fez da hora especificada) e com que frequência tomou banho. Se o paciente frequenta o hospital apenas durante o dia, sua esposa poderia ser solicitada a fazer os registros da medicação da manhã e da noite e do número de banhos tomados. Poderíamos estar interessados também em quantos momentos de desacordo houve durante a situação do banho. Com relação a encontrar o caminho para a lanchonete, se isso acontecesse no centro de reabilitação, a equipe faria o monitoramento e talvez controlasse o tempo para ver quanto levou para o paciente encontrar a lanchonete; ou a equipe poderia decidir contar o número de estímulos que o paciente precisou para parar de errar o caminho. O número de sessões para a avaliação inicial dependerá da frequência e estabilidade do comportamento. Para avaliações estáveis, como "nunca" se lembra de tomar a medicação sem estímulo, um mínimo de quatro avaliações deveriam ser conduzidas. Para comportamentos que variam conside-

ravelmente, só é necessário garantir que a avaliação inicial seja estável
e poderiam ser necessárias 20 sessões ou mais. Se o comportamento
continua melhorando durante a avaliação inicial, então pode não haver a necessidade de tratamento, porque o problema está melhorando
com o tempo. De outra forma, pode-se-ia começar o tratamento e
então ver se o "índice" de mudança é mais rápido após a introdução
de uma intervenção. Às vezes uma análise mais detalhada se faz necessária, tal como "o momento do dia faz alguma diferença?" ou "o problema piora quando um dado membro da equipe está no plantão?".

5. *Considere motivadores ou reforços.* Para muitas das pessoas em reabilitação da memória, o sucesso é motivação suficiente. Para outros,
o uso frequente de elogios, de descanso, intervalo e fornecimento de
feedback pode ser efetivo. Ocasionalmente, poderia ser necessário
usar reforços mais tangíveis tais como recompensa (Alderman, 2001),
visitas à cidade (Wilson, 1999), procurar revistas ou fazer alguma atividade desejada pelo paciente.

6. *Planeje o tratamento.* Alguns aspectos precisam ser aqui considerados.
Nem tudo o que está relacionado a seguir será necessário em todos os
casos. O princípio norteador é que qualquer pessoa que leia o programa deveria saber o que fazer. As etapas a serem consideradas são as
seguintes:

- Qual estratégia/procedimento/método/técnica deveria ser usada?
- Quem deveria conduzir o treinamento (p. ex., todos os envolvidos
deveriam seguir o procedimento ou somente uma ou duas pessoas)?
- Quando e onde o treinamento deveria ser conduzido (p. ex., em qualquer lugar do centro ou somente em um grupo ou sessão individual)?
- Como isso deveria ser conduzido e com que frequência (p. ex., o
dia todo, todos os dias, uma vez por semana ou em algum intervalo
específico)?
- O que acontece se o paciente é bem-sucedido? Isso é suficiente para
o reforço ou deveríamos dizer "muito bem", fazer um intervalo, ou
outra possibilidade?
- O que acontece se o paciente é malsucedido? Ignoramos quaisquer
lapsos, damos a resposta correta, repetimos a demonstração anterior,
ou outra alternativa?
- Como será medido o sucesso? É importante ser específico sobre isso (p.
ex., "Não repete a questão em um intervalo de 40 minutos" ou "Faz o
caminho mais curto para a lanchonete em três ocasiões consecutivas").
- Quem será responsável pelos registros? (Isso poderia ser qualquer
pessoa na equipe, um dado membro da equipe ou familiar ou alguma outra pessoa.)

- Quem será responsável pela ligação entre as diversas partes? (Poderia ser o gerente do caso, um funcionário-chave, um terapeuta específico ou alguma outra pessoa.)

7. *Comece o tratamento.* Isso será fácil agora que todas as etapas anteriores foram consideradas e ordenadas.

8. *Monitore o progresso,* como determinado na etapa 6.

9. *Avalie.* Isso será alcançado através da manutenção de registros, de um delineamento de estudo de caso experimental, uma combinação desses ou algum outro método? (Voltaremos à avaliação no Capítulo 11.)

10. *Mude o tratamento se necessário.* Se o programa for bem-sucedido, pode-se considerar a retirada do apoio, pistas, estímulos ou aplicar a estratégia de tratamento a um problema diferente. Se o tratamento falhou, provavelmente será abandonado. Se houver sinais de sucesso, poderá desejar modificá-lo, por exemplo, tentar por mais tempo, aumentando a frequência das sessões ou apresentar as informações mais lentamente.

11. *Planeje a generalização.* Os comentários feitos em "Generalização ou Transferência de Aprendizagem" se aplicam aqui.

Essas etapas podem reduzir a ansiedade dos psicólogos e terapeutas quando eles não têm certeza do que fazer. Por mais que sejamos experientes, planejar tratamentos para os pacientes com frequência se torna algo estressante e descobri que, quando não tenho certeza de como proceder, digo a mim mesma "Barbara, siga seu plano". Isso tem um efeito tranquilizador e confortante, assim como nos permite mergulhar no tratamento.

CAPÍTULO 11

Considerações Finais e Resumo

PRINCÍPIOS DA BOA REABILITAÇÃO

Para que a reabilitação seja ética, efetiva e pessoalmente significativa, certos princípios precisam ser seguidos. Wilson (2008) e Wilson, Gracey e colaboradores (no prelo) consideraram essenciais os seguintes principais componentes da abordagem para reabilitação seguida no Centro Oliver Zangwill.

Oferecer um *milieu* terapêutico

Ben-Yishay (1996) discutiu o conceito de "*milieu* terapêutico". Refere-se à organização do ambiente físico, organizacional e social para garantir que haja o máximo de apoio no processo de ajuste e incremento da participação social. O *milieu* representa um forte senso de cooperação e confiança mútua, o que serve de apoio para uma aliança entre cliente e profissionais.

Estabelecer objetivos significativos e funcionalmente relevantes

Atividade funcionalmente significativa se refere a atividades cotidianas que formam a base da participação social. Essas podem ser divididas em atividades vocacionais, educacionais, recreacionais, sociais e de independência funcional. É através da participação nessas áreas que podemos dar o senso de propósito e significado a nossas vidas. Apesar de conscientemente não pensarmos nessas atividades no dia a dia, elas nos permitem alcançar certos objetivos ou ambições que são pessoalmente significativas e aumentam nosso senso de identidade e bem-estar.

Garantir a compreensão compartilhada

O conceito de compreensão compartilhada deriva do uso da "formulação" na prática clínica (Butler, 1998). Uma formulação é vista como um mapa ou guia para a intervenção, que combina, de um lado, um modelo derivado de teorias consagradas e das melhores fontes de evidências com, por outro lado as visões pessoais do cliente e da família, e suas experiências e histórias. Esse conceito deveria ser aplicado a todos os trabalhos clínicos individuais e influenciar a forma como todo o programa de reabilitação é organizado. A equipe inteira deveria estar envolvida de forma que a compreensão compartilhada ampare a filosofia e a visão da equipe, bem como seus valores explícitos e objetivos e sua compreensão de pesquisa e teoria. Conhecimentos e experiências deveriam ser partilhados com outros profissionais e famílias e as visões e contribuições de pacientes anteriores são também valorizados.

Aplicar intervenções psicológicas

As intervenções psicológicas estão baseadas em certas formas de compreender sentimentos e comportamento. Modelos psicológicos específicos são usados para orientar o trabalho dependendo das necessidades específicas do indivíduo. As abordagens desses modelos oferecem formas com as quais os membros da equipe podem envolver os pacientes em mudanças positivas e abordar problemas específicos.

Gerenciar comprometimentos cognitivos através das estratégias de compensação e retreinamento de habilidades

As estratégias compensatórias são formas alternativas para capacitar os indivíduos a alcançarem o objetivo desejado quando uma função fundamental do cérebro, como a memória, não estiver efetivamente funcionando. As abordagens compensatórias ao gerenciamento de comprometimentos adotam diversas formas, incluindo:

1. Compensações cognitivas (p. ex., usar uma estratégia verbal para compensar uma memória visual deficitária).
2. Usar um método para melhorar a aprendizagem de novas informações (p. ex., aprendizagem SE ou evocação espaçada podem levar à aprendizagem mais efetiva de novas informações ou habilidades).
3. Auxílios externos (p. ex., usar uma caixa de comprimidos para lembrar de tomar a medicação ou um alarme para lembrar alguém de verificar a agenda).
4. Adaptações ambientais – modificar o ambiente para reduzir as exigências cognitivas (p. ex., pintar as portas do banheiro de cor diferente para que possa ser facilmente identificada ou trabalhar em uma sala tranquila, sem distrações, para auxiliar na concentração).

O retreinamento é empreendido para melhorar a *performance* em uma função específica do cérebro ou para melhorar o desempenho em uma tarefa ou atividade específica. Apesar de não haver evidências de que podemos melhorar o funcionamento da memória através do retreinamento, sabemos que as pessoas podem melhorar em algumas tarefas específicas através da prática. Assim, ensinando as pessoas a serem mais independentes através do uso de um *pager*, não estamos melhorando a memória, *per se*, mas retreinando sua habilidade de independência funcional. O retreinamento também ajuda a lidar com habilidades perdidas pela falta de uso (p. ex., perdidas por não serem mais usadas desde a lesão).

Trabalhar juntamente com famílias e cuidadores

Famílias e cuidadores às vezes dizem que se sentem como um "apêndice" na reabilitação. Eles vivem um fardo significativo após a lesão cerebral adquirida e podem precisar de apoio. Isso pode acontecer, por exemplo, na forma de ter de dar informações e oportunidades de apoio aos seus pares, talvez através de um grupo de familiares; envolver a família e os cuidadores na reabilitação; e fornecer consulta familiar individual ou terapia (Yeates, 2007; Palmer, Psaila e Yeates, no prelo).

A REABILITAÇÃO MELHORA A QdV?

Uma definição de QdV é a de Ferrans (1990, p. 15): "o sentido de bem-estar de uma pessoa que resulta da satisfação ou da insatisfação com áreas da vida que são importantes para ele/ela". Stewart e King (1994) sugeriram que há pelo menos dois atributos essenciais a serem considerados quando se mede a QdV: domínio e dimensão. O domínio se refere à área do conteúdo, isto é, ao aspecto da vida que está sendo avaliado, assim como o funcionamento físico, bem-estar psicológico e relações sociais, enquanto a dimensão se refere a um sentimento ou estado, tal como a satisfação ou importância. Bowling (2005) argumentou que se deveria medir os múltiplos domínios e mais de uma dimensão para se capturar o bem-estar. Petchprapai e Winkelman (2007), em uma revisão de literatura sobre QdV após TCE leve, apontam que a QdV é geralmente vista como um sinônimo de satisfação de vida. De acordo com Meeberg (1993), porém, a satisfação de vida é um sentimento subjetivo que se refere ao nível de felicidade na vida de alguém e os estudos sobre QdV deveriam incluir tanto medidas objetivas quanto subjetivas.

As avaliações subjetivas consideram sentimentos, percepções ou opiniões do cliente, enquanto as medidas objetivas examinam variáveis demográficas e *status* socioeconômico (May e Warren, 2001, citado por Petchprapai e Winkelman, 2007). Um modelo de QdV de Ferrans e Powers (1993) inclui saúde, funcionamento psicológico e espiritual, aspectos socioeconômicos e familiares, bem como as dimensões para determinar a satisfação e a importância dessas dimensões. Uma medida cada vez mais usada para avaliar a QdV após lesão cerebral é a Escala Europeia de Qualidade de Vida (EuroQol*). Primeiramente descrita por Williams (1990), encontrou notáveis similaridades entre valores relativos ligados a 14 diferentes estados de saúde em três países europeus (Inglaterra, Holanda e Suécia). Um grupo EuroQol foi formado e agora a ferramenta existe em várias línguas.

Alguns estudos examinaram a QdV após programas de intervenção. Steadman-Pare, Colantonio, Ratcliff, Chase e Vernish (2001) entrevistaram 275 pessoas entre 8 e 24 anos depois de TCE. Descobriram que a saúde mental percebida, a saúde autoavaliada, o gênero (mulheres classificam melhor a QdV), a participação no trabalho e lazer e disponibilidade de apoio emocional estavam significativamente associadas à QdV. Salientaram a importância dos programas de apoio em andamento para sobreviventes de TCE alguns anos após a lesão. Corrigan, Bogner, Mysiw, Clinchot e Fugate (2001) apontaram que a satisfação de vida após TCE parece estar relacionada com a manutenção da saúde e estilo de vida produtivo. Além disso, outros estudos (p. ex., Powell, Heslin e Greenwood, 2002) sugeriram que, mesmo após anos da lesão cerebral, a reabilitação pode trazer benefícios que vão além do período de tratamento ativo. Finalmente, Klonoff e colaboradores (2006) descobriram que a reabilitação holística baseada em terapia de *milieu* facilita o trabalho bem-sucedido de longo prazo, condução de veículo e estabilidade de relações.

Avaliação da reabilitação da memória

Não há razão para a reabilitação se ela for ineficaz. Abordamos a questão do uso de objetivos para avaliar o tratamento no Capítulo 9 e isso, com frequência, precisa ser complementado com outras medidas. Para cada paciente ou cliente que vemos, deveríamos nos perguntar: "Esse paciente está mudando? E se está, a mudança se deve ao que estamos fazendo (ou fizemos) ou teria acontecido de qualquer forma?". Uma forma de se fazer isso é usando o delineamento experimental de estudo de caso único, o qual foi primeiramente usado na psicologia comportamental para avaliação comportamental. Os estudos de caso único nos permitem avaliar a resposta de um indivíduo ao tratamento para ver se o cliente está mudando ao longo do tempo e para determinar se as mudanças são devidas à recuperação natural ou à intervenção propriamente dita. Em outras palavras, podemos separar os efeitos do tratamento dos efeitos da recuperação natural e de outros fatores não específicos. Dado que a reabilitação é planejada para os indivíduos, a avaliação deveria acontecer no nível individual, bem como no nível de grupo e a escolha do estudo individual ou de grupo, novamente, dependerá dos tipos de questões

---

* N. de T.: Sigla em inglês para Euro Quality of Life.

que precisam ser respondidas. Por exemplo, se desejarmos saber se uma certa pessoa com comprometimento de memória está se beneficiando da aprendizagem SE, precisaríamos usar um estudo de caso único. Se quiséssemos saber "quantas" pessoas parecem estar se beneficiando desse tipo de aprendizagem, conduziríamos um estudo de grupo. Os estudos de grupos calculam a média das *performances*, então, as diferenças individuais são mascaradas. Estudos de caso único, por outro lado, evitam muitas das limitações inerentes aos estudos de grupo. São muitas vezes escolhidos, especificamente por sua habilidade de avaliar o progresso de um indivíduo através da reabilitação e são, claro, perfeitamente respeitáveis como método científico (Gianutsos e Gianutsos, 1987; Hersen e Barlow, 1982; Kadzin, 1982). Os principais delineamentos experimentais de estudo de caso único são o ABAB ou delineamento de reversão (onde A significa avaliação inicial e B tratamento) ou variações desse delineamento e múltiplos delineamentos de avaliações iniciais em que a introdução do tratamento é escalonada. Para uma revisão atualizada desses delineamentos, ver Barlow, Nock e Hersen (2008).

Assim como determinar nosso tratamento será eficaz para os indivíduos, às vezes precisaremos responder a questões sobre a eficácia do tratamento em grupo. Por exemplo, quando estamos conduzindo grupos, precisamos saber se o programa ou interação foi efetiva. Poderíamos usar uma série de estudos de caso único para tanto (i.e., medir a mudança de cada pessoa individualmente), ou poderíamos usar um delineamento de grupo e comparar o grupo que recebe tratamento com um grupo controle ou com um grupo que recebe um tipo diferente de tratamento. Poderíamos misturar o estudo de caso individual e o delineamento de grupo (como fizeram Wilson e colaboradores, 2001, nos estudos NeuroPage em que foram examinados tanto indivíduos quanto dois grupos, denominados primeiro grupo de tratamento e primeiro grupo de espera) ou poderíamos basear o tratamento em estudos publicados e presumir que como os estudos anteriores acharam um certo método eficaz temos justificativas para poder usá-lo. Há, é claro, vantagens e desvantagens para quaisquer desses métodos, particularmente o último, porque podemos não saber se os pacientes em nossos grupos são semelhantes àqueles dos estudos publicados.

No caso da avaliação, os procedimentos adotados envolvem fazer perguntas e é crucial que se faça a pergunta certa, de forma que possa ser respondida. Assim como não fazemos perguntas genéricas sobre medicina, cirurgia ou farmacologia, como "A medicina funciona?" ou "Os medicamentos funcionam?", não deveríamos fazer a pergunta "A reabilitação funciona?". Precisamos tornar as perguntas de avaliação mais específicas, por exemplo: "As pessoas que recebem tratamento em grupos de memória mostram menos ansiedade que a medida pela HADS?" (Evans e Wilson, 1992) ou "As pessoas aprendem melhor quando impedidas de cometer erros durante a aprendizagem?" (Baddeley e Wilson, 1994). Uma questão mais difícil de avaliar seria "Quais programas de reabilitação, estratégias ou técnicas funcionam para quais pessoas e sob quais circunstâncias?".

Para muitos profissionais de saúde, gestores e economistas da área da saúde, há somente uma forma de avaliar a efetividade da reabilitação e esta seria através de ensaios clínicos randomizados, preferencialmente em estudo duplo-cego. Todavia, os psicólogos e os terapeutas não podem ficar cegos diante do tratamento que estão aplicando e, na maioria dos casos, os pacientes também não podem estar cegos diante do tratamento que estão recebendo (Mai, 1992). Os testes simples cego, nos quais um avaliador não sabe que tratamento foi aplicado, podem, em algumas circunstâncias, ser usados. Poderíamos, por exemplo, ter um avaliador independente, que não saiba que tratamento foi dado a qual pessoa, que aplicasse o HAD a pessoas em grupo de memória e a um grupo controle. Os procedimentos do subcomitê de reabilitação em TCE (National Institutes of Health, 1998) sugeriram que os estudos de avaliação de reabilitação deveriam incluir somente aqueles em que os pesquisadores que fizeram a avaliação não fossem os profissionais clínicos conduzindo o programa.

Isso não significa negar o valor dos ensaios clínicos randomizados controlados. Há espaço para eles mesmo que não fôssemos fazê-los duplo-cego. Von Cramon, Mathes-von Cramon e Mai (1991) examinaram uma questão específica, expressamente se o treinamento para resolução de problemas (TSP) beneficiou os pacientes com lesão cerebral, mais do que o treinamento não específico. Os pacientes foram alternadamente alocados a um TSP específico ou treinamento de memória (TM). Os procedimentos foram claramente especificados e os pacientes alocados ao TSP se beneficiaram significativamente mais do que os alocados no TM, como medido pela avaliação pós-tratamento. No ensaio clínico randomizado NeuroPage de Wilson e colaboradores (2001), as pessoas foram aleatoriamente alocadas primeiro no grupo com o *pager* ou primeiro no grupo de espera, assim sendo, não há dúvida de que às vezes podemos usar tais delineamentos. Apesar disso, temos que usar uma série de delineamentos de pesquisa, incluindo enquetes e observação direta, bem como delineamentos experimentais de estudo de caso único e não somente ensaios clínicos randomizados para avaliar a reabilitação da memória cognitiva, neuropsicológica e todos os outros tipos de reabilitação. Em uma das minhas citações favoritas, Andrews (1991, p. 5) afirmou que o ensaio clínico randomizado controlado "é uma ferramenta a ser usada, não um deus a ser adorado". Ele continuou, dizendo que "o delineamento é simples, em que mudanças pontuais são esperadas, em que os fatores envolvidos são relativamente específicos e em que o número de variáveis adicionais prováveis a afetarem o resultado é pequeno e pode ser controlado pelo procedimento de randomização" (p. 5).

COMBINANDO TEORIA E PRÁTICA

Baddeley (1993, p. 235) disse que "a teoria de reabilitação sem um modelo de aprendizagem é um veículo sem motor". Modelos de aprendizagem são importantes em reabilitação, assim como muitos outros. A maioria dos sobreviventes de lesão cerebral terá vários problemas cognitivos, não somente problemas de memória, mas problemas emocionais, sociais e vocacionais. Suas necessidades são complexas, então precisamos elaborar uma série de teorias, modelos e sistemas para refletir essa multiplicidade.

Em 2002, publiquei um modelo provisório de reabilitação cognitiva (Wilson, 2002a) no qual argumentei que um modelo, ou um grupo de modelos como os da neuropsicologia cognitiva, é insuficiente (1) para determinar o que precisa ser reabilitado, (2) para planejar tratamento apropriado para comprometimentos neuropsicológicos ou (3) para avaliar a resposta à reabilitação. A reabilitação é um dos muitos campos que precisa de um ampla base teórica que incorpora sistemas, teorias e modelos de uma série de diferentes áreas. Se formos limitados por uma abordagem, poderemos ser levados a uma prática clínica pobre porque importantes aspectos das vidas dos pacientes podem ser negligenciados. O modelo que propus é uma síntese de muitos modelos usados em reabilitação e pode ser vizualizado na Figura 11.1.

Modelos teóricos podem nos ajudar até certo ponto na prática clínica. É necessário adaptá-lo às necessidades e circunstâncias individuais. Sabemos, por exemplo, que a maioria das pessoas com comprometimento de memória se beneficiam da aprendizagem SE porque são incapazes de lembrar seus erros e, dessa forma, não podem se beneficiar da técnica de tentativa e erro. Na prática, porém, a maneira como o princípio é aplicado em reabilitação dependerá dos objetivos determinados, dos pontos fortes e fracos do indivíduo e das circunstâncias nas quais acontece a aprendizagem. No caso de Kime e colaboradores (1996), no qual uma jovem deveria verificar seu livro de memórias cada vez que o seu alarme soasse, inicialmente ela recebeu pistas (estímulos) do seu terapeuta para que o fizesse ao som do alarme e não poderia haver falha. Ao final, a jovem aprendeu a verificar o livro por si própria. Clare e colaboradores (1999, 2000), trabalhando com pacientes com DA, usaram uma série de diferentes abordagens de aprendizagem SE para ensinar às pessoas as metas que haviam determinado para si (p. ex., ajudar uma mulher a reaprender os nomes dos seus netos, uma outra a reaprender como dizer as horas e mais uma a verificar o quadro de memórias, de maneira que ela não perturbaria seu marido fazendo as mesmas perguntas repetidas). Esses objetivos diferentes ilustram como o mesmo princípio da aprendizagem SE foi aplicado a diferentes propósitos.

Para as teorias e modelos serem clinicamente úteis, precisamos usar a experiência clínica e o bom senso para aplicar os diferentes achados. Em uma pesqui-

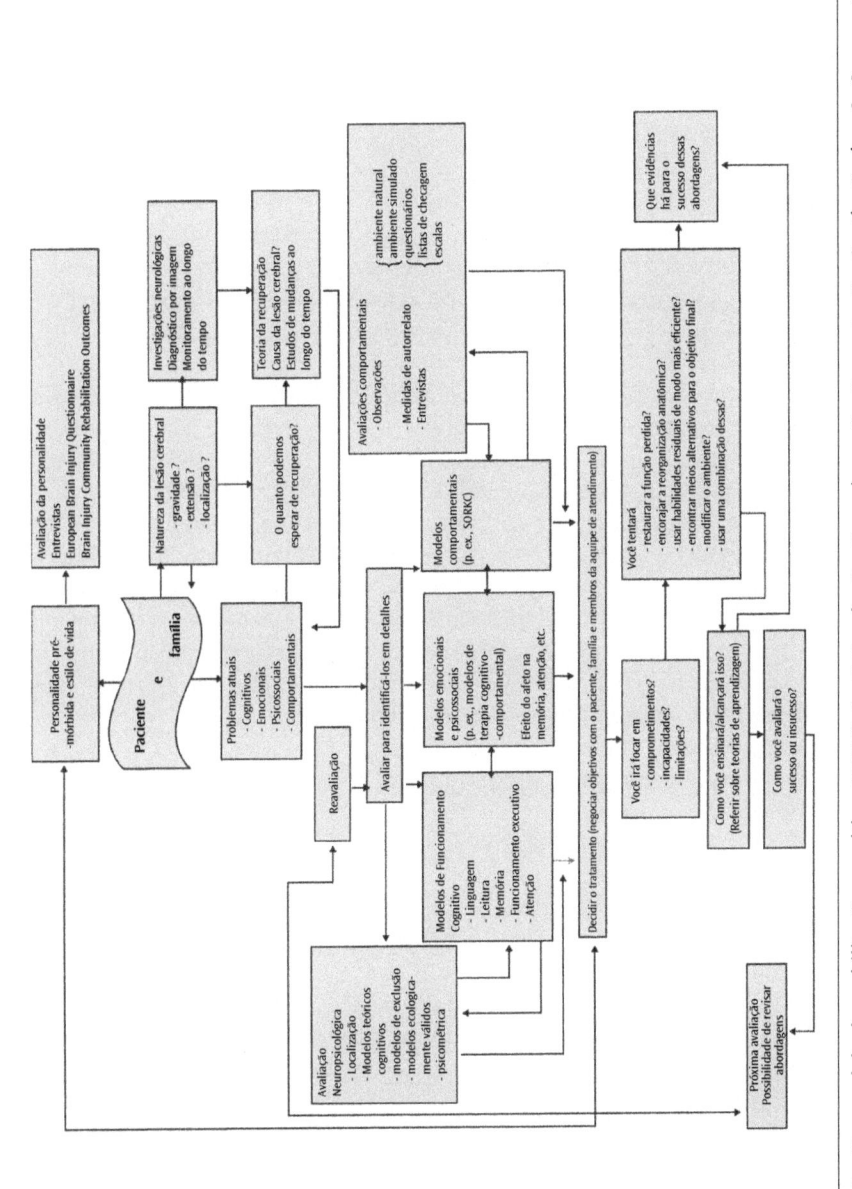

Figura 11.1 Um modelo de reabilitação cognitiva. SORKC; S= Estímulo; O= Organismo; R= Resposta; K= Contingências; C=Consequência. Wilson (2002a). Copyright 2002, Taylor & Francis Group. Reimpressão autorizada.

sa com neuropsicólogos clínicos em prática ativa, trabalhando em reabilitação de lesão cerebral em adultos no Reino Unido (Wilson, Rous e Sopena, 2008), descobrimos que uma variedade de abordagens teóricas era usada na prática clínica, sendo TCC a mais usada e a abordagem psicanalítica, a menos aplicada.

RESUMOS DOS CAPÍTULOS

Capítulo 1

Memória é a capacidade de adquirir, armazenar e evocar informações. Há uma série de formas de classificação de memória. Uma delas é considerar a quantidade de tempo que uma memória é armazenada (Baddeley e Hitch, 1974). Isso nos dá três categorias: memória sensorial, a qual armazena informações por menos de um quarto de segundo (250 milissegundos); memória de curto prazo e memória de trabalho, a qual mantém as informações por alguns segundos, e memória de longo prazo, a qual armazena as informações de minutos à anos.

A memória também pode ser entendida em termos do tipo de informação a ser armazenada. A memória para o conhecimento, para experiências pessoais e para habilidades é armazenada de forma diferente. Tulving (1972) introduziu um conceito de memória semântica e memória episódica, sendo a memória semântica a que se refere aos conhecimentos gerais, como fatos, significados das palavras, aparência dos objetos e cores das coisas. Diferentemente, a memória episódica se refere às experiências pessoais assim como onde se estava no fim de semana passado ou quando foi pago o financiamento da casa. A memória episódica nos permite "viajar de volta no tempo" (Baddeley, 2002, p. 5). Isso requer relembrança e é a maior limitação para a maioria das pessoas com déficits de memória.

As habilidades de memória ou rotinas são conhecidas por "memória procedural". Aprender a digitar ou rastrear um objeto em movimento em uma tela, são exemplos de aprendizagem procedural. A principal característica desse tipo de aprendizagem é que não depende de relembrança consciente; ao contrário, a aprendizagem pode ser demonstrada sem a necessidade de ciência de onde e como a aprendizagem original aconteceu. A maioria das pessoas com comprometimento de memória tem uma memória de procedural normal ou quase normal.

Uma terceira forma possível de classificação da memória é considerar o tipo de conteúdo a ser lembrado. Apesar de precisarmos nos lembrar de coisas que vimos, ouvimos, cheiramos, tocamos e provamos, na reabilitação da memória as principais áreas de preocupação são a memória para informações verbais e visuais. Algumas pessoas têm problemas específicos com apenas um desses tipos de memória, enquanto outros terão problemas generalizados.

Uma quarta forma possível é classificar as "etapas" no processo de evocação. Essas são as etapas necessárias para que um sistema de memória funcione. A aquisição de informações é a etapa de codificação, a retenção de informações é a etapa de armazenamento e acesso às informações quando necessário é a etapa de recuperação. Apesar de se poder fazer distinção entre essas etapas e os pacientes poderem ter déficits em apenas um dos sistemas, na vida real esses sistemas interagem entre si.

Podemos também examinar a memória em termos de possibilidade de evocação consciente de incidentes específicos e episódios do passado (memória explícita) ou se a evocação consciente não é necessária (memória implícita). A maioria das pessoas com comprometimento de memória terá problemas com as habilidades de memória explícita, em geral sendo esse o foco da reabilitação de memória, em contraposição à memória que tende a ser implícita, que provavelmente é normal ou quase normal.

Memória retrospectiva e memória prospectiva é ainda uma outra classificação possível. A memória para eventos ou experiências é retrospectiva e lembrar de fazer algo no futuro é a memória prospectiva. A memória episódica, memória verbal e visual, e a memória explícita são todas parte da memória retrospectiva. Os problemas associados com a memória prospectiva, que levam a dificuldades como lembrar de molhar as plantas, pagar as contas ou tomar remédios, são os mais comuns quando as pessoas são questionadas sobre que dificuldades de memória enfrentam no cotidiano (Baddeley, 2004). Pessoas com comprometimento de memória enfrentam dificuldades com ambos os tipos de memória. Essas terão problemas para lembrar coisas do passado, bem como as esperadas para o futuro.

A última classificação para a compreensão de memória é a amnésia retrógrada e anterógrada. A amnésia retrógrada se refere à perda de memória antes do início do déficit de memória, isto é, há evocação comprometida dos eventos ocorridos antes de qualquer quadro neurológico. Isso varia muito e pode durar décadas em algumas condições como encefalite ou Síndrome de Korsakoff, ou alguns minutos em algumas pessoas com TCE. A amnésia anterógrada se refere a dificuldades de memória após acometimento neurológico e geralmente é a mais impeditiva das duas. A maioria das pessoas com comprometimento de memória terá déficits em ambas as memórias, retrógrada e anterógrada.

O Capítulo 1 também inclui um breve relato das estruturas neuroanatômicas envolvidas no funcionamento da memória, inclusive os hipocampos e as áreas adjacentes, as estruturas límbicas e o córtex frontotemporal. Dado o número de estruturas e redes envolvidas, talvez não seja surpresa que os problemas de memória sejam tão frequentemente vistos após tantos tipos de lesão cerebral. A extensão esperada de recuperação do funcionamento da memória após um quadro neurológico é discutida no Capítulo 2.

Capítulo 2

A recuperação pode ter significados diferentes para as pessoas: algumas estão preocupadas somente com a recuperação das funções cognitivas, outras focadas em índices de sobrevivência e outras, ainda, somente irão considerar a recuperação biológica, tal como a recuperação das estruturas cerebrais. O Capítulo 2 começa com algumas definições do termo. A minha própria definição operacional de recuperação cognitiva (Wilson, 1998, p. 281) é uma "resolução completa ou parcial dos déficits cognitivos decorrentes de uma lesão cerebral". Ainda que alguma resolução parcial dos déficits possa ocorrer para algumas pessoas, será mínima para muitas delas. A adoção de uma abordagem compensatória oferece a melhor chance de redução de problemas cotidianos e aumento de independência para a vida e QdV para a maioria daqueles com déficits orgânicos de memória.

Os mecanismos de recuperação incluem a melhora do edema ou inchaço, diásquise (através da qual as lesões causam danos a outras áreas de cérebro através de choque), plasticidade ou mudanças na estrutura do sistema nervoso e regeneração ou novo crescimento do tecido neural. As mudanças vistas nos primeiros minutos (p. ex., após lesão cerebral leve) provavelmente refletem a resolução de dano temporário que não causou dano estrutural. As mudanças vistas dentro de alguns dias são mais provavelmente atribuídas à resolução de anormalidades estruturais temporárias tais como edema e disruptura vascular ou à depressão da atividade enzimo-metabólica. A recuperação após alguns meses ou anos é menos bem compreendida. Há várias formas pelas quais esta pode ser alcançada, inclusive diásquise, plasticidade e regeneração. Uma discussão desses mecanismos é apresentada.

Outros aspectos também afetam a recuperação. A idade na época da lesão, disagnóstico, número de lesões cerebrais sofridas pelo indivíduo e o *status* pré-mórbido do cérebro do indivíduo são apenas alguns dos prováveis fatores de influência. Estes, por sua vez, são referidos. A seguir o Capítulo 2 examina especificamente a recuperação de comprometimentos de memória. Não há dúvida de que alguma recuperação do funcionamento perdido da memória acontece nas primeiras semanas e meses após lesão cerebral não progressiva; também não há dúvida de que muitas pessoas permanecem a vida toda com problemas de memória. O panorama de estudos publicados é confuso, com alguns relatos mostrando melhoras consideráveis e outros sem melhora alguma. O que fica claro, contudo, é que é possível melhorar na recuperação natural através da reabilitação. Dado que a restauração da memória episódica explícita é improvável na maioria dos casos uma vez terminado o período agudo, abordagens compensatórias irão provavelmente levar à mudança no funcionamento cotidiano da memória. O tratamento dos transtornos da memória semântica também é brevemente abordado nesse capítulo. Antes do início da reabilitação, entretanto, é necessária uma avaliação detalhada, que é o tópico do Capítulo 3.

Capítulo 3

Para psicólogos, uma boa definição de avaliação, dada por Sundberg e Tyler em 1962, é a de que é uma coleção, organização e interpretação sistemática de informações sobre uma pessoa e sua situação. Preocupa-se também com a predição de comportamentos e situações novas. A forma como essas informações são coletadas, organizadas e interpretadas, dependerá do motivo pelo qual a avaliação foi inicialmente solicitada. As avaliações são conduzidas para responder questões e cada pergunta feita irá determinar que ferramenta de avaliação será utilizada. Certas questões podem ser respondidas através do uso de testes padronizados, outras precisam de avaliações funcionais ou comportamentais, e outras podem requerer procedimentos especialmente desenvolvidos.

Os testes padronizados podem nos ajudar a responder perguntas como:

Qual é o nível geral de funcionamento intelectual dessa pessoa?
Qual o provável nível de funcionamento pré-mórbido?
Quais os pontos cognitivos fortes e fracos dessa pessoa?
Como o funcionamento de memória dessa pessoa se compara com pessoas da mesma idade na população geral?
O nível de funcionamento de memória é consistente com o que se esperaria desse nível de habilidade intelectual?
O problema de memória é global ou restrito a certos tipos de conteúdo (p. ex., a memória para conteúdo visual é melhor do que para conteúdo verbal)?
Até que ponto os problemas de memória são devidos a dificuldades executivas, de linguagem, perceptuais ou de atenção?
Essa pessoa tem um alto nível de ansiedade?
Essa pessoa está deprimida?

Testes padronizados são muito limitados na tentativa de responder às seguintes questões:
Como as dificuldades de memória se manifestam no cotidiano?
Que problemas causam maior preocupação à família e às pessoas com comprometimento de memória?
O que sabemos sobre seus conhecimentos culturais e nível de apoio?
Que estratégias de *coping* são utilizadas?
Os problemas estão exacerbados pela depressão ou ansiedade?
Essa pessoa poderá retornar ao trabalho ou escola?
Essa pessoa poderá viver com independência?

Que tipos de auxílios compensatórios essa pessoa utilizava no período pré-mórbido?

Que tipo de estratégias compensatórias de memória estão sendo usadas agora?

Qual a melhor forma para essa pessoa aprender informações novas?

Uma abordagem comportamental ou funcional através de observações, medidas de autorrelato (de parentes ou cuidadores, bem como da pessoa com comprometimento de memória) e entrevistas são mais adequadas e capazes de responder a essas questões relacionadas ao tratamento. Os procedimentos padronizados e de avaliação funcional oferecem informações complementares: o primeiro nos permite caracterizar um perfil cognitivo dos pontos fortes e fracos de uma pessoa, enquanto o último nos permite focar áreas para tratamento. Uma série de testes padronizados para a avaliação de diferentes aspectos da memória são sugeridos, juntamente com uma descrição de procedimentos de avaliação comportamental. Além dos testes para determinar os aspectos cognitivos fortes e fracos cognitivos, outros aspectos como humor e emoção deveriam ser avaliados e as medidas são consideradas no Capítulo 8. Uma vez que a avaliação tenha sido feita, o tratamento precisa ser delineado. Uma das principais formas de ajudar as pessoas com problemas de memória a lidar com o cotidiano é capacitá-la a compensar através do uso de auxílios externos, foco do Capítulo 4, escrito com o colaborador convidado Narinder Kapur.

Capítulo 4

Os auxílios externos de memória podem ser classificados como aqueles que agem como pistas de alerta, oferecendo uma dica em dado momento em local específico e aqueles que são auxílios representacionais, oferecendo uma representação armazenada de informações que independe de um contexto temporal ou espacial específico. Os alarmes que auxiliam a memória prospectiva parecem se encaixar adequadamente na categoria anterior, enquanto blocos de notas e gravadores de voz são exemplos de dispositivos que armazenam informações para uso posterior. A forma mais usada de auxílio de memória representacional é a linguagem escrita e suas variantes eletrônicas. Alguns dispositivos podem ser "multimodais", modificando essa simples definição. Os dispositivos de navegação por satélite armazenam representações do mundo exterior e também oferecem alertas em alguns espaços específicos.

O uso eficiente de muitos auxílios de memória envolve motivação, paciência, planejamento, resolução de problemas, concentração, aprendizagem e, de fato, memória, de forma que as pessoas que precisam fazer uso desses, em sua maioria, têm dificuldades em aprender a usá-los. Os auxílios externos mais comumente usados são descritos e considerações sobre como ensinar a usá-los são feitas. Auxílios não eletrônicos são mais amplamente usados que os eletrônicos e certas características são preditivas do uso dos auxílios externos. Essas incluem idade (pacientes mais jovens são mais habilidosos no uso desses que os pacientes mais idosos) e a gravidade do déficit (pessoas com comprometimento muito grave irão compensar menos). Aqueles que usavam os auxílios no período pré-mórbido provavelmente compensarão mais. Aqueles sem déficits cognitivos generalizados também são mais passíveis do uso de auxílios do que aqueles com tais déficits. Scherer (2005) indicou que o uso bem-sucedido de auxílios externos depende de uma boa parceria entre uma série de variáveis, inclusive *insight* e motivação; uso passado de auxílios de memória; características cognitivas, emocionais e motivacionais; necessidades diárias de memória; apoio familiar e no trabalho; as várias estratégias cognitivo-comportamentais e tipo de auxílios de memória disponíveis aos profissionais.

Esse capítulo também oferece uma descrição de como instalar uma clínica de auxílios de memória ou centro de recursos, inclusive fundos, equipe, variedade de auxílios e recursos necessários, busca e catalogação desses auxílios e pesquisa e desenvolvimento.

Como os auxílios ambientais somente foram mencionados no Capítulo 4, um pouco mais será acrescentado aqui. Kapur e colaboradores (2004) classificaram os auxílios não eletrônicos em ambientais e auxílios externos portáteis. Os auxílios ambientais são a seguir subdivididos em proximais e distais. O ambiente proximal cobre o leiaute e conteúdos de uma sala ou carro com o equipamento e usos individuais nas situações cotidianas. Os itens que não são específicos de um ambiente em particular, tais como blocos de notas, relógios e computadores, são considerados em diferentes seções. No excelente livro *The psychology of everyday things*, Norman (1988) argumentou que o conhecimento deveria estar no mundo em vez de estar na cabeça. Com isso, ele quer dizer que, se nos aproximarmos de uma porta, deveria ser óbvio se vamos puxá-la ou empurrá-la. Se estivermos usando um fogão, deveria ser óbvio qual acendedor serve a qual boca. Não deveríamos ter que lembrar dessas coisas, porque o *design* do fogão deveria deixar isso óbvio. Esse é o mesmo princípio por trás do conceito de auxílios ambientais de memória.

Assim como as pessoas com incapacidades físicas graves podem usar sistemas de controle ambientais para possibilitá-las abrir e fechar portas, virar páginas de um livro, atender o telefone, e assim por diante, as pessoas com déficits cognitivos poderiam evitar a necessidade de usar a memória, desde que o ambiente fosse estruturado de maneira específica. Assim, alguém com déficits executivos severos pode ser capaz de funcionar em um ambiente estruturado, sem distrações e onde não haja problema para resolver porque a tarefa a ser alcançada é clara e sem ambiguidades. De forma semelhante, as pessoas com problemas graves de memória podem não ser prejudicadas em ambientes onde não haja demanda de memória. Dessa forma, se portas, armários, gavetas e jarras fossem claramente rotuladas, se as salas fossem livres de equipamentos perigosos, se alguém acompanhasse ou lembrasse a pessoa com comprometimento de memória quando fosse a hora de ir ao dentista ou de comer, a pessoa poderia lidar com tudo isso relativamente bem.

Kapur e colaboradores (2004) deram outros exemplos. Os itens podem ser deixados na porta de entrada para a pessoa que se esquece de levar seus pertences com elas quando saem de casa; uma mensagem pode ser deixada no espelho no corredor; e um simples mural pode ser usado em locais semelhantes quando ela não consegue encontrar um pertence (Moffat, 1989). Carros, telefones celulares e outros itens podem ter alarmes para lembrar as pessoas de fazerem as coisas. Esses podem ser combinados com mensagens de voz para lembrar a pessoa porque o alarme está tocando. As modificações também podem ser feitas nos ambientes verbais para evitar o comportamento irritante como a repetição de perguntas, histórias ou piadas. Poderia ser possível identificar um gatilho ou um antecedente que elicita esse comportamento. Assim sendo, eliminando o gatilho se pode evitar o comportamento repetitivo. Por exemplo, em resposta à questão "Como você está hoje?", um jovem com lesão cerebral sempre diz "Superando minha ressaca". Se simplesmente disséssemos "Bom dia", ele respondia, "Bom dia", então os comentários contínuos sobre a sua suposta ressaca seriam evitados.

Auxílios ambientais proximais, por sua vez, envolvem estruturar o ambiente imediato e organizar o equipamento ou material no ambiente para reduzir a carga de memória. Os auxílios ambientais distais, por outro lado, envolvem o ambiente mais amplo e incluem a arquitetura dos prédios, *shoppings*, ruas e cidades. Casas inteligentes já existem para ajudar a "incapacitar o ambiente que incapacita" (Slaven, comunicação pessoal, 1999) descrito por Wilson e Evans (2000) e Gibbs (2000). A arquitetura de *shoppings*, prédios comerciais, hospitais e casas se diferem quanto à facilidade de negociação. Em alguns quadros de avisos, codificação por cores, alarmes e sinais de alerta reduzem enormemente as chances de ficar perdido ou cair nas escadas. A melhoria na organização desses ambientes pode, assim como os auxílios ambientais proximais, reduzir a carga de memória.

Capítulo 5

Esse capítulo considera a mnemônica e estratégias de repetição. Mnemônica é um sistema que nos permite lembrar coisas mais facilmente. Às vezes o termo é usado para descrever qualquer coisa que melhore a memória, inclusive auxílios externos de memória, mas se refere com maior frequência às estratégias internas que são conscientemente aprendidas e requerem considerável esforço para colocá-las em prática (Harris, 1984). Os sistemas de mnemônica verbal e visual, bem como os movimentos motores para melhoria da evocação são abordados e são apresentadas pesquisas sobre seu uso com pessoas com comprometimento de memória.

Apesar do fato de que alguns indivíduos possam se beneficiar da mnemônica, nem todos com comprometimento de memória serão capazes de usá-la espontaneamente. Sua eficácia pode ser aumentada se terapeutas e outros reconhecerem que a mnemônica pode ser usada para se alcançar aprendizagem mais rápida de informações específicas, como nomes de algumas pessoas ou um novo endereço. Poderá ser útil usar duas ou três estratégias, tais como representação visual, método de pagamento de pistas e evocação espaçada / repetição expandida, para melhorar a aprendizagem de uma informação.

Informações novas deveriam ser ensinadas uma etapa por vez. Precisamos aceitar as preferências e estilos individuais; deveríamos focar no que a pessoa com comprometimento de memória quer e precisa aprender e que será útil em sua vida cotidiana. A generalização ou a transferência para a vida real sempre deve ser estimulada no programa de treinamento.

Repetição simplesmente significa praticar, repetir ou rever algo até que seja lembrado. A repetição de percurso, ou simplesmente a repetição de conteúdo, é amplamente usada pela população geral, mas não é uma estratégia de aprendizagem particularmente boa para pessoas com déficits de memória. Podemos ouvir ou ler algo muitas vezes e ainda assim não lembrar. Esse é o caso de "entrar por um ouvido e sair por outro". Além da evocação espaçada/repetição expandida, a qual é abordada no Capítulo 6, existem outras estratégias de repetição, inclusive a PQRST, primeiramente descrita por Robinson (1970) e o método semelhante PQRS3 (Rowntree, 1982). PQRST (em inglês) significa Prever, Questionar, Ler, Estabelecer e Testar e o SQR3 Pesquisar, Questionar, Ler, Evocar e Revisar. Na prática, as etapas seguidas são quase idênticas. O procedimento PQRST é descrito e a pesquisa da sua efetividade com pessoas com comprometimento de memória é considerada, assim como os motivos porque funciona. Também abordamos o uso do procedimento na prática clínica.

Capítulo 6

Como melhorar a aprendizagem nova é o tópico desse capítulo. Três métodos são considerados detalhadamente, a saber, a aprendizagem sem erro (SE), a evocação espaçada (também conhecida como repetição expandida) e o método de pistas evanescents (PE) ou pagamento de pistas. A aprendizagem SE é uma técnica de ensino através da qual as pessoas são impedidas, na medida do possível, de cometer erros quando estão aprendendo uma nova habilidade ou adquirindo novas informações. Isso pode ser feito de diversas formas como dando instruções faladas ou escritas ou orientando uma pessoa ao longo da tarefa. O princípio é evitar, tanto quanto possível, que erros sejam cometidos durante a aprendizagem e minimizar a possibilidade de respostas erradas: para que haja o benefício da aprendizagem através do erro (técnica da tentativa e erro), precisamos ser capazes de lembrar dos erros. Pessoas com funcionamento de memória fraco não podem fazê-lo; então, o fato de dar uma resposta errônea pode fortalecer aquela resposta. A memória explícita é o sistema que nos permite corrigir erros; a memória implícita não está equipada para tanto e as pessoas com amnésia são dependentes da memória implícita. As bases teóricas da aprendizagem SE são discutidas, assim como a eficácia da aprendizagem SE para sobreviventes de lesão cerebral.

Existem agora consideráveis evidências de que a aprendizagem SE seja superior à aprendizagem com erro para pessoas com déficits graves de memória. Em uma metanálise de aprendizagem SE, Kessels e de Haan (2003) descobriram um grande e estatisticamente significativo efeito do tratamento com aprendizagem SE. Entretanto, há pontos de vista conflitantes sobre os benefícios da aprendizagem SE para pessoas com comprometimento de memória menos severos. Há também alguns debates sobre os benefícios da aprendizagem SE para problemas que não os de déficits de memória episódica.

Deveria ser lembrado que a aprendizagem SE não é um programa de tratamento. Ao contrário, é uma descrição, ou uma abordagem, através da qual a tarefa é manipulada para eliminar ou reduzir erros (Fillingham et al., 2003). Há muitas formas diferentes de reduzir a probabilidade de erros, tais como prover com instruções escritas, orientar ao longo de uma tarefa específica e exemplificar as etapas de um procedimento passo a passo. A evocação espaçada, também conhecida como expandida ou repetição expandida, envolve a apresentação de conteúdo a ser lembrado seguido de testagem imediata. Pessoas com *span* de memória imediata normal (e isso inclui a maioria das pessoas com comprometimento de memória) serão capazes de fazê-lo. O avaliador então espera um ou dois segundos e pergunta novamente pelas informações. O intervalo de teste é muito gradualmente aumentado, até que as informações sejam aprendidas. A evocação espaçada pode funcionar porque é uma forma de prática distribuída (i.e., distribuir as tentativas de aprendizagem ao longo de um período, em vez de condensá-las em um bloco). A prática distribuída aumenta a probabilidade de aprendizagem. A prática condensada é uma estratégia de aprendizagem menos eficiente do que a prática distribuída (Baddeley, 1999), um fenômeno descrito na década de 1930 (Baddeley e Longman, 1978; Lorge, 1930). O método tem sido usado para ajudar pessoas com TCE, AVC, encefalite e demência. Examinamos estudos nos quais a evocação espaçada foi combinada com a aprendizagem SE e usada com exclusividade. Uma combinação das duas é abordada. Parece ser uma poderosa estratégia de aprendizagem para pessoas com condições progressivas e não progressivas.

O método de pagamento de pistas é um método através do qual pistas (estímulos) são dadas e então gradualmente retiradas. Por exemplo, poderia-se esperar que alguém aprendendo um novo nome copiasse o nome todo, então a última letra seria apagada; o nome poderia ser copiado novamente e a última letra inserida pela pessoa que copiou o nome; então as duas últimas letras seriam apagadas e o processo repetido até que todas as letras fossem completadas pelo aprendiz. É semelhante ao método do encadeamento reverso usado para ensinar novas habilidades a pessoas com transtornos de aprendizagem.

Glisky e colaboradores (1986) foram os primeiros a relatar as PE para pessoas com comprometimento de memória e desde então vários estudos foram conduzidos não só com pacientes não progressivos, mas também com pacientes com demência. Há resultados misturados nos artigos de pesquisa publicados. O principal problema com as PE é que pode funcionar somente quando há pelo menos uma letra. Apesar de o estudo original de Glisky e colaboradores (1986) ter descoberto que todos os pacientes ao final aprenderam terminologia de informática sem a primeira letra, a aprendizagem foi lenta e exigiu muitas tentativas (diferentemente da memória implícita, que acontece inconscientemente e sem tanto esforço). Se o método de pagamento de pistas for selecionado para ensinar informações novas, então é sugerido que seja combinado com os princípios da aprendizagem SE.

Um estudo de Ehlhardt e colaboradores (2008) apresenta as seguintes orientações para o ensino de novas informações a pessoas com comprometimento de memória:

1. As metas da intervenção deveriam estar claramente delineadas e/ou a análise de tarefa usada quando se treina procedimentos de tarefas de multiplos passos.
2. Os erros deveriam ser restringidos e os resultados dos clientes deveriam ser controlados quando eles estão adquirindo ou reaprendendo novas informações e procedimentos.
3. Deveria ser oferecida prática suficiente.
4. A prática deveria ser distribuída.
5. A variação na forma de exemplos múltiplos deveria ser apresentada para evitar a hiperespecificidade da aprendizagem e aumentar a generalização.
6. As estratégias para promover o processamento com mais esforço (p. ex., elaboração verbal, representação visual) deveriam ser usadas.
7. A nova aprendizagem deveria objetivar metas ecologicamente válidas.

Capítulo 7

A realização de reabilitação através de grupos de memória é examinada. A terapia em grupo é desejável por várias razões. As pessoas com comprometimento de memória podem se beneficiar da interação com outros com problemas semelhantes. Algumas vezes aquelas pessoas com comprometimento de memória temem que estejam perdendo sua sanidade, e esse medo pode ser aliviado quando se observa outros com problemas parecidos. Os grupos podem reduzir a ansiedade e a angústia. Eles podem estimular a esperança e mostrar aos pacientes que não estão sozinhos. Além disso, pode ser mais fácil aceitar conselhos dos pares do que dos terapeutas e usar estratégias que os pares estão usando, em vez daquelas recomendadas pelos profissionais.

Os grupos podem ser abertos ou fechados, homogêneos ou heterogêneos, e para as pessoas com uma única categoria de diagnóstico ou uma mistura de categorias. Tipos diferentes de grupos são descritos em detalhes, inclusive grupos de pacientes internados, não internados, ambulatoriais, para pessoas com demência e um grupo para familiares e cuidadores.

Grupos de autoajuda e apoio também estão disponíveis e algumas entidades de caridade que apoiam pessoas com problemas de memória são descritas: Headway (Brain Injuries Association), Encephalitis Society e Alzheimer's Society. Weating (1992) salientou que todos os grupos de autoajuda têm os mesmos objetivos gerais. Primeiro, oferecem apoio aos pacientes e famílias na rede social das pessoas que entendem o problema. Segundo, informam os pacientes e famílias sobre problemas específicos para os quais estão oferecendo ajuda e como lidar com esse problema. Terceiro, acessam serviços na comunidade. Quarto, fazem campanha para melhores cuidados e serviços de apoio. Quinto, aumentam a consciência pública para o problema. Sexto, são capazes de se educarem sobre a condição através do elo de longo prazo entre profissionais e familiares. Sétimo, promovem pesquisa para aumento de conhecimentos.

Capítulo 8

A área de interesse desse capítulo são os transtornos emocionais e de humor que acompanham o comprometimento de memória. Além da reduzida memória, aqueles que necessitam reabilitação provavelmente estão ansiosos ou deprimidos. Podem ter mudanças de humor, sentir receio e possivelmente sofrer TEPT. Esses problemas precisam ser abordados juntamente com a memória e outros déficits cognitivos. Nem sempre é fácil distinguir problemas cognitivos, emocionais e psicossociais. Não só a emoção afeta como pensamos e nos comportamos, mas também os déficits cognitivos podem ser exacerbados pela angústia emocional (Dalgleish e Cox, 2002) e podem causar problemas comportamentais aparentes (Wilson, 1999).

As dificuldades psicossociais podem resultar em problemas emocionais e comportamentais aumentados e a ansiedade pode reduzir a efetividade dos programas de intervenção. Há, claramente, uma interação entre todos esses aspectos do funcionamento humano e, na verdade, essa é a principal hipótese da abordagem holística à reabilitação de lesão cerebral desbravada por Diller (1976), Ben-Yishay (1978) e Prigatano (1986). Prigatano (1994) sugeriu que os programas holísticos resultam em menos angústia emocional, aumento de autoestima e maior produtividade. Fica evidente em uma série de estudos que os transtornos de humor e emocionais são comuns após lesão cerebral. Em um estudo populacional feito na Carolina do Sul, Horner e colaboradores (2008) entrevistaram por telefone 1.560 adultos que haviam sofrido TCE aproximadamente 1 ano antes. Destes, 40% tinham transtornos de humor e emocionais clinicamente significativos, outros 12,6% tinham prováveis transtornos e 27,5% tinham possíveis transtornos. Dessa forma, a maior parte da amostra relatava alguns problemas de humor e ansiedade. Algumas ferramentas de avaliação para transtornos de humor e emoções foram apresentadas com suas vantagens e desvantagens.

As medidas para avaliar o reconhecimento das expressões emocionais também estão incluídas nesse capítulo. Com relação ao tratamento das dificuldades emocionais, mais uma vez examinamos grupos de tratamento, assim como apoio psicológico individual. Uma estrutura é apresentada para um grupo de humor e para um grupo de apoio psicológico. O apoio psicológico individual principalmente derivado da TCC, que é agora parte da reabilitação de lesão cerebral. Tyerman e King (2004) discutiram a psicoterapia com pessoas com diferentes déficits cognitivos e sugeriram formas de contornar os problemas. Para aqueles com problemas de memória, por exemplo, sugeriram notas, sessões de gravação em áudio e vídeo, repetições frequentes, minirrevisões, lembretes no telefone para a realização de tarefas de casa e auxílio dos familiares como coterapeutas. O capítulo também inclui um breve relato de tratamento para transtornos de percepção emocional após lesão cerebral.

Capítulo 9

Uma das principais mudanças em reabilitação ao longo da década passada foi a adoção da determinação de objetivos para planejar e avaliar a reabilitação. Na pesquisa de Wilson, Rous e Sopena (2008), todos os 54 entrevistados disseram usar uma abordagem de planejamento de objetivos para reabilitação. Um objetivo é definido como algo que a pessoa que recebe tratamento de reabilitação quer fazer, algo que é relevante e significativo para ela e algo que reflita seus objetivos de longo prazo. Como a reabilitação está, em última análise, preocupada com a capacitação das pessoas para que participem efetivamente de atividades valorizadas (Hart e Evans, 2006), a reabilitação de memória deveria estabelecer objetivos adequados que deveriam ser o foco principal da intervenção e, se são ou não alcançados, é, ou deveriam ser, uma das formas de avaliar o sucesso da reabilitação da memória.

Há várias vantagens na abordagem de definição de objetivos. Primeiramente, garante que os objetivos da admissão estejam claramente documentados. Segundo, além da equipe de reabilitação, pacientes, parentes e cuidadores se envolvem. Terceiro, promove o trabalho em equipe. Quarto, incorpora a medida de resultados. Quinto, remove a distinção artificial entre resultado e atividade voltada para o cliente. A classificação de obtenção de objetivos (Kiresuk e Sherman, 1968) pode ser usada para medir os objetivos e assim torná-los mais comparáveis.

Os objetivos são geralmente negociados entre pacientes, familiares e equipe de profissionais e deveriam seguir os princípios SMART: específico, mensurável, alcançável, realista e com tempo determinado. É importante revisar os objetivos regularmente e se não forem alcançados, os motivos para isso deveriam ser registrados. Apesar de os objetivos serem diferentes para pessoas em diferentes estágios da recuperação ou do processo de reabilitação e para pessoas com diferentes graus de severidade, alguns aspectos serão comuns a todos. Collicutt-McGrath (2008) discutiu os objetivos de vida que provavelmente afetam todos os pacientes de reabilitação. Como todos os objetivos, os de memória são divididos em planos de curto prazo e de ação. Tipicamente, os objetivos de longo prazo são aqueles que se espera alcançar ao final do programa. Os objetivos de curto prazo são os passos na direção dos objetivos de longo prazo e geralmente espera-se que sejam alcançados em 1 a 2 semanas. Os planos de ação são as etapas cumpridas por alguém que não o cliente para auxiliar no alcance dos objetivos de curto prazo. São apresentados exemplos de objetivos para pacientes internados, ambulatoriais e não internados. O uso de objetivos para medir o sucesso do reabilitado é também abordado nesse capítulo.

Capítulo 10

Orientações para planejar o programa de reabilitação da memória são consideradas. Primeiramente, apresentamos algumas dicas gerais de Kapur (2008) sobre calma, organização, concentração e uso de auxílios de memória. Cada paciente ou cliente então precisa ter seus pontos cognitivos e emocionais fortes e fracos avaliados. Testes padronizados deveriam ser complementados com observações, entrevistas e medidas de autorrelato. Os objetivos deveriam ser estabelecidos segundo os princípios apresentados no Capítulo 9. São apresentadas sugestões sobre como selecionar a melhor estratégia ou estratégias para o alcance dos objetivos. São dados exemplos de Kime (2006) e um estudo de caso único mostrando a história natural do desenvolvimento de um sistema compensatório de Wilson, J.C. e Hughes (1997) é reproduzido.

Por último, é apresentado um modelo para ajudar os leitores a planejarem um programa de reabilitação. Esse modelo pode ser aplicado à maioria dos problemas que uma pessoa possa enfrentar quando estiver trabalhando com sobreviventes de lesão cerebral, apesar de os exemplos aqui serem especificamente para reabilitação da memória.

Capítulo 11

O presente capítulo examinou os princípios para a reabilitação, aspectos da QdV, avaliação do tratamento e integração da teoria e prática. Gostaria de terminar com alguns comentários do colega Jim Malec. Em seu trabalho "Mayo brain injury rehabilitation: what we've learned in the past 20 years", apresentado na 15ª Conferência anual sobre lesão cerebral na Clínica Mayo, Rochester, Minnesota, em junho de 2008, Malec aponta que "a vida pode ser, e geralmente é, boa mesmo após lesão cerebral" e ofereceu o seguinte conselho: junte-se ao paciente desde o início e fique com ele e sua família; traga esperança desde o início e o faça com frequência; tentar fazer o paciente "confrontar a realidade" é para os amadores; a reabilitação em lesão cerebral requer pessoas especiais. Malec então continuou dizendo, com terminologia de uso comum, que a reabilitação tem a ver com "o trabalho de equipe, com a família, com as redes; avaliar o que você está fazendo a torna melhor; em reabilitação um padrão não serve a todos; com as constantes pesquisas a reabilitação de lesão cerebral está constantemente melhorando".

Concluindo o livro, gostaria de dizer que o público alvo que tinha em mente o tempo todo era o de profissionais cuja meta é melhorar as vidas das pessoas com dificuldades de memória causadas por dano neurológico ao cérebro. Dentre esses, psicólogos, neuropsicólogos, terapeutas ocupacionais e fonoaudiólogos envolvidos na reabilitação de adultos com comprometimento de memória não progressivo. Ele deveria também oferecer orientação e compreensão àqueles que trabalham no campo da demência. O livro pode também servir a psiquiatras, neurologistas, enfermeiras, psicoterapeutas e assistentes sociais familiarizados ou que desejam se familiarizar ou aumentar seu conhecimento de reabilitação da memória. Finalmente, o livro é extensivo, eu espero, a todas as áreas de escolha de atuação e pode servir a professores e alunos que precisam ampliar e atualizar sua compreensão de todas as questões envolvidas em reabilitação da memória.

Espero que o leitor ganhe uma compreensão dos princípios envolvidos em reabilitação da memória e, se em posição de, seja capaz de planejar e implementar programas práticos para reduzir os problemas da vida cotidiana. Através deste livro, o leitor deveria ser capaz de entender os atuais princípios de reabilitação da memória e observar como eles provêm de estudos teóricos. O terapeuta profissional deveria ser capaz de conduzir avaliações apropriadas, definir objetivos, implementar estratégias, entender como ensinar essas estratégias, reconhecer a importância de lidar com as consequências do comprometimento de memória e avaliar seus programas de tratamento. Acima de tudo, saberá como reduzir os problemas cotidianos de memória de sobreviventes de lesão cerebral.

E o futuro? Não há dúvidas de que veremos novidades em tecnologia e auxílios externos, e espera-se que esses beneficiem as pessoas com comprometimento de memória. Isso requer compreensão, paciência e perspicácia por parte daqueles que trabalham na área. O crescente aumento de tecnologia sofisticada em diagnóstico por neuroimagem como tomografia com emissão de pósitrons está melhorando nossa concepção de lesão cerebral (ver, p. ex., Frith, 2007), mas se isso irá nos ajudar com os programas de reabilitação ainda precisa ser investigado.

Novos procedimentos de avaliação provavelmente apareçam para nos ajudar a captar os pontos fortes e fracos de nossos pacientes. Novos tratamentos, talvez farmacológicos, os quais combinados com nossas atuais técnicas de reabilitação, podem estar logo ali e uma melhor avaliação de nossas intervenções seria bem-vinda. Talvez o melhor progresso fosse que todas as pessoas com comprometimento de memória e seus familiares pudessem ter acesso à reabilitação apropriada às suas necessidades cognitivas, emocionais e psicossociais.

Recursos

SITES QUE OFERECEM AUXÍLIOS DE MEMÓRIA

alzstore.com
Uma variedade de materiais, inclusive livros, sistemas de alarme, etc., que podem ser adequados para pacientes com Doença de Alzheimer ou para seus cuidadores.

bindependent com
Relógios com alarmes e outros lembretes eletrônicos.

cobolt.co.uk e *onlineshop.rnib.org.uk*
Uma variedade de dispositivos, inclusive auxílios de memória, para as pessoas com comprometimento visual.

connevans.co.uk
Fotofone, dispositivos de alerta, relógios vibratórios, alarmes para pessoas com comprometimento auditivo.

dayclocks.co.uk
Relógios que indicam a data ou a data e a hora.

enablingdevices.com
Vários tipos de auxílios, inclusive dispositivos vibratórios para lembretes.

epill.com
Vários tipos de caixas de remédios e lembretes eletrônicos.

euroffice.co.uk
Variedade de adesivos *post-it*, quadros brancos, gravadores de voz, etc.

hagger.co.uk e *independentliving.com*

Auxílios para uma variedade de incapacidades, inclusive visual, auditiva, motora e alguns auxílios de memória.

medicalarm.co.uk

Caixas de remédios, relógios com alarme.

onlineorganizing.com

Vários auxílios para organização, inclusive MotivAider (dispositivo com alarme vibratório).

qstartreminders.com

Lembretes de voz para o carro/veículo.

Relax-uk.com

Relógio com alarme para mensagens, sensor de sono com alarme.

silverphone.co.uk

Telefones delineados para os idosos, o que pode ser adequado para pessoas com comprometimento visual/cognitivo.

talkingproducts.co.uk

Sistemas de mensagens de voz, inclusive minigravador.

thart@einstein.edu

Um catalogo útil de dispositivos eletrônicos para melhoras a memória e a organização (pode ser obtido com Dra. Tessa Hart na Filadélfia).

SOCIEDADES QUE OFERECEM ACONSELHAMENTO/INFORMAÇÕES

Reino Unido

Alzheimer's Society (Sociedade Alzheimer)
Devon House, 58 St. Katharine's Way, London E1W 1LB
Tel: 020 7423 3500
Fax: 020 7423 3501
Website: www.alzheimers.org.uk
E-mail: enquiries@alzheimers.org.uk

British Epilepsy Association (Associação Britânica para Epilepsia)
New Anstey House, Gate Way Drive, Yeadon, Leeds LS19 7XY
Tel: 0113 210 8800
Website: www.epilepsy.org.uk

Carers UK (Cuidadores no Reino Unido)
20 Great Dover Street, London SE1 4LX
Tel: 020 7378 4999
Fax: 020 7378 9781
Website: www.carersuk.org
E-mail: info@carersuk.org

Disabled Living Foundation (Fundação para pessoas vivendo com incapacidades)
380-384 Harrow Road, London W9 2HU
Tel: 020 7289 6111/Help line: 08451309177
Website: www.dlf.org.uk
E-mail: info@dlf.org.uk

Encephalitis Society (Sociedade Encefalite)
7b Saville Street, Malton, North Yorkshire YO17 7LL
Tel: 01653 692 583/Support line 01653 699 599
Website: www.encephalitis.info
E-mail: mail@encephalitis.info

Headway – the Brain Injuries Association
(Headway – A associação para lesões cerebrais)
7 King Edward Court, King Edward Street, Nottingham NG1 1EW
Tel: 0115 9240800/Help line: 0808 800 2244
Fax: 0115 958 4446
Website: www.headway.org.uk
E-mail: info@headway.org.uk

Age UK
207-221 Pentonville Road, London N1 9UZ
Tel: 0800 107 8977
Website: www.ageuk.org.uk

Huntington's Disease Association (Associação para Doença de Huntington)
Neurosupport Centre, Liverpool L3 8LR
Tel: 0151 298 3298
Fax: 0151 298 9440
Website: www.hda.org.uk
E-mail: info@hda.org.uk

Mental Health Foundation (Fundação para Saúde Mental)
Sea Containers House, 9th Floor, 20 Upper Ground, London SE1 9QB
Tel: 020 7803 1101
Fax: 020 7803 1111
Website: www.mentalhealth.org.uk
E-mail: mhf@mhf.org.uk

MIND – National Association for Mental Health
(MIND – Associação Nacional para a Saúde Mental)
15-19 Broadway, London E15 4BQ
Tel: 0845 766 0163
Website: www.mind.org.uk
E-mail: contact@mind.org.uk

Multiple Sclerosis Society (Sociedade para esclerose múltipla)
MS National Centre, 372 Edgware Road, London NW2 6ND
Tel: 020 8438 0700
Fax: 020 8438 0701
Website: www.mssociety.org.uk

National Society for Epilepsy (Sociedade Nacional para epilepsia)
Chesham Lane, Chalfont St. Peter, Bucks SL9 0RJ
Tel: 01494 601 300
Fax: 01494 871 927
Website: www.epilepsynse.org.uk

Oliver Zangwill Centre for Neuropsychological Rehabilitation
(Centro Oliver Zangwill para Reabilitação Neuropsicológica)
The Princess of Vales Hospital, Lynn Road, Ely, Cambridgeshire CB6 1DN
Tel: 01353 652 165
Fax: 01353 652 164
Website: www.ozc.nhs.uk
E-mail: andrew.bateman@ozc.nhs.uk

Parkinson's Disease Society (Sociedade para Doença de Parkinson)
215 Vauxhall Bridge Road, London SW1V 1EJ
Tel: 0808 800 0303
Website: www.parkinsons.org.uk
E-mail: hello@parkinsons.org.uk

RADAR (Royal Association for Disability and Rehabilitation)
(Associação real para incapacidade e reabilitação)
12 City Forum, 250 City Road, London EC1V 8AF
Tel: 020 7250 3222
Fax: 020 7250 0212
Website: www.radar.org.uk
E-mail: radar@radar.org.uk

Stroke Association (Associação do AVC)
Stroke House, 240 City Road, London EC1V 2PR
Tel: 020 7566 0300
Fax: 020 7490 2686
Website: www.stroke.org.uk
E-mail: info@stoke.org.uk

Estados Unidos

Geral

Acoustic Neuroma Association (Associação do neuroma acústico)
600 Peachtree Parkway, Suite 108, Cumming, GA 30041
Tel: 770-205-8211, 1-877-200-8211
Fax: 770-205-0239, 1-877-202-0239
Website: www.anausa.org
E-mail: info@anausa.org

Brain Injury Association of America (Associação da lesão cerebral da América)
1608 Spring Hill Road, Suite 110, Vienna, VA 22182
Tel: 703-761-0750
Fax: 703-761-0755
Website: www.biausa.org

Brain Trauma Foundation (Fundação para o trauma cerebral)
708 Third Avenue, New York, NY 10017-4226
Tel: 1-212-772-0608
Website: www.braintrauma.org

Epilepsy Foundation of America (Fundação para epilepsia da América)
8301 Professional Place, Landover, MD 20785-7223
Tel: 1-800-332-1000
Website: www.epilepsyfoundation.org
E-mail: info@efa.org

Family Caregiver Alliance/National Center on Caregiving
(Aliança familiar cuidador/Centro nacional para cuidados)
180 Montgomery Street, Suite 900, San Francisco, CA 94104
Tel: 415-434-3388, 800-445-8106
Fax: 415-434-3508
Website: www.caregiver.org
E-mail: info@caregiver.org

North American Brain Injury Society (Sociedade Norte-Americana
para lesão cerebral)
PO Box 1804, Alexandria, VA 22313
Tel: 703-960-6500
Fax: 703-960-6603
Website: www.nabis.org

National Institute of Mental Health (NIMH)
(Instituto nacional de saúde mental)
6001 Executive Boulevard, Room 8184, MSC 9663, Bethesda, MD
20892-9663
Tel: 301-443-4513, 1-866-615-NIMH (6464), 301-443-8431 (TTY)
Fax: 301-443-4279
Website: www.nimh.nih.gov
E-mail: nimhinfo@nih.gov

National Institute on Disability and Rehabilitation Research (NIDRR)
(Instituto nacional de pesquisa em incapacidade e reabilitação)
U.S. Department of Education Office of Special Education and Rehabilitative
Services, 400 Maryland Avenue, SW, Washington, DC 20202-7100
Tel: 202-245-7460 (TTY), 202-245-7323
Website: www.ed.gov/about/offices/list/osers/nidrr

National Organization for Rare Disorders (NORD)
(Organização nacional para transtornos raros)
55 Kenosia Avenue, PO Box 1968, Danbury, CT 06813-1968
Tel: 203-744-0100, Voice mail 800-999-NORD (6673)
Fax: 203-798-2291
Website: www.rarediseases.org
E-mail: orphan@rarediseases.org

National Rehabilitation Information Center (NARIC)
(Centro nacional de informações sobre reabilitação)
8201 Corporate Drive; Suite 600, Londover, MD 20785
Tel: 301-459-5900, 301-459-5984 (TTY), 800-346-2742
Fax: 301-459-4263
Website: www.naric.com
E-mail: naricinfo@heitechservices.com

Doença de Alzheimer

Alzheimer's Association (Associação Alzheimer)
225 North Michigan Avenue, 17th Floor, Chicago, IL 60601-7633
Tel: 312-335-8700
Fax: 866-699-1246
Website: www.alz.org
E-mail: info@alz.org

Alzheimer's Disease Education and Referral Center (ADEAR)
(Centro de referência e educação para a Doença de Alzheimer)
National Institute on Aging, Building 31, Room 5C27, 31 Center Drive, MSC
2292 Bethesda, MD20892
Tel: 301-496-1752, 1-800-438-4380
Fax: 301-496-1072
Website: www.nia.nih.gov/alzheimers
E-mail: adear@nia.nih.gov

Alzheimer's Drug Discovery Foundation (formerly Institute for the Study of Aging) (**Fundação para a descoberta de drogas para Alzheimer** – antigo instituto para o estudo do envelhecimento)
57 West 57th Street, Suite 904 New York, NY 10019
Tel: 212-901-8000
Website: www.alzdiscovery.org
E-mail: info@alzdiscovery.org

Alzheimer's Foundation of America (**Fundação Alzheimer da América**)
322 Eighth Avenue, 7th Floor, New York, NY 10001
Tel: 1-866-AFA-8484 (232-8484)
Fax: 1-646-638-1546
Website: www.alzfdn.org

American Health Assistance Foundation
(**Fundação americana para assistência em saúde**)
22512 Gateway Center Drive, Clarksburg, MD 20871
Tel: 1-800-437-AHAF (2423)
Fax: 301-258-9454
Website: www.ahaf.org
E-mail: info@ahaf.org

Association for Frontotemporal Dementias (AFTD)
(**Associação para as demências frontotemporais**)
Radnor Station Building 2, Suite 320, 290 King of Prussia Road, Radnor, PA 19087
Tel: 267-514-7221, 866-507-7222
Website: www.ftd-picks.org
E-mail: info@ftd-picks.org

C-Mac Informational Services/Caregiver News
(for-Alzheimer's-type dementia caregivers)
(**Serviços de notícias C-Mac para serviços de informações/cuidadores** – para cuidadores de demência do tipo Alzheimer)
Website: www.caregivernews.org
E-mail: caregiver_cmi@hotmail.com

John Douglas French Alzheimer's Foundation (Fundação John Douglas French)
11620 Wilshire Boulevard, Suite 270, Los Angeles, CA 90025
Website: www.jdfaf.org
E-mail: jdfaf@earthlink.net

Lewy Body Dementia Association (Associação Lewy Body para demência)
912 Killian Hill/Road, S. W., Liburn, GA30047
Tel: 404-935-6444, 800-LEWYSOS (539-9767)
Fax: 480-422-5434
Website: www.lbda.org

National Family Caregivers Association
(Associação nacional família cuidadores)
PO Box 82, Loma Linda, CA 92354
Tel: (951) 236-8198
Website: www.familycaregiver.org
E-mail: info@familycaregiver.org

National Hospice and Palliative Care Organization/National Hospice
Foundation (Organização nacional de casas de repouso e cuidado paliativo/
Fundação nacional de casas de repouso)
1731 King Street, Suite 100, Alexandria, VA 22314
Tel: 703-837-1500
Fax: 703-837-1233
Website: www.nhpco.org
E-mail: info@nhpco.org

National Respite Network and Resource Center
(Rede nacional de repouso e centro de recursos)
800 Eastowne Drive, Suite 105, Chapel Hill, NC 27514
Tel: 919-490-5577, x222
Fax: 919-490-4905
Website: www.archrespite.org

Well Spouse Association (Associação para os cônjuges)
63 West Main Street, Suite H, Freehold, NJ 07728
Tel: 1-800-838-0879, 732-577-8899
Fax: 732-577-8644
Website: www.wellspouse.org
E-mail: info@wellspouse.org

Doença de Huntington

Hereditary Disease Foundation (Fundação para doenças hereditárias)
3960 Broadway, 6th Floor, New York, NY 10032
Tel: 212-928-2121
Fax: 212-928-2172
Website: www.hdfoundation.org
E-mail: cures@hdfoundation.org

Huntington's Disease Society of America
(Sociedade para Doença de Huntington da América)
505 Eighth Avenue, Suite 902, New York, NY 10018
Tel: 212-242-1968, 1-800-345-HDSA (4372)
Fax: 212-239-3430
Website: www.hdsa.org
E-mail: hdsainfo@hdsa.org

Esclerose múltipla

Accelerated Cure Project for Multiple Sclerosis
(Projeto de cura acelerada para esclerose múltipla)
300 Fifth Avenue, Waltham, MA 02451
Tel: 781-487-0008
Fax: 781-487-0009
Website: www.acceleratedcure.org
E-mail: info-web0209@acceleratedcure.com

American Autoimmune Related Diseases Association
(Associação americana para as doenças relacionadas à autoimunidade)
22100 Gratiot Avenue, East Detroit, MI 48201-2227
Tel: 586-776-3900, 800-598-4668
Fax: 586-776-3903
Website: www.aarda.org
E-mail: aania@aarda.org

Clearinghouse on Disability Information
(Central de informações sobre incapacidades)
Office of Special Education and Rehabilitative Services Communications and
Customer Service Team
550 12th Street, SW, Room 5133, Washington, DC 20202-2550
Tel: 202-245-7307, 202-205-5637 (TTD)
Fax: 202-450-7636
Website: www.ed.gov/about/offices/list/osers/codi.html

Multiple Sclerosis Association of America
(Associação para esclerose múltipla da América)
706 Haddonfield Road, Cherry Hill, NJ 08002
Tel: 856-488-4500, 800-532-7667
Fax: 856-661-9797
Website: www.msassociation.org
E-mail: msaa@msassociation.org

Multiple Sclerosis Foundation (Fundação para esclerose múltipla)
6350 North Andrews Avenue, Fort Lauderdale, FL 33309-2130
Tel: 954-776-6805, 888-MSFOCUS (673-6287)
Fax: 954-351-0630
Website: www.msfocus.org
E-mail: support@msfocus.org

National Ataxia Foundation (NAF) (Fundação nacional para ataxia)
2600 Fernbrook Lane North, Suite 119, Minneapolis, MN 55447-4752
Tel: 763-553-0020
Fax: 763-553-0167
Website: www.ataxia.org
E-mail: naf@ataxia.org

National Multiple Sclerosis Society (Sociedade nacional para esclerose múltipla)
733 Third Avenue, 3rd Floor, New York, NY 10017-3288
Tel: 212-986-3240, 1-800-344-4867 (FIGHTMS)
Fax: 212-986-7981
Website: www.nationalmssociety.org
E-mail: nat@nmss.org

Paralyzed Veterans of America (PVA) (Veteranos paralíticos da América)
801 18th Street, NW, Washington, DC 20006-3517
Tel: 202-USA-1300 (872-1300), 800-555-9140
Website: www.pva.org
E-mail: info@pva.org

Doença de Parkinson

American Parkinson Disease Association
(Associação americana para Doença de Parkinson)
135 Parkinson Avenue, Staten Island, NY 10305-1425
Tel: 718-981-8001, 1-800-223-2732, California: 1-800-908-2732
Fax: 718-981-4399
Website: www.apdaparkinson.org
E-mail: apda@apdaparkinson.org

Bachmann-Strauss Dystonia and Parkinson Foundation
(Fundação Bachmann-strauss para distonia e Parkinson)
551 Fifth Avenue, Suite 520, New York, NY 10176
Tel: 212-682-9900
Fax: 212-987-0662
Website: www.dystonia-parkinsons.org

Michael J. Fox Foundation for Parkinson's Research
(Fundação Michael J. Fox para a pesquisa da Doença de Parkinson)
Church Street Station, PO Box 780, New York, NY 10008-0780
Tel: 1-800-708-7644
Website: www.michaeljfox.org
E-mail: info@michaeljfox.org

National Parkinson Foundation (Fundação nacional para Parkinson)
1501 NW 9th Avenue, Bob Hope Road, Miami, FL 33136-1494
Tel: 305-243-6666, 800-327-4545
Fax: 305-243-5595
Website: www.parkinson.org
E-mail: contact@parkinson.org

Parkinson Alliance (Aliança Parkinson)
PO Box 308, Kingston, NJ 08528-0308
Tel: 609-688-0870, 1-800-579-8440
Fax: 609-688-0875
Website: www.parkinsonalliance.org
E-mail: admin@parkinsonalliance.org

Parkinson's Action Network (Rede de ação para o Parkinson)
1025 Vermont Avenue, NW, Suite 1120, Washington, DC 20005
Tel: 800-850-4726, 202-638-4101
Fax: 202-638-7257
Website: www.parkinsonsaction.org
E-mail: info@parkinsonsaction.org

Parkinson's Disease Foundation (PDF) (Fundação Doença de Parkinson)
1359 Broadway, Suite 1509, New York, NY 10018
Tel: 212-923-4700, 800-457-6676
Fax: 212-923-4778
Website: www.pdf.org
E-mail: info@pdf.org

Parkinson's Institute and Clinical Center
(Instituto e centro clínico para o Parkinson)
675 Almanor Avenue, Sunnyvale, CA 94085-2935
Tel: 408-734-2800, 1-800-655-2273
Website: www.thepi.org
E-mail: info2@thepi.org

Parkinson's Resource Organization (Organização para recursos de Parkinson)
74-478 Hwy 111 102, Palm Desert, CA
Tel: 760-773-5628, 310-476-7030, 877-775-4111
Fax: 760-773-9803
Website: www.parkinsonsresource.org
E-mail: info@parkinsonsresource.org

WE MOVE (Worldwide Education and Awareness for Movement Disorders)
(Educação mundial e consciência para os transtornos do movimento)
204 West 84th Street, New York, NY 10024
Tel: 212-875-8312
Fax: 212-875-8389
Website: www.wemove.org
E-mail: wemove@wemove.org

AVC

American Health Assistance Foundation
(Fundação americana para assistência em saúde)
22512 Gateway Center Drive, Clarksburg, MD 20871
Tel: 1-800-437-AHAF (2423)
Fax: 301-258-9454
Website: www.ahaf.org
E-mail: info@ahaf.org

American Stroke Association: A Division of American Heart Association
(Associação americana para o AVC: uma divisão da associação americana do coração)
7272 Greenville Avenue, Dallas, TX 75231-4596
Tel: 1-888-4-STROKE (478-7653)
Website: www.strokeassociation.org
E-mail: strokeassociation@heart.org

Brain Aneurysm Foundation (Fundação para o aneurisma cerebral)
269 Hanover Street, Building 3, Hanover, MA 02339
Tel: 781-826-5556, 888-BRAIN02 (272-4602)
Website: www.bafound.org
E-mail: office@bafound.org

Brain Attack Coalition (Coalizão para o ataque cerebral)
Building 31 Center Drive, Room 8A-16, Bethesda, MD 20892-2540
Tel: 301-496-5751
Website: www.stroke-site.org

Children's Hemiplegia and Stroke Association (CHASA)
(Associação para crianças com hemiplegia e AVC)
4101 West Green Oaks, Suite 305, PMB 149, Arlington, TX 76016
Tel: 817-492-4325
Website: www.hemikids.org
E-mail: info437@chasa.org

Hazel K. Goddess Fund for Stroke Research in Women
(Fundo Hazel K. Goddess para pesquisa do AVC em mulheres)
1217 South Flagler Drive, Suite 302, West Palm Beach, F2 33401
Tel: 561-623-0504
Fax: 561-623-0502
Website: www.thegoddessfund.org
E-mail: anne@thegoddessfund.org

Heart Rhythm Foundation (Fundação para ritmo cardíaco)
1400 KStreet, NW, Suite 500, Washington, DC 20005
Tel: 202-464-3454
Fax: 202-464-3405
Website: www.heartrhythmfoundation.org
E-mail: bbogdansky@heartfrhythmfoundation.org

National Aphasia Association (Associação nacional para afasia)
350 Seventh Avenue, Suite 902, New York, NY10001
Tel: 800-922-4NAA (4622)
Website: www.aphasia.org
E-mail: responsecenter@aphasia.org

National Stroke Association (Associação nacional para o AVC)
9707 East Easter Lane, Building B, Centennial, CO 80112-3747
Tel: 1-800-STROKES (787-6537)
Fax: 303-649-1328
Website: www.stroke.org
E-mail: info@stroke.org

Stroke Clubs International (Clubes internacionais para o AVC)
805 12th Street, Galveston, TX 77550
Tel: 409-762-1022
E-mail: strokeclubs@earthlink.net

Austrália

Alzheimer's Australia (Austrália para Alzheimer)
PO Box 4019, Hawker, ACT 2614
Tel: 61 (2) 6254 4233
Website: www.alzheimers.org.au

Australian Huntington's Disease Association
(Fundação australiana para doença de Huntington)
PO Box 580, North Adelaide, SA 5006
Website: www.huntingtonsaustralia.asn.au
E-mail: national@huntingtonsaustralia.asn.au

Brain Injury Australia (Austrália para lesão cerebral)
PO Box 220, Marrickville 1475 NSW 1835
Tel: +61 2 9808 9390
Website: www.braininjuryaustralia.org.au
E-mail: admin@braininjuryaustralia.org.au

MS Australia
117 Division Street, Deakin, ACT 2600
Tel: 1800 042132, +61 2 6234 7000
Fax: 612 6281 0817, +61 2 6234 7099
Website: www.msaustmlia.org.au
E-mail: msconnect@msaustralia.org.au

National Stroke Foundation (Fundação Nacional para o AVC)
Level 7, 461 Bourke Street, Melbourne, VIC 3000
Tel: 61 3 9670 1000
Fax: 61 3 9670 9300
Website: www.strokefoundation.com.au
E-mail: admin@strokefoundation.com.au

Parkinson's Australia (Austrália para o Parkinson)
Frewin Centre, Flewin Place, Scullin, ACT 2614
Tel: (02) 6278 8916
E-mail: norman.marshall@parkinsonsaustralia.org.au

Canadá

Alzheimer Society of Canada (Sociedade Alzheimer do Canadá)
20 Eglinton Avenue W, Suite 1600, Toronto, ON M4R 1K8
Tel: 416-488-8772
Fax: 416-488-3778
Website: www.alzheimer.ca
E-mail: info@alzheimer.ca

Heart and Stroke Foundation (Fundação do coração e AVC)
222 Queen Street, Suite 1402, Ottawa, ON KIP 5V9
Tel: 613-569-4361, 1-800-998-7398
Fax: 613-569-3278
Website: www.heartandstroke.ca

Huntington Society of Canada (Sociedade Huntington do Canadá)
151 Frederick Street, Suite 400, Kitchener, ON N2H 2M2
Tel: 519-749-7063
Fax: 519-749-8965
Website: www.huntingtonsociety.ca
E-mail: info@huntingtonsociety.ca

Multiple Sclerosis Society of Canada (Esclerose múltipla do Canadá)
175 Bloor Street East, Suite 700, North Tower Toronto, ON M4W 3R8
Tel: 416-922-6065, 1-800-268-7582
Fax: 416-922-7538
Website: www.mssociety.ca
E-mail: info@mssociety.ca

Parkinson Society Canada (Sociedade Parkinson do Canadá)
4211 Yonge Street, 316 Toronto, ON M2P 2A9
Tel: 416-227-9700
Fax: 416-227-9600
Website: www.parkinson.ca
E-mail: general.info@parkinson.ca

Brain Injury Association of Canada (Associação para lesão cerebral do Canadá)
155 Queen St, Suite 808 Ottawa, Ontario K1P 6L1
Tel: 613-762-1222
Fax: 613-236-5208
Website: www.biac-aclc.ca
E-mail: info@biac-aclc.ca

República Checa

Aging (Envelhecimento)
www.zivot90.cz
www.tretivek.cz
www.treninkpameti.webnode.com
www.ddfrantiskov.cz

Alzheimer's Disease (Doença de Alzheimer)
www.alzheimer:cz

Brain Injury (Lesão cerebral)
www.cerebrum2007.cz

Huntington's Disease (Doença de Huntington)
www.huntington.cz

Multiple Sclerosis (Esclerose múltipla)
www.roska.eu

Parkinson's Disease (Doença de Parkinson)
www.parkinsonovachoroba.cz

Stroke (AVC)
www.sdrzenicmp.cz

Finlândia

Alzheimer-Keskusliitto Ry (Doença de Alzheimer)
Luotsikatu 4 E, 00160 Helsinki
Tel: 358-9-6226 200
Fax: 358-9-6226 2020
E-mail: toimisto@alzheimer.fi

Aivovammaliitto Ry (Lesão Cerebral)
Nordenskiöldinkatu 18 A, 00250 Helsinki
Tel: 358-9-836 6580
Website: www.aivovammaliitto.fi
E-mail: aivovammaliitto@aivovammaliitto.fi

Suomen MS-liitto Ry (Esclerose múltipla)
PL 15 (Seppäläntie 90), Masku 21251
Tel: 358-2-439 2111
Fax: 358-2-439 2133
Website: www.ms-liitto.fi
E-mail: tiedotus@ms-liitto.fi

Suomen Parkinson-liitto Ry (Doença de Parkinson)
Erityisosaamiskeskus Suvituuli, Suvilinnantie 2, PL 905, 20101 Turku
Tel: 358-2-2740 400
Fax: 358-2-2740 444
Website: www.parkinson.fi
E-mail: parkinson-liito@parkinson.fi

Aivohalvaus- ja afasialiitto (AVC)
Suvilinnantie 2, 20900 Turku
Tel: 358-2-2138 200
Fax: 358-2-2138 210
Website: www.stroke.fi
E-mail: info@stroke.fi

Grécia

Athens Association of Alzheimer's Disease and Related Disorders
(Associação ateniense da Doença de Alzheimer e transtornos relacionados)
Markou Mousourou 33 Stilponos, 11636 Athens
Tel: 30 210 70 13 271
Website: www.alzheimerathens.gr
E-mail: info@alzheimerathens.gr

Hong Kong

Hong Kong Alzheimer's Disease Association
(Associação para Doença de Alzheimer de Hong Kong)
GVF, Wang Yip House, Wang Tau Hom Estate, Kowloon, Hong Kong Special
Administrative Region, China
Tel: 852 23381 120
Fax: 852 23380772
Website: www.hkada.org.hk

Hong Kong Parkinson's Disease Foundation
(Fundação para a Doença de Parkinson de Hong Kong)
Hong Kong Parkinson's Disease Foundation, Department of Medicine,
Queen Mary Hospital, University of Hong Kong, 102 Pokfulam Road,
Hong Kong Special Administrative Region, China
Tel: 852 81005223
Fax: 852 29741171
Website: www.hkpdf.org.hk
E-mail: info@hkpdf.org.hk

Hong Kong Stroke Society (Sociedade para o AVC de Hong Kong)
Room 346, L-Block, Queen Mary Hospital, Department of Neurosurgery
Tel: 852 28553315
Fax: 852 28551171
Website: www.stroke.org.hk
E-mail: info@stroke.org.hk

Hong Kong Society for Rehabilitation
(Sociedade de Hong Kong para reabilitação)
6/F, 7 Sha Wan Drive, Pokfulam, Hong Kong Special Administrative Region,
China
Tel: 852 28176277
Fax: 852 28551947
E-mail: enquiry@rehabsociety.org.hk

Holanda

Alzheimer Nederland (Alzheimer Holanda)
Postbus 183, 3980 CD Bunnik
Tel: 030-659 69 00
Fax: 030-659 69 01
Website: www.alzheimer-nederland.nl
E-mail: info@alzheimer-nederland.nl

Hartstichting (Coração e AVC)
Bordewijklaan 3, 2591 XR Den Haag
Tel: 070-315 55 55
Fax: 070-335 28 26
Website: www.hartstichting.nl
E-mail: info@hartstichting.nl

Hersenstichting Nederland (Associação para lesão cerebral)
Koediefstraat 5, 2511 CG Den Haag
Tel: 070-360 48 16
Fax: 070-360 99 46
Website: www.hersenstichting.nl

MS Vereniging Nederland
Laan van Meerdervoort 51, Postbus 30 470, 2500 GL Den Haag
Tel: 070-37477 77
Fax: 070-374 77 70
Website: www.msvereniging.nl
E-mail: info@msvn.nl

Parkinson Patiënten Vereniging
Kosterijland 12, 3981 AJ Bunnik
Tel: 030-656 13 69
Website: www.parkinson-vereniging.nl
E-mail: info@parkinson-vereniging.nl

Vereniging Cerebraal (Associação Cerebral)
Palestrinastraat 1b, 3533 EH Utrecht
Tel: 030-296 65 75
Website: www.cerebraal.nl
E-mail: secr@cerebraal.nl

Vereniging van Huntington (Associação de Huntington)
Laan van Meerdervoort 51, 2517 AE Den Haag
Tel: 070-314 88 88
Fax: 070-314 88 80
Website: www.huntington.nl
E-mail: info@huntington.nl

Nova Zelândia

Alzheimers New Zealand (Alzheimer da Nova Zelândia)
Level 3 Adelphi Finance House, 15 Courtenay Place, Wellington
Tel: 04 381 2362
Website: www.alzheimers.org.nz
E-mail: nationaloffice@alzheimer.org.nz

Brain Injury Association of New Zealand
(Associação para lesão cerebral da Nova Zelândia)
PO Box 83, Albany Village 0755, Auckland
Tel: (09) 414 5693
Fax: (09) 415 5643
Website: www.brain-injury.org.nz
E-mail: national@brain-injury.org.nz

Head Injury Society of New Zealand
(Sociedade para lesão craniana da Nova Zelândia)
PO Box 1168, Hamilton
Website: www.head-injury.org.nz
E-mail: headinjury@extra.co.nz

Huntington's Disease Association of New Zealand
(Associação para Doença de Huntington da Nova Zelândia)
PO Box 78, Cust, North Canterbury, NZ
Tel: (64) 3-312 5612
Website: www.huntingtons.org.nz

Multiple Sclerosis Society of New Zealand
(Sociedade para esclerose múltipla da Nova Zelândia)
Level 6, 120 Featherston Street, PO Box 2627, Wellington 6140
Tel: (64) 4 499 4677
Fax: (64) 4 499 4675
Website: www.msnz.org.nz
E-mail: info@msnz.org.nz

Parkinson's New Zealand (Parkinson da Nova Zelândia)
PO Box 11 067, Manners Street Wellington 6142
Tel: (04) 472 2796
Fax: (04) 472 2162
Website: www.parkinsons.org.nz
E-mail: info@parkinsons.org.nz

Stroke Foundation of New Zealand
(Fundação para o AVC da Nova Zelândia)
PO Box 12482, Ll, Federation House, 95-99 Molesworth Street, Wellington
Tel: (04) 472 8099
Website: www.stroke.org.nz
E-mail: strokenz@stroke.org.nz

Cingapura

Alzheimer's Disease Association (Associação para Doença de Alzheimer)
Blk 157 Lorong 1 Toa Payoh, #01-1195 Singapore 310157
Tel: 65 6353-8734
Fax: 65 6353-8518
Website: www.alzheimers.org.sg
E-mail: alzheimers.tp@pacific.net.sg

Parkinson's Disease Society of Sinapore
(Sociedade para a Doença de Parkinson de Cingapura)
c/o SNSA, 26 Dunearn Road, Singapore 309423
Tel: 65 6353-5338
Fax: 65 6358-4139
Website: www.parkinsonsingapore.com
E-mail: pdsspore@gmail.com

Singapore Brain and Spine Injury Foundation
(Fundação para lesão cerebral e espinhal de Cingapura)
c/o Department of Neurosurgery, National Neuroscience Institute
11 Jalan Tan Tock Seng, Singapore 308433
E-mail: info@sbsif.com.sg

Singapore National Stroke Association
(Associação Nacional para o AVC de Cingapura)
26 Dunearn Road, Singapore 309423
Te[: 65 6358-4138
Fax: 65 6358-4139
Website: www.snsa.org.sg
E-Mail: sporensa@singnet.com.sg

África do Sul

Alzheimer's South Africa (Alzheimer da África do Sul)
Tel: 011 478 2234
Website: www.alzheimers.org.za
E-mail: info@alzheimers.org.za

Heart and Stroke Foundation (Fundação para o coração e AVC)
PO Box 15139, Vlaeberg 8018
Tel: (021) 403 6450
Fax: (021) 421 8961
Website: www.heartfoundation.co.za
E-mail: heart@heartfoundation.co

Huntington's Society of South Africa (Sociedade Huntington da África do Sul)
PO Box 44501, Claremonte, Cape Town, 7735 Südafrika
Tel: (27) 21 – 938 4911
Fax: (27) 21 – 761 4438
E-mail: jschron@iafrica.com

Multiple Sclerosis South Africa (Esclerose múltipla da África do Sul)
Website: www.multiplesclerosis.co.za
E-mail: msu@multiplesclerosis.co.za

Parkinson Association of South Africa (Associação Parkinson da África do Sul)
PO Box 3990, Randburg, 2125
Tel: (27) 011-787-8792
Fax: (27) 011-787-2047
Website: www.parkinsons.co.za
E-mail: info@parkinsons.co.za

Referências

Abel, S., Schultz, A., Radermacher, I., Willmes, K., & Huber, W. (2005). Decreasing and increasing cues in naming therapy for aphasia. *Aphasiology, 19*(9), 831–848.

Achté, K. A., Hillbom, E., & Aalberg, V. (1969). Psychoses following war brain injuries. *Acta Psychiatrica Scandinavica, 45*(1), 1–18.

Achté, K. A., Lönnqvist, J., & Hillbom, E. (1970). Suicides of war brain injured veterans. *Psychiatrica Fennica, 1,* 231-239.

Alderman, N. (2001). Management of challenging behaviour. In R. L. Wood & T. M. McMillan (Eds.), *Neurobehavioural disability and social handicap following traumatic brain injury.* Hove, UK: Psychology Press.

Alderman, N., Fry, R. K., & Youngson, H. A. (1995). Improvement of self-monitoring skills, reduction of behaviour disturbance and the dysex-ecutive syndrome: Comparison of response cost and a new programme of self-monitoring training. *Neuropsychological Rehabilitation, 5*(3), 193–221.

Almli, C., & Finger, S. (1988). Toward a definition of recovery of function. In S. Finger, T. E. LeVere, C. Almli, & D. G. Stein (Eds.), *Brain injury and recovery: Theoretical and controversial issues.* New York: Plenum Press.

Almli, C., & Finger, S. (1992). Brain injury and recovery of function: Theories and mechanisms of functional reorganization. *Journal of Head Trauma Rehabilitation, 7*(2), 70-77.

Anderson, S. W. (1996). Cognitive rehabilitation in closed head injury. In M. Rizzo & D. Tranel (Eds.), *Head injury and post-concussion syndrome.* New York: Churchill Livingstone.

Andrews, K. (1991). The limitations of randomized controlled trials in rehabilitation research. *Clinical Rehabilitation, 5*(1), 5-8.

Arco, L. (2008). Neurobehavioural treatment for obsessive-compulsive disorder in an adult with traumatic brain injury. *Neuropsychological Rehabilitation, 18*(1), 109-124.

Arkin, S. M. (2000). Alzheimer memory training: Students replicate learning successes. *American Journal of Alzheimer's Disease and Other Dementias, 15*(3), 152-162.

Arkin, S. M. (2001). Alzheimer rehabilitation by students: Interventions and outcomes. *Neuropsychological Rehabilitation, 11*(5), 273-317.

Arnott, S. R., Grady, C. L., Hevenor, S. J., Graham, S., & Alain, C. (2005). The functional organization of auditory working memory as revealed by fMRl. *Journal of Cognitive Neuroscience, 17*(5), 819–831.

Atkinson, R. C., & Shiffrin, R. M. (1971). The control of short-term memory. *Scientific American, 225*(2), 82-90.

Attella, M. J., Nattinville, A., & Stein, D. G. (1987). Hormonal state affects recovery from frontal cortex lesions in adult female rats. *Behavioral and Neural Biology, 48*(3), 352-367.

Azmitia, E. C. (2007). Cajal and brain plasticity: Insights relevant to emerging concepts of mind. *Brain Research Reviews, 55*(2), 395-405.

Bäckman, L., & Dixon, R. A. (1992). Psychological compensation: A theoretical framework. *Psychological Bulletin, 112*(2), 259-283.

Baddeley, A. D., & Hitch, G. J. (1974). Working memory. In G. H. Bower (Ed.), *The psychology of learning and motivation.* New York: Academic Press.

Baddeley, A. D. (1986). *Working memory.* Gloucester, UK: Clarendon Press.

Baddeley, A. D. (1992). Memory theory and memory therapy. In B. A. Wilson & N. Moffat (Eds.), *Clinical management of memory problems* (2nd ed.). London: Chapman & Hall.

Baddeley, A. D. (1993). A theory of rehabilitation without a model of learning is a vehicle without an engine: A comment on Caramazza and Hillis. *Neuropsychological Rehabilitation, 3*(3), 235-244.

Baddeley, A. D. (1997). *Human memory: Theory and practice* (2nd ed.). Hove, UK: Psychology Press.

Baddeley, A. D. (1999). *Essentials of human memory.* Hove, UK: Psychology Press.

Baddeley, A. D. (2000). The episodic buffer: A new component of working memory? *Trends in Cognitive Sciences, 4*(11), 417-423.

Baddeley, A. D. (2002). *The handbook of memory disorders* (2nd ed.). Chich-ester, UK: Wiley.

Baddeley, A. D. (2004). The psychology of memory. In A. D. Baddeley, M. D. Kopelman, & B. A. Wilson (Eds.), *The essential handbook of memory disorders for clinicians.* Chichester, UK: Wiley.

Baddeley, A. D., Emslie, H., & Nimmo-Smith, I. (1992). *The speed and capacity of language-processing test.* Bury St. Edmunds, UK: Thames Valley Test Company.

Baddeley, A. D., & Hitch, G. J. (1974). Working memory. In G. H. Bower (Ed.), *The psychology of learning and motivation: Advances in research and theory.* New York: Academic Press.

Baddeley, A. D., & Longman, D. J. A. (1978). The influence of length and frequency of training session on the rate of learning to type. *Ergonomics, 21*(8), 627-635.

Baddeley, A. D., Nimmo-Smith, I., & Emslie, H. (1994). *Doors and people.* Bury St. Edmunds, UK: Thames Valley Test Company.

Baddeley, A. D., & Wilson, B. A. (1986). Amnesia, autobiographical memory, and confabulation. In D. C. Rubin (Ed.), *Autobiographical memory*. Cambridge, UK: Cambridge University Press.

Baddeley, A. D., & Wilson, B. A. (1988a). Comprehension and working memory: A single case neuropsychological study. *Journal of Memory and Language, 27*(5), 479-498.

Baddeley, A. D., & Wilson, B. A. (1988b). Frontal amnesia and the dysexecutive syndrome. *Brain and Cognition, 7*(2), 212-230.

Baddeley, A. D., & Wilson, B. A. (1994). When implicit learning fails: Amnesia and the problem of error elimination. *Neuropsychologia, 32*(1), 53-68.

Baddeley, A. D., & Wilson, B. A. (2002). Prose recall and amnesia: Implications for the structure of working memory. *Neuropsychologia, 40*(10), 1737-1743.

Baer, D. M., Wolf, M. M., & Risley, T. R. (1968). Some current dimensions of applied behavior analysis. *Journal of Applied Behavior Analysis, 1*(1), 91-97.

Bak, T. H., Antoun, N., Balan, K. K., & Hodges, J. R. (2001). Memory lost, memory regained: Neuropsychological findings and neuroimaging in two cases of paraneoplastic limbic encephalitis with radically different outcomes. *Journal of Neurology, Neurosurgery, and Psychiatry, 71*(1), 40-47.

Barlow, D. H., Nock, M. K., & Hersen, M. (2008). *Single case experimental designs: Strategies for studying behavior change* (3rd ed.). New York: Allyn & Bacon.

Bateman, A., Brentnall, S., Evans, J., Gartland, D., Gracey, F., Keohane, C., et al. (2005). Outcomes of intensive neuropsychological rehabilitation: The relationship between the Dysexecutive Questionnaire (DEX), European Brain Injury Questionnaire (EBIQ) and SMART goal attainment. *Brain Impairment, 6*, 132.

Baxter, L., Spencer, B., & Kerrigan, J. F. (2007). Clinical application of functional MRI for memory using emotional enhancement: Deficit and recovery with limbic encephalitis. *Epilepsy and Behavior, 77*(3), 454-459.

Beardsall, L., & Huppert, F. A. (1991). A comparison of clinical, psychometric and behavioural memory tests: Findings from a community study of the early detection of dementia. *International Journal of Geriatric Psychiatry, 6*(5), 295-306.

Beck, A. T. (1970). Cognitive therapy: Nature and relation to behavior therapy. *Behavior Therapy, 1*, 184-200.

Beck, A. (1987). *The Beck Depression Inventory*. San Antonio, TX: Psychological Corporation.

Becker, J. T., & Overman, A. A. (2004). The memory deficit in Alzheimer's disease. In A. D. Baddeley, M. D. Kopelman, & B. A. Wilson (Eds.), *The essential handbook of memory disorders for clinicians*. Chichester, UK: Wiley.

Behrmann, M., Marotta, J., Gauthier, I., Tarr, M. J., & McKeeff, T. J. (2005). Behavioral change and its neural correlates in visual agnosia after expertise training. *Journal of Cognitive Neuroscience, 17*(4), 554–568.

Benke, T., Hohenstein, C., Poewe, W., & Butterworth, B. (2000). Repetitive speech phenomena in Parkinson's disease. *Journal of Neurology, Neurosurgery, and Psychiatry, 69*(3), 319-324.

Bennett-Levy, J., & Powell, G. E. (1980). The Subjective Memory Questionnaire (SMQ). An investigation into the self-reporting of "real-life" memory skills. *British Journal of Social and Clinical Psychology, 19,* 177-188.

Benton, A. L. (1974). *Revised Visual Retention Test* (4th ed.). New York: Psychological Corporation.

Ben-Yishay, Y. (1978). *Working approaches to remediation of cognitive deficits in brain damaged persons* (Rehabilitation Monograph No. 59). New York: New York University Medical Center.

Ben-Yishay, Y. (1996). Reflections on the evolution of the therapeutic milieu concept. Historical aspects of neuropsychological rehabilitation. *Neuropsychological Rehabilitation, 6*(4), 327-343.

Ben-Yishay, Y. (2000). Post-acute neuropsychological rehabilitation: A holistic perspective. In A. L. Christensen & B. P. Uzzell (Eds.), *International handbook of neuropsychological rehabilitation* (Critical issues in neuropsychology series). Amsterdam, The Netherlands: Kluwer Academic.

Berg, I. J., Koning-Haanstra, M., & Deelman, B. G. (1991). Long-term effects of memory rehabilitation: A controlled study. *Neuropsychological Rehabilitation, 1,* 97-111.

Berger, G., Bernhardt, T., Schramm, U., Muller, R., Landsiedel-Anders, S., Kratzsch, T., et al. (2004). No effects of a combination of caregivers support group and memory training/music therapy in dementia patients from a memory clinic population. *International Journal of Geriatric Psychiatry, 19*(3), 223-231.

Bernhardt, E., Maurer, K., & Frolich, L. (2002). Der Einfluss eines alltagsbezogenenkognitivenTrainings auf die Aufmerksamkeits und Gedaechtnisleisung vonPersonen mir Demenz [Influence of a memory training program on attention and memory performance of patients with dementia]. *Zeitschrift fuer Gerontolgie und Geriatrie, 35,* 32-38.

Berry, E., Kapur, N., Williams, L., Hodges, S., Watson, P., Smyth, G., et al. (2007). The use of a wearable camera, SenseCam, as a pictorial diary to improve autobiographical memory in a patient with limbic encephalitis: A preliminary report. *Neuropsychological Rehabilitation, 17*(4–5), 582-601.

Berthier, M. L., Kulisevsky, J. J., Gironell, A., & López, O. L. (2001). Obsessive-compulsive disorder and traumatic brain injury: Behavioral, cognitive, and neuroimaging findings. *Neuropsychiatry, Neuropsychology, and Behavioral Neurology, 14*(1), 23-31.

Bion, W. (1968). *Experiences in groups.* London: Tavistock.

Bird, M. (2001). Behavioural difficulties and cued recall of adaptive behaviour in dementia: Experimental and clinical evidence. *Neuropsychological Rehabilitation, 11*(3), 357–375.

Bjork, R. A. (1988). Retrieval practice and the maintenance of knowledge. In M. M. Gruneberg, P. E. Morris, & R. N. Sykes (Eds.), *Practical aspects of memory: Current research and issues: Vol. 2. Clinical and educational implications.* Chichester, UK: Wiley.

Blake, D. D., Weathers, F. W., Nagy, L. M., Kaloupek, D. G., Gusman, F. D., Charney, D. S., et al. (1995). The development of a clinician-administered PTSD scale. *Journal of Traumatic Stress, 8*(1), 75-90.

Boman, I. L. (2007). Using electronic aids to daily living after acquired brain injury: A study of the learning process and the usability. *Disability and Rehabilitation: Assistive Technology, 2*(1), 23-33.

Bornhofen, C., & McDonald, S. (2008). Emotion perception deficits following traumatic brain injury: A review of the evidence and rationale for intervention. *Journal of the International Neuropsychological Society, 14*(4), 511-525.

Bourgeois, M. S. (2007). *Memory books and other graphic cuing systems: Practical communication and memory aids for adults with dementia.* Baltimore, MD: Health Professions Press.

Bowen, A., Neumann, V., Conner, M., Tennant, A., & Chamberlain, M. A. (1998). Mood disorders following traumatic brain injury: Identifying the extent of the problem and the people at risk. *Brain Injury, 12*(3), 177-190.

Bowling, A. (2005). *Measuring health: A review of quality of life measurement scales* (3rd ed.). Maidenhead, UK: Open University Press.

Brasted, P. J., Bussey, T. J., Murray, E. A., & Wise, S. P. (2005). Conditional motor learning in the nonspatial domain: Effects of errorless learning and the contribution of the fornix to one-trial learning. *Behavioral Neuroscience, 119*(3), 662-676.

Braun, J. J. (1978). Time and recovery from brain damage. In S. Finger (Ed.), *Recovery from brain damage: Research and theory.* New York: Plenum Press.

Breuning, E., Van Loon-Vervoorn, W. A., & Van Dieren, M. P. (1989). [Memory training with Korsakov patients.] *Tijdschrift voor Alcohol, Drugs en Andere Psychotrope Stoffen, 15*(6), 213-221.

Brewin, C. R., Dalgleish, T., & Joseph, S. (1996). A dual representation theory of posttraumatic stress disorder. *Psychological Review, 103,* 670-686.

Broadbent, D. E., Cooper, P. F., Fitzgerald, P., & Parkes, K. R. (1982). The Cognitive Failures Questionnaire (CFQ) and its correlates. *The British Journal of Clinical Psychology, 21*(1), 1-16.

Brodtmann, A., Puce, A., Darby, D., & Donnan, G. (2007). fMRI demonstrates diaschisis in the extrastriate visual cortex. *Stroke, 38*(8), 2360-2363.

Broman, M., Rose, A. L., Hotson, G., & Casey, C. M. (1997). Severe anterograde amnesia with onset in childhood as a result of anoxic encephalopathy. *Brain, 120*(3), 417-433.

Brooks, D. N., & Baddeley, A. D. (1976). What can amnesic patients learn? *Neuropsychologia, 14*(1), 111-122.

Brooks, N., Campsie, L., Symington, C., Beattie, A., & McKinlay, W. (1987). The effects of severe head injury on patient and relative within several years of injury. *Journal of Head Trauma Rehabilitation, 2,* 1-13.

Brown, R. (2004). Psychological and psychiatric aspects of brain disorder: Nature, assessment and implications for clinical neuropsychology. In L. H. Goldstein & J.

E. McNeil (Eds.), *Clinical neuropsychology: A practical guide to assessment and management for clinicians.* Chichester, UK: Wiley.

Brunberg, J. A., Frey, K. A., Morton, J. A., & Kuhl, D. E. (1992). Crossed cerebellar diaschisis: Occurrence and resolution demonstrated with PET during carotid temporary balloon occlusion. *American Journal of Neuroradiology, 13*(1), 58-61.

Brush, J. A., & Camp, C. J. (1998). *A therapy technique for improving memory: Spaced retrieval.* Beachwood, OH: Menora Park Centre for Senior Living.

Bryant, R. A. (2001a). Posttraumatic stress disorder and mild brain injury: Controversies, causes and consequences. *Journal of Clinical and Experimental Neuropsychology, 23*(6), 718-728.

Bryant, R. A. (2001b). Posttraumatic stress disorder and traumatic brain injury: Can they co-exist? *Clinical Psychology Review, 21*(6), 931-948.

Bryant, R. A., Marosszeky, J. E., Crooks, J., & Gurka, J. A. (2000). Posttraumatic stress disorder after severe traumatic brain injury. *American Journal of Psychiatry, 157*, 629-631.

Burgess, P. W., Alderman, N., Evans, J., Emslie, H., & Wilson, B. A. (1998). The ecological validity of tests of executive function. *Journal of the International Neuropsychological Society, 4*(6), 547-558.

Burgess, P. W., Veitch, E., de Lacy Costello, A., & Shallice, T. (2000). The cognitive and neuroanatomical correlates of multitasking. *Neuropsychologia, 38*(6), 848-863.

Bush, S. S., Ruff, R. M., Tröster, A. I, Barth, J. T., Koffler, S. P., Pliskin, N. H., et al. (2005). Symptom validity assessment: Practice issues and medical necessity NAN Policy & Planning Committee. *Archives of Clinical Neuropsychology, 20*(4), 419-426.

Bussman-Mork, B. A., Hildberandt, H., Giesselmann, H., & Sachsenheimer, W. (2000). Behandlung mittelschwerer sprachlicher gedachtnisstorungen: Ein vergleich mehrerer methoden [Treatment of verbal memory disorders: A comparison of several methods]. *Neurologie und Rehabilitation, 6*(4), 195-204.

Butler, G. (1998). Clinical formulation. In A. Bellack & M. Hersen (Eds.), *Comprehensive clinical psychology.* Oxford, UK: Pergamon Press.

Butters, N., & Albert, M. S. (1982). Processes underlying failures to recall remote events. In L. S. Cermak (Ed.), *Human memory and amnesia.* Hillsdale, NJ: Erlbaum.

Cajal, S. R. (1888). Estructura de los centros nerviosos de las aves [Structure of the nerve centers of birds], *Revista Trimestral de Histología Normal y Patológica, 1*, 1-10.

Camp, C. J. (1989). Facilitation of new learning in Alzheimer's disease. In G. Gilmore, P. Whitehouse, & M. Wykle (Eds.), *Memory and aging: Theory, research and practice.* New York: Springer.

Camp, C. J., Bird, M., & Cherry, K. (2000). Retrieval strategies as a rehabilitation aid for cognitive loss in pathological aging. In R. D. Hill, L. Bäckman, & A. Stigsdotter-Neely (Eds.), *Cognitive rehabilitation in old age.* New York: Oxford University Press.

Camp, C.J.. & Foss, J. W. (1997). Designing ecologically valid memory interventions for persons with dementia. In D. G. Payne & F. G. Conrad (Eds.), *Intersections in basic and applied memory research* (pp. 311–325). Mahwah, NJ: Erlbaum.

Camp, C. J., Foss, J. W., Stevens, A. B., & O'Hanlon, A. M. (1996). Improving prospective memory performance in persons with Alzheimer's disease. In M. A. Brandimonte, G. O. Einstein, & M. A. McDaniel (Eds.), *Prospective memory: Theory and application*. Mahwah, NJ: Erlbaum.

Caplan, B. (1987). *Rehabilitation psychology desk reference*. Rockville, MD: Aspen.

Carlomagno, S., Van Eeckhout, P., Blasi, V., Belin, P., Samson, Y., & Deloche, G. (1997). The impact of functional neuroimaging methods on the development of a theory for cognitive remediation. *Neuropsychological Rehabilitation, 7*(4), 311.

Carney, N., Chesnut, R. M., Maynard, H., Mann, N. C., Patterson, P., & Helfand, M. (1999). Effect of cognitive rehabilitation on outcomes for persons with traumatic brain injury: A systematic review. *Journal of Head Trauma Rehabilitation, 14*(3), 277-302.

Carver, C. S., & Scheier, M. F. (1990). Origins and functions of positive and negative affect: A control-process view. *Psychological Review, 97*(1), 19-35.

Cavaco, S., Anderson, S. W., Allen, J. S., Castro-Caldas, A., & Damasio, H. (2004). The scope of preserved procedural memory in amnesia. *Brain, 127*(8), 1853-1867.

Cermak, L. S. (1975). Imagery as an aid to retrieval for Korsakoff patients. *Cortex, 11*(2), 163-169.

Cermak, L. S., & O'Connor, M. (1983). The anterograde and retrograde retrieval ability of a patient with amnesia due to encephalitis. *Neuropsychologia, 21*(3), 213-234.

Chan, D., Fox, N. C., Scahill, R. I, Crum, W. R., Whitwell, J. L., Leschziner, G., et al. (2001). Patterns of temporal lobe atrophy in semantic dementia and Alzheimer's disease. *Annals of Neurology, 49*(4), 433-442.

Chan, M., Estève, D., Escriba, C., & Campo, E. (2008). A review of smart homes: Present state and future challenges. *Computer Methods and Programs in Biomedicine, 91*(1), 55-81.

Cheek, P., Nikpour, L., & Nowlin, H. D. (2005). Aging well with smart technology. *Nursing Administration Quarterly, 29*(4), 329-338.

Chemerinski, E., & Levine, S. R. (2006). Neuropsychiatric disorders following vascular brain injury. *Mount Sinai Journal of Medicine, New York, 73*(7), 1006-1014.

Clare, L. (2008). *Neuropsychological rehabilitation and people with dementia* (1st ed.). Hove, UK: Psychology Press.

Clare, L., & Wilson, B. A. (1997). *Coping with memory problems: A practical guide for people with memory impairments, their relatives, friends and carers*. Bury St. Edmunds, UK: Thames Valley Test Company.

Clare, L., Wilson, B. A., Breen, K., & Hodges, J. R. (1999). Errorless learning of face-name associations in early Alzheimer's disease. *Neurocase, 5*, 37-46.

Clare, L., Wilson, B. A., Carter, G., Breen, K., Gosses, A., & Hodges, J. R. (2000). Intervening with everyday memory problems in dementia of Alzheimer type: An errorless learning approach. *Journal of Clinical and Experimental Neuropsychology, 22*(1), 132-146.

Clare, L., Wilson, B. A., Carter, G., & Hodges, J. R. (2003). Cognitive rehabilitation as a component of early intervention in Alzheimer's disease: A single case study. *Aging & Mental Health, 7*(1), 15-21.

Clare, L., Wilson, B. A., Carter, G., Hodges, J. R., & Adams, M. (2001). Long-term maintenance of treatment gains following a cognitive rehabilitation intervention in early dementia of Alzheimer type: A single case study. *Neuropsychological Rehabilitation, 11*(3), 477-494.

Clare, L., Wilson, B. A., Carter, G., Roth, L, & Hodges, J. R. (2002). Relearning face-name associations in early Alzheimer's disease. *Neuropsychology, 16*(4), 538-547.

Clare, L., & Woods, R. T. (Eds.). (2001). *Cognitive rehabilitation in dementia* [Special issue]. *Neuropsychological Rehabilitation, 11*(3/4).

Clare, L., & Woods, R. T. (2004). Cognitive training and cognitive rehabilitation for people with early-stage Alzheimer's disease: A review. *Neuropsychological Rehabilitation, 14*, 385–401.

Cockburn, J., & Smith, P. T. (1989). *The Rivermead Behavioural Memory Test supplement three: Elderly people.* Bury St. Edmunds, UK: Thames Valley Test Company.

Code, C., & Herrmann, M. (2003). The relevance of emotional and psychosocial factors in aphasia to rehabilitation. *Neuropsychological Rehabilitation, 13*(1-2), 109-132.

Cohen, N. J., & Corkin, S. (1981). *The amnesic patient H. M.: Learning and retention of a cognitive skill.* Paper presented at the Society for Neuroscience, Los Angeles.

Cole, E. (1999). Cognitive prosthetics: An overview to a method of treatment. *NeuroRehabilitation, 12*(1), 39-51.

Cole, E., & Dehdashti, P. (1990). Interface design as a prosthesis for an individual with a brain injury. *ACM SIGCHI Bulletin, 22*(1), 28-32.

Collicut-McGrath, J. (2008). Post-acute in-patient rehabilitation. In A. Tyerman & N. S. King (Eds.), *Psychological approaches to brain injury rehabilitation.* Oxford, UK: BPS Blackwell.

Concise Oxford English Dictionary (10th ed.). (1999). Oxford, UK: Oxford University Press.

Conover, J. C., & Notti, R. Q. (2008). The neural stem cell niche. *Cell and Tissue Research, 331*(1), 211-224.

Corkin, S. (1996). Acquisition of motor skill after bilateral medial temporal-lobe excision. *Neurocase, 2*(4), 259-298.

Corrigan, J. D., Bogner, J. A., Mysiw, W. J., Clinchot, D., & Fugate, L. (2001). Life satisfaction after traumatic brain injury. *The Journal of Head Trauma Rehabilitation, 16*(6), 543-555.

Corwin, J., & Bylsma, F. W. (1993). Translation of excerpts from Andre Rey's *Psychological examination of traumatic encephalopathy* and P. A. Osterreith's *The Complex Figure Copy Test. The Clinical Neuropsychologist, 7*, 3-15.

Coughlan, A. K., & Hollows, S. (1985). *The Adult Information Processing Battery.* Leeds, UK: A.K. Coughlan.

Coughlan, A. K., & Storey, P. (1988). The Wimbledon Self-Report Scale: Emotional and mood appraisal. *Clinical Rehabilitation, 2*(3), 207-213.

Craik, F. I. M., & Lockhart, R. S. (1972). Levels of processing: A framework for memory research. *Journal of Verbal Learning and Verbal Behavior, 11*(6), 671-684.

Craik, F. I. M., & Watkins, M. J. (1973). The role of rehearsal in short-term memory. *Journal of Verbal Learning and Verbal Behavior, 12*, 599-607.

Craik, F. I. M., Winocur, G., Palmer, H., Binns, M. A., Edwards, M., Bridges, K., et al. (2007). Cognitive rehabilitation in the elderly: Effects on memory. *Journal of the International Neuropsychological Society, 13*(1), 132-142.

Crawford, J., Smith, G., Maylor, E., Della Sala, S., & Logie, R. (2003). The Prospective and Retrospective Memory Questionnaire (PRMQ): Normative data and latent structure in a large non-clinical sample. *Memory, 11*(3), 261-275.

Crovitz, H. F. (1979). Memory retraining in brain-damaged patients: The airplane list. *Cortex, 15*(1), 131-134.

Cullen, C. N. (1976). Errorless learning with the retarded. *Nursing Times, 72*(12), 45-47.

Cutajar, R., Ferriani, E., Scandellari, C., Sabattini, L., Trocino, C., Marchello, L. P., et al. (2000). Cognitive function and quality of life in multiple sclerosis patients. *Journal of Neurology, 6*, 186-190.

Dalgleish, T., & Cox, S. (2002). Memory and emotional disorder. In A. D. Baddeley, M. D. Kopelman, & B. A. Wilson (Eds.), *The handbook of memory disorders*. Chichester, UK: Wiley.

Davis, A., Davis, S., Moss, N., Marks, J., McGrath, J., Hovard, L., et al. (1992). First steps towards an interdisciplinary approach to rehabilitation. *Clinical Rehabilitation, 6*(3), 237-244.

Dawson, K. S., Batchelor, J., Meares, S., Chapman, J., & Marosszeky, J. E. (2007). Applicability of neural reserve theory in mild traumatic brain injury. *Brain Injury, 21*(9), 943-949.

De Renzi, E., & Vignolo, L. A. (1962). The Token Test: A sensitive test to detect receptive disturbances in aphasics. *Brain, 85*, 665-678.

DeGutis, J. M., Bentin, S., Robertson, L. C., & D'Esposito, M. (2007). Functional plasticity in ventral temporal cortex following cognitive rehabilitation of a congenital prosopagnosic. *Journal of Cognitive Neuroscience, 19*(11), 1790-1802.

Delis, D. C., Kramer, J. H., Kaplan, E., & Ober, B. A. (1987). *California Verbal Learning Test: Adult version*. San Antonio, TX: Psychological Corporation.

Della Sala, S., Gray, C., Baddeley, A. D., Allamano, N., & Wilson, L. (1999). Pattern span: A tool for unwelding visuo-spatial memory. *Neuropsychologia, 37*(10), 1189-1199.

Della Sala, S., Gray, C., Baddeley, A. D., & Wilson, L. (1997). *Visual pattern test*. Bury St. Edmunds, UK: Thames Valley Test Company.

Della Sala, S., & Logie, R. H. (2002). Neuropsychological impairments of visual and spatial working memory. In A. D. Baddeley & M. D. Kopelman (Eds.), *Handbook of memory disorders* (2nd ed.). New York: Wiley.

Derogatis, L. R., Lipman, R. S., & Covi, L. (1973). SCL-90: An outpatient psychiatric rating scale—Preliminary report. *Psychopharmacology Bulletin, 9*(1), 13-28.

Dewar, B., & Gracey, F. (2007). "Am not was": Cognitive-behavioural therapy for adjustment and identity change following herpes simplex encephalitis. *Neuropsychological Rehabilitation, 17*(4-5), 602-620.

Dewar, B., Patterson, K., Wilson, B. A., & Graham, K. S. (in press). Re-acquisition of person knowledge in semantic memory disorders. *Neuropsychological Rehabilitation.*

Dewar, B., & Williams, H. (2007). *Encephalitis: Assessment and rehabilitation across the lifespan* (1st ed.). Hove, UK: Psychology Press.

Dewar, B., & Wilson, B. A. (2006). Training face identification in prosopagnosia. *Brain Impairment, 7*(2), 160.

Dhanushkodi, A., & Shetty, A. K. (2008). Is exposure to enriched environment beneficial for functional post-lesional recovery in temporal lobe epilepsy? *Neuroscience and Biobehavioral Reviews, 32*(4), 657-674.

Diehl-Schmid, J., Pohl, C., Ruprecht, C., Wagenpfeil, S., Foerstl, H., & Kurz, A. (2007). The Ekman 60 Faces Test as a diagnostic instrument in frontotemporal dementia. *Archives of Clinical Neuropsychology, 22*(4), 459-464.

Diesfeldt, H. F., & Smits, J. C. (1991). [Faces get names—cognitive training for psychogeriatric patients for remembering names and faces]. *Tijdschrift Voor Gerontologie En Geriatrie, 22*(6), 221-227.

Diller, L. (1976). A model for cognitive retraining in rehabilitation. *The Clinical Psychologist, 26*, 13-15.

Dixon, R. A., & Bäckman, L. (1999). Principles of compensation in cognitive neurorehabilitation. In D. T. Stuss, G. Winocur, & I. H. Robertson (Eds.), *Cognitive neurorehabilitation: A comprehensive approach.* New York: Cambridge University Press.

Döbrössy, M. D., & Dunnett, S. B. (2004). The influence of environment and experience on neural grafts. *Nature Reviews Neuroscience, 2*(12), 871-879.

Donaghy, S., & Williams, W. (1998). A new protocol for training severely impaired patients in the usage of memory journals. *Brain Injury, 12*(12), 1061-1076.

Downes, J. J., Kalla, T., Davies, A. D. M., Flynn, A., Ali, H., & Mayes, A. R. (1997). The pre-exposure technique: A novel method for enhancing the effects of imagery in face-name association learning. *Neuropsychological Rehabilitation, 7*(3), 195-214.

Dunn, J., & Clare, L. (2007). Learning face-name associations in early-stage dementia: Comparing the effects of errorless learning and effortful processing. *Neuropsychological Rehabilitation, 17*(6), 735-754.

Ehlhardt, L., Sohlberg, M. M., Kennedy, M., Coelho, C., Ylvisaker, M., Turkstra, L., et al. (2008). Evidence-based practice guidelines for instructing individuals with neurogenic memory impairments: What have we learned in the past 20 years? *Neuropsychological Rehabilitation, 18*(3), 300-342.

Eichenbaum, H., & Cohen, N. J. (2001). *From conditioning to conscious recollection: Memory systems of the brain.* New York: Oxford University Press.

Ekman, P., & Friesen, W. V. (1971). Constants across cultures in the face and emotion. *Journal of Personality and Social Psychology, 17*(2), 124-129.

Elkins, J. S., Longstreth, W. T., Manolio, T. A., Newman, A. B., Bhadelia, R. A., & Johnston, S. C. (2006). Education and the cognitive decline associated with MRI-defined brain infarct. *Neurology, 67*(3), 435-440.

Ellis, J. A. (1996). Prospective memory or the realization of delayed intentions: A conceptual framework for research. In M. A. Brandimonte, G. O. Einstein, & M. A. McDaniel (Eds.), *Prospective memory: Theory and applications.* Mahwah, NJ: Erlbaum.

Emslie, H., Wilson, B. A., Quirk, K., Evans, J. J., & Watson, P. (2007). Using a paging system in the rehabilitation of encephalitic patients. *Neuropsychological Rehabilitation, 17*(4-5), 567-581.

Ericcson, K. A., Chase, W. G., & Faloon, S. (1980). Acquisition of a memory skill. *Science, 208*(4448), 1181-1182.

Eriksson, P. S., Perfilieva, E., Björk-Eriksson, T., Alborn, A. M., Nordborg, C., Peterson, D. A., et al. (1998). Neurogenesis in the adult human hippocampus. *Nature Medicine, 4,* 1313-1317.

Eslinger, P. J. (2002). *Neuropsychological interventions: Clinical research and practice* (1st ed.). New York: Guilford Press.

Evans, J. J. (2005). Can executive impairments be effectively treated? In P. W. Halligan & D. Wade (Eds.), *The effectiveness of rehabilitation for cognitive deficits.* Oxford, UK: Oxford University Press.

Evans, J. J. (in press). The cognitive group, part two: Memory. In B. A. Wilson, F. Gracey, J. J. Evans, & A. Bateman (Eds.), *Neuropsychological rehabilitation: Theory, models, therapy and outcome.* Cambridge, UK: Cambridge University Press.

Evans, J. J., Emslie, H. C., & Wilson, B. A. (1998). External cueing systems in the rehabilitation of executive impairments of action. *Journal of the International Neuropsychological Society, 4*(4), 399-408.

Evans, J. J., & Williams, W. H. (in press). Caroline: PTSD after traumatic brain injury. In B. A. Wilson, F. Gracey, J. J. Evans, & A. Bateman (Eds.), *Neuropsychological rehabilitation: Theory, models, therapy and outcome.* Cambridge, UK: Cambridge University Press.

Evans, J. J., & Wilson, B. A. (1992). A memory group for individuals with brain injury. *Clinical Rehabilitation, 6*(1), 75-81.

Evans, J. J., Wilson, B. A., Calder, A. J., & Bateman, A. (2007). Frequency and nature of deficits in facial emotion perception after brain injury. *Journal of the International Neuropsychological Society, 13*(S2), 13.

Evans, J. J., Wilson, B. A., Needham, P., & Brentnall, S. (2003). Who makes good use of memory aids? Results of a survey of people with acquired brain injury. *Journal of the International Neuropsychological Society, 9,* 925-935.

Evans, J. J., Wilson, B. A., Schuri, U., Andrade, J., Baddeley, A. D., Bruna, O., et al. (2000). A comparison of errorless and trial-and-error learning methods for teaching individuals with acquired memory deficits. *Neuropsychological Rehabilitation, 10*(1), 67-101.

Farace, E., & Alves, W. M. (2000). Do women fare worse? A meta-analysis of gender differences in outcome after traumatic brain injury. *Neurosurgical Focus, 8*(1), e6.

Feeney, D. M., & Baron, J. C. (1986). Diaschisis. *Stroke, 17*(5), 817-830.

Feredoes, E., & Postle, B. R. (2007). Localization of load sensitivity of working memory storage: Quantitatively and qualitatively discrepant results yielded by single-subject and group-averaged approaches to fMRI group analysis. *NeuroImage, 35*(2), 881-903.

Ferrans, C. E. (1990). Development of a quality of life index for patients with cancer. *Oncology Nursing Forum, 17*(3, Suppl.), 15-19.

Ferrans, C. E., & Powers, M. J. (1992). Psychometric assessment of the Quality of Life Index. *Research in Nursing and Health, 15*(1), 29-38.

Fillingham, J. K., Hodgson, C., Sage, K., & Lambon-Ralph, M. A. (2003). The application of errorless learning to aphasic disorders: A review of theory and practice. *Neuropsychological Rehabilitation, 13*(3), 337-363.

Fillingham, J. K., Sage, K., & Lambon-Ralph, M. A. (2005a). Treatment of anomia using errorless versus errorful learning: Are frontal executive skills and feedback important? *International Journal of Language and Communication Disorders, 40*(4), 505-523.

Fillingham, J. K., Sage, K., & Lambon-Ralph, M. A. (2005b). Further explorations and an overview of errorless and errorful therapy for aphasic word-finding difficulties: The number of naming attempts during therapy affects outcome. *Aphasiology, 19*(7), 597-614.

Fillingham, J. K., Sage, K., & Lambon Ralph, M. A. (2006). The treatment of anomia using errorless learning. *Neuropsychological Rehabilitation, 16*(2), 129-154.

Fish, J., Evans, J. J., Nimmo, M., Martin, E., Kersel, D., Bateman, A., et al. (2007). Rehabilitation of executive dysfunction following brain injury: "Content-free" cueing improves everyday prospective memory performance. *Neuropsychologia, 45*(6), 1318-1330.

Fish, J., Manly, T., Emslie, H., Evans, J. J., & Wilson, B. A. (2008). Compensatory strategies for acquired disorders of memory and planning: Differential effects of a paging system for patients with brain injury of traumatic versus cerebrovascular aetiology. *Journal of Neurology, Neuro-surgery, and Psychiatry, 79*(8), 930-935.

Fish, J., Manly, T., & Wilson, B. A. (2008a). Rehabilitation for prospective memory problems resulting from acquired brain injury. In M. Oddy & A. Worthington (Eds.), *Rehabilitation of executive disorders: A guide to theory and practice*. Oxford, UK: Oxford University Press.

Fish, J., Manly, T., & Wilson, B. A. (2008b). Long-term compensatory treatment of organizational deficits in a patient with bilateral frontal lobe damage. *Journal of the International Neuropsychological Society, 14*(1), 154-163.

Fisk, J. D., & Rockwood, K. (2005). Outcomes of incident mild cognitive impairment in relation to case definition. *Journal of Neurology, Neurosurgery, and Psychiatry, 76*(8), 1175-1177.

Fleminger, S. (2008). Long-term psychiatric disorders after traumatic brain injury. *European Journal of Anaesthesiology Supplement, 42,* 123-130.

Fleminger, S., Oliver, D. L., Williams, W. H., & Evans, J. J. (2003). The neuropsychiatry of depression after brain injury. *Neuropsychological Rehabilitation, 13*(1-2), 65-87.

Foa, E. B., Huppert, J. D., Leiberg, S., Langner, R., Kichic, R., Hajcak, G., et al. (2002). The Obsessive–Compulsive Inventory: Development and validation of a short version. *Psychological Assessment, 14*(4), 485-496.

Folsom, J. (1968). Reality orientation for the elderly mental patient. *Journal of Geriatric Psychiatry, 1,* 291-307.

Foulkes, S. H. (1965). *Group psychotherapy.* New York: Penguin.

Franzen, K. M., Roberts, M. A., Schmits, D., Verduyn, W., & Manshadi, F. (1996). Cognitive remediation in pediatric traumatic brain injury. *Child Neuropsychology, 2*(3), 176-184.

Frattali, C., & LaPointe, L. L. (2004). An errorless learning approach to treating dysnomia in frontotemporal dementia. *Journal of Medical Speech–Language Pathology, 12,* 21-24.

Freed, D. M., Corkin, S., & Cohen, N. J. (1987). Forgetting in H. M.: A second look. *Neuropsychologia, 25*(3), 461-471.

Fridriksson, J., Holland, A. L., Beeson, P., & Morrow, L. (2005). Spaced retrieval treatment of anomia. *Aphasiology, 19*(2), 99-109.

Frith, C. (2007). *Making up the mind: How the brain creates our mental world* (1st ed.). Oxford, UK: Blackwell.

Gainotti, G. (1993). Emotional and psychosocial problems after brain injury. *Neuropsychological Rehabilitation, 3*(3), 259-277.

Gainotti, G. (2003). Assessment and treatment of emotional disorders. In P. W. Halligan, U. Kischka, & J. C. Marshall (Eds.), *Handbook of clinical neuropsychology.* Oxford, UK: Oxford University Press.

Gainotti, G., Azzoni, A., Razzano, C., Lanzillotta, M., & Gasparini, F. (1997). The Post-Stroke Depression Rating Scale: A test specifically designed to investigate affective disorders of stroke patients. *Journal of Clinical and Experimental Neuropsychology, 19,* 340-356.

Gallon, F. (1907). *Inquiries into human faculty and its development.* London: Dent.

Gardner, H. Y. (1977). *The shattered mind: The person after brain damage.* London: Routledge & Kegan Paul.

Garske, G. G., & Thomas, K. R. (1992). Self-reported self-esteem and depression: Indexes of psychosocial adjustment following severe traumatic brain injury. *Rehabilitation Counseling Bulletin, 36*(1), 44-52.

Gatz, M., Fiske, A., Fox, L. S., Kaskie, B., Kasl-Godley, J. E., McCallurn, T. J., et al. (1998). Empirically validated psychological treatments for older adults. *Journal of Mental Health and Aging, 4,* 9-46.

Gauggel, S., & Billino, J. (2002). The effects of goal setting on the arithmetic performance of brain-damaged patients. *Archives of Clinical Neuropsychology, 17*(3), 283-294.

Gauggel, S., & Fischer, S. (2001). The effect of goal setting on motor performance and motor learning in brain-damaged patients. *Neuropsychological Rehabilitation, 11*(1), 33-44.

Gauggel, S., Leinberger, R., & Richardt, M. (2001). Goal setting and reaction time performance in brain-damaged patients. *Journal of Clinical and Experimental Neuropsychology, 23*(3), 351-361.

Gentry, T. (2008). PDAs as cognitive aids for people with multiple sclerosis. *American Journal of Occupational Therapy, 62*(1), 18-27.

Gentry, T., Wallace, J., Kvarfordt, C., & Lynch, K. B. (2008). Personal digital assistants as cognitive aids for individuals with severe traumatic brain injury: A community-based trial. *Brain Injury, 22*(1), 19-24.

Giacino, J. T., Ashwal, S., Childs, N., Cranford, R., Jennett, B., Katz, D. I., et al. (2002). The minimally conscious state: Definition and diagnostic criteria. *Neurology, 58*, 349-353.

Gianutsos, R., & Gianutsos, J. (1987). Single case experimental approaches to the assessment of interventions in rehabilitation psychology. In B. Caplan (Ed.), *Rehabilitation psychology*. Rockville, MD: Aspen Corporation.

Gibbs, W. (2000, November). As we may live. *Scientific American, 283*, 36, 40.

Glasgow, R. E. (1977). Case studies on remediating memory deficits in brain-damaged individuals. *Journal of Clinical Psychology, 33*(4), 1049-1054.

Glisky, E. L. (1992). Acquisition and transfer of declarative and procedural knowledge by memory-impaired patients: A computer data-entry task. *Neuropsychologia, 30*(10), 899-910.

Glisky, E. L., & Delaney, S. M. (1996). Implicit memory and new semantic learning in posttraumatic amnesia. *The Journal of Head Trauma Rehabilitation, 11*(2), 31-42.

Glisky, E. L., & Schacter, D. L. (1988). Long-term retention of computer learning by patients with memory disorders. *Neuropsychologia, 26*(1), 173-178.

Glisky, E. L., & Schacter, D. L. (1989). Extending the limits of complex learning in organic amnesia: Computer training in a vocational domain. *Neuropsychologia, 27*, 107-120.

Glisky, E. L., Schacter, D. L., & Tulving, E. (1986). Computer learning by memory-impaired patients: Acquisition and retention of complex knowledge. *Neuropsychologia, 24*(3), 313-328.

Godden, D. R., & Baddeley, A. D. (1975). Context-dependent memory in two natural environments: On land and underwater. *British Journal of Psychology, 66*, 325-331.

Goldenberg, G., Schuri, U., Gromminger, O., & Arnold, U. (1999). Basal forebrain amnesia: Does the nucleus accumbens contribute to human memory? *Journal of Neurology, Neurosurgery, and Psychiatry, 67*(2), 163.

Goldstein, K., & Denny-Brown, D. (1942). *Aftereffects of brain injuries in war: Their evaluation and treatment: The application of psychologic methods in the clinic.* New York: Grune & Stratton.

Goodman, W. K., Price, L. H., Rasmussen, S. A., Mazure, C., Fleischmann, R. L., Hill, C. L., et al. (1989). The Yale-Brown Obsessive Compulsive Scale. *Archives of General Psychiatry, 46,* 1006-1016.

Gracey, F. (2002). Mood and affective problems after traumatic brain injury. *Advances in Clinical Neuroscience and Rehabilitation, 2,* 18-19.

Gracey, F., Yeates, G., Palmer, S., & Psaila, K. (in press). The psychological support group. In B. A. Wilson, F. Gracey, J. J. Evans, & A. Bateman (Eds.), *Neuropsychological rehabilitation: Theory, models, therapy and outcome.* Cambridge, UK: Cambridge University Press.

Grady, C. L., & Kapur, S. (1999). The use of imaging in neurorehabilitative research. In D. T. Stuss, G. Winocur, & I. H. Robertson (Eds.), *Cognitive neurorehabilitation: A comprehensive approach.* Cambridge, UK: Cambridge University Press.

Graf, P., & Schacter, D. L. (1985). Implicit and explicit memory for new associations in normal and amnesic *subjects. Journal of Experimental Psychology: Learning, Memory, and Cognition, 11*(3), 501-518.

Graf, P., Squire, L. R., & Mandler, G. (1984). The information that amnesic patients do not forget. *Journal of Experimental Psychology. Learning, Memory, and Cognition, 10,* 164-177.

Graham, K. S., & Hodges, J. R. (1997). Differentiating the roles of the hippocampal complex and the neocortex in long-term memory storage: Evidence from the study of semantic dementia and Alzheimer's disease. *Neuropsychology, 11*(1), 77-89.

Graham, K. S., Kropelnicki, A., Goldman, W. P., & Hodges, J. R. (2003). Two further investigations of autobiographical memory in semantic dementia. *Cortex, 39*(4-5), 729-750.

Graham, K. S., Patterson, K., Pratt, K. H., & Hodges, J. R. (2001). Can repeated exposure to "forgotten" vocabulary help alleviate wordfinding difficulties in semantic dementia? An illustrative case study. *Neuropsychological Rehabilitation, 11*(3), 429-454.

Grandmaison, E., & Simard, M. (2003). A critical review of memory stimulation programs in Alzheimer's disease. *Journal of Neuropsychiatry and Clinical Neurosciences, 15*(2), 130-144.

Greenfield, E., Nannery, R., & Wilson, B. A. (2007). You learn something new every day—Or do you? *Brain Impairment, 8*(2), 182-183.

Griesbach, G. S., Hovda, D. A., Molteni, R., Wu, A., & Gomez-Pinilla, F. (2004). Voluntary exercise following traumatic brain injury: Brain-derived neurotrophic factor upregulation and recovery of function. *Neuroscience, 125*(1), 129-139.

Groot, Y. C. T., Wilson, B. A., Evans, J. J., & Watson, P. (2002). Prospective memory functioning in people with and without brain injury. *Journal of the International Neuropsychological Society, 8*(5), 645-654.

Grubb, N. R., Fox, K. A. A., Smith, K., Best, J., Blane, A., Ebmeier, K. P., et al. (2000). Memory impairment in out-of-hospital cardiac arrest survivors is associated with global reduction in brain volume, not focal hippocampal injury. *Stroke, 31,* 1509-1514.

Hagen, I. (2007). Technology in dementia care [Special issue]. *Technology and Disability, 19*(2-3).

Hall, J. F. (1971). *Verbal learning and retention.* New York: Lippincott.

Hamilton, M. (1960). A rating scale for depression. *Journal of Neurology, Neurosurgery, and Psychiatry, 23,* 56-62.

Harris, J. E. (1980). Memory aids people use: Two interview studies. *Memory and Cognition, 8*(1), 31-38.

Harris, J. E. (1984). Remembering to do things: A forgotten topic. In J. E. Harris & P. E. Morris (Eds.), *Everyday memory, actions, and absentmindedness.* London: Academic Press.

Hart, T., & Evans, J. J. (2006). Self-regulation and goal theories in brain injury rehabilitation. *Journal of Head Trauma Rehabilitation, 21*(2), 142-155.

Hart, T., Hawkey, K., & Whyte, J. (2002). Use of a portable voice organizer to remember therapy goals in traumatic brain injury rehabilitation: A within-subjects trial. *Journal of Head Trauma Rehabilitation, 17*(6), 556-570.

Hay, L. R. (1982). Teaching behavioral assessment to clinical psychology students. *Behavioral Assessment, 4,* 35-40.

Hebb, D. O. (1949). *The organization of behavior: A neuropsychological theory.* Chichester, UK: Wiley.

Helmstaedter, C., & Kockelmann, E. (2006). Cognitive outcomes in patients with chronic temporal lobe epilepsy. *Epilepsia, 47*(Suppl. 2), 96-98.

Herrmann, D. J., & Neisser, U. (1978). An inventory of everyday memory experiences. In M. M. Gruneberg, P. Morris, & R. N. Sykes (Eds.), *Practical aspects of memory.* London: Academic Press.

Hersen, M., & Barlow, D. (1982). *Single case experimental designs.* Oxford, UK: Pergamon Press.

Hibbard, M. R., Uysal, S., Kepler, K., Bogdany, J., & Silver, J. (1998). Axis I psychopathology in individuals with traumatic brain injury. *Journal of Head Trauma Rehabilitation, 13*(4), 24-39.

Hillary, F. G., Schultheis, M. T., Challis, B. H., Millis, S. R., Carnevale, G. J., Galshi, T., et al. (2003). Spacing of repetitions improves learning and memory after moderate and severe TBI. *Journal of Clinical and Experimental Neuropsychology, 25*(1), 49-58.

Hillis, A. E., & Caramazza, A. (1991). Category-specific naming and comprehension impairment: A double dissociation. *Brain, 114*(Pt. 5), 2081-2094.

Hirono, N., Mori, E., Ikejiri, Y., Imamura, T., Shimomura, T., Ikeda, M., et al. (1997). Procedural memory in patients with mild Alzheimer's disease. *Dementia and Geriatric Cognitive Disorders, 8*(4), 210-216.

Hochhalter, A. K., Overmier, J. B., Gasper, S. M., Bakke, B. L., & Holub, R. J. (2004). A comparison of spaced retrieval to other schedules of practice for people with dementia. *Experimental Aging Research, 31*(2), 101-118.

Hodder, K., & Haslam, C. (2006, July). *Errorless learning: A comparison with other memory rehabilitation techniques.* Paper presented at the International Neuropsychological Society Satellite Meeting on Neuropsychological Rehabilitation, Triesenberg, Liechtenstein.

Hodges, J. R., & McCarthy, R. A. (1993). Autobiographical nokamnesia resulting from bilateral paramedian thalamic infarction: A case study in cognitive neurobiology. *Brain, 116*(4), 921-940.

Hodges, J. R., Patterson, K., Oxbury, S., & Funnell, E. (1992). Semantic dementia. Progressive fluent aphasia with temporal lobe atrophy. *Brain, 115*(Pt. 6), 1783-1806.

Holliday, R. C., Cano, S., Freeman, J. A., & Playford, E. D. (2007). Should patients participate in clinical decision making? An optimised balance block design controlled study of goal setting in a rehabilitation unit. *Journal of Neurology, Neurosurgery, and Psychiatry, 78*(6), 576-580.

Holmes, T. H., & Rahe, R. H. (1967). The Social Readjustment Rating Scale. *Journal of Psychosomatic Research, 11*(2), 213-218.

Hong, K. S., Lee, S. K., Kim, K. K., & Nam, H. (2000). Visual working memory revealed by repetitive transcranial magnetic stimulation. *Journal of the Neurological Sciences, 181*(1-2), 50-55.

Hopper, T., Mahendra, N., Kim, E., Azuma, T., Bayles, K. A., Cleary, S. J., et al. (2005). Evidence-based practice recommendations for working with individuals with dementia: Spaced-retrieval training. *Journal of Medical Speech Language Pathology, 13*(4), 27-34.

Horner, M. D., Selassie, A. W., Lineberry, L., Ferguson, P. L., & Labbate, L. A. (2008). Predictors of psychological symptoms 1 year after traumatic brain injury: A population-based, epidemiological study. *The Journal of Head Trauma Rehabilitation, 23*(2), 74-83.

Houts, P. S., & Scott, R. A. (1975). *Goal planning with developmentally disabled persons: Procedures for developing and individual client plant.* Hershey: Department of Behavioral Science, Pennsylvania State University College of Medicine.

Howard, D., & Patterson, K. (1992). *The Pyramids and Palm Trees Test.* Bury St. Edmunds, UK: Thames Valley Test Company.

Hunkin, N. M., & Parkin, A. J. (1995). The method of vanishing cues: An evaluation of its effectiveness in teaching memory-impaired individuals. *Neuropsychologia, 33*(10), 1255-1279.

Hunkin, N. M., Parkin, A. J., Bradley, V. A., Burrows, E. H., Aldrich, F. K., Jansari, A., et al. (1995). Focal retrograde amnesia following closed head injury: A case study and theoretical account. *Neuropsychologia, 33*(4), 509-523.

Hunkin, N. M., Squires, E. J., Parkin, A. J., & Tidy, J. A. (1998). Are the benefits of errorless learning dependent on implicit memory? *Neuropsychologia, 36*(1), 25-36.

Hurn, J., Kneebone, L, & Cropley, M. (2006). Goal setting as an outcome measure: A systematic review. *Clinical Rehabilitation, 20*(9), 756-772.

Isaacs, E., Lucas, A., Chong, W., Wood, S., Johnson, C., Marshall, C., et al. (2000). Hippocampal volume and everyday memory in children of very low birth weight. *Pediatric Research, 47*(6), 713-720.

Isaacs, E. B., Vargha-Khadem, F., Watkins, K. E., Lucas, A., Mishkin, M., & Gadian, D. G. (2003). Developmental amnesia and its relationship to degree of hippocampal atrophy. *Proceedings of the National Academy of Sciences, 100*(22), 13060-13063.

Jacoby, L. L., & Dallas, M. (1981). On the relationship between autobiographical memory and perceptual learning. *Journal of Experimental Psychology: General, 110,* 306-340.

Jang, S. H., You, S. H., & Ahn, S. H. (2007). Neurorehabilitation-induced cortical reorganization in brain injury: A 14-month longitudinal follow-up study. *Neurorehabilitation, 22*(2), 117-122.

Jennett, B., & Bond, M. (1975). Assessment of outcome after severe brain damage. *Lancet, 1*(7905), 480-484.

Jennett, B., Snoek, J., Bond, M. R., & Brooks, N. (1981). Disability after severe head injury: Observations on the use of the Glasgow Outcome Scale. *Journal of Neurology, Neurosurgery, and Psychiatry, 44*(4), 285-293.

Jennett, S. M., & Lincoln, N. B. (1991). An evaluation of the effectiveness of group therapy for memory problems. *International Disability Studies, 13*(3), 83-86.

Johnson, M. K., Kim, J. K., & Risse, G. (1985). Do alcoholic Korsakoff's syndrome patients acquire affective reactions? *Journal of Experimental Psychology: Learning, Memory, and Cognition, 11,* 22-36.

Jones, M. K. (1974). Imagery as a mnemonic aid after left temporal lobectomy: Contrast between material-specific and generalized memory disorders. *Neuropsychologia, 12*(1), 21-30.

Jones, R. S. P., & Eayrs, C. B. (1992). The use of errorless learning condition procedures in teaching people with a learning disability. *Mental Handicap Research, 5,* 304-312.

Jorge, R. E., Robinson, R. G., Arndt, S. V., Starkstein, S. E., Forrester, A. W., & Geisler, F. (1993). Depression following traumatic brain injury: A 1 year longitudinal *study. Journal of Affective Disorders, 27*(4), 233-243.

Judd, T. (1999). *Neuropsychotherapy and community integration: Brain illness, emotions, and behaviour.* New York: Kluwer Academic/Plenum.

Kanfer, F. H. (1970). Self regulation: Research issues and speculations. In C. Neuringer & M. L. Michael (Eds.), *Behavior modification in clinical psychology.* New York: Appleton-Century-Crofts.

Kanfer, F. H., & Saslow, G. (1969). Behavioral diagnosis. In C. Franks (Ed.), *Behavior therapy: Appraisal and status.* New York: Appleton-Century-Crofts.

Kapur, N. (1993). Focal retrograde amnesia in neurological disease: A critical review. *Cortex, 29*(2), 217-234.

Kapur, N. (1999). Syndromes of retrograde amnesia: A conceptual and empirical synthesis. *Psychological Bulletin, 125,* 800-825.

Kapur, N. (2008). *Cambridge memory manual: A manual for improving everyday memory skills.* Cambridge, UK: Addenbrooke's Hospital.

Kapur, N., Glisky, E. L., & Wilson, B. A. (2002). External memory aids and computers in memory rehabilitation. In A. D. Baddeley, M. D. Kopelman, & B. A. Wilson (Eds.), *Handbook of memory disorders* (2nd ed.). Chichester, UK: Wiley.

Kapur, N., Glisky, E. L., & Wilson, B. A. (2004). Technological memory aids for people with memory deficits. *Neuropsychological Rehabilitation, 14*(1/2), 41-60.

Kapur, N., & Graham, K. S. (2002). Recovery of memory function in neurological disease. In A. D. Baddeley, M. D. Kopelman, & B. A. Wilson (Eds.), *The handbook of memory disorders.* Chichester, UK: Wiley.

Kapur, N., & Pearson, D. (1983). Memory systems and memory performance of neurological patients. *British Journal of Psychology, 74,* 409-415.

Kapur, N., Thompson, S., Cook, P., Lang, D., & Brice, J. (1996). Anterograde but not retrograde memory loss following combined mammillary body and medial thalamic lesions. *Neuropsychologia, 34*(1), 1-8.

Kaschel, R. (2003). [Rehabilitation of memory disorders.] *Sprache Stimme Gehor, 27*(1), 18-23.

Kaschel, R., Delia Sala, S., Cantagallo, A., Fahlböck, A., Laaksonen, R., & Kazen, M. (2002). Imagery mnemonics for the rehabilitation of memory: A randomised group controlled trial. *Neuropsychological Rehabilitation, 12*(2), 127-153.

Katzman, R., Terry, R., DeTeresa, R., Brown, T., Davies, P., Fuld, P., et al. (1988). Clinical, pathological, and neurochemical changes in dementia: A subgroup with preserved mental status and numerous neocortical plaques. *Annals of Neurology, 23*(2), 138-144.

Kauschal, P. I., Zetin, M., & Squire, L. R. (1981). A psychosocial study of chronic circumscribed amnesia. *Journal of Nervous and Mental Disease, 169,* 383-389.

Kazdin, A. E. (1982). *Single case research designs.* New York: Oxford University Press.

Keith, R. A., Granger, C. V., Hamilton, B. B., & Sherwin, F. S. (1987). The functional independence measure: A new tool for rehabilitation. *Advances in Clinical Rehabilitation, 1,* 6-18.

Kennard, M. A. (1940). Relation of age to motor impairment in man and subhuman primates. *Archives of Neurology and Psychiatry, 44,* 377-397.

Kertesz, A., & Gold, B. T. (2003). Recovery of cognition. In K. M. Heilman & E. Valenstein (Eds.), *Clinical neuropsychology* (4th ed.). New York: Oxford University Press.

Kesler, S. R., Adams, H. F., Blasey, C. M., & Bigler, E. D. (2003). Premorbid intellectual functioning, education, and brain size in traumatic brain injury: An investigation of the cognitive reserve hypothesis. *Applied Neuropsychology, 10*(3), 153-162.

Kessels, R. P. C., Boekhorst, S. T., & Postma, A. (2005). The contribution of implicit and explicit memory to the effects of errorless learning: A comparison between young and older adults. *Journal of the International Neuropsychological Society, 11*(2), 144-151.

Kessels, R. P. C., & de Haan, E. H. F. (2003). Implicit learning in memory rehabilitation: A meta-analysis on errorless learning and vanishing cues methods. *Journal of Clinical and Experimental Neuropsychology, 25*(6), 805-814.

Khan-Bourne, N., & Brown, R. G. (2003). Cognitive behaviour therapy for the treatment of depression in individuals with brain injury. *Neuropsychological Rehabilitation, 13*(1–2), 89-107.

Kime, S. K. (2006). *Compensating for memory deficits using a systematic approach.* Bethesda, MD: AOTA Press.

Kime, S. K., Lamb, D. G., & Wilson, B. A. (1996). Use of a comprehensive program of external cuing to enhance procedural memory in a patient with dense amnesia. *Brain Injury, 10,* 17-25.

King, N. S. (1997). Post-traumatic stress disorder and head injury as a dual diagnosis: "Islands" of memory as a mechanism. *Journal of Neurology, Neurosurgery, and Psychiatry, 62*(1), 82-84.

Kiresuk, T. J., & Sherman, R. E. (1968). Goal attainment scaling: A general method for evaluating comprehensive community mental health programs. *Community Mental Health Journal, 4*(6), 443-453.

Kixmiller, J. S. (2002). Evaluation of prospective memory training for individuals with mild Alzheimer's disease. *Brain and Cognition, 49*(2), 237-241.

Klonoff, P. S. (1997). Individual and group psychotherapy in milieu-oriented neurorehabilitation. *Applied Neuropsychology, 4*(2), 107-118.

Klonoff, P. S., Watt, L. M., Dawson, L. K., Henderson, S. W., Gehrels, J., & Wethe, J. V. (2006). Psychosocial outcomes 1-7 years after comprehensive milieu-oriented neurorehabilitation: The role of pre-injury status. *Brain Injury, 20*(6), 601-612.

Kolb, B. (1995). *Brain plasticity and behaviour.* Hillsdale, NJ: Erlbaum.

Kolb, B. (2003). Overview of cortical plasticity and recovery from brain injury. *Physical Medicine and Rehabilitation Clinics of North America, 14*(1), S7-S25.

Koltai, D. C., Welsh-Bohmer, K. A., & Schmechel, D. E. (2001). Influence of anosognosia on treatment outcome among dementia patients. *Neuropsychological Rehabilitation, 11*(3), 455-475.

Komatsu, S. I., Mimura, M., Kato, M., Wakamatsu, N., & Kashima, H. (2000). Errorless and effortful processes involved in the learning of face-name associations by patients with alcoholic Korsakoff's syndrome. *Neuropsychological Rehabilitation, 10*(2), 113-132.

Kopelman, M. D. (2000). Focal retrograde amnesia and the attribution of causality: An exceptionally critical view. *Cognitive Neuropsychology, 17*(7), 585-621.

Kopelman, M. D. (2004). Psychogenic amnesia. In A. D. Baddeley, M. D. Kopelman, & B. A. Wilson (Eds.), *The essential handbook of memory disorders for clinicians.* Chichester, UK: Wiley.

Kopelman, M. D., & Crawford, S. (1996). Not all memory clinics are dementia clinics. *Neuropsychological Rehabilitation, 6,* 187-202.

Kopelman, M. D., Stanhope, N., & Kingsley, D. (1999). Retrograde amnesia in patients with diencephalic, temporal lobe or frontal lesions. *Neuropsychologia, 37*(8), 939-958.

Kopelman, M. D., Wilson, B. A., & Baddeley, A. D. (1990). *The Autobiographical Memory Interview.* Bury St. Edmunds, UK: Thames Valley Test Company.

Kotler-Cope, L. (1990). *Memory impairment in older adults: The interrelationships between objective and subjective clinical and everyday assessment.* Paper presented at the annual meeting of the Southern Society for Philosophy and Psychology, Louisville, KY.

Kreutzer, J. S., Seel, R. T., & Gourley, E. (2001). The prevalence and symptom rates of depression after traumatic brain injury: A comprehensive examination. *Brain Injury, 15*(7), 563-576.

Laatsch, L., Jobe, T., Sychra, J., Lin, Q., & Blend, M. (1997). Impact of cognitive rehabilitation therapy on neuropsychological impairments as measured by brain perfusion SPECT: A longitudinal study. *Brain Injury, 11*(12), 851-863.

Laatsch, L., Pavel, D., Jobe, T., Lin, Q., & Quintana, J. C. (1999). Incorporation of SPECT imaging in a longitudinal cognitive rehabilitation therapy programme. *Brain Injury, 13*(8), 555-570.

Laatsch, L. K., Thulborn, K. R., Krisky, C. M., Shobat, D. M., & Sweeney, J. A. (2004). Investigating the neurobiological basis of cognitive rehabilitation therapy with fMRI. *Brain Injury, 18*(10), 957-974.

Lambon-Ralph, M. A., & Patterson, K. (2008). Generalization and differentiation in semantic memory: Insights from semantic dementia. *Annals of the New York Academy of Sciences, 1124,* 61-76.

Landauer, T. K., & Bjork, R. A. (1978). Optimum rehearsal patterns and name learning. In M. M. Gruneberg, P. Morris, & R. N. Sykes (Eds.), *Practical aspects of memory.* London: Academic Press.

Latham, G. P., & Seijts, G. H. (1999). The effects of proximal and distal goals on performance on a moderately complex task. *Journal of Organizational Behavior, 20*(4), 421-429.

Laurence, S., & Stein, D. G. (1978). Recovery after brain damage and the concept of localization of function. In S. Finger (Ed.), *Recovery from brain damage.* New York: Plenum Press.

Lekeu, F., Wojtasik, V., Van der Linden, M., & Salmon, E. (2002). Training early Alzheimer patients to use a mobile phone. *Acta Neurologica Belgica, 102*(3), 114-121.

Leng, N. R., & Copello, A. G. (1990). Rehabilitation of memory after brain injury: Is there an effective technique? *Clinical Rehabilitation, 4,* 63-69.

Leong, K. C., Chen, W. S., Leong, K. W., Mastura, I., Mimi, O., Sheikh, M. A., et al. (2006). The use of text messaging to improve attendance in primary care: A randomized controlled trial. *Family Practice, 23*(6), 699-705.

LeVere, T. E. (1980). Recovery of function after brain damage: A theory of the behavioral deficit. *Physiological Psychology, 8,* 297-308.

Levin, H. S. (2006). Neuroplasticity and brain imaging research: Implications for rehabilitation. *Archives of Physical Medicine and Rehabilitation, 87*(12,S2), S1.

Levin, H. S., & Hanten, G. (2004). Posttraumatic amnesia and residual memory deficit after closed head injury. In A. D. Baddeley, M. D. Kopelman, & B. A. Wilson (Eds.), *The essential handbook of memory disorders for clinicians*. Chichester, UK: Wiley.

Lezak, M. D. (1976). *Neuropsychological assessment*. New York: Oxford University Press.

Lezak, M. D. (1979). Recovery of memory and learning functions following traumatic brain injury. *Cortex, 15*, 63-72.

Lezak, M. D., Howieson, D. B., Loring, D. W., Hannay, H. J., & Fischer, J. S. (2004). *Neuropsychological assessment* (4th ed.). New York: Oxford University Press.

Lindgren, M., Österberg, K., Ørbæk, P., & Rosén, I. (1997). Solvent-induced toxic encephalopathy: Electrophysiological data in relation to neuropsychological findings. *Journal of Clinical and Experimental Neuropsychology, 19*(5), 772-783.

Lishman, W. A. (1998). *Organic psychiatry: The psychological consequences of cerebral disorder* (3rd ed.). Oxford, UK: Blackwell.

Locke, E. A., & Latham, G. P. (2002). Building a practically useful theory of goal setting and task motivation: A 35-year odyssey. *American Psychologist, 57*, 705-717.

Long, T., Cameron, K., Harju, B., Lutz, J., & Means, L. (1999). Women and middle-aged individuals report using more prospective memory aids. *Psychological Reports, 85*, 1139-1153.

Lorge, I. (1930). *Influence of regularly interpolated, time intervals upon subsequent learning*. New York: Teachers College, Columbia University.

Loukavenko, E. A., Ottley, M. C., Moran, J. P., Wolff, M., & Dalrymple-Alford, J. C. (2007). Towards therapy to relieve memory impairment after anterior thalamic lesions: Improved spatial working memory after immediate and delayed postoperative enrichment. *European Journal of Neuroscience, 26*(11), 3267-3276.

Lu, Z. L., & Sperling, G. (2003). Measuring sensory memory: Magnetoencephalography habituation and psychophysics. In Z. L. Lu & L. Kaufman (Eds.), *Magnetic source imaging of the human brain*. Mahwah, NJ: Erlbaum.

Luria, A. R. (1968). *The mind of a mnemonist*. Cambridge, MA: Harvard University Press.

Luria, A. R. (1975). *The man with a shattered world*. Cambridge, MA: Harvard University Press.

Macniven, J. A., Poz, R., Bainbridge, K., Gracey, F., & Wilson, B. A. (2003). Emotional adjustment following cognitive recovery from "persistent vegetative state": Psychological and personal perspectives. *Brain Injury, 17*(6), 525-533.

Mahoney, F. I., & Barthel, D. W. (1965). Functional evaluation: The Barthel Index. *Maryland State Medical Journal, 14*, 61–65.

Mai, N. (1992). Evaluation in constructing neuropsychological treatments. In N. Von Steinbüchel, D. Y. Cramon, & E. Pöppel (Eds.), *Neuropsychological Rehabilitation*. Berlin: Springer-Verlag.

Malec, J. F. (1999). Goal attainment scaling in rehabilitation. *Neuropsychological Rehabilitation, 9*(3), 253-275.

Malec, J. F. (2004). The Mayo–Portland Participation Index: A brief and psychometrically sound measure of brain injury outcome. *Archives of Physical Medicine and Rehabilitation, 85*(12), 1989-1996.

Malec, J. F. (2008, June). *Mayo brain injury rehabilitation: What we've learned in the last twenty years.* Paper presented at the Fifteenth Annual Brain Injury Conference, Rochester, MN.

Malec, J. F., Smigielski, J. S., & DePompolo, R. W. (1991). Goal attainment scaling and outcome measurement in postacute brain injury rehabilitation. *Archives of Physical Medicine and Rehabilitation, 72*(2), 138-143.

Malley, D., Bateman, A., & Gracey, F. (in press). Practically based project groups. In B. A. Wilson, F. Gracey, J. J. Evans, & A. Bateman (Eds.), *Neuropsychological rehabilitation: Theory, models, therapy and outcome.* Cambridge, UK: Cambridge University Press.

Markowitsch, H. J. (2003). Functional neuroanatomy of learning and memory. In P. W. Halligan, U. Kischka, & J. C. Marshall (Eds.), *Handbook of clinical neuropsychology.* Oxford, UK: Oxford University Press.

Markowitsch, H. J. (2005). The neuroanatomy of memory. In P. W. Halligan & D. T. Wade (Eds.), *Effectiveness of rehabilitation for cognitive deficits.* Oxford, UK: Oxford University Press.

Marshall, J. F. (1985). Neural plasticity and recovery of function after brain injury. *International Review of Neurobiology, 26,* 201–247.

Masters, R. S. W., & Maxwell, J. P. (2004). Implicit motor learning, reivestment and movement disruption: What you don't know won't hurt you. In A. M. Williams & N. J. Hodges (Eds.), *Skill acquisition in sport: Research, theory and practice.* Abingdon, UK: Routledge.

Mateer, C. A., Sira, C. S., & O'Connell, M. E. (2005). Putting Humpty Dumpty together again: The importance of integrating cognitive and emotional interventions. *Journal of Head Trauma Rehabilitation, 20*(1), 62-75.

Mateer, C. A., Sohlberg, M. M., & Crinean, J. (1987). Focus on clinical research: Perceptions of memory function in individuals with closed-head injury. *Journal of Head Trauma Rehabilitation, 2*(3), 74-84.

May, L. A., & Warren, S. (2001). Measuring quality of life of persons with spinal cord injury: Substantive and structural validation. *Quality of Life Research, 70*(6), 503-515.

McCarthy, R. A., Kopelman, M. D., & Warrington, E. K. (2005). Remembering and forgetting of semantic knowledge in amnesia: A 16–year follow-up investigation of RFR. *Neuropsychologia, 43*(3), 356-372.

McClelland, J. L., Thomas, A. G., McCandliss, B. D., & Fiez, J. A. (1999). Understanding failures of learning: Hebbian learning, competition for representational space, and some preliminary experimental data. *Progress in Brain Research, 121,* 75-80.

McDonald, S., Flanagan, S., & Rollins, J. (2002). *The Awareness of Social Inference test (T.A.S.I.T.).* San Antonio, TX: Psychological Corporation.

McGrath, J., & Adams, L. (1999). Patient-centred goal planning: A systemic psychological therapy? *Topics in Stroke Rehabilitation, 6*, 43-50.

McKenna, P. (1998). *Category-Specific Names Test*. Hove, UK: Psychology Press.

McKenna, P., & Gerhand, S. (2002). Preserved semantic learning in an amnesic patient. *Cortex, 38*(1), 37-58.

McKitrick, L. A., & Camp, C. J. (1993). Relearning the names of things: The spaced-retrieval intervention implemented by a caregiver. *Clinical Gerontologist, 14*(2), 60-62.

McKitrick, L. A., Camp, C. J., & Black, W. (1992). Prospective memory intervention in Alzheimer's disease. *Journal of Gerontology: Psychological Sciences, 47*, 337-343.

McLellan, D. L. (1991). Functional recovery and the principles of disability medicine. In M. Swash & J. Oxbury (Eds.), *Clinical neurology*. Edinburgh, Scotland: Churchill Livingstone.

McMillan, T. M. (1996). Post-traumatic stress disorder following minor and severe closed head injury: 10 single cases. *Brain Injury, 10*(10), 749-758.

McMillan, T. M., Robertson, I. H., & Wilson, B. A. (1999). Neurogenesis after brain injury: Implications for neurorehabilitation. *Neuropsychological Rehabilitation, 9*(2), 129-133.

McMillan, T. M., & Sparkes, C. (1999). Goal planning and neurorehabilitation: The Wolfson Neurorehabilitation Centre approach. *Neuropsychological Rehabilitation, 9*(3), 241-251.

McMillan, T. M., Williams, W. H., & Bryant, R. (2003). Post-traumatic stress disorder and traumatic brain injury: A review of causal mechanisms, assessment, and treatment. *Neuropsychological Rehabilitation, 13*(1-2), 149-164.

McNair, D. M., Lorr, M., & Droppleman, L. F. (1992). *Profile of Mood States*. San Diego, CA: Educational and Industrial Testing Service.

Meeberg, G. A. (1993). Quality of life: A concept analysis. *Journal of Advanced Nursing, 18*(1), 32-38.

Ment, L. R., & Constable, R. T. (2007). Injury and recovery in the developing brain: Evidence from functional MRI studies of prematurely born children. *Nature Clinical Practice. Neurology, 3*(10), 558-571.

Merians, A. S., Poizner, H., Boian, R., Burdea, G., & Adamovich, S. (2006). Sensorimotor training in a virtual reality environment: Does it improve functional recovery poststroke? *Neurorehabilitation and Neural Repair, 20*(2), 252-267.

Metzler-Baddeley, C., & Snowden, J. S. (2005). Brief report: Errorless versus errorful learning as a memory rehabilitation approach in Alzheimer's dsease. *Journal of Clinical and Experimental Neuropsychology, 27*(8), 1070-1079.

Middleton, J. A. (2004). Assessment and management of memory problems in children. In A. D. Baddeley, M. D. Kopelman, & B. A. Wilson (Eds.), *The essential handbook of memory disorders for clinicians*. Chichester, UK: Wiley.

Milders, M. V., Berg, I. J., & Deelman, B. G. (1995). Four-year follow-up of a controlled memory training study in closed head injured patients. *Neuropsychological Rehabilitation, 5*(3), 223-238.

Miller, G. A. (1956). The magical number seven plus or minus two: Some limits on our capacity for processing information. *Psychological Review, 63*,81-97.

Milner, B. (1965). Visually-guided maze learning in man: Effects of bilateral hippocampal, bilateral frontal, and unilateral cerebral lesions. *Neuropsychologia, 3*(3), 317-338.

Milner, B. (1968). Visual recognition and recall after right temporal lobe excision in man. *Neuropsychologia, 6,* 191-209.

Milner, B. (1971). Interhemispheric differences in the localisation of psychological processes in man. *British Medical Bulletin, 27*(3), 272-277.

Mischel, W. (1968). *Personality and assessment.* New York: Wiley.

Mitchell, D. B., & Schmitt, F. A. (2006). Short- and long-term implicit memory in aging and Alzheimer's disease. *Neuropsychology, Development, and Cognition, Section B: Aging, Neuropsychology and Cognition, 73*(3–4), 611-635.

Mitrushina, M. N., Boone, K. B., Razani, L. J., & D'Elia, L. F. (2005). *Handbook of normative data for neuropsychological assessment* (2nd ed.). New York: Oxford University Press.

Moffat, N. (1984). Strategies of memory therapy. In B. A. Wilson & N. Moffat (Eds.), *Clinical management of memory problems.* Beckenham, UK.: Croom Helm.

Moffat, N. (1989). Home-based cognitive rehabilitation with the elderly. In L. W. Poon, D. C. Rubin, & B. A. Wilson (Eds.), *Everyday cognition in adulthood and later life.* Cambridge, UK: Cambridge University Press.

Mohr, D. C., Boudewyn, A. C., Goodkin, D. E., Bostrom, A., & Epstein, L. (2001). Comparative outcomes for individual cognitive-behavior therapy, supportive-expressive group psychotherapy, and sertraline for the treatment of depression in multiple sclerosis. *Journal of Consulting and Clinical Psychology, 69,* 942-949.

Monakov, C. von (1914). *Die Lokalisation im Grosshirn und der Abbau der Funktion durch kortikale Herde* [Localization in the large brain and the removal of cortical function]. Wiesbaden, Germany: Bergmann.

Moore, A., Stambrook, M., & Peters, L. (1993). Centripetal and centrifugal family life cycle factors in long-term outcome following traumatic brain injury. *Brain Injury, 7*(3), 247-255.

Moradi, A. R., Neshat-Doost, H. T. N., Taghavi, M. R., Yule, W., & Dalgleish, T. (1999). Everyday memory deficits in children and adolescents with PTSD: Performance on the Rivermead Behavioural Memory Test. *Journal of Child Psychology and Psychiatry, 40*(3), 357-361.

Murphy, G., & Goodall, E. (1980). Measurement error in direct observations: A comparison of common recording methods. *Behaviour Research and Therapy, 18*(2), 147-150.

Naccache, L., & Dehaene, S. (2001). The priming method: Imaging unconscious repetition priming reveals an abstract representation of number in the parietal lobes. *Cerebral Cortex, 11*(10), 966-974.

Nadel, L., & Moscovitch, M. (1997). Memory consolidation, retrograde amnesia and the hippocampal complex. *Current Opinion in Neurobiology, 7*(2), 217-227.

Nair, K. P., & Wade, D. T. (2003). Life goals of people with disabilities due to neurological disorders. *Clinical Rehabilitation, 17*(5), 521-527.

Nannery, R., Greenfield, E., Wilson, B. A., Sopena, S., & Rous, R. (2007). Memory without memory: Assessing the integrity of implicit memory using the Implicit Memory Test. *Brain Impairment, 8*(2), 216.

National Institutes of Health. (1998). Rehabilitation of persons with traumatic brain injury. *NIH Consensus Statement, 16*(1), 1-41.

Nelson, H. E., & Willison, J. R. (1991). *National Adult Reading Test (NART).* Windsor, UK: NFER-Nelson.

Nelson, R. O., & Hayes, S. C. (1979). The nature of behavioral assesssment: A commentary. *Journal of Applied Behavior Analysis, 12*, 491-500.

Nichols, K., & Jenkinson, J. (1990). *Leading a support group.* Cheltenham, UK: Nelson Thornes Ltd.

Nicolson, R. I., & Fawcett, A. J. (2007). Procedural learning difficulties: Reuniting the developmental disorders? *Trends in Neurosciences, 30*(4), 135-141.

Norman, D. A. (1988). *The psychology of everyday things.* New York: Basic Books.

Noulhiane, M., Piolino, P., Hasboun, D., Clemenceau, S., Baulac, M., & Samson, S. (2007). Autobiographical memory after temporal lobe resection: Neuropsychological and MRI volumetric findings. *Brain, 130*(Pt. 12), 3184-3199.

O'Carroll, R. E., Russell, H. H., Lawrie, S. M., & Johnstone, E. C. (1999). Errorless learning and the cognitive rehabilitation of memory-impaired schizophrenic patients. *Psychological Medicine, 29*(1), 105-112.

O'Connell, R. G., Bellgrove, M. A., Dockree, P. M., Lau, A., Fitzgerald, M., & Robertson, I. H. (2008). Self-alert training: Volitional modulation of autonomic arousal improves sustained attention. *Neuropsychologia, 46*(5), 1379-1390.

O'Connor, M. G., Cermak, L. S., & Seidman, L. J. (1995). Social and emotional characteristics of a profoundly amnesic post encephalitic patient. In R. Campbell & M. R. Conway (Eds.), *Broken memories: Case studies in memory impairment.* Oxford, UK: Blackwell.

Ogden, J. A. (1996). *Fractured minds.* Oxford, UK: Oxford University Press.

Ogden, J. A. (2000). Neurorehabilitation in the third millenium: New roles for our environment, behaviors, and mind in brain damage and recovery? *Brain and Cognition, 42*(1), 110-112.

Olsson, E., Wik, K., Ostling, A., Johansson, M., & Andersson, G. (2006). Everyday memory self-assessed by adult patients with acquired brain damage and their significant others. *Neuropsychological Rehabilitation, 16*(3), 257-271.

Osman, M., Wilkinson, L., Beigi, M., Castaneda, C. S., & Jahanshahi, M. (2008). Patients with Parkinson's disease learn to control complex systems via procedural as well as non-procedural learning. *Neuropsychologia, 46*(9), 2355-2363.

Ottenbacher, K. J., & Cusick, A. (1990). Goal attainment scaling as a method of clinical service evaluation. *American Journal of Occupational Therapy, 44*(6), 519-525.

Padesky, C. A., & Greenberger, D. (1995). *Clinician's guide to mind over mood.* New York: Guilford Press.

Page, M., Wilson, B. A., Shiel, A., Carter, G., & Norris, D. (2006). What is the locus of the errorless-learning advantage? *Neuropsychologia, 44*(1), 90-100.

Palmer, S., Psaila, K., & Yeates, G. (in press). Simon: Brain injury and the family—The inclusion of children, family members and wider systems in the rehabilitation process. In B. A. Wilson, F. Gracey, J. J. Evans, & A. Bateman (Eds.), *Neuropsychological rehabilitation: Theory, models, therapy and outcome.* Cambridge, UK: Cambridge University Press.

Park, D., Smith, A., & Cavanaugh, J. (1990). Metamemories of memory researchers. *Memory and Cognition, 18*(3), 321-327.

Parkin, A. J., Hunkin, N. M., & Squires, E. J. (1998). Unlearning John Major: The use of errorless learning in the reacquisition of proper names following herpes simplex encephalitis. *Cognitive Neuropsychology, 15*(4), 361-375.

Peck, K. K., Moore, A. B., Crosson, B. A., Gaiefsky, M., Gopinath, K. S., White, K., et al. (2004). Functional magnetic resonance imaging before and after aphasia therapy: Shifts in hemodynamic time to peak during an overt language task. *Stroke, 35*(2), 554-559.

Pérez, M., & Godoy, J. (1998). Comparison between a "traditional" memory test and a "behavioral" memory battery in Spanish patients. *Journal of Clinical and Experimental Neuropsychology, 20*(4), 496-502.

Perlesz, A., Kinsella, G., & Crowe, S. (1999). Impact of traumatic brain injury on the family: A critical review. *Rehabilitation Psychology, 44,* 6-35.

Petchprapai, N., & Winkelman, C. (2007). Mild traumatic brain injury: Determinants and subsequent quality of life. A review of the literature. *Journal of Neuroscience Nursing, 39*(5), 260–272.

Pewter, S. M., Williams, W. H., Haslam, C., & Kay, J. M. (2007). Neuropsychological and psychiatric profiles in acute encephalitis in adults. *Neuropsychological Rehabilitation, 17*(4-5), 478-505.

Phillips, W. A. (1983). Short-term visual memory. *Philosophical Transactions of the Royal Society of London, Series B: Biological Sciences, 302,* 295-309.

Philpot, V. D., & Madonna, S. (1993). Fluctuations in mood state and learning and retrieval. *Psychological Reports, 73*(1), 203-208.

Pizzamiglio, L., Perani, D., Cappa, S. F., Vallar, G., Paolucci, S., Grassi, F., et al. (1998). Recovery of neglect after right hemispheric damage: H2(15)O positron emission tomographic activation study. *Archives of Neurology, 55*(4), 561-568.

Ponds, R., & Hendriks, M. (2006). Cognitive rehabilitation of memory problems in patients with epilepsy. *Seizure: European Journal of Epilepsy, 15*(4), 267-273.

Ponsford, J. L., Myles, P. S., Cooper, D. J., McDermott, F. T., Murray, L. J., Laidlaw, J., et al. (2008). Gender differences in outcome in patients with hypotension and severe traumatic brain injury. *Injury, 39*(1), 67-76.

Powell, G. E. (1981). *Brain function therapy.* Aldershot, UK: Gower Press.

Powell, J. H., Beckers, K., & Greenwood, R. J. (1998). Measuring progress and outcome in community rehabilitation after brain injury with a new assessment instrument—The BICRO-39 scales. *Archives of Physical Medicine and Rehabilitation, 79*(10), 1213-1225.

Powell, J. H., Heslin, J., & Greenwood, R. (2002). Community based rehabilitation after severe traumatic brain injury: A randomised controlled trial. *Journal of Neurology, Neurosurgery, and Psychiatry, 72*(2), 193-202.

Prigatano, G. P. (1986). Personality and psychosocial consequences of brain injury. In G. P. Prigatano, D. J. Fordyce, H. K. Zeiner, J. R. Roueche, M. Pepping, & B. C. Wood (Eds.), *Neuropsychological rehabilitation after brain injury.* Baltimore, MD: The Johns Hopkins University Press.

Prigatano, G. P. (1994). Individuality, lesion location and psychotherapy after brain injury. In A. L. Christensen & B. P. Uzzell (Eds.), *Brain injury and neuropsychological rehabilitation.* Hillsdale, NJ: Erlbaum.

Prigatano, G. P. (1995). Personality and social aspects of memory rehabilitation. In A. D. Baddeley, B. A. Wilson, & F. N. Watts (Eds.), *Handbook of memory disorders.* Chichester, UK: Wiley.

Prigatano, G. P. (1999). *Principles of neuropsychological rehabilitation.* New York: Oxford University Press.

Prigatano, G. P., Klonoff, P. S., O'Brien, K. P., Altaian, I. M., Amin, K., Chiapello, D., et al. (1994). Productivity after neuropsychologically oriented milieu rehabilitation. *Journal of Head Trauma Rehabilitation, 9*(1), 91-102.

Prince, L., Keohane, C., Gracey, F., Cope, J., Connell, S., & Threadgold, C. (in press). Lorna: Applying models of language, calculation, and learning within holistic rehabilitation—From dysphasia and dyscalculia to independent cooking and travel. In B. A. Wilson, F. Gracey, J. J. Evans, & A. Bateman (Eds.), *Neuropsychological rehabilitation: Theory, models, therapy and outcome.* Cambridge, UK: Cambridge University Press.

Psaila, K., & Gracey, F. (in press). The mood management group. In B. A. Wilson, F. Gracey, J. J. Evans, & A. Bateman (Eds.), *Neuropsychological rehabilitation: Theory, models, therapy and outcome.* Cambridge, UK: Cambridge University Press.

Rader, S. K., Holmes, J. L., & Golob, E. J. (2008). Auditory event-related potentials during a spatial working memory task. *Clinical Neurophysiology, 119*(5), 1176-1189.

Radice-Neumann, D., Zupan, B., Babbage, D. R., & Willer, B. (2007). Overview of impaired facial affect recognition in persons with traumatic brain injury. *Brain Injury, 21*(8), 807-816.

Randall, K. E., & McEwen, I. R. (2000). Writing patient-centered functional goals. *Physical Therapy, 80*(12), 1197-1203.

Ratcliff, J. J., Greenspan, A. I., Goldstein, F. C., Stringer, A. Y., Bushnik, T., Hammond, F. M., et al. (2007). Gender and traumatic brain injury: Do the sexes fare differently? *Brain Injury, 21*(10), 1023-1030.

Reed, J. M., & Squire, L. R. (1998). Retrograde amnesia for facts and events: Findings from four new cases. *Journal of Neuroscience, 18*(10), 3943-3954.

Rey, A. (1941). L'examen psychologique dans les cás d'encephalopathie traumatique. *Archives de Psychologie, 28,* 286-340.

Ribot, T. (1881). *Les maladies de la memoire* [Diseases of memory]. New York: Appleton-Century-Crofts.

Richards, M., & Deary, I. J. (2005). A life course approach to cognitive reserve: A model for cognitive aging and development? *Annals of Neurology, 58*(4), 617-622.

Riley, G. A., & Heaton, S. (2000). Guidelines for the selection of a method of fading cues. *Neuropsychological Rehabilitation, 10,* 133-149.

Riley, G. A., Sotiriou, D., &Jaspal, S. (2004). Which is more effective in promoting implicit and explicit memory: The method of vanishing cues or errorless learning without fading? *Neuropsychological Rehabilitation, 14*(3), 257-283.

Robertson, I. H. (1999). Theory-driven neuropsychological rehabilitation: The role of attention and competition in recovery of function after brain damage. In D. Gopher & A. Koriat (Eds.), *Attention and performance XVI.* Cambridge, MA: MIT Press.

Robertson, I. H. (2002). Cognitive neuroscience and brain rehabilitation: A promise kept. *Journal of Neurology, Neurosurgery, and Psychiatry, 73,* 357-357.

Robertson, I. H., & Murre, J. M. J. (1999). Rehabilitation of brain damage: Brain plasticity and principles of guided recovery. *Psychological Bulletin, 125,* 544-575.

Robinson, F. B. (1970). *Effective study.* New York: Harper & Row.

Robinson, M. D. (1997). Neuropsychiatric consequences of stroke. *Annual Reviews in Medicine, 48*(1), 217-229.

Rockwood, K., Joyce, B., & Stolee, P. (1997). Use of goal attainment scaling in measuring clinically important change in cognitive rehabilitation patients. *Journal of Clinical Epidemiology, 50*(5), 581-588.

Rojas Vega, S., Abel, T., Lindschulten, R., Hollmann, W., Bloch, W., & Strüder, H. K. (2008). Impact of exercise on neuroplasticity-related proteins in spinal cord injured humans. *Neuroscience, 153*(4), 1064-1070.

Roof, R. L., & Hall, E. D. (2000). Gender differences in acute CNS trauma and stroke: Neuroprotective effects of estrogen and progesterone. *Journal of Neurotrauma, 17*(5), 367-388.

Rose, F. D., Brooks, B. M., Attree, E. A., Parslow, D. M., Leadbetter, A. G., McNeil, J. E., et al. (1999). A preliminary investigation into the use of virtual environments in memory retraining after vascular brain injury: Indications for future strategy? *Disability and Rehabilitation, 21*(12), 548-554.

Rose, F. D., Brooks, B. M., & Rizzo, A. A. (2005). Virtual reality in brain damage rehabilitation: Review. *CyberPsychology and Behavior, 8*(3), 241-262.

Rowntree, D. (1982). *Learn how to study*. New York: Harper & Row.

Royle, J., & Lincoln, N. B. (2008). The Everyday Memory Questionnaire-Revised: Development of a 13-item scale. *Disability and Rehabilitation, 30*(2), 114-121.

Ruis, C., & Kessels, R. P. C. (2005). Effects of errorless and errorful face-name associative learning in moderate to severe dementia. *Aging Clinical and Experimental Research, 17*(6), 514-517.

Ryan, T. V, & Ruff, R. M. (1988). The efficacy of structured memory retraining in a group comparison of head trauma patients. *Archives of Clinical Neuropsychology, 3*(2), 165-179.

Sacchett, C., & Humphreys, G. W. (1992). Calling a squirrel a squirrel but a canoe a wigwam: A category-specific deficit for artefactual objects and body parts. *Cognitive Neuropsychology, 9*(1), 73-86.

Sanavio, E. (1988). Obsessions and compulsions: The Padua Inventory. *Behaviour Research and Therapy, 26*(2), 169-177.

Sander, A. (2002). *Picking up the pieces after TBI: A guide for family members*. Houston, TX: Baylor College of Medicine.

Sander, A. (2008, June). *Intervening with caregivers to improve the outcomes of persons with traumatic brain injury*. Paper presented at the Fifteenth Annual Brain Injury Conference, Rochester, MN.

Sbordone, R. J., & Liter, J. C. (1995). Mild traumatic brain injury does not produce post-traumatic stress disorder. *Brain Injury, 9*(4), 405-412.

Sbordone, R. J., & Long, C. J. (1996). *Ecological validity of neuropsychological testing*. Delray Beach, FL: GR Press/St. Lucie Press.

Schacter, D. L., & Crovitz, H. F. (1977). Memory function after closed head injury: A review of the quantitative research. *Cortex, 13*(2), 150-176.

Schacter, D. L., Rich, S. A., & Stampp, M. S. (1985). Remediation of memory disorders: Experimental evaluation of the spaced-retrieval technique. *Journal of Clinical and Experimental Neuropsychology, 7*(1), 79–96.

Scherer, M. (2005). Assessing the benefits of using assistive technologies and other supports for thinking, remembering and learning. *Disability and Rehabilitation, 27*(13), 731-739.

Scheutzow, M. H., & Wiercisiewski, D. R. (1999). Panic disorder in a patient with traumatic brain injury: A case report and discussion. *Brain Injury, 13*(9), 705-714.

Schultheis, M. T., & Rizzo, A. A. (2001). The application of virtual reality technology in rehabilitation. *Rehabilitation Psychology, 46*(3), 296-311.

Schwartz, A. F., & McMillan, T. M. (1989). Assessment of everyday memory problems after severe head injury. *Cortex, 25,* 665-671.

Scott, J., & Clare, L. (2003). Do people with dementia benefit from psychological interventions offered on a group basis? *Clinical Psychology and Psychotherapy, 10*(3), 186-196.

Scoville, W. B. (1968). Amnesia after bilateral mesial temporal-lobe excision: Introduction to case HM. *Neuropsychologia, 6*(21), 1-213.

Scoville, W. B., & Milner, B. (1957). Loss of recent memory after hippocampal lesions. *Journal of Neurology, Neurosurgery, and Psychiatry, 20,* 11-21.

Scoville, W. B., & Milner, B. (1957). Loss of recent memory after bilateral hippocampal lesions. *Journal of Neuropsychiatry and Clinical Neurosciences, 12,* 103-113.

Selzer, M., Clarke, S., Cohen, L., Duncan, P., & Gage, F. (2006). *Textbook of neural repair and rehabilitation: Medical neurorehabilitation* (1st ed., Vols. 1–2). Cambridge, UK: Cambridge University Press.

Shallice, T., & Burgess, P. W. (1991). Higher-order cognitive impairments and frontal lobe lesions in man. In H. S. Levin, H. M. Eisenberg, & A. L. Benton (Eds.), *Frontal lobe function and dysfunction.* New York: Oxford University Press.

Shallice, T., & Warrington, E. K. (1970). Independent functioning of verbal memory stores: A neuropsychological study. *Quarterly Journal of Experimental Psychology, 22*(2), 261-273.

Sidman, M., & Stoddard, L. T. (1967). The effectiveness of fading in programming a simultaneous form discrimination for retarded children. *Journal of the Experimental Analysis of Behavior, 10*(1), 3-15.

Siegert, R. J., Weatherall, M., & Bell, E. M. (2008). Is implicit sequence learning impaired in schizophrenia? A meta-analysis. *Brain and Cognition, 67*(3), 351-359.

Sim, A., Terryberry-Spohr, L., & Wilson. (2008). Prolonged recovery of memory functioning after mild traumatic brain injury in adolescent athletes. *Journal of Neurosurgery, 108*(3), 511–516.

Small, G. W., Rabins, P. V., Barry, P. P., Buckholtz, N. S., DeKosky, S. T., & Ferris, S. H. (1997). Diagnosis and treatment of Alzheimer disease and related disorders: Consensus statement of the American Association for Geriatric Psychiatry, the Alzheimer's Association and the American Geriatric Society. *Journal of the American Medical Association, 278,* 1363-1371.

Snaith, R. P., Ahmed, S. N., Mehta, S., & Hamilton, M. (1971). Assessment of the severity of primary depressive illness. Wakefield Self-Assessment Depression Inventory. *Psychological Medicine, 1*(2), 143–149.

Snowden, J. S. (2002). Disorders of semantic memory. In A. D. Baddeley, M. D. Kopelman, & B. A. Wilson (Eds.), *The handbook of memory disorders.* Chichester, UK: Wiley.

Snowden, J. S., Griffiths, H., & Neary, D. (1994). Semantic dementia: Autobiographical contribution to preservation of meaning. *Cognitive Neuropsychology, 11*(3), 265-288.

Snowden, J. S., Griffiths, H. L., & Neary, D. (1996). Semantic-episodic memory interactions in semantic dementia: Implications for retrograde memory function. *Cognitive Neuropsychology, 13*(8), 1101-1139.

Snowden, J. S., & Neary, D. (2002). Relearning of verbal labels in semantic dementia. *Neuropsychologia, 40*(10), 1715-1728.

Snowden, J. S., Neary, D., Mann, D. M., Goulding, P. J., & Testa, H. J. (1992). Progressive language disorder due to lobar atrophy. *Annals of Neurology, 31*(2), 174-183.

Sohlberg, M. M. (2005). External aids for management of memory impairment. In W. High, A. Sander, K. M. Struchen, & K. A. Hart (Eds.), *Rehabilitation for traumatic brain injury*. New York: Oxford University Press.

Sohlberg, M. M., & Kennedy, M., Avery, J., Coelho, C., Turkstra, L., Ylvisaker, M., & Yorkston, K. (2007). Evidence-based practice for the use of external aids as a memory compensation technique. *Journal of Medical Speech-Language Pathology, 15*(1) xv-li.

Sohlberg, M. M., & Mateer, C. A. (1989a). *Prospective Memory Screening Test (ProMS)*. Gaylord, MI: National Rehabilitation Services.

Sohlberg, M. M., & Mateer, C. A. (1989b). *Introduction to cognitive rehabilitation: Theory and practice*. New York: Guilford Press.

Sohlberg, M. M., & Mateer, C. A. (1989c). Training use of compensatory memory books: A three stage behavioral approach. *Journal of Clinical and Experimental Neuropsychology, 11*, 871-891.

Spector, A., Orrell, M., Davies, S., & Woods, R. T. (2007). Reality orientation for dementia. *Cochrane Database of Systematic Reviews* (Issue No. 3), CD001119.

Sprengelmeyer, R., Rausch, M., Eysel, U. T., & Przuntek, H. (1998). Neural structures associated with recognition of facial expressions of basic emotions. *Proceedings of the Royal Society, Section B: Biological Sciences, 265*(1409), 1927-1931.

Squire, L. R., & Alvarez, P. (1995). Retrograde amnesia and memory consolidation: A neurobiological perspective. *Current Opinion in Neurobiology, 5*(2), 169-177.

Squires, E. J., Aldrich, F. K., Parkin, A. J., & Hunkin, N. M. (1998). Errorless learning condition and the acquisition of word processing skills. *Neuropsychological Rehabilitation, 8*, 433-449.

Squires, E. J., Hunkin, N. M., & Parkin, A. J. (1996). Memory notebook training in a case of severe amnesia: Generalising from paired associate learning to real life. *Neuropsychological Rehabilitation, 6*(1), 55-66.

Squires, E. J., Hunkin, N. M., & Parkin, A. J. (1997). Errorless learning of novel associations in amnesia. *Neuropsychologia, 35*(8), 1103-1111.

Stapleton, S., Adams, M., & Atterton, L. (2007). A mobile phone as a memory aid for individuals with traumatic brain injury: A preliminary investigation. *Brain Injury, 21*(4), 401-411.

Stark, C., Stark, S., & Gordon, B. (2005). New semantic learning and generalization in a patient with amnesia. *Neuropsychology, 19*(2), 139-151.

Starkstein, S. E., & Robinson, R. G. (1988). Aphasia and depression. *Aphasiology, 2*, 1-20.

Starr, J. M., & Lonie, J. (2008). Estimated pre-morbid IQ effects on cognitive and functional outcomes in Alzheimer disease: A longitudinal study in a treated cohort. *BMC Psychiatry, 8*, 27.

Steadman-Pare, D., Colantonio, A., Ratcliff, G., Chase, S., & Vernich, L. (2001). Factors associated with perceived quality of life many years after traumatic brain injury. *Journal of Head Trauma Rehabilitation, 16*(4), 330-342.

Steinvorth, S., Levine, B., & Corkin, S. (2005). Medial temporal lobe structures are needed to re-experience remote autobiographical memories: Evidence from H. M. and W. R. *Neuropsychologia, 43*(4), 479-496.

Steketee, G., & Nziroglu, F. (2003). Assessment of obsessive-compulsive disorder and spectrum disorders. *Brief Treatment and Crisis Intervention, 3*(2), 169-186.

Stenset, V., Grambaite, R., Reinvang, I., Hessen, E., Cappelen, T., Bjornerud, A., et al. (2007). Diaschisis after thalamic stroke: A comparison of metabolic and structural changes in a patient with amnesic syndrome. *Acta Neurologica Scandinavica, 775*(s187), 68-71.

Stern, Y. (2006). Cognitive reserve and Alzheimer disease. *Alzheimer Disease and Associated Disorders, 20*(3, Suppl. 2), S69-S74.

Stern, Y. (2007). *Cognitive reserve: Theory and applications.* London: Taylor & Francis.

Stewart, A. L., & King, A. C. (1994). Conceptualizing and measuring quality of life in older populations. In R. P. Abeles, H. C. Gift, & M. G. Ory (Eds.), *Aging and quality of life.* New York: Springer.

Stilwell, P., Stilwell, J., Hawley, C., & Davies, C. (1999). The national traumatic brain injury study: Assessing outcomes across settings. *Neuropsychological Rehabilitation, 9*(3), 277-293.

Strangman, G. E., O'Neil-Pirozzi, T. M., Goldstein, R., Kelkar, K., Katz, D. I., Burke, D., et al. (2008). Prediction of memory rehabilitation outcomes in traumatic brain injury by using functional magnetic resonance imaging. *Archives of Physical Medicine and Rehabilitation, 89*(5), 974-981.

Strauss, E., Sherman, E. M. S., & Spreen, O. (2006). *A compendium of neuropsychological tests: Administration, norms, and commentary* (3rd ed.). New York: Oxford University Press.

Sundberg, N. D., & Tyler, L. E. (1962). *Clinical psychology.* New York: Appleton-Century-Crofts.

Sunderland, A., Harris, J. E., & Baddeley, A. D. (1983). Do laboratory tests predict everyday memory? A neuropsychological study. *Journal of Verbal Learning and Verbal Behavior, 22*, 341–357.

Sunderland, A., Harris, J. E., & Gleave, J. (1984). Memory failures in everyday life following severe head injury. *Journal of Clinical and Experimental Neuropsychology, 6*(2), 127-142.

Swinnen, S. P., Puttemans, V., & Lamote, S. (2005). Procedural memory in Korsakoff's disease under different movement feedback conditions. *Behavioural Brain Research, 159*(1), 127-133.

Symonds, C. P. (1937). Mental disorder following head injury. *Proceedings of the Royal Society of Medicine, 30*(9), 1081-1094.

Szakács, R., Kálmán, J., Barzó, P., Sas, K., & Janka, Z. (2007). [Amnesic syndrome following lesion of the fornix or does reversible Korsakow's syndrome exist?] *Neuropsychopharmacologia Hungarica, 9*(1), 39-43.

Tailby, R., & Haslam, C. (2003). An investigation of errorless learning in memory-impaired patients: Improving the technique and clarifying theory. *Neuropsychologia, 41*(9), 1230-1240.

Tate, R. L. (1997). Beyond one-bun, two-shoe: Recent advances in the psychological rehabilitation of memory disorders after acquired brain injury. *Brain Injury, 11*(12), 907-918.

Tate, R. L. (2003). Impact of pre-injury factors on outcome after severe traumatic brain injury: Does post-traumatic personality change represent an exacerbation of premorbid traits? *Neuropsychological Rehabilitation, 13*(1-2), 43-64.

Tate, R. L. (2004). Emotional and social consequences of memory. In A. D. Baddeley, M. D. Kopelman, & B. A. Wilson (Eds.), *The essential handbook of memory disorders for clinicians.* Chichester, UK: Wiley.

Teasdale, G., & Jennett, B. (1974). Assessment of coma and impaired consciousness. A practical scale. *Lancet, 2*(7872), 81-84.

Teasdale, G., &Jennett, B. (1976). Assessment and prognosis of coma after head injury. *Acta Neurochirurgica, 34*(1-4), 45-55.

Teasdale, T. W., Christensen, A. L., Willmes, K., Deloche, G., Braga, L., Stachowiak, F., et al. (1997). Subjective experience in brain injured patients and their close relatives: A European Brain Injury Questionnaire study. *Brain Injury, 11*(8), 543-564.

Teasdale, T. W., & Engberg, A. W. (2001a). Suicide after a stroke: A population study. *Journal of Neurology, Neurosurgery, and Psychiatry, 55,* 863-866.

Teasdale, T. W., & Engberg, A. W. (2001b). Suicide after traumatic brain injury: A population study. *Journal of Neurology, Neurosurgery, and Psychiatry, 71*(4), 436-440.

Tennant A. (2007). Goal attainment scaling: Current methodological issues. *Disability Rehabilitation, 29,* 20–21.

Terrace, H. S. (1963). Errorless transfer of a discrimination across two continua. *Journal of the Experimental Analysis of Behavior, 6*(2), 223-232.

Terrace, H. S. (1966). Stimulus control. In W. K. Honig (Ed.), *Operant behavior: Areas of research and application.* New York: Appleton-Century-Crofts.

Testa J. A., Malec, J. F., Moessner, A. M., & Brown, A. W. (2005). Outcome after traumatic brain injury: Effects of aging on recovery. *Archives of Physical Medicine and Rehabilitation, 86*(9), 1815-1823.

Thase, M. E., & Denko, T. (2008). Pharmacotherapy of mood disorders . In S. Nolen-Hoeksema, T. D. Cannon, & T. Widiger (Eds.), *Annual reviews in clinical psychology.* Palo Alto, CA: Annual Reviews.

Thickpenny-Davis, K. L., & Barker-Collo, S. L. (2007). Evaluation of a structured group format memory rehabilitation program for adults following brain injury. *Journal of Head Trauma Rehabilitation, 22*(5), 303-313.

Thoene, A. I., & Glisky, E. L. (1995). Learning of name-face associations in memory impaired patients: A comparison of different training procedures. *Journal of the International Neuropsychological Society, 1*(1), 29-38.

Thomsen, I. V. (1984). Late outcome of very severe blunt head trauma: A 10–15 year second follow-up. *Journal of Neurology, Neurosurgery, and Psychiatry, 47*(3), 260-268.

Troyer, A. K., Murphy, K. J., Anderson, N. D., Moscovitch, M., & Craik, F. I. M. (2008). Changing everyday memory behaviour in amnestic mild cognitive impairment: A randomised controlled trial. *Neuropsychological Rehabilitation, 18*(1), 65-88.

Tulving, E. (1972). Episodic and semantic memory. In E. Tulving & W. Donaldson (Eds.), *Organization of memory.* New York: Academic Press.

Tulving, E. (1983). *Elements of episodic memory.* Oxford, UK: Oxford University Press.

Tulving, E., & Schacter, D. L. (1990). Priming and human memory systems. *Science, 247*(4940), 301-306.

Turkstra, L. S., & Bourgeois, M. (2005). Intervention for a modern day HM: Errorless learning of practical goals. *Journal of Medical Speech Language Pathology, 13*(3), 205-212.

Turner, S., & Lee, D. (1998). *Measures in post traumatic stress disorder: A practitioner's guide.* Windsor, UK: NFER-Nelson.

Turner-Stokes, L., Disler, P. B., Nair, A., & Wade, D. T. (2005). Multidisciplinary rehabilitation for acquired brain injury in adults of working age. *Cochrane Database of Systematic Reviews, 3.*

Turner-Stokes, L., & Hassan, N. (2002). Depression after stroke: A review of the evidence base to inform the development of an integrated care pathway: Part 2. Treatment alternatives. *Clinical Rehabilitation, 16*(3), 248-260.

Tyerman, A., & Humphrey, M. (1984). Changes in self-concept following severe head injury. *International Journal of Rehabilitation Research, 7*(1), 11-23.

Tyerman, A., & King, N. (2004). Interventions for psychological problems after brain injury. In L. H. Goldstein & J. E. McNeil (Eds.), *Clinical neuropsychology: A practical guide to assessment and management for clinicians.* Chichester, UK: Wiley.

Vakil, E., & Herishanu-Naaman, S. (1998). Declarative and procedural learning in Parkinson's disease patients having tremor or bradykinesia as the predominant symptom. *Cortex, 34*(4), 611-620.

Vallar, G., & Papagno, C. (2002). Neuropsychological impairments of verbal short-term memory. In A. D. Baddeley, M. D. Kopelman, & B. A. Wilson (Eds.), *Handbook of memory disorders* (2nd ed.). Chichester, UK: Wiley.

Van der Linden, M., Meulemans, T., & Lorrain, D. (1994). Acquisition of new concepts by two amnesic patients. *Cortex, 30*(2), 305-317.

Van Hulle, A., & Hux, K. (2006). Improvement patterns among survivors of brain injury: Three case examples documenting the effectiveness of memory compensation strategies. *Brain Injury, 20*(1), 101-109.

Vanhalle, C., Van der Linden, M., Belleville, S., & Gilbert, B. (1997). Putting names on faces: Use of a spaced retrieval strategy in a patient with dementia of the Alzheimer's type. *Perspectives on Neurophysiology and Neurogenic Speech and Language Disorders, 2,* 17-21.

Vargha-Khadem, F., Carr, L. J., Isaacs, E., Brett, E., Adams, C., & Mishkin, M. (1997). Onset of speech after left hemispherectomy in a nine-year-old boy. *Brain, 120*(1), 159-182.

Vargha-Khadem, F., Gadian, D. G., & Mishkin, M. (2001). Dissociations in cognitive memory: The syndrome of developmental amnesia. *Philosophical Transactions of the Royal Society of London, Series B: Biological Sciences, 356*(1413), 1435-1440.

Vargha-Khadem, F., Gadian, D. G., Watkins, K. E., Connelly, A., Van Paesschen, W., & Mishkin, M. (1997). Differential effects of early hippocampal pathology on episodic and semantic memory. *Science, 277*(5324), 376-380.

Varney, N. R., Martzke, J. S., & Roberts, R. J. (1987). Major depression in patients with closed head injury. *Neuropsychology, 1,* 7-9.

Verfaellie, M., Rajaram, S., Fossum, K., & Williams, L. (2008). Not all repetition is alike: Different benefits of repetition in amnesia and normal memory. *Journal of the International Neuropsychological Society, 14*(3), 365-372.

Vicari, S., Finzi, A., Menghini, D., Marotta, L., Baldi, S., & Petrosini, L. (2005). Do children with developmental dyslexia have an implicit learning deficit? *Journal of Neurology, Neurosurgery, and Psychiatry, 76*(10), 1392-1397.

Victor, M., Adams, R. D., & Collins, G. H. (1989). *The Wernicke-Korsakoff syndrome and related neurologic disorders due to alcoholism and malnutrition* (2nd ed.). Worcester, MA: Davis Publications.

Von Cramon, D. Y., Mathes Von Cramon, G. M., & Mai, N. (1991). Problem-solving deficits in brain-injured patients: A therapeutic approach. *Neuropsychological Rehabilitation, 1*(1), 45-64.

Wade, D. T. (1999). Goal planning in stroke rehabilitation: What? *Topics in Stroke Rehabilitation, 6*(2), 8-15.

Walsh, B. F., & Lamberts, F. (1979). Errorless discrimination and fading as techniques for teaching sight words to TMR students. *American Journal of Mental Deficiency, 83,* 473-479.

Walsh, K. (1978). *Neuropsychology: A clinical approach.* New York: Churchill Livingstone.

Warner, M. (2000). *Alzheimer's proofing your home.* West Lafeyette, IN: Purdue University Press.

Warrington, E. K. (1975). The selective impairment of semantic memory. *Quarterly Journal of Experimental Psychology, 27*(4), 635-657.

Warrington, E. K. (1984). *Recognition Memory Test.* Windsor, UK: NFER-Nelson.

Warrington, E. K. (1996). *The Camden Memory Tests.* Hove, UK: Psychology Press.

Warrington, E. K., & Shallice, T. (1984). Category specific semantic impairments. *Brain, 107*(3), 829-853.

Warrington, E. K., & Weiskrantz, L. (1968). A study of learning and retention in amnesic patients. *Neuropsychologia, 6*(3), 283-291.

Warrington, E. K., & Weiskrantz, L. (1982). Amnesia: A disconnection syndrome? *Neuropsychologia, 20*(3), 233-248.

Wearing, D. (1992). Self-help groups. In B. A. Wilson & N. Moffat (Eds.), *Clinical management of memory problems* (2nd ed.). London: Chapman & Hall.

Wearing, D. (2005). *Forever today: A memoir of love and amnesia.* London: Doubleday.

Wechsler, D. (1945). A standardised memory scale for clinical use. *Journal of Psychology, 19,* 87-85.

Wechsler, D. (1987). *Wechsler Memory Scale—Revised.* New York: Psychological Corporation.

Wechsler, D. (1997). *Wechsler Memory Scale-Ill.* San Antonio, TX: Psychological Corporation.

Weiskopf, N., Scharnowski, F., Veit, R., Goebel, R., Birbaumer, N., & Mathiak, K. (2004). Self-regulation of local brain activity using real-time functional magnetic resonance imaging (fMRI). *Journal of Physiology–Paris, 98*(4-6), 357-373.

Weiskrantz, L., & Warrington, E. K. (1979). Conditioning in amnesic patients. *Neuropsychologia, 17*(2), 187-194.

West, R. L. (1995). Compensatory strategies for age-associated memory impairment. In A. D. Baddeley, F. N. Watts, & B. A. Wilson (Eds.), *Handbook of memory disorders.* Chichester, UK: Wiley.

Westmacott, R., Leach, L., Freedman, M., & Moscovitch, M. (2001). Different patterns of autobiographical memory loss in semantic dementia and medial temporal lobe amnesia: A challenge to consolidation theory. *Neurocase, 7*(1), 37-55.

Westmacott, R., & Moscovitch, M. (2002). Temporally-graded retrograde memory loss for famous names and vocabulary terms in amnesia and semantic dementia: Further evidence for opposite gradients using implicit memory tasks. *Cognitive Neuropsychology, 19,* 135-163.

Whalley, L. J., Deary, I. J., Appleton, C. L., & Starr, J. M. (2004). Cognitive reserve and the neurobiology of cognitive aging. *Ageing Research Reviews, 3,* 369-382.

Williams, A. (1990). EuroQol—A new facility for the measurement of health-related quality of life. *Health Policy, 16,* 199-208.

Williams, W. H. (2003). Neurorehabilitation and cognitive behaviour therapy for emotional disorders in acquired brain injury. In B. A. Wilson (Ed.), *Neuropsychological rehabilitation: Theory and practice.* Lisse, The Netherlands: Swets & Zeitlinger.

Williams, W. H., Evans, J. J., & Wilson, B. A. (2003). Neurorehabilitation for two cases of post-traumatic stress disorder following traumatic brain injury. *Cognitive Neuropsychiatry, 8*(1), 1-18.

Williams, W. H., Evans, J. J., Wilson, B. A., & Needham, P. (2002). Brief report: Prevalence of post-traumatic stress disorder symptoms after severe traumatic brain injury in a representative community sample. *Brain Injury, 16*(8), 673-679.

Wilson, B. A. (1984). *Cognitive rehabilitation after brain damage*. Unpublished doctoral dissertation, University of London.

Wilson, B. A. (1987). *Rehabilitation of memory*. New York: Guilford Press.

Wilson, B. A. (1989). Improving recall of health service information. *Clinical Rehabilitation, 3*, 275-279.

Wilson, B. A. (1991). Long-term prognosis of patients with severe memory disorders. *NeuropsychologicalRehabilitation, 1*(2), 117-134.

Wilson, B. A. (1992). Memory therapy in practice. In B. A. Wilson & N. Moffat (Eds.), *Clinical management of memory problems* (2nd ed.). London: Chapman & Hall.

Wilson, B. A. (1997). Semantic memory impairments following nonprogressive brain injury: A study of four cases. *Brain Injury, 11*(4), 259-270.

Wilson, B. A. (1998). Recovery of cognitive functions following nonprogressive brain injury. *Current Opinion in Neurobiology, 8*(2), 281-287.

Wilson, B. A. (1999). *Case studies in neuropsychological rehabilitation*. New York: Oxford University Press.

Wilson, B. A. (2000). Compensating for cognitive deficits following brain injury. *Neuropsychology Review, 10*(4), 233-243.

Wilson, B. A. (2002a). Towards a comprehensive model of cognitive rehabilitation. *NeuropsychologicalRehabilitation, 12*(2), 97-110.

Wilson, B. A. (2003a). The natural recovery and treatment of learning and memory disorders. In J. Gurd & U. Kischka (Eds.), *Handbook of clinical neuropsychology*. Oxford, UK: Oxford University Press.

Wilson, B. A. (2003b). Rehabilitation of memory deficits. In B. A. Wilson (Ed.), *Neuropsychological rehabilitation: Theory and practice*. Lisse, The Netherlands: Swets & Zeitlinger.

Wilson, B. A. (2004). Assessment of memory disorders. In A. D. Baddeley, M. D. Kopelman, & B. A. Wilson (Eds.), *The essential handbook of memory disorders for clinicians*. Chichester, UK: Wiley.

Wilson, B. A. (2008). Neuropsychological rehabilitation. In S. Nolen-Hoeksema, T. D. Cannon, & T. Widiger (Eds.), *Annual reviews in clinical psychology*. Palo Alto, CA: Annual Reviews.

Wilson, B. A. (in press). The natural recovery and treatment of learning and memory disorders. In J. Gurd & U. Kischka (Eds.), *Handbook of clinical neuropsychology*. Oxford, UK: Oxford University Press.

Wilson, B. A., & Baddeley, A. D. (1988). Semantic, episodic, and autobiographical memory in a postmeningitic amnesic patient. *Brain and Cognition, 8*(1), 31-46.

Wilson, B. A., & Baddeley, A. D. (1993). Spontaneous recovery of impaired memory span: Does comprehension recover? *Cortex, 29*(1), 153-159.

Wilson, B. A., Baddeley, A. D., Evans, J. J., & Shiel, A. (1994). Errorless learning in the rehabilitation of memory impaired people. *Neuropsychological Rehabilitation, 4*, 307-326.

Wilson, B. A., Baddeley, A. D., & Kapur, N. (1995). Dense amnesia in a professional musician following herpes simplex virus encephalitis. *Journal of Clinical and Experimental Neuropsychology, 17*(5), 668-681.

Wilson, B. A., Baddeley, A. D., & Young, A. W. (1999). LE, a person who lost her "mind's eye." *Neurocase, 5*(2), 119-127.

Wilson, B. A., Clare, L., Cockburn, J., Baddeley, A. D., Tate, R., & Watson, P. (1999). *The Rivermead Behavioural Memory Test—Extended Version.* Bury St. Edmunds, UK: Thames Valley Test Company.

Wilson, B. A., Cockburn, J., & Baddeley, A. D. (1985). *The Rivermead Behavioural Memory Test.* Bury St. Edmunds, UK: Thames Valley Test Company.

Wilson, B. A., Cockburn, J., Baddeley, A. D., & Hiorns, R. (1989). The development and validation of a test battery for detecting and monitoring everyday memory problems. *Journal of Clinical and Experimental Neuropsychology, 11*, 855-870.

Wilson, B. A., Emslie, H., Foley, J., Shiel, A., Watson, P., Hawkins, K., et al. (2005). *The Cambridge Prospective Memory Test.* London: Harcourt Assessment.

Wilson, B. A., Emslie, H. C., Quirk, K., & Evans, J. J. (2001). Reducing everyday memory and planning problems by means of a paging system: A randomised control crossover study. *Journal of Neurology, Neurosurgery, and Psychiatry, 70*(4), 477-482.

Wilson, B. A., & Evans, J. J. (1996). Error free learning in the rehabilitation of individuals with memory impairments. *Journal of Head Trauma Rehabilitation, 11*(2), 54-64.

Wilson, B. A., & Evans, J. J. (2000). Practical management of memory problems. In G. E. Berrios & J. R. Hodges (Eds.), *Memory disorders in psychiatric practice.* Cambridge, UK: Cambridge University Press.

Wilson, B. A., Evans, J. J., Emslie, H., Balleny, H., Watson, P. C., & Baddeley, A. D. (1999). Measuring recovery from post traumatic amnesia. *Brain Injury, 13*(1), 505-520.

Wilson, B. A., Evans, J. J., Emslie, H., & Malinek, V. (1997). Evaluation of NeuroPage: A new memory *aid. Journal of Neurology, Neurosurgery, and Psychiatry, 63*, 113-115.

Wilson, B. A., Evans, J. J., & Keohane, C. (2002). Cognitive rehabilitation: A goal-planning approach. *Journal of Head Trauma Rehabilitation, 17*(6), 542-555.

Wilson, B. A., Forester, S., Bryant, T., & Cockburn, T. (1990). Performance of 11-14 year olds on the Rivermead Behavioural Memory Test. *Clinical Psychology Forum, 30,* 8-10.

Wilson, B. A., Gracey, F., Evans, J. J., & Bateman, A. (2009). *Neuropsychological rehabilitation: Theory, models, therapy and outcome.* Cambridge, UK: Cambridge University Press.

Wilson, B. A., Green, R., Teasdale, T., Beckers, K., Della Sala, S., Kaschel, R., et al. (1996). Implicit learning in amnesic subjects: A comparison with a large group of normal control subjects. *The Clinical Neuropsychologist, 10*(3), 279-292.

Wilson, B. A., Greenfield, E., Clare, L., Baddeley, A. D., Cockburn, J., Watson, P., et al. (2008). *The Rivermead Behavioural Memory Test–3.* London: Pearson Assessment.

Wilson, B. A., Herbert, C. M., & Shiel, A. (2003). *Behavioural approaches in neuropsychological rehabilitation: Optimising rehabilitation procedures*. Hove, UK: Psychology Press.

Wilson, B. A., JC, & Hughes, E. (1997). Coping with amnesia: The natural history of a compensatory memory system. *Neuropsychological Rehabilitation, 7*, 43-56.

Wilson, B. A., & Ivani-Chalian, R. (1995). Performance of adults with Down's syndrome on the children's version of the Rivermead Behavioural Memory Test: A brief report. *British Journal of Clinical Psychology, 34*, 85-88.

Wilson, B. A., Ivani-Chalian, R., & Aldrich, F. (1991). *The Rivermead Behavioural Memory Test for children aged 5 to 10 years*. Bury St. Edmunds, UK: Thames Valley Test Company.

Wilson, B. A., & Kapur, N. (2008). Memory rehabilitation for people with brain injury. In D. T. Stuss, G. Winocur, & I. H. Robertson (Eds.), *Cognitive neurorehabilitation* (2nd ed.). Cambridge, UK: Cambridge University Press.

Wilson, B. A., Kopelman, M. D., & Kapur, N. (2008). Prominent and persistent loss of self-awareness in amnesia: Delusion, impaired consciousness or coping strategy? *Neuropsychological Rehabilitation, 18*, 527-540.

Wilson, B. A., & Moffat, N. (1984). Rehabilitation of memory for everyday life. In J. E. Harris & P. Morris (Eds.), *Everyday memory: Actions and absentmindedness*. London: Academic Press.

Wilson, B. A., & Moffat, N. (1992). *Clinical management of memory problems* (2nd ed.). London: Chapman & Hall.

Wilson, B. A., Rous, R., & Sopena, S. (2008). The current practice of neuropsychological rehabilitation in the United Kingdom. *Applied Neuropsychology, 15*, 229-240.

Wilson, B. A., & Watson, P. C. (1996). A practical framework for understanding compensatory behaviour in people with organic memory impairment. *Memory, 4*(5), 465-486.

Wilson, B. A., Watson, P., Baddeley, A. D., Emslie, H., & Evans, J. J. (2000). Improvement or simply practice? The effects of twenty repeated assessments on people with and without brain injury. *Journal of the International Neuropsychological Society, 6*(4), 469-479.

Wilson, F. C., & Manly, T. (2003). Sustained attention training and errorless learning facilitates self-care functioning in chronic ipsilesional neglect following severe traumatic brain injury. *Neuropsychological Rehabilitation, 13*(5), 537-548.

Wright, D. W., Kellermann, A. L., Hertzberg, V. S., Clark, P. L., Frankel, M., Goldstein, F. C., et al. (2007). ProTECT: A randomized clinical trial of progesterone for acute traumatic brain injury. *Annals of Emergency Medicine, 49*(4), 391-402.

Wright, P., Bartram, C., Rogers, N., Emslie, H., Evans, J. J., Wilson, B. A., et al. (2000). Text entry on handheld computers by older users. *Ergonomics, 43*(6), 702-716.

Yalom, I. D. (1975). *Theory and practice of group psychotherapy*. New York: Basic Books.

Yates, F. (1966). *The art of memory.* London: Routledge & Kegan Paul.

Yeates, G. (2007). Awareness of disability after acquired brain injury and the family context. *Neuropsychological Rehabilitation, 17*(2), 151-173.

Ylvisaker, M., & Feeney, T. (2000). Reconstruction of identity after brain injury. *Brain Impairment, 1*(1), 12-28.

Yoo, S. S., O'Leary, H. M., Fairneny, T., Chen, N. K., Panych, L. P., Park, H. W., et al. (2006). Increasing cortical activity in auditory areas through neurofeedback functional magnetic resonance imaging. *NeuroReport, 17*(12), 1273-1278.

Young, A. W., Perrett, D. I., Calder, A. J., Sprengelmeyer, R., & Ekman, P. (2002). *Facial expressions of emotion: Stimuli and tests (FEEST).* Bury St. Edmunds, UK: Thames Valley Test Company.

Young, C. A., Manmathan, G. P., & Ward, J. C. R. (2008). Perceptions of goal setting in a neurological rehabilitation unit: A qualitative study of patients, carers and staff. *Journal of Rehabilitation Medicine, 40*(3), 190-194.

Yule, W., & Carr, J. (1987). *Behaviour modification for people with mental handicaps* (3rd ed.). Cheltenham, UK: Nelson Thornes Ltd.

Zangwill, O. L. (1947). Psychological aspects of rehabilitation in cases of brain injury. *British Journal of Psychology, 37*, 60-69.

Zarit, S. H., Zarit, J., & Reever, K. E. (1982). Memory training for severe memory loss: Effects on senile dementia patients and their families. *Gerontologist, 22*(4), 373-377.

Zeisel, J. (2006). *Inquiry by design* (rev. ed.). New York: Norton.

Zencius, A., Wesolowski, M. D., Krankowski, T., & Burke, W. H. (1991). Memory notebook training with traumatically brain-injured clients. *Brain Injury, 5*(3), 321-325.

Zhang, L., Abreu, B. C., Scale, G. S., Masel, B., Christiansen, C. H., & Ottenbacher, K. J. (2003). A virtual reality environment for evaluation of a daily living skill in brain injury rehabilitation: Reliability and validity. *Archives of Physical Medicine and Rehabilitation, 84*(8), 1118-1124.

Zietlow, R., Lane, E. L., Dunnett, S. B., & Rosser, A. E. (2008). Human stem cells for CNS repair. *Cell and Tissue Research, 331*(1), 301-322.

Zigmond, A. S., & Snaith, R. P. (1983). The Hospital Anxiety and Depression Scale. *Acta Psychiatrica Scandinavica, 67*(6), 361-370.

Zung, W. (1965). A self rating depression scale. *Archives of General Psychiatry, 12*, 63-70.

Zweber, B., & Malec, J. F. (1990). Goal attainment scaling in post acute out patient brain injury rehabilitation. *Occupational Therapy in Health Care, 7*, 45-53.

Índice